The Occult Weird Encyclopedia
オカルト怪異事典
寺井広樹 著
Hiroki Terai
笠間書院

オカルトに導かれて・辛酸なめ子

実は、地球はオカルトの惑星なのかもしれない……、そう思うくらい、超常的で不思議な出来事にあふれています。今の状況を見ても、変異を繰り返すたび凶暴化するコロナウイルスや、呪われた事象が次々発生する東京オリンピック、菅総理の虚無を感じさせる表情、『鬼滅の刃』や『呪術廻戦』のブームなど、全てがオカルティックです。パンデミックが始まってまず日本人が心のよりどころにしたのは江戸時代の妖怪「アマビエ」でした。予測不可能な世の中で、オカルトの素養を身につけることがますます必須になっていきそうです。この『オカルト怪異事典』を読むことで、これからの人生の荒波を乗り越えていけることでしょう。

昭和のオカルトブームを通ってきた身としても、中二心と老婆心が疼くラインナップでした。この場を借りて、今まで体験した出来事やブームを思い返してみます。

まず、小学生の時に、心霊ブームがあり、テレビで心霊ものの番組が人気になったり、心霊写真本が数多く出版されたりして、霊界がざわざわしていました。オカルトの洗礼を受けたブームと言えば「こっくりさん」です。(この単語を発したら背中を叩いて祓わなければならない、という風習が)通っていた中学でも女子たちが休み時間に夢中になっていて、「私の行く大学は？」とこっくりさんに聞きながら、明らかに強い意志の力で「あおがく……」と一〇円玉が動かされているのを感じました。人と霊とのコラボ作業だったのかもしれません。度重なる呼び出しも厭わず、人の役に立とうとしてくれる浮遊霊は、実は良い人という説が。でも、当時のフィルム写真に写っていた心霊はおどろおどろしい姿や体のパーツなどが多く、恐怖度が高かったです。昭和の心霊写真でありがちなのは、水難事故のあった海面や滝壺から伸びる複数の手です。デジカメに写るオーブのような発光体よりも、当時の霊は人を脅かすことに長けていた印象です。

そんなに怖くない系としては「**人面魚**」ブームもありました。一九九〇年、山形県の善宝寺にいた人面魚の写真が「**フライデー**」に報じられて話題に。模様が彫りの深い人間の顔に見える鯉です。人面魚まんじゅう、人面魚テレカなども発売。オカルトの経済市場もバカになりません。眉毛がある「**人面犬**」もブームになりました。「**ツチノコ**」「**ネッシー**」も人畜無害そうで癒し系のＵＭＡとして人気を博しました。「**ツチノコ**」よりもよほどウーパールーパーやクリオネの方が不思議な姿をしている気がしますが、姿を現さないミステリアスさがツチノコへの人々の興味をかき立てています。

丹波哲郎の「**大霊界**」シリーズも強力なコンテンツでした。霊界は七つの階層からなり、魂のレベルに応じて死後どこに行くかが決まる、という説は、当時の偏差値教育や競争社会にマッチしていたのかもしれません。受験勉強していた感覚で、死後の世界のランク分けのために精進しなければならない、という意識が植え付けられました。

その、死後の世界は遠からずやってくる……と、不穏な予感のもとになったのが**「ノストラダムスの大予言」**です。**「一九九九年七の月、空から恐怖の大王が降ってくる……」**という予言で人生観が変わった人は少なくなかったのではないでしょうか（私も滅亡を信じていたのでその後の人生設計は白紙状態でした）。本が出版されたのは一九七三年で、オカルトブームのきっかけとなりました。人々の心に刷り込まれ、根強く続いた人類滅亡説。結局一九九九年には何も起こらず、精神的に路頭に迷った人々が新興宗教に救いを求めたり、さらなるディープなオカルトの道に進んだり、陰謀論にハマったり、スピリチュアルに染まっていったのだと拝察します。でも、その後も**「マヤの滅亡予言」**など、たびたび人類滅亡説が囁かれました。マヤ文明の暦が二〇一二年一二月で終わっていることから、その頃に太陽フレアが降り注ぎ、地球の地磁気が消滅し、超新星ベテルギウスが大爆発すると予測されていましたが、そのようなカタストロフィは起こらず……。**「ノストラダムスの大予言」**の刺激に慣れた人々は、張り合いのない人生を活性化させるため人類滅亡説を求めてしまうのかもしれません。今も、終末思想は**「Qアノン」**界隈の**「闇の10日間」**に引き継がれ、定例イベントのように盛り上がりを見せています。

退屈な日々には、オカルトの刺激が必要不可欠です。また、コロナウイルスのようなガチな脅威に晒されている今こそ、オカルトの次元に逃げ場を求めたいです。**「UFO」**がついにアメリカ国防総省で調査されたり、世界的に宇宙人を認める流れになっていますが、根底には、宇宙人に救いを求めたい、という人類の思いがあるのかもしれません。

オカルトに導かれて……

辛酸なめ子

「妖怪」「UMA」などに癒される人も多いです。人間と次元の近い存在なので、高次元の宇宙人より親しみが持てます。個人的には今まで、バックベアード、山姥、座敷童子、狸囃子といった妖怪に遭遇してきました。彼らは何か人類に伝えたいことがあるのでしょうか。江戸時代に広島の武士が、「百物語」をきっかけに、約1ヶ月に渡って様々な妖怪に怪現象を見せられた『稲生物怪録』を読むと、その人智を超えた演出力とクリエイティビティに驚かされます。天井に大きな老婆の顔が現れてなめ回してきたり、串刺しの首が一三・四個出現したり、数千の蝶が飛び回ったり……。江戸時代の怪現象は現代のプロジェクションマッピングを凌駕しています。

オカルト現象は、現代の最先端であるVRやARなどが確立される前から、常に時代の先を行っていたようです。しかも基本的にタダで、人間に何かを伝えるために不思議な現象を見せてくれているのだと思うとありがたいです。オカルトは地球人類を導く羅針盤であるとともに、良質なエンターテインメントなのかもしれません。「オカルト」には、まだまだ未知のジャンルがたくさんあり、一生かけてもつかめないコンテンツ。五感のセンサーを働かせ、これからもオカルトの配信を楽しみに待ちたいです。

私自身の超常現象体験・大槻ケンヂ

～オカルトについてなんでもいいから書いてください～との依頼である。

～なんでもいいから……か、なんでもいいんだな。そうだよなぁ、オカルトなんて不思議な風味さえあれば正直中身なんてなんでもいいもんな～。実に核心を突いたオファーであるなと感心したものだ。同時に、ちょっと、ま、志の低いオーダーだわな～とも感じつつ、なるほど、オカルト（広義の意味での）に対してビリーバーでも否定派でも、懐疑論者ともまた立場の違う、無責任オカルト面白がり派の自分にしてみれば、オカルトについてなんでもいいから書いてくれとの依頼はある意味ピッタリである。御依頼ありがとうございます。

なんでもいいから書くとしよう。自分自身のオカルト体験を書いてみよう。それは確か小学校一年生の頃だ。一つ歳上の兄とその友人数人と、近所の空き地で遊んでいた時、雲の狭間に空高く浮かぶＵＦＯを全員で見た。今ならＵＡＰと呼ぶべきか。それは、葉巻の型をした黒または紺色の巨大な物体であった。「ユーエフオー!?」「ユーエフオーだよ!!」僕らがユーフォーと呼ばずユーエフオーとそれを呼んだのは、まだピンク・レディーが「ユーフォー」と歌うよりずっと以前の出来事であったからだ。巨大な葉

私自身の超常現象体験
大槻ケンヂ

巻型のユーエフオーは数分で雲の陰にかくれて消えてしまった……。おそらく正体は飛行船だったのだと思う。昭和四十年代は飛行船がよく飛んでいた。なにしろ昔のことで記憶は薄れてるがその時真っ先に飛行船を指差して「ユーエフオーだ!」と叫んだのは僕であったと思う。兄の友人らと遊ぶ時、歳下の僕はいつも萎縮していた。仲間はずれ気味になる時もあった。せめて、自分の存在をアピールしようとして取った行動こそが「UFOの発見」という奇策であったというわけだ。後年、オカルト好きになった僕は、宇宙人遭遇者《コンタクティ》の何人かが、普段世間から疎外され気味の人物たちで、彼らが宇宙人と会ったと主張することでようやく社会に自分の居場所を見つけた、との顛末を知る。

空飛ぶ円盤に続いての神秘的体験は、生首の目撃であった。見たのだ。血をしたたらせた生首を。自宅の庭で。小学校二年生の頃、小学校から帰った僕は、自宅玄関のカギがかかっていたので、家の側面を回りこみ、庭から居間に入ろうとした。家には、十二畳ほどの庭があった。庭に出て、ふっと顔を上げたその数メートル先に落ち武者の生首があった。落ち武者とわかったのはその一秒後くらいであったかもしれない。首は最初は後頭部をこちらに向けていたからだ。それは空中に浮いているようにも見えたが、当時庭には、揺りかご式のブランコが置いてあった。そのブランコの天井になっている部分の上にチョコンと後頭部を向けた人間の首から上だけがあったのだ。

「え」

と思った瞬間だった。それはゆっくりとこちらを向いた。時代劇などでたまに観たことのある、頭上部がはげていて、髪がザンバラと垂れさがった落ち武者の生首であった。生首は絵の具でぬったような青い顔をしていた。そして唇の端からはまた、絵の具のような赤色、多分、血であったのだろう、を垂らして、そしてニヤ〜ッと、僕を見て笑ったのだ。

悲鳴を上げたか声も出なかったか記憶がおぼろげだ。おそらく後者だった。腰が抜けたようになりながらも、近所の同級生ミヤザワサトシ君の家に逃げ込んだ。生首目撃について話すと、なんとミヤザワ君は「よしっ、オレが見て来る」と言って僕の家に足早に急いだのであった。「や、やめなよ」と言いながら僕もついていった。ミヤザワ君は僕を家の側面に置いてパパッと庭へ回りこんだ。一分もしてから戻ってきて、不思議そうに「何もなかったよ」と言った。恐る恐る庭へ行くと、確かに何もなかったしいなかった。ブランコの天井部にトマトを入れた箱が置いてあること以外は、何一つ変わらぬ我が家の庭だった。

今にして思えば、児童特有の幻視、だったのかもしれない。宮沢賢治は、実際にはそこにはないものを視覚的に捉えてしまうT型直観像の持ち主であったという。また、左目に障害のある方が、見えない左の視野に幻を見るシャルル・ボネ症候群というのもあるそうな。何より子供はちょいちょい幻を視る。子供の視たそれを、霊的、異次元的、医学的、などどう考えるかは、オカルトビリーバー、懐疑派、否定派で意見のわかれるところだ。

無責任オカルト面白がり派の身としては、その頃に読んだ、生首の出てくる江戸川乱歩の小説「魔術師」や、父の観ていたテレビ時代劇の影響が幻視化したものかと解釈しているが、なぜ特に恐怖心も感じていなかった日中の自宅の庭で突如それを見たのかは奇妙だなと思う。

……最近ふっと、他に珍説を思いついたのだ。昭和四十年代、我が家は下宿をやっていた。国学院や早稲田の学生さんが常時五人ほど住んでいた。それだけいると中にはちょっと変わった学生さんもいて、ある時に母は「お宅の下宿学生が川に飛びこんで自殺しようとしている」と警察から連絡を受けすっ飛んで行ったところ、水深五センチの川でボーッと立っている大槻家下宿学生がいたのだという。あるいはそういったノイローゼ気味の学生が、フラフラ庭に来て、揺りかご式のブランコで遊ぼうとしたら背が高いものだから天井のワクに首だけはさまって取れなくなった、という見立てはどうであろう。当時の学生さんはフォークブームの影響で髪の長い人も多かった。それに、首がはさまって取れない状況を下宿屋の次男坊に目撃されたならどうだろう。彼は苦しまぎれに「ニャ〜ッ」と笑うのではないだろうか。あの日見たのは苦笑いだった？

真相はいまだ藪の中……というか庭の中である。もし学生さん「首スッポリ説」が正しくてその方がまだ御存命ならとりあえず、なんでもいいから連絡下さい。

私自身の超常現象体験
大槻ケンヂ

はじめに

「オカルト＆怪異」の世界にようこそ。

「オカルト」という言葉から、皆さんは何をイメージするでしょうか。

ＵＦＯ、ネッシー、心霊番組、ノストラダムスの大予言、怪奇児童書、ホラー映画、超常現象、都市伝説、超古代文明、宇宙人など、人によって思い浮かべるものはさまざまだと思います。

オカルト（ｏｃｃｕｌｔ）の定義は、

一、**超自然の現象。神秘的現象。**

二、**目に見えないこと。隠れて見えないこと。**

とされています（デジタル大辞泉）。語源は「隠されたもの」を意味するラテン語で、そこから一の意味が派生したようです。

一方、怪異とは、

一、**現実にはありえないような、不思議な事実。また、そのさま。**

二、**化け物。変化（へんげ）。妖怪（ようかい）。**

とされています（同）。

目に見えない超自然現象と、現実にはありえない不思議な事実。どちらも雲をつかむような不確かなもので、だからこそ私たちを強烈に引き寄せる魅力に満ちています。

本書では、そんな「オカルト＆怪異」を集め、「読む事典」として解説しました。基本情報に加え、項目によって一部を掘り下げたり、最近の情報を加えたりしてあります。

オカルト＆怪異の世界は広く深く、もっと載せたい事柄や人物も多数ありましたが、おもに二〇世紀から現在に至るオカルト・怪異用語から、知っておきたい用語や興味深い用語を選出しました。一般的に知られている言葉が四割、比較的マニアックな言葉が六割程度という比率になっています。見出し語の横にカテゴリーを記したうえで、基本的にすべての用語を五十音順に並べています。なお、原則として存命人物は、普段、著者とおつき合いのある方が中心となっています。

知りたいオカルト・怪異用語について調べるだけでなく、気ままにパラパラとページをめくるだけでも楽しんでいただけるでしょう。資料や創作の参考としても、ご活用いただければうれしく思います。

現在は、デジタルカメラの普及やＣＧ技術の向上によって、オカルティックな画像や映像が誰でも作れるようになりました。また、インターネットが普及し、ヤラセかどうかがすばやく検証できる時代です。しかし、それでも世界は、未だ解明されていない謎に満ちています。そんな世界に触れる扉として、本書がお役に立てば……と願っています。

扉の向こうは、ある人々には懐かしい世界かもしれません。ある人々にとっては未知の世界でしょうし、ある人々は異世界に迷い込んだような感覚を味わうかもしれません。

ご自分なりの味わい方で、「オカルト＆怪異」を楽しんでいただけたら幸いです。

目次

column

凡例

一、本事典は「オカルト」「怪異」(定義は「はじめに」を参照)に属する、あるいは関連する事象、伝承、事件、遺跡、遺構、遺物、人物、生物、組織、作品、メディアなど九〇〇項目余りを選出し、それぞれの言葉を解説するものである。

一、時代は厳密に特定していないが、作品やメディアについては、一般的に日本において「オカルトブーム」と呼ばれた一九七〇年代以降、現在までを中心としている。それより古いものでも、広く知られているものや特徴的なものなどは取り上げた。

一、存命人物については、原則として著者と交流のある方を中心に紹介した。なお、人物の敬称は省略した。

一、見出し語の横にカテゴリーを記した。見出し語自体はカテゴリーを問わずすべてを五十音順に配列した。巻末にカテゴリー別の五十音順の索引を付した。

一、広く知られる複数の呼称がある事象、伝承、事件、生物などについては、代表的と思われるものに解説文をつけ、その他は見出し語のみあげて参照ページを記した。

一、解説文は平均三五〇文字程度としたが、項目によって多寡があり、「読む事典」として一部を掘り下げたり、最近の情報を加えたりしたものもある。

一、原則として作品(映画、書籍、小説、漫画、映像作品など)名は『 』で記し、その他のものの名称で強調したい場合には「 」を用いた。

一、作品(とくに映画など)については、二〇二一年八月現在までの情報を記載した。

一、巻末に記した参考資料は、書籍名を『 』で記し、発行年、出版社名、著者名などを付記した。掲載の順番については、特に意味を持たせていない。

オカルト怪異事典

あ

アーサー・コナン・ドイル《あーさー・こなん・どいる》

人物

一八五九～一九三〇年。イギリスの医者、作家および心霊研究家。名探偵「シャーロック・ホームズ」シリーズの作者として知られる。スコットランドのカトリック教徒の家に生まれ、一八七六年にエディンバラ大学医学部に入学する。卒業後、診療所を開くが患者が来ず、空いた時間に執筆活動を行うようになる。

　ドイルは医学部時代の講師「ジョセフ・ベル」をモデルとして、物語の主人公を生み出した。ジョセフベルが、状況を見ただけで患者の特徴や症状を言い当てる観察眼を持っていたことから、その特徴を作品に落とし込んだのである。こうして生まれたのが、名探偵「シャーロック・ホームズ」であり、一作目のタイトルは『緋色の研究』であった。さまざまな作品を発表する一方、ボーア戦争の影響から心霊主義に傾倒していった。特に晩年はその普及に尽力し、各地で講演を行った。

アーユルヴェーダ《あーゆるゔぇーだ》

医学・医術

インドやスリランカに伝わる伝統医学のこと。サンスクリット語のアーユス（Ayus／生命）とヴェーダ（Veda／科学）を組み合わせた言葉である。

　西洋医学が主に病気の症状を取り除くことを目的とするのに対して、アーユルヴェーダは若さや長寿を目指すことを主眼としている。人体にはヴァータ（風）・ピッタ（火）・カパ（水）の三つの生命エネルギーが存在し、三つのバランスが保たれていると健康な肉体を保つことができるという。個人の体調や心理の変化によって三つのエネルギーのバランスは容易に崩れるが、食事療法によって改善が可能だという。

　一九七〇年代のアメリカでは、ニューエイジ思想の流行に伴ってアーユルヴェーダを実施する治療院が各地に誕生したが、食事療法による栄養の偏りや非科学的な治療法を実施したことで病人が重体化するといった例が相次いだため、大問題となった経緯が存在する。

アイダハル《あいだはる》

UMA

カザフスタン領のコッコーリ湖で目撃されたとされる水棲生物。見た目は海蛇型やプレシオサウルス型など諸説あるが、爬虫類を思わせるギョロギョロした目と鋭い歯を持っているといわれる。さらに体長は二〇メートル近くもあり、まさに巨大な化け物といった様相である。

　アイダハルという名前はカザフ語で「ドラゴン」を意味し、その特徴的な外見をよく表している。しかし、アイダハルにはそれ以上に大きな特徴がある。「音」だ。湖から出現する直前、水面には大きな渦が生じ、笛やトランペットに似た怪しい音が響くといわれている。湖に棲む未確認生物は世界中に数多いるが、出現と異音が結び付けられているものは少なく、アイダハルが他のUMAと差別化される大きな要素といえる。

　この「音」の原因は科学的に研究されている。コッコーリ湖の地下には巨大な空洞があり、そこに亀裂が入ると水が流れ落ち、「アイダハルの歌声」と呼ばれるその怪音が発生するというのだ。この音を実際に聞いた人は多いが、その一方でアイダハル自体を目撃したという声は少ない。というのも、コッコーリ湖はかなり市街地から離れた場所にあり、地元の人間でも簡単には近づけないからだ。

　しかし、その条件がかえって湖の神聖化をもたらし、アイダハルの伝説的要素を引き立てている。人が滅多に来ない場所で太古から独自の生態系が築かれているなら、未確認の生物が存在する可能性はあり、非常にロマンを感じる場所だ。

アヴァロン《あゔぁろん》

神話・伝説・叙事詩

グレートブリテン島（イギリス国土の中心的な島）の北西に存在するとされる伝説の島。アーサー王物語の舞台として知られ、戦で深い傷を負ったアーサー王は、この島に渡って最期を迎えたという。

　美しいリンゴの実る楽園であり、アヴァロンという名称は、ケルト語でリンゴを意味する「abal」に由来するといわれる。伝説によれば、アーサー王は来たるべきときに目覚めるので、アヴァロンで眠っているだけだという。

　アヴァロンの位置については、イングランドのサマセットにある町、グラストンベリー、とくにその近郊にある丘、グラストンベリー・トーとする説もある。サマセット一帯には湖や湿地帯が広がり、これらが干拓される前は、湿地帯にグラストンベリー・トーが島のように浮かんでいたため、これを「アヴァロン島」と称したともいわれる。

　アヴァロンには、イエス・キリストがグレートブリテン島を訪れた際の上陸地であるという伝説もあり、のちに、そこがイギリス最初のキリスト教会になったとされるが、この場合のアヴァロンは、現在のグラストンベリーとする説が有力である。

アウターリミッツ《あうたーりみっつ》

作品（テレビドラマ）

アメリカで制作されたSFテレビドラマ（海外ドラマ）で、UFO、エイリアン、超能力、超常現象、モンスターなどをテーマとする一話完結型のモノクローム作品。

　アメリカでは一九六三年九月から一九

六五年一月まで、全四九回を二シーズンで放送。日本では、一九六四年に『空想科学劇場　アウターリミッツ』と題してNET（日本教育テレビ＝現・テレビ朝日）系列が第一シーズンを、一九六六年に『空想科学映画　ウルトラゾーン』と題して日本テレビとNNN（日本ニュースネットワーク）加盟局が第二シーズンを放送した。

前後してアメリカで放映された『トワイライトゾーン』とともに、日本でも人気を博したSFテレビドラマで、その後に円谷プロダクションで制作された『ウルトラQ』『怪奇大作戦』『恐怖劇場アンバランス』など、一連のSFホラードラマシリーズに大きな影響を与えた。

青木ヶ原樹海《あおきがはらじゅかい》

地名

元は溶岩流を指す地元の方言で青木ヶ原丸尾と呼ばれていた。富士山の北西側、東京ドーム約六〇個分、四キロ四方くらいの広さの原生林。富士箱根伊豆国立公園に属し、国の天然記念物および国立公園の特別保護地区に指定されている。また、世界文化遺産（富士山-信仰の対象と芸術の源泉」に含まれる。

八六四年の富士山噴火で流れ出た溶岩を土壌にして原生林ができて、一二〇〇年ほどといわれる。樹海の内部には溶岩洞窟があり、その一部である精進穴は、江戸時代に富士山信仰の修行の場とされていた。また、富士講（富士山信仰）の一つ、丸金講の関連碑と考えられる石碑が四基（丸金石碑群）立っている。

樹海内部には多くの遊歩道、旧遊歩道、登山道が走り、探検した人が結んだロープが残っていることも多い。二一〇種の野鳥が見られ、熊、鹿、猪、狐、など四〇種ほどの動物が棲息するといわれる。木にスプレーなどで落書きするのは自然公園法違反の犯罪行為になる。

一九七四年に松本清張作『波の塔』の単行本を枕にした遺体が発見されたと報道されて以後、樹海を自殺場所にする人が増えたといわれる。さまざまな霊現象や怪奇現象が起きるとされるが、あくまで噂の域を出ない。岩石の中には弱い磁気を発するものもあるが、コンパスが方角を示せなくなることはない。場所による強弱はあるが携帯の電波は通じGPSも機能する。

二〇二一年、樹海の奥深くに封印された強力な呪いに主人公が巻き込まれる映画『樹海村』公開。ただし自殺を防ぎたい山梨側の樹海ロケは断られたため、静岡県裾野市の十里木高原周辺で撮影されたとされる。

赤い紙《あかいかみ》・青い紙《あおいかみ》

怪談

学校が舞台となっている怪談。いくつかのパターンがあるが、代表的なものは、トイレに行って用を済ませた後、どこからか「赤い紙が欲しいか？ 青い紙が欲しいか？」という声が聞こえてくるというもの。「赤」と答えると全身から血が噴き出て死亡し、「青」と答えると全身から血を抜かれて死亡するとされる。

地域や時代によっては、「青」と答えた場合は何者かに首を絞められて殺されるというものや、「青」が「白」になっているものなど、さまざまなバリエーションがある。しかし、紙がポイントである点、提示された紙のどちらかを選ぶと何らかの形で絶命に至る点は概ね共通しており、「何もいらない」と返事をすることで回避できるといわれる。

この怪談は古くからあり、一九三〇年代には関西の一部で広まっていたようだ。京都では節分の夜に「カイナデ」という、腕だけの妖怪が便所に現れるが、用を足すときに「赤い紙やろうか、青い紙やろうか」と唱えると出会わないですむという話がある。そのため、これがルーツになり、「赤い紙・青い紙」にまつわる怪談が全国に広がったと考えられている。

赤いクレヨン《あかいくれよん》

都市伝説

一九九〇年前後に流布し始めた都市伝説。もともとはタレントの伊集院光が創作した怪談がクチコミやネットで拡がり、都市伝説化したといわれている。

ある夫婦が、中古ながら新築同様の一軒家を購入。快適に暮らしていたある日、廊下に赤いクレヨンが落ちているのに気づく。夫婦には子はなく、家に子供が来たこともない。不思議に思いながら暮らしていると、その後、何度も赤いクレヨンが落ちていた。

薄気味悪くなった夫婦が家を調べたところ、妙なことがわかった。よくよく間取りを確認すると、その家にはもう一つ小さな部屋のような空間があったのだ。しかし、どこにも入り口はなく、壁で囲まれている。思い切って一ヵ所の壁紙をはがしてみると、釘打ちされた板が出てきた。

その板をはずすと、中には赤い壁と床に囲まれた部屋が…。壁に近づいた夫婦は言葉を失った。壁は赤いのではなく、赤いクレヨンで書いたこんな字で埋め尽くされていたのだ。

「おとうさんおかあさんごめんなさいここからだしてだしてだして」

アカシックレコード《あかしっくれこーど》

思想・概念

宇宙が始まってから現在までの、あらゆる出来事やデータが記されているとされる膨大な記録層。名称はサンスクリット語で「空間」や「天空」を意味する「アカーシャ」から来ており、「アカーシャ記録」とも呼ばれる。

精神的に超越した人物はアカシックレコードに触れることができ、過去だけでなく未来についても必要な情報を得ることができるとされている。実際に、予言者エドガー・ケイシーや神秘思想家ルドルフ・シュタイナーは、アカシックレコードを活用して予言を行ったとされる。アカシックレコードの研究家の中には、非常にリラックスした心理状態を作り出すことで、一般人でもその記録に触れ、読み取ることが可能とする意見もある。

アガスティア《あがすてぃあ》

人物

インド神話に登場する賢者。ヴァルナとミトラという神の間に生まれた子で、古代インドの聖典である「リグ・ヴェーダ」にも名前が記されている。さまざまな逸話が残っており、古代インドの宗教的叙事詩「マハーバーラタ」によると「海水を飲み干して世界を救った」というエピソードも持つ。

紀元前三〇〇〇年ごろに実在し、膨大な量の予言を残した予言者としても知られる。その予言を記したものは「アガスティアの葉」と呼ばれ、これによって一人一人の未来がわかるといわれる。アガスティアはタミル語文学の開祖とも考えられており、インドの一部では現在も彼を崇拝する人々がいる。

アガスティアの葉《あがすてぃあのは》

占い

古代インドの賢者「アガスティア」が神からの予言をヤシの葉に記したもの。その内容は、破壊と再生を司るヒンドゥー教の神「シヴァ」が、五〇〇〇年前にアガスティアに伝えたもので、人間一人一人の未来がわかるとされる。

これを読むことができるのは「ナディ・リーダー」と呼ばれる特殊な訓練を受けた人々だけで、実際に未来を見てもらうには彼らに会いに行く必要がある。初めは指紋によって自分の「葉」の範囲が絞られ、その後はナディ・リーダーからの質問に答えていく。これは全て「はい」か「いいえ」で答える質問で、それを繰り返した結果、その人の「葉」が特定される。

特定に成功した場合は一人五〇〇〇円ほどの料金が必要となる。時には「葉」が見つからないこともあり、その場合には料金が不要となる。「トリック」や「観光資源」という見方もある一方、「本人かよほど近い人間しかおよそ知り得ないことが、過去の事象も含めて書かれていた」「記載されていた未来の出来事を、ときが経ったあとに検証したところ、全てではないが高い確率で的中していた」という人もいる。

(⇨アガスティアの項も参照)

赤《あか》マント《まんと》

怪談

夕暮れ時に赤いマントを羽織った怪人が現れ、子供や若い娘を殺害するという怪談。多くは人気のない街中が舞台となっているが、学校のトイレに出現するパターンもある。その際は「赤いマントはいるかい」と聞かれ、「いる」と答えると背中をナイフで刺され、あふれ出た血がまるで赤いマントのように見えるまま死亡するという。

　こうした赤マントに関する話は、一九三七年ごろには既に噂になっていたという。二・二六事件や怪人二十面相など、そのルーツは諸説あるが、有力なのは一九〇六年に起きた「青ゲットの男事件」だ。これは、青いゲット（毛布）をかぶった男が福井県のある家を訪ね、一人ずつ誘い出して三人を殺害した実際の未解決事件で、殺害現場では被害者の多量の血痕が見つかった。色の違いはあるものの、犯人がマントに似た毛布をかぶっており、事件の内容に連想させる点があるため、これが起源になったのではないかといわれている。

アガルタ《あがるた》

神話・伝説・叙事詩

世界の中心にある理想世界あるいは都市名で、地底にあるとされる。北欧神話に登場する神族の王国アースガルド（ドイツ語でアガルタ）が語源であり、ヒンドゥー教・チベット仏教の理想都市シャンバラと同義とされる。また、二万四〇〇〇年前に地底に沈んだ超古代文明レムリアの地底都市テロスもその類型といえる。アメリカのシャスタ山にテロスへの入り口があるとされている。

　一九〇八年、ウィルス・ジョージ・エマルソン作『The Smoky God』の舞台は地下にある世界で、エデンの園（アガルタ）であるとした。以来、高度文明を持つ地下世界のイメージが拡がり、アガルタを描く作品が多数発表されるようになった。

　日本では、一九七五年、高階良子の漫画『はるかなるレムリアより』で、レムリア＝ムー大陸とした。一九九七年、松本崇春作・漫画『アガルタ』連載開始。二〇一一年公開、新海誠監督アニメ映画『星を追う子ども』で主人公がアガルタを旅する。二〇一七年、スマホゲーム『フェイトグランドオーダー／略称ＦＧＯ』ではストーリータイトルとして「伝承地底世界アガルタ」が登場する。二〇二〇年、スマホゲーム『モンスターストライク』に、「憎悪を貪る地底魔獣アガルタ」が新キャラクターとして追加されている。

アカンバロ恐竜土偶《あかんばろきょうりゅうどぐう》

遺跡・オーパーツ

ドイツの実業家ヴァルデマール・ユルスルートが、一九四五年にメキシコのアカンバロで発見した恐竜型の土偶。その数は三万二千体にもおよび、いうまでもなく、恐竜の絶滅（約六六〇〇万年前）は人類の発生（六〇〇～七〇〇万年前）よりも遙か昔であり、恐竜の姿を知るには、現在そうしているように、残された骨その他を科学的に検証し、生きていたときの姿を導き出すしかない。驚くべきことに、アカンバロ恐竜土偶は二五〇〇年前に作られたにもかかわらず、その仕上がりは精巧で、細かな違いはあるものの、現代の研究で導かれた恐竜の姿とよく似ている。

　一般的に土偶は祭祀などで利用されるものだが、作りが精巧であるため、アカンバロ恐竜土偶は教育的な用途で用いられたのではないかと考えられている。また、その作品や技術には、エジプトやシュメール、モンゴル、日本など、世界各地の文明の特徴が見られるという。そのため、この恐竜土偶を鑑定した学者によって、かつてのアカンバロには知られざる高度な文明が存在し、同時期の古代文明とも接触があったのではないかという仮説が立てられている。

　なお、一部には、恐竜土偶を捏造であるとする意見もある。

アカンバロ文明《あかんばろぶんめい》

超古代文明

発掘された恐竜土偶を根拠に、現在のメキシコにあったとされる文明。恐竜土偶は、メキシコの首都メキシコシティから西北に一八〇キロメートルほど離れたアカンバロ郊外で、考古学マニアのドイツ人実業家、ヴァルデマール・ユルスルートによって発見された。

　恐竜土偶が作られたのは、紀元前二五〇〇年ごろとされるが、その姿は細部まで現在わかっている恐竜の特徴と酷似しているため、この時代に恐竜の骨などから姿を再現する文明が存在した証拠とされ、一時大きな話題になった。

　しかし、恐竜土偶と、それとともに出土した他の土偶類以外に、この文明の存在を証拠づけるものは見つかっておらず、恐竜土偶自体を捏造とする説もあり、アカンバロ文明についての詳細はわかっていない。

（⇨アカンバロ恐竜土偶の項も参照）

アキストゼネコ《あきすとぜねこ》

都市伝説

一九六〇年代の日本で流行した恋占いで、とくに小学生の女子の間で流行した。一九八〇年代には当時人気を博した男性アイドルグループ「光ＧＥＮＪＩ」がビデオのタイトルに用いてブームが再燃し、そのときは小学生に限らず日本全国の女子学生たちの間で大流行した。

　やり方は、まず占う対象の男女二人の名前を平仮名か片仮名で書き出し、数字に変換する。変換法は、「あかさたな……」のような「あ」の列は1、「いきしちに……」のような「い」の列は2、同様に「う」の列は3、「え」の列は4、「お」の列は5とする。「ん」は1とする。

　数字に変換して以降のやり方にはさまざまなバリエーションがあるが、一例は以下の通り。男女の共通する数字を消し、残った数字を男女それぞれで合計する。その数字を以下に当てはめると、それぞれの相手に対する思いがわかるとされる。

1＝あ＝愛してる
2＝き＝嫌い
3＝す＝好き
4＝と＝友達
5＝ぜ＝絶交
6＝ね＝熱愛中（または熱中、熱烈）
7＝こ＝恋人
8＝あ＝愛してる（8以下は1〜7をくり返す）

　数字がすべて消えた場合は「運命の人」を意味しているという。

　ほかに、「出た数字が二桁の場合は一桁になるまで一〇の位と一の位の数字を足す（たとえば一四→五）」「共通する数字を消すとき、少ないほうの個数までしか消せない」「数字に変換したあと、それを一行目と二行目に書き、縦か斜めに同じ数字があるときだけ消せる」など、多くのやり方がある。

秋田の聖母マリア《あきたのせいぼまりあ》

事件

秋田県秋田市に所在するカトリックの在俗修道会「聖体奉仕会」に安置されるマリア像と一連の奇跡的な現象を示す言葉。このマリア像は一九六三年に地元の彫刻家によって修道会に寄贈された木製のもので、一九七五年から六年間にわたって計一〇一回涙のような液体を流したという。その液体を調査した結果、「人間の体液」であることが判明した。

　この現象が発生する以前から、修道院で仕える女性の手に十字架型の傷が浮かび上がったり、マリア像から聖母のお告げと思わしき言葉が発せられたりといった現象が発生していた。これらの現象はカトリック教皇庁によって正式に「聖母出現」と認可されている。

　二〇一九年一一月、聖母からのお告げを聞いた女性の前に天使が出現して毎日祈りを捧げることと幼子のようになって犠牲を捧げることを懇願したという。

　天使が発した言葉は、女性の信仰心を確かめるものか、欲望と怠惰にまみれた我々人類に対する警告かは定かではない。

秋山眞人《あきやままこと》

人物

一九六〇年〜。日本の超常現象研究家。静岡県出身。「人を自由と幸せの領域に案内する」ことを天命とし、数多くの著作がある。一三歳で神秘的体験をしたのち、一九七四年にユリ・ゲラーが来日した際に超能力少年としてメディアで取り上げられる。その後、日本の大学院で心理学や宗教学を学び、海外の大学からも哲学分野で名誉学位を受けている。また、その知識や神秘的な能力を用いて、数々の企業のアドバイザーを務めるなどビジネスにも関わっている画家でもある。

悪魔の足跡《あくまのあしあと》

心霊スポット（世界）

ドイツ・バイエルン州の州都、ミュンヘン市の中央にあるフラウエン教会（聖母教会）の入り口近くの床についている灰色の足跡。平均的な大人の足程度の大きさで、片足のみ。

床にあるベージュのデザインタイルに、斜めにおさまる形でくぼんで灰色になっており、指はなく、かかとの後ろに小さな突起物の跡がある（悪魔の絵画などでかかとの後ろに突起物が描かれることがあるが、その跡と考えられる）。

フラウエン教会は二つの高い塔が特徴的な建物で、祭壇に向かって縦長の広大な聖堂を持つ。その左右には美しいステンドグラスがはめ込まれた縦に細長い窓がずらりと並んでいる。

この悪魔の足跡のところに立つと、その左右の窓が一つも見えなくなる。というのは、祭壇に向かって左右に白い柱が並んでおり、ちょうど柱にさえぎられて窓が見えなくなるのだ。

正面の祭壇の後ろにも窓があるが、建築当時は、巨大な祭壇が置かれており、その窓も見えなかったという。

悪魔の足跡がついている理由には諸説あるが、代表的なストーリーは次のようなもの。町の中央に立派な教会ができたので、壊してやろうとやって来た悪魔は、この場所に立ち、「窓のない教会とはお粗末なことだ」とせせら笑い、壊すのはやめ、足跡を残して去った。

「そこから一歩踏み出すと、窓からまばゆい光が入り込んだので悪魔は死んでしまった」という説や、「もともと『窓のない教会にする』という悪魔との取り決めがあったので、ここに立たせて騙した」などの説もある。

悪魔のいけにえ《あくまのいけにえ》

作品（映画）

一九七四年一〇月に公開された米国のホラー映画（日本での公開は一九七五年二月）。R指定作品。米国テキサス州に帰郷した五人の男女が、近隣に住む人皮のマスクを被った殺人鬼「レザーフェイス」に襲われ殺害されていく様子が描かれたホラー作品。

リアルな殺人描写やシリアルキラー（連続殺人者）によって若者が次々と惨殺されるというスタイルはスプラッター・ホラーのお決まりのジャンルとして受け継がれ、その描写の芸術性のためにマスターフィルムがニューヨーク近代美術館に永久保存されることとなった。ＢＧＭを一切使用せずに効果音のみで演出する手法や、チェーンソーでの殺害シーンでは直接的な切断描写が存在しないことが最大の特徴とされる。

一九五七年にウィスコンシン州で実際

に起きたエド・ゲインによる猟奇殺人事件をモデルにしたということが通説になっているが、監督・脚本・制作のトビー・フーパー自身はこの事件については「偶然の一致で、実際は一九六六年に起きた『テキサスタワー乱射事件』の影響が強い」と述べている。フーパーはこの作品により全米及び英国への進出を果たした。

悪魔の棲む家《あくまのすむいえ》

作品（映画）

一九七九年七月に米国で公開されたホラー映画（日本での公開は一九八〇年三月）。超常現象を題材にしたジェイ・アンソン著のベストセラー『アミティヴィルの恐怖』を映画化した作品。監督はスチュアート・ローゼンバーグ。

一九七四年、米国・ニューヨーク州の島、ロングアイランドのアミティヴィルにある邸宅で、一家の長男が両親と四人の弟妹を射殺する事件が起きる。当時二三歳の長男は自ら警察に通報し、「家が家族を殺すよう命じた」と主張した。

一年後、若い夫婦と三人の子供たちがこの家に移り住む。一年前にそこで起きた出来事を知りながらも、破格値にひかれて家を購入したのだ。

やがて、数々の怪奇現象が一家を襲い始める。取り憑かれる父親、感情があるように動く家……。呪われた家で過ごす一家の二八日間を描く。

本作は「実話の映画化」とされるが、原作には事実と異なる部分があるとも指摘されている。一九七四年の事件や一年後に主人公一家が移り住んだことは事実だが、その後の怪奇現象については疑義をはさむ声があるのだ。しかし、そうした話題も含めて、いっそう映画は注目された。

先行ヒットしていたエクソシストやオーメンのような派手な恐怖シーンは少ないものの、全体に漂う狂気や禍々しさが観客の恐怖心を煽り、高く評価された。その後はテレビ映画を含めて六本の続編と一本のリメイク版が制作された。

アクロポリス《あくろぽりす》

遺跡・オーパーツ

古代ギリシャのポリス（都市国家）のシンボルとなった小高い丘。アクロポリスは「高いところ」「城市」を意味し、通常、防壁で固めた自然の丘に神殿や砦などを建てた。もともとは王の居城であり、ポリス成立以後は、有事の際の避難場所としての機能ももつ軍事的中核になったとされる。

ギリシャには多数のアクロポリスがあるが、中でも有名なのがアテナイのアクロポリスで、一般に「アクロポリス」といえばこれを指す。もとは木造建築で、ペルシャ戦争時に全焼したが、その後、石造建築によって再建されたといわれる。

現在、その丘にはパルテノン神殿、ア

テナ・ニケ神殿、プロピュライア（神域の門）、エレクテイオンという古代ギリシャ美術の傑作四つが存在する。

アゴグウェ《あごぐうぇ》

UMA

アフリカで目撃例のある、類人猿型のUMA。おもにタンザニアやモザンビークに生息しているとされる。体長は一・〇～一・七メートルと、人間よりもやや小柄で、黒や褐色、灰色の体毛で全身が覆われている。類人猿型UMAの中でも小柄な部類であるが、他のものと異なるのが手足がかなり長いという特徴だ。

　アゴグウェの目撃例はさまざまあるが、有名なものは一九〇〇年にウイリアム・ヒッチェンズが猛獣狩りの際に遭遇したものと、一九二七年のカスバート・バーゴインのものがある。特に、バーゴインは望遠鏡越しとはいえ、実際に正面から目撃しており、信憑性が高いとされる。彼は貨物船でアフリカを訪れた際に、望遠鏡で野生動物を観察していた。そこには数十頭のヒヒが生息していたが、その中に明らかに他のモノとは異なる種類の褐色の毛におおわれた類人猿のようなものがいたという。

朝里樹《あさざといつき》

人物

一九九〇年～。日本の怪異現象愛好家および作家。北海道生まれ。学校の怪談ブームの時代に幼少期を過ごし、当時から妖怪や怪異に興味を持っていた。大学卒業後、公務員として働く傍ら、怪異・妖怪の収集・研究を行い、『日本現代怪異事典』を自費出版。その作品が人気を博して笠間書院より出版され、ベストセラーとなる。その他、『世界現代怪異事典』（笠間書院）、『歴史人物怪異談事典』（幻冬舎）など、怪異現象に特化した多くの出版物を手がけ、ウェブサイトでコラムも多数書いている。また、二〇二一年には集英社より児童書も出版している。

足売りばあさん《あしうりばあさん》

怪談

奇妙な老婆にまつわる怪談。たくさんの足が入れられた風呂敷を背負ったおばあさんが、学校の帰り道に現れ、「足はいるかい？」と唐突に聞いてくる。「いる」と答えると足を無理やりくっつけられて三本足になり、「いらない」と答えると片足をもぎとられるという。

「私はいらないので〇〇のところにいってください」と友達の名前を出すと回避できるが、実際に老婆はその友人の元を訪れるというチェーンメール方式になっているようだが、その起源は定かではない。

アシオス《あしおす》

組織・団体

超常現象の科学的解明を目的に設立された団体。創設者は作家の本城達也。超常現象を頭ごなしに嘘と断定するのではなく、科学的に調査・研究した上で真相を追究することを目的とする。会員には翻訳家のナカイサヤカやアマチュア動物研究家の横山雅司、同じく超常現象に対して懐疑的な立場をとる団体「と学会」に参加経歴を持つ山本弘や皆神龍太郎らが名を連ねている。

ＡＳＩＯＳが刊行した『謎解き超常現象』シリーズ（彩図社）やそれを原作としたテレビ番組『幻解！ 超常ファイル ダークサイド・ミステリー』（ＮＨＫ ＢＳプレミアム）は、それまで語られることがなかった超常現象の真実を記したものだが、「子供の頃の夢を壊された」「嘘と分かって興醒めした」などといった批判が一部から寄せられているという。

アジュー《あじゅー》

ＵＭＡ

北アフリカ、モーリタニアに棲息すると言われるＵＭＡ。外見は犬型で体高は七〇センチほど。体重や体高は小さめの狼のようなサイズで、足に水かきがある以外は外見に大きな特徴はない。そのため、現在ではアフリカに棲息する野犬であるとも考えられている。

しかし、地元サハラ砂漠のいくつかの部族の間では、アジューにはさまざまな超常的能力があると信じられており、特殊なフェロモンを使って民族同士の争いを招くといわれている。

アズテク事件《あずてくじけん》

事件

一九四八年、アメリカのニューメキシコ州アズテクにＵＦＯが墜落したとされる事件。マロック（現・エドワーズ）、サンタフェ、コロラドの三ヶ所でレーダー基地が飛行物体を確認し、その位置が特定された。そのため、アメリカ空軍を派遣したところ、直径一〇メートルほどの円盤状の物体が発見されたとし、内部では体長三～四フィート（九〇～一二〇センチ）ほどで、目が吊り上がった乗員が死亡しているのが見つかったと報道された。この事件は、フランク・スカリーが著した『ＵＦＯの内幕』で取り上げられて有名になったが、後に捏造であったことが判明した。

アストラル体《あすとらるたい》

オカルト用語

「幽体」あるいは「感情体」と呼ばれる人体の要素。心霊学による考え方で、一九世紀に魔術師が使い始めたとされる。人間の体は肉体と霊体、そしてアストラル体の三つが重なり合っており、それは肉体とほぼ同じ形態を持つが、特殊な訓練を受けた人間にしか見えないとされる。

　神秘学者のシュタイナーは、人体は「肉体」「生命力＝エーテル体」「感情体＝アストラル体」「自我＝自分らしさ」の四つの要素で成り立っているとした。自然科学では物質的な肉体しか認識しないが、精神科学で考えるとアストラル体などの「体」があり、霊視能力が高まるとともにそれが見えてくるとした。

　「幽体離脱」は一時的にアストラル体が分離する現象とされる。また、睡眠中、一時的にアストラル体が肉体を離れてアストラル界を訪れた体験を、人は「夢」と認識しているのだという。肉体が死を迎えた時、アストラル体は肉体から分離してアストラル界で暮らすとされる。これは霊界へ行くまでの過渡的な世界と位置づけられている。

アセンション《あせんしょん》

思想・概念

宇宙からのエネルギーが物体や身体に何らかの影響を及ぼすこと。多くの場合は「次元上昇」と同義とされ、自らの魂を磨くことで、ワンランク上の高等な存在になれるという意味で用いられる。

　さらに、我々が暮らす地球自体もアセンションをしており、これに合わせて人間もアセンションをしなければ取り残されてしまうともいわれる。戦争や森林伐採をくりかえしていては次元上昇が果たせず、自然災害などによってそのしっぺ返しを受けてしまうという。ただ、こうした意味合いのアセンションはスピリチュアル的な面が強く、懐疑論者からは否定的な目で見られている。

アトランティス《あとらんてぃす》

超古代文明

古代ギリシャの哲学者プラトンが、著書『ティマイオス』と『クリティアス』に記述した伝説上の広大な島、及びそこで繁栄したとされる帝国。プラトンの著書には、「(プラトンの時代より)九〇〇〇年前に海中に没した」と記されている。

　存在した位置はジブラルタル海峡の外側の大西洋で、非常に広大な島だったとされる(そのため、「アトランティス大陸」とも称される)。アトランティスは資源の宝庫であり、農産物が豊富で、畜産も盛んだったという。

　八四万の兵、一万台の戦車、一二〇〇隻の軍艦、二四万人の乗組員を動員できたとされ、突出した軍事力で大西洋を中心に地中海西部を含んだ広大な領土を支配していたとされる。

　王家がポセイドン(ギリシャ神話の神)の末裔であったために、これほどの富と力を得ることができたとされるが、ときが下るにつれて、ポセイドンの子孫と人間が交わって神性は失われ、アトランティス人は物質主義に走り、暮らしは荒廃したという。

紀元前九四〇〇年頃、アトランティスは地中海沿岸部に征服戦争を仕掛けたが、激しい抵抗に遭って敗戦。その直後、すさまじい大地震が起こり、津波と洪水によって、高度な文明を築き上げたアトランティスは一昼夜のうちに海底に沈んだとされる。

アトランティス文明をテーマやモチーフとした作品は、映画、小説、ドラマ、アニメ、ゲームなど、幅広いカテゴリーに渡って多数存在する。

アトランティス大陸《あとらんてぃすたいりく》

超古代文明

⇩アトランティス

アドルフ・ヒトラー《あどるふ・ひとらー》

人物

一八八九〜一九四五年。ナチス・ドイツの政治家。一九三三年から首相を務め、ナチズムと優生思想に基づく過激な政策によって、ヨーロッパにおける第二次世界大戦の発生を導き、ホロコースト（大量虐殺）を起こしたとされる。

第一次世界大戦時までは無名の青年であったが、戦後に人種主義と反ユダヤ主義を掲げた政党の党首として政治活動を行うようになる。一九二三年にはミュンヘン一揆を起こして中央政権転覆を狙い、一時的に投獄されるが、出獄後は選挙で勢力を拡大。その後、首相となって権力を掌握し、ユダヤ人以外にも性的少数派や障がい者への差別を強めた。

一方で、ヒトラーはオカルトに傾倒していたことでも知られる。党幹部には神秘主義者やオカルティストが多くおり、ヒトラー自身も数々の予言を行ったという。ＵＦＯのような戦闘機を開発していた記録や、常軌を逸したような発想から作る超兵器と呼ばれる武器の計画もあったといわれている。

敗戦濃厚となった一九四五年四月に、夫人とともに自ら命を絶ったが、その後、生存していたという説もある。

Another《あなざー》

作品（小説）

綾辻行人による日本の小説で、『野性時代』（角川書店）の二〇〇六年八月号〜二〇〇九年五月号に連載されたのち単行本化。さらに文庫版として出版され、のちにコミック、アニメ作品が生まれ、実写映画化もされた。

主人公は男子中学生の榊原恒一。さまざまな事情から母の実家で暮らすこととなった恒一は、転校先の中学の三年三組に転入。生徒たちが何かに怯え、何かを隠しているように感じられる奇妙なクラスの中で、周囲と決して関わらない不思議な存在の少女、見崎鳴と知り合う。やがて凄惨な事件が起こり、そのクラスに隠された悲惨な歴史と恐るべき現実が明らかになる。

　ホラー・ミステリー・サスペンスの要素を併せ持つ作品で、その独特の雰囲気が読む者・観る者を異様な世界に引き込んでいく。

　類を見ない世界観によってベストセラーとなり、続編として『Another エピソードS』、さらに『Another 2001』が出版された。

アナベル《あなべる》　死霊館の人形《しりょうかんのにんぎょう》

作品（映画）

二〇一四年一〇月に公開された米国のホラー映画（日本での公開は二〇一五年二月）。PG12指定。二〇一三年に全米で大ヒットした『死霊館』に続くシリーズ二作目で、内容は時系列的には一作目の「前日譚」に当たる。監督は一作目で撮影を担当したジョン・R・レオネッティ。

　子供の誕生を目前にした幸せな日々の中、夫は人形好きの妻に贈ろうと、美しいアンティーク人形を入手する。ところがある晩、カルト集団に属する男女が一家を襲撃。警察の介入で事なきを得たものの、人形に自殺した女の血痕がつき、邪悪な呪いがかかってしまう。人形をめぐって次々と怪奇現象が起こり、夫妻と生まれた赤ん坊に襲いかかる。

　本作は実際にあった事件をベースにしているとされる。呪われた「アナベル人形」は実在し、有名な超常現象研究家であるエド&ロレイン・ウォーレン夫妻が調査・保管しているという。

　『死霊館』シリーズは、本作を含むアナベルシリーズ三作、スピンオフ作品二作を含めてすでに七作あり、二〇二一年六月に最新作が米国で公開された（当初、二〇二〇年九月公開予定だったが新型コロナの影響で延期）。さらに、時期は未定ながらほかにも二作、制作予定となっている。

アニミズム《あにみずむ》

思想・概念

人間を含めた万物に霊魂が宿るとする思想。人類学者のエドワード・バーネット・タイラーによって提唱された。実態を持たない霊的存在が物体に生気と動きをもたらすという唯心論的世界観に支えられており、霊魂は自由に体を出入りできるとしている。

　つまりは我々が考えたり動いたりする主体が霊魂であり、「死」とはこの霊魂が身体から永遠に離脱してしまうことを指す。さらに、一時的に霊魂が抜けた場合も身体に何らかの影響を及ぼし、夢を見たり病気になったりするのはこのことが原因であるという。アニミズムは科学的には根拠がなく、似非《えせ》科学として批判を受けることも多いが、一部では現在も厚く信仰されている。

アヌンナキ《あぬんなき》

宇宙・UFO・宇宙人

シュメール文明で記述されていた、宇宙人あるいは神々の集団で、この名称は「空から降りてきた人々」を表す。考古学者ゼカリア・シッチンによってシュメールの古文書から見出され、人類の創造主だと考えられている。

専門家によると、その姿は爬虫類と人間を合わせたような姿をしており、目は赤く、身長は二メートル以上にもなるという。アヌンナキは宇宙からやってきて、地球で類人猿をもとにして人類を誕生させたとされる。神話の中で語られる存在ではあるが、アヌンナキの存在とそれによる人類誕生のストーリーは一定の人々に支持されており、関連の書籍なども多数存在する。

アフール《あふーる》

UMA

インドネシアのジャワ島にいるとされるUMA。コウモリに似た姿をしており、翼を開くと四メートル弱になり、これは現存する最大種のコウモリの二倍以上のサイズだ。さらにアフールの顔は猿のようで、その目は黒く大きく光っている。かなり不気味な外見をしているが、アフール最大の特徴が「鳴き声」だ。それは、見た目に反して非常に透き通った美しいものだと言われている。

「アフール」という名前もその鳴き声に由来しており、棲息する洞窟に「ア・フール!」という声を響かせることからつけられたという。そのような美しい声ならぜひ一度聞いてみたいものだが、情報は多いもののその正体は詳しくはわかっていない。アフールは肉食で時には人を襲うこともあるため、ジャワ観光の夜に美しい声を聴いたら注意した方がよさそうだ。

Apsu Shusei《あぷすーしゅうせい》

人物

文様作家、怪談蒐集家。一九八五年〜。幼少期より日本古来の文化や風習に関心を抱き、一〇代で四国八十八カ所をはじめ全国の秘境や離島を訪問。旅の中で得たインスピレーションを基に動物や文様を描きはじめ、二〇〇九年から本格的に活動を開始。文様作家として幾何学的で繊細な〝線〟を用いた手書きの作品を創作する傍ら、怪談蒐集家として怪談会を定期的に開催し、バンド編成の怪談会や怪談をテーマにした展覧会を開催。現在、ホテルのアートディレクションの経験を活かして約一四カ国の人に怪談を語り、世界中の怪談を蒐集している。

アブダクション《あぶだくしょん》

宇宙・ＵＦＯ・宇宙人

オカルト分野においては、ＵＦＯや異星人による拉致や誘拐を指す。多くの事例では、本人の意思とは無関係に連れ去られている。一九六一年のヒル夫妻誘拐事件が有名で、アブダクションを受けたものはアブダクティと呼ばれる。その目的は不明だが、地球人の調査や人体実験などさまざまな可能性が考えられている。

誘拐直後は催眠によって記憶がない場合も多い。さらにはその後ずっと記憶がないことも多いといわれており、一九九一年にローパー機関（アメリカの調査機関）が行った調査では、三〇〇万人以上のアメリカ人が潜在的アブダクティの可能性があるといわれる。

アブラメリンの神聖魔術《あぶらめりんのしんせいまじゅつ》

魔術

一五世紀に記されたと言われる魔導書のこと。一九世紀末にフランス国立図書館内で発見されて、イギリスのオカルティスト、マグレガー・メイザースが英訳本を出版したことで、その名が知られるようになった。

書籍内の記述によると、著者はドイツで暮らしていたユダヤ人魔術師で、表題のアブラメリンとは、彼にエジプトの秘術を伝えた導師の名前である。

秘術を使用するためには、まずは六ヶ月間修行を行った後に聖守護天使の加護を得て、それから悪魔を呼び出して彼らの力を利用するのだ。アブラメリンの秘術で使用する護符はアルファベットを並べただけの非常にシンプルなものであるが、メイザースの解釈によると古代語を表したものだという。

魔術を使うことに成功すれば、莫大な富を手に入れたり意中の人物と恋愛することが可能になるそうだ。現在、日本語版が刊行されているので、興味のある方は実践してみてはいかがだろうか？

アポート《あぽーと》

超能力・超常現象

実在すると言われる超能力の一種。別の場所に所在する物体を取り寄せたり、何もない場所から物体を取り出したりする能力の総称。テレポート能力と異なり、自身を瞬間的に移動させることはできない。

物体を瞬時に移動させるメカニズムでは、「エクトプラズム」と呼ばれる霊的エネルギーを物体に接触させることで原子の運動が活発化して非物質化する。非物質を目的地に移動させた後、原子の運動を弱めることで再結合して再物質化するという説が存在する。

明治時代の女性・長南年恵は「神水」

と呼ばれる液体を取り出す能力を有していた。彼女は神水を薬品として人々に飲ませていたところ、無許可で民間療法を行ったとして警察に逮捕された。六〇日に及ぶ勾留期間中、長南年恵は食事をほとんど摂取しなかったにもかかわらず健康な肉体を保ち、汗や排泄物を全く出さなかったという。

　釈放後、弁護士たちの立ち合いで行われた実験の場では、一升瓶を神水で満たすことに成功し、その事実は当時の大阪毎日新聞が大々的に報じたのだ。

　長南年恵がアポートした神水とは、エクトプラズムの結晶だったのだろうか？

（⇩エクトプラズムの項も参照）

アポロ計画陰謀論《あぽろけいかくいんぼうろん》

説・論

　一九六一～一九七二年にかけて、人類初の月への有人宇宙飛行「アポロ計画」が、アメリカ航空宇宙局（NASA）により実施され、全六回の有人月面着陸に成功した。一九六九年七月二一日二時五六分、アポロ11号の月着陸船からニール・アームストロング船長が、その一九分後にバズ・オルドリン操縦士が月面に降り立ち、歩いた。この様子は、全世界にテレビ中継された。

　一九七四年、ビル・ケイシングが人類の月面到着は捏造だとした本『我々は月に行っていない』を発刊。地球平面協会のチャールズ・ジョンソン会長は、「脚本家が脚本を書き、ハリウッドスタッフによってアリゾナで撮影された映像」だと主張した。

　二〇〇三年、副島隆彦（当時常葉学園大学教授）が自身のブログでアポロ計画はアメリカ政府による情報操作の具体例とし、二〇〇四年に『人類の月面着陸は無かったろう論』を出版。しかし、多くの間違いや物理・化学面の初歩知識のなさを指摘され、二〇〇五年の『日本トンデモ本大賞』に選出された。早稲田大学名誉教授の大槻義彦は、二〇一五年のブログに「当時、東大物性研究所で月の石が研究された。地球の石と比較して特別な目新しいことはなかったので、研究に携わった大学院生たちが、世界に配られた月の石は本物なのか疑いを持った」と記している。

　オーストラリア国立大学のT・アイルランド教授は、アームストロング船長によって採取された月面の塵を根拠に捏造説を否定。同大ロス・テイラー名誉教授は、月の石の分析から、かつて月が地球規模で溶融したことを明らかにし、地球の石にはない特有の組成を確認している。

天ヶ瀬ダム《あまがせだむ》

心霊スポット（日本）

　京都府宇治市、淀川本川（宇治川）中流部にある高さ七三メートル、幅二五四メートルのアーチ式ダム。

　かつては自殺の名所として知られ、こ

とに二〇〇八年七月～一一月には短期間に七名の自殺者が出る事態となった。そのため、同年一二月に堤の上の通行が禁止された。現在は申請すれば、昼間のみ通行可能となっている。

そのような歴史があるだけに、ダムとその周辺では心霊現象の噂が多い。「群がるような多くの人魂」「ダムの上から飛び込み続けている亡霊」「湖面を歩いている人」「周辺の道を走っている首なしライダー」などを見たという噂がある。

ハッキリした心霊現象を見なくても、周辺の道路では、なぜか自動車やバイクの故障やトラブルが起こりやすいといわれている。実際に、周辺の峠道では事故が多発しているので、通るときには十分な注意が必要だ。

なお、ダム管理側の努力と対策により、近年の自殺者は激減しているという。

アマビエ《あまびえ》

妖怪

日本の妖怪。江戸時代後期、肥後（現在の熊本県）に現れたとされる予言獣。鳥のようなくちばしと長い髪、ヒレのような三本の足を持ち、体はウロコに覆われている。江戸時代後期に刷られた一枚の瓦版に、アマビエが出現したときのエピソードがつづられている。

その記載によれば、「毎夜、海に怪しい光が見える」という訴えを聞いて、土地の役人が行ってみたところ、海面に不思議な生き物が現れ、「私は海中に住むアマビエと申す者」と名乗ったという。さらに、「当年より六年間は諸国で豊作が続くが、同時に疫病が流行する。早々に私の姿を描き写して人々に見せよ」と告げて海中に姿を消したという。

こうした意味の文章に添えて、ペンギンと人魚を合体させたようなユニークな絵が掲載されている。文末には「弘化三年四月中旬」とあり、これは一八四六年五月上旬に当たる。

妖怪のなかではマイナーな存在だったアマビエだが、二〇二〇年からのコロナ禍で、一躍脚光を浴びるようになった。「新型コロナウイルス感染症の一日も早い終息を」という人々の願いを乗せ、SNSでアマビエの存在が大拡散されたのだ。

さまざまなアマビエの姿がSNSに投稿されるなか、妖怪漫画の大御所、水木しげるが過去に描いたアマビエの原画が公開された。一九八四年、『水木しげるの続・妖怪事典』（東京堂出版）に掲載されたもので、その後も何冊かの著作に収録された。テレビアニメ「ゲゲゲの鬼太郎」第五シリーズ（二〇〇七～二〇〇九年）では、鬼太郎の仲間としてアマビエが登場している。

その後もブームは加速し、あらゆるアマビエグッズ、菓子、お守りなどが作られている。

なお、アマビエに関する記録は、一枚の瓦版しかないのに加え、三本足の予言獣である点が共通していることから、妖怪・アマビコを誤記したものではないかとの見方もある。

アマビコ《あまびこ》

妖怪

日本の妖怪。九州地方を中心に伝わる予言獣で、江戸時代後期～明治中期の刷り物などに、その姿や出現時のエピソードが残されている。

容姿は記録によって多少の違いがあるものの、多くは三本脚で猿のような姿をしている。姿だけでなく、「猿のような声を発して人を呼んだ」という記載もある。

名称は、「あま彦、天彦、尼彦、天日子、海彦」などさまざまな表記がある。「アマビコニュウドウ(天彦入道、尼彦入道など)と書かれることもある。

海の怪しい光が出現のきっかけとなったことや、「海から現れて自分の名を名のる」「豊作や疫病の流行を予言」「自分の姿を描き写せと述べた」などの点は、アマビエと共通している。三本脚という点も同じだが、「疫病の流行で人類の六～七割が死に絶える」「自分の姿を描き写して見る者は疫病を逃れて無病長寿になる」など、アマビエよりも踏み込んだ発言が多く残っている。

アメリア・イアハート行方不明事件《あめりあ・いあはーとゆくえふめいじけん》

事件

アメリカの女性飛行士、アメリア・メアリー・イアハートが行方不明になった事件。彼女は女性として初めて大西洋単独横断飛行に成功し、一九三七年に赤道をたどる世界一周飛行に挑戦する。しかし、南太平洋で行方不明となり、その後アメリカ海軍と日本海軍によって大規模な捜索がなされたものの、機体と遺体ともに発見されなかった。そのため謎の失踪として話題となり、事件の詳細は現在も分かっていない。

その後、キリバス領のニクマロロ島で西洋人女性とみられる遺体が発見されたが、彼女であるという証拠は見つかっていない。謎の最期のために、ＳＦやフィクション作品で彼女を題材としたものは多く、アメリカでは現在も国民的ヒロインとして人気がある。

アモモンゴ《あももんご》

UMA

フィリピンのネグロス島に棲息するというＵＭＡ。類人猿型でゴリラのような姿をしている。地元の人の中ではアモモンゴは山のふもとの洞窟に棲んでいるとされ、立ち上がると一・七メートルほどになる。その外見は白い体毛に包まれており、人間がいる街からは離れて暮らしているといわれる。

アモモンゴの目撃情報は多く、二〇〇八年には住民が襲われた事件も発生している。その一方で、多くの動物学者がアモモンゴの存在を否定している。その理由として、類人猿は白色ではないという点や、フィリピンには動物園以外に大きな猿は存在しないということを挙げている。しかし、これらの主張に対してアルビノ（先天的なメラニン色素の欠乏）による白化や奥地ジャングルが広大だからという意見もあり、議論は尽きないようだ。

怪《あやかし》 ～ayakashi～

作品（テレビアニメ）

日本のホラーアニメ作品。フジテレビ系列の深夜アニメ放送「ノイタミナ」枠で二〇〇六年一月一二日から同年三月二三日まで放映された。

日本古来の怪談のうち、著名な「四谷怪談」「天守物語」「化猫」を元に制作。クリエーター達が原作を独自に解釈したり、新しいストーリーを加えたりしながら、現代的な視点を加味した斬新な作品を作り上げた。

それまで少女漫画原作のアニメを放映していたノイタミナ枠の路線とは、打って変わった作品群となった。

「四谷怪談」四話、「天守物語」四話、「化猫」三話の計一一話。それぞれオムニバス形式で制作され、ストーリー上のつながりはない。

二〇〇七年には「化猫」の登場人物を主人公にした『モノノ怪』が制作・放映された。

荒俣宏《あらまたひろし》

人物

一九四七年～。日本の博物学者、妖怪研究家。東京都出身。中学生の時から翻訳家、平井呈一に師事し文筆を学ぶ。幻想小説や怪奇小説に関心を持ち、大学卒業後は株式会社マルハニチロ（当時は日魯漁業）にプログラマーとして勤める傍ら、執筆活動を続ける。その後、小説家として独立し、デビュー作の『帝都物語』シリーズがベストセラーとなる。オカルト分野に広い影響力を持ち、彼が著作で陰陽道や風水を取り上げたことが、世間に広まったきっかけになったともいわれる。

アラヤシキ《あらやしき》

思想・概念

漢字で「阿頼耶識」と書く。大乗仏教の学派のひとつ「瑜伽行唯識学派《ゆがぎょうゆいしきがくは》」で独自に見いだされる概念で、人間の中に無意識に存在する生命力である。

この生命力は仏教では「識」と称され、眼識、耳識、鼻識、舌識、身識、意識、末那識と続いて最下層にある八つ目の識がこのアラヤシキだとされる。人々の思念を「因」としてそれを未来において「果」につなげる。すなわち強く思うことによってそれを実現させる力で、これを「因縁生起」といい「縁起の法則」とも表現される。

　自分が明らかに意識できている顕在意識の対義語としての「潜在意識」、すなわち無意識のうちに蓄積された自覚しない意識という意味でも使われる。

アルカリレイクモンスター《あるかりれいくもんすたー》

UMA

アメリカ、ネブラスカ州に棲息するといわれる水棲生物。アルカリ湖で目撃されるということが、そのまま名前の由来になっている。見た目はワニのような姿で、目と鼻の間に角が生えている。体表は黒みがかった灰色。体長は一二メートルほどで、一般的なワニが二～三メートルであることを考えると、恐ろしく巨大な化け物だ。

　この生き物は、地元ではもともと伝説的な生物として信じられていたが、未確認生物として広く知られるようになったのは一九二三年からである。この年にJ・A・ジョンソンなる人物が湖でキャンプをしていたところ、大きなワニのような生物を目撃し、地元紙に寄稿する。さらに同様の情報が相次ぎ、この巨大なモンスターの存在が意識されるようになった。

　体長の巨大さや角など特徴的な点があるアルカリレイクモンスターであるが、さらに興味深いことに、この生物は潮を吹くといわれる。目撃情報の中には、クジラのように潮を吹きながら潜って消えたという話もあり、どう猛な見た目に反して人を襲ったりはしない穏やかな性格なのかもしれない。そう考えると、古くから地元で伝承されているのもうなずける。

アルタマハ・ハ《あるたまは・は》

UMA

アメリカジョージア州に現れる未確認生物。アルタマハ川という場所で目撃される水棲生物で、川の名前がそのまま由来になっている。体長は六～九メートルでプレシオサウルスのような外見をしている。その目撃情報は古くからあり、一八世紀前半にはすでに、ぴょんぴょんと飛び跳ねる姿が船から見られると記録されていた。

　水面をはねるというのはイルカを連想させるが、実際アルタマハ・ハにはイルカのように水面に対して平行向きの平べったい尾がついている。また、口には鋭い牙があるものの、性格は穏やかでおとなしい生物だとみられているので、これらの特徴を考えるとなかなか愛らしい生き物かもしれない。

　そのためか、現地では「アルティ」という愛称で呼ばれていたり、レプリカも作られたりするほどの人気ぶりで、第二のネッシーになるポテンシャルを秘めている。さらに、二〇一八年にはジョージア州のウルフアイランド国立野生動物保護区の浜辺に謎の生物の死体が打ちあがり、それがアルタマハ・ハの特徴に酷似していると大きな話題になった。他にも、YouTubeに水面がゆらゆらと揺れ謎の生物がうごめいている映像もアップロードされており、アルタマハ・ハは今最もホットなUMAの一つといえる。

アルフレッド・ヒッチコック《あるふれっど・ひっちこっく》

人物

一八九九～一九八〇年。イギリス出身の映画監督およびプロデューサー。サスペンス映画の神様と称される。精肉店と果物の卸売りを兼業する両親の家に生まれた。一九一四年からケーブル会社の技術部門で働くが、ロンドン大学美術学部で夜間に学び、映画会社にイラストを売り込んで採用される。その後、働きぶりが評価されてグレアム・カッツ監督の助監督を務め、監督としての道を歩み始める。

　一九二五年公開の「快楽の園」を処女作として次々に作品を手掛け、一九四〇年にはハリウッドで公開された映画『レベッカ』でアカデミー最優秀作品賞を受賞する。『サイコ』『鳥』などの作品や、サスペンス・ホラー映画『ヒッチコック劇場』などのドラマシリーズを制作し、日本でも公開・放映されて大人気となった。

アルマス《あるます》

UMA

シベリアからモンゴルにまたがるアルタイ山脈周辺での目撃例がある、獣人型UMA。イエティやビッグフットに並んで目撃者が多い未確認生物で、その多くがロシアで観察されている。一九九二年にはロシア南西部のコーカサス山脈で、数ヶ月間の大規模調査が行われたが、足跡などは観測されたものの実物の発見には至らなかった。

　アルマスの体長は二～三メートルほどとされ、類人猿型の未確認生物の中では大きい部類となる。また、体の大きさに反してその運動能力は高く、最大時速六〇キロメートルで走ることもできると言われている。食性は雑食だが、人を襲ったりはせず穏やかな気性で、身の危険を感じると「ブーン」と鳴き声を上げて逃げ出す特徴を持つ。

　アルマスの目撃映像はインターネットにも多く、二〇一六年には旅行者の車載カメラがアルマスらしきものをとらえて話題になった。そのためか、現存する可能性が最も高い類人猿とされており今後の調査に期待が高まる生物だ。

アルラ・ホエール《あるら・ほえーる》

UMA

アフリカのソマリアとアラビア半島のイエメンの間にあるアデン湾で目撃される水棲UMA。アルラ・ホエールの「アルラ」は現地の都市名を表し、最初にこの生物を目撃した場所であるためこの名前が付けられた。体長は七メートルほどで、名称にホエールとついているものの、その姿はシャチに似ていて、丸みのある頭部と長い背びれを持っている。

しかし、シャチの体色が白と黒であるのに対して、アルラ・ホエールは全身が茶色であるという点が異なっている。そのため、シャチというよりはオキゴンドウの仲間という説が有力であるが、目撃情報は少なく詳しい情報はあまりない。にもかかわらずインターネットで検索すると割とヒットする。中東のUMAは珍しいため、期待値が高まっている表れなのかもしれない。

アレイスター・クロウリー《あれいすたー・くろうりー》

人物

一八七五～一九四七年。イギリス出身の魔術師。裕福な家庭に生まれ、ケンブリッジ大学卒業後にアーサー・エドワード・ウェイトの推薦で秘密結社「黄金の夜明け団」に参加する。一九〇〇年に脱退し、一九〇四年に聖守護天使エイワスの声を記録して「法の書」としてまとめる。これの実証実験として、一九〇七年に秘密結社「銀の星（A∴A∴）」を結成、さらに一九一二年に秘密結社「東方聖堂騎士団」の英国支部長になり、一九二三年には指導者に就任する。クロウリーはたびたび魔術の実践に励み、二十世紀最大の魔術師と称される。また、名作のタロットカードを作ったり、人生哲学「セレマ思想」を広めたりしたことでも知られている。

アレクサンドリアの大灯台《あれくさんどりあのだいとうだい》

遺跡・オーパーツ

紀元前三世紀ごろにエジプトのアレクサンドリア沿岸に建設された灯台。世界の七不思議のひとつ。一四世紀の二度の大地震によって崩壊した。紀元前三三二年、アレクサンドロス三世によってナイル河口に都市アレクサンドリアが建造され、その死後プトレマイオス一世がそこに新王朝を開いた。その周辺には平坦な地が広がり、入港の目印がなかったため、この大灯台が建設されたといわれている。

高さは約一三五メートルで建材には大理石が用いられていた。この高さは、現在のマンションなどであれば約四〇階に相当する。現在、世界一高い灯台は、一九九〇年に建設されたサウジアラビアのジッダ灯台で、高さは約一三三メートルである。これより高い灯台を紀元前に、どのような技術を用いて建てたのかは謎とされている。

頂点には鏡が置かれて日の光を反射し、夜間は火を燃やしてこれを反射させた。その光は約五六キロメートル（約三五マイル）離れた海岸からも見えたとされる。伝説によれば、戦時には鏡の反射光を敵の船めがけて照射し、それによって敵の船を燃やしたとあるが、当時の光学技術で船を燃やすことは不可能と考えられている。

七九六年の地震で灯台は半壊し、さらに一三〇三年と一三二三年の地震で全壊してしまったが、世界の七不思議の中では唯一現存するギザの大ピラミッドに次ぐ「長寿」の建造物だった。

アレクサンドル・ゴルボフスキー《あれくさんどる・ごるぼふすきー》

人物

一九三〇〜二〇〇三年。東洋史学者およびSF、ファンタジー作家。当時のウクライナ社会主義ソビエト共和国キエフ出身。一九五四年にモスクワ東洋学院を卒業し、科学アカデミーで研究に従事する。言語学や現代史など多分野で論文を発表し、社会問題についてのエッセイも執筆した。また、超常現象や超心理学についての著作が多数あり、これらは愛好家の間で人気が高い。中でも有名なのが『失われた文明』で、一万二千年前の地球に高度な文明が存在し、大洪水によって失われたとし、その超古代文明について大胆に描いている。

アロイス・イルルマイヤー《あろいす・いるるまいやー》

人物

一八九四〜一九五九年。ドイツ出身の予言者。「ドイツのノストラダムス」と称されるほど有名で、透視能力や行方不明者の居場所を予言する能力があったとされる。一九七四年にはトリックが疑われて裁判となるが、公判中に遠い場所にいる妻の様子を言い当てて、能力は本物だと証明したという逸話がある。アロイスの行った予言でもっとも大規模なものは「第三次世界大戦の勃発」であり、それによって第一次、第二次大戦よりも多くの人々が死ぬと述べている。

合わせ鏡《あわせかがみ》

都市伝説

二枚の鏡を向かい合わせにすることを「合わせ鏡」といい、生活の中では、自分の背面（後頭部など）を見たいときに行う。合わせ鏡を平行に置くと、互いに映しあって無限の像が得られる。実際には映り込みに限界があって無限ではないが、自分の顔を映すとどこまでも続いて不思議な感覚になる。

そんなところから生まれたのか、合わせ鏡にまつわる都市伝説は多い。

「午前零時に合わせ鏡を覗くと、将来の自分が映る」「合わせ鏡をして、顔が映るように間に立ち、合わせた鏡の一番奥

（または数枚目）を見ると、自分の死に顔が映る」「午前零時ちょうどに合わせ鏡を見ると幽霊が見える」「午前二時に合わせ鏡の前に立つと、正面が未来の自分、後ろが過去の自分を表す」「深夜に合わせ鏡をじっと見つめていると中の自分が話しかけてくる」など。

アンク十字架《あんくじゅうじか》

オカルト用語

アンクは古代エジプトで使用された生命の象徴とされる言葉、あるいは文字で、ヒエログリフにも使われていた。アンクに甦りの力があるという信仰もあるとされる。ヒエログリフの図形には、ほぼ全て元となる実在の物体が存在するが、アンクはその正体が不明とされる。そのためサンダルの緒、紐で作った護符、古代の豊穣のお守りの単純化、太陽の光を元にして作られた形など、さまざまな説がある。

エジプトに古代ギリシャの文化やキリスト教が入り、融合して生まれた土着のキリスト教徒「コプト」の初期は、アンクとコプトの十字架とが区別なく使用されたとされる。フィラエ島のイシス神殿内部に作られた祭壇には、コプト十字の両側にアンクが刻まれている。

一九七九年、ＰＣゲームとして初登場した『ウルティマ』（後にシリーズ化、ゲームブック化、漫画化、小説化）により、アンクが日本人に広く知られるようになったとされる。アンクを模したアクセサリーは日本国内でも多数販売されている。

アンコール・ワット《あんこーる・わっと》

遺跡・オーパーツ

カンボジアの北西部、首都プノンペンから北へ三三〇キロメートルほどのところに位置する「アンコール遺跡群」のうち代表的なもの。アンコール遺跡群は、一九九二年に世界危機遺産、二〇〇四年に世界文化遺産に登録された。

アンコールはサンスクリット語で「都市」を意味し、アンコール遺跡群は、九世紀から一五世紀まで栄華を誇ったクメール王朝の首都跡である。大小約六〇〇の寺院や王宮などが存在し、その中で最も有名なのが「アンコール・ワット」で、カンボジアの国旗にも描かれている。

南北に約一・三キロメートル、東西に約一・五キロメートルという広大な寺院で、幅一九〇メートルの濠に囲まれたアンコール・ワットは、三万人の手で三〇年かけて建築されたといわれる。中心部には三重の回廊があり、外側から内側に向かって徐々に高くなっており、壁面は精緻なレリーフで埋め尽くされている。

アンコール遺跡群は、一九世紀中頃にここを訪れたフランス人探検家、アンリ・ムオによって紹介されて広く知られるようになり、世界を驚愕させた。一九七〇年代からの内戦によって破壊と劣化が進んだが、その後、修復と保護が進められている。

暗殺教団《あんさつきょうだん》

秘密結社

ヨーロッパに古くから伝わる伝承。一〇九〇年、イスラム教徒の中で異端とみなされた導師ハサン・イ・サッバーは、同志を集めてカスピ海南のエルブルス山脈付近にニザリ・イスマイリ教国という国家を樹立した。ニザリ教国を調査することを目的に各イスラム教国がスパイを放ったが、サッハーたちが育成した暗殺者によってことごとく撃退されたのである。

ニザリ教国で育成された暗殺者たちの名はヨーロッパ全土に知れ渡ることになり、依頼人からの報酬と引き換えに暗殺を引き受けることで利益を得ていたため、彼らは「暗殺教団」という異名で呼ばれるようになった。

エルブルス山脈内の峡谷には、「楽園」と呼ばれる暗殺者の養成所が設置されていた。彼らには秘薬が与えられ、「飛び降りろ」と合図を送ると躊躇わずに高所から身を投げるほどの狂信的な忠誠心を発揮していたという。この秘薬の正体は、現代では大麻だと推測されている。

しかし、一二世紀中盤、当時西方へと進出していたモンゴル帝国の軍団に襲撃されたことでニザリ教国は滅亡した。その際、暗殺教団も全滅したという。

アンティキティラ島の機械《あんてぃきてぃらとうのきかい》

遺跡・オーパーツ

⇩ギリシャの天文計算機

アントワーヌ・ボビー《あんとわーぬ・ぼびー》

人物

フランスの超自然学者。ピラミッドパワーを発見・提唱したことで知られる。その発見は、一九三〇年にエジプトの大ピラミッド見学中に、ごみ入れのカンの中に猫の死骸があるのを見つけたことがきっかけとなった。ピラミッド内部は湿っていたにもかかわらず、その死骸は腐敗せずに乾燥していたという。そのため、ピラミッドには不思議な力があると考え、帰国後にその形を模した模型で再現実験を行ったところ、そこに置かれた肉や死骸は腐らずにミイラ化したという。この現象については、磁気の力や静電気の影響であるなど、さまざまな理由が考えられているが、懐疑的な意見もあり、議論が続いている。

アンプサイ《あんぷさい》

オカルト用語

動物の持つ超能力のこと。沈む船からネズミが逃げたり、地震の前にナマズが騒いだりすることが、その代表例としてよく知られている。

具体的な例として有名なのが、超能力

を持っているとされた馬、「レディ・ワンダー号」である。アメリカ・バージニア州、リッチモンドに住むクラウディア・フォンダ夫人の愛馬で、人の心を読み、文字盤を叩いて予言や回答を行うとされた。行方不明の少年の捜索に協力して成果をあげたり、注目されたプロボクシングの試合結果を予測して当てたりして大きな話題となった。

一九二七年には超能力研究家のジョセフ・バンクス・ライン博士が調査を行い、超能力を持つ馬として認定証まで発行された。博士の調査では、質問するフォンダ夫人が答えを知らない場合でもレディ・ワンダーが正解できたため、疑う余地はないとされた。

しかし、のちにアメリカの有名なマジシャン、ミルボーン・クリストファーが調査したところ、レディ・ワンダーは夫人の無意識の動きに反応して答えていることが証明され、超能力馬であることに疑義がはさまれた。

ほかにも、ライン博士の研究員であったウォルター・レビが、ネズミが発電機に影響を与えるという研究を発表したことが知られる。しかしこれも、のちに結果を偽装していたことが発覚している。

ネズミの沈没予知やナマズの地震予知の例を考えると、アンプサイは確かに存在すると考えられるが、その研究と実証にはまだ時間がかかりそうだ。

アンブローズ・ビアス《あんぶろーず・びあす》

人物

一八四二〜一九一三年?。アメリカ出身の作家、コラムニスト。『悪魔の辞典』の作者として知られる。一五歳で家を出て新聞の植字工見習いとなり、その後南北戦争で従軍する。一八六四年に重傷を負い、一八六五年に除隊する。除隊ののちは数々の地方紙で編集者として活躍。一八七三年に初の著書『魔物の愉悦』を出版し、そのほかにも新聞のコラムを手がけて有名なライターとなる。一九〇九年には代表作『悪魔の辞典』を全一二巻出版し、深い考察や再解釈、痛烈な風刺が高く評価された。一九一三年にかつての南北戦争の戦場を巡る旅に出るが、その途中で失踪し、行方不明となった。

い

ESP《いーえすぴー》

超能力・超常現象

Extra Sensory Perception（超感覚的知覚）の略称。視覚、聴覚といった五感を使用せずに外界からの情報を得る能力全般を表す。古来の宗教書に記される神の啓示や予言といったものはＥＳＰの一種だったという説も存在する。なお、ＳＦ作品で超能力者を表す「エスパー」という言葉は、ＥＳＰから派生した造語である。

アメリカでは古くからＥＳＰの実在説が唱えられており、米国防総省では数十年前から軍事的転用のための科学的研究が行われている。一九六九年に考案された「ガンツフェルト実験」は、視覚と聴覚を完全に遮断された被験者が実験者の頭の中で考えたメッセージを受け取ることが可能か調査するというもので、それらを何度も繰り返していくと被験者が正確にメッセージを把握できるようになるという。

なお、現在のアメリカ軍やロシア軍の部隊の連絡用に使われる通信装置はＥＳＰ能力を応用したものという噂が、一部軍事研究家の間で囁かれているが、それが事実であるかは定かではない。

ESPカード《いーえすぴーかーど》

超能力・超常現象

ＥＳＰ能力の実在を確かめるために一九三〇年代に心理学者のジョセフ・バンクス・ラインが考案したカード。丸、十字、波型、四角、星型の五種類の記号が記されている。

もともと、ＥＳＰ能力の実証実験にはトランプのカードが使われていたのだが、数字とマークを言い当てるという性質から統計が複雑化するという問題があった。ＥＳＰカードはそれを簡略化することを目的としたものである。実験の方法は切り混ぜて裏返しになったカードの記号を被験者が上から順に当てていくというもの。透視能力に対する実験を行う場合、被験者と実験者が異なる部屋に位置することもある。

手軽に実験が行えるため、以前は世界中で使用されていたが、実験者の表情やカードの汚れや反り具合で記号が判明してしまうという問題があるため、信憑性は非常に薄く、一九六〇年代以降使用される機会は激減した。現在のＥＳＰ能力に対する検証実験はコンピュータを使用したものが大半となっている。

EM効果《いーえむこうか》

宇宙・UFO・宇宙人

「Electromagnetic（電磁）効果」の略。ＵＦＯが接近したり通過したりした時などに、人間や動物、機械などが影響を受けること。その影響は、車のエンジンやテレビが動かなくなる物理的なものから、神経麻痺など人体に影響を及ぼす生理的なものまでさまざまある。

しかし、このような効果によって人体や機械に影響が生じれば、大きな事件に発展しそうなものであるが、そのような事実は確認されていない。理由は、それほどの影響を及ぼすほどＵＦＯが強く接近したことが未だないからなのか、あるいはＥＭ効果自体が似非《えせ》科学であるからなのかは、まだわかっていない。なお、同じ「ＥＭ」という名称が、琉球大学教授の比嘉照夫が発見した自然農法に用いる「有用微生物群(Effective Microorganisms)」にも用いられているが、両者は略称が同じであるだけで無関係である。

イースター島《いーすたーとう》

遺跡・オーパーツ

太平洋上に位置するチリ領の火山島で、モアイ像の立つ島として有名。チリから西へ三七〇〇キロメートル、人の住む最も近い島からも二〇〇〇キロメートル離れた絶海の孤島である。正式名称はパスクア島、現地語ではラパ・ヌイと呼ばれる。パスクアはスペイン語で復活祭（イースター）を意味するため、英語圏ではイースター島と呼ばれ、日本でもそれにならうことが多い。

七～八世紀頃に、アフと呼ばれる石の祭壇作りが始まり、遅くとも一〇世紀頃には、それに乗せるモアイを作り始めたとされる。島が孤立していたため、外敵の脅威がなく、加工しやすい凝灰岩が大量に存在していたことから、モアイ作りが可能であったと考えられている。

モアイが作られた目的は、今も解明されておらず、「祭事のため」「部族の守護像だった」「戦闘のシンボルだった」などの説がある。集落ごとに多くのモアイが作られ、時代とともにデザインは変化した。

第一期は下半身もある人の姿に近いもの、第二期は下半身がなく手を組んでいるもの、第三期は頭上に飾りを乗せたもの、第四期になって、現在広く知られる「長い顔、長い鼻、くぼんだ眼、伸びた耳、尖った顎」などを持つ特有の像が出現した。

アフに立ったもので最大の像は、高さ七・八メートル、重さ八〇トンに及ぶ。

もともと、島にはこのような巨大な像を作って動かす技術や知識はなく、南米から来た人々がモアイを作ったという説が有力だったが、島民の遺骨のＤＮＡには島外の遺伝子情報は発見されず、現在、モアイは島民自身が作り、移動させたことがわかっている。

モアイの運搬方法については、近年の検証により、像の接地面が丸みを帯びているため、縄を使って二〇人余りで両側から交互に揺らしながら引けば、あたかも像が歩いているかのように前進させられることが判明した。

イースター島では、もともとは豊かな自然の恵みがあったが、人口が増えるとともに森林伐採が進み、食糧難から争いが絶えなくなり、荒廃して文明が失われていった。その頃には「力が宿る」とされるモアイの目が潰され、像は倒され、三〇〇年ほど前に西欧人によって発見されたときには、ほとんどのモアイは倒れていたという。

なお、イースター島のモアイ像は、伝説の大陸ムーと陸続きだったときの痕跡という説もあったが、現在では否定されている。

イエティ《いえてぃ》

UMA

言わずと知れたヒマラヤの雪男。その存在は世界中で認知され、イエティを題材にした映画もいくつかあるほど。獣人型の中ではビッグフットと並ぶ二大メジャーUMAで、未確認生物全体でもその認知度はネッシーに匹敵する。

イエティの目撃情報として、最初のものとされるのが一八三二年のブライアン・ホジソンの目撃談だ。彼はネパールの初代イギリス代理公使として、「ネパール哺乳類」という論文の中で、雪山で直立して歩く謎の生物を目にしたと記している。その後、イエティの目撃情報は相次ぎ、足跡、手や足の骨、遠くから望遠レンズで撮影した写真などさまざまあり、遂には目の前で映像を撮った写真もあらわれたが、残念ながらそのほぼ全てが偽物とされている。

そのような情報の多さも影響し、イエティの特徴はばらばらで、体長は一・五メートルという説から五メートルという巨大なものまである。さらに体毛の色についても、黒や白、茶色とさまざまだ。「イエティ」という名前は、シェルパ族というネパールの少数民族の言葉から取られている。「岩」を表す「Yah（ヤー）」と「動物」を表す「Teh（テー）」がその語源で、シェルパ族の中では古くからその存在が伝説として言い伝えられていたようだ。確実な目撃情報は少ないにもかかわらず、世界中で知られているというのはやや不思議な話だが、だからこそイエティは科学者や登山家をひきつけてやまないのかもしれない。

イェラルトウ・シェヒル《いぇらるとう・しぇひる》

遺跡・オーパーツ

トルコの中央部、アナトリア高原に広がる奇岩群、「カッパドキア」は有名な観光地だが、じつはその地下には謎めいた地下都市がある。それが「イェラルトウ・シェヒル」だ（現地語で「地下都市」という意味）。古代人が作ったといわれ、紀元前四〇〇年ごろにはすでにこの地下都市の様子が記録されているほど歴史は古いが、詳しいことは解明されていない。

大人数が生活できる居住区をもつ地下都市が、現在までに四〇〇ヶ所以上も発見されており、そのうち、最も巨大なのはカイマクル、デリンクユ、オズコナークと呼ばれる三ヶ所だ。カイマクルは地下五階で収容人数は二万人、デリンクユは地下八階で四万人が収容可能。オズコナークはいまだに全貌がわかっていないが、一一階まであることが確認されており、収容人数は六万人とされる。

都市の中心部には、垂直に空気の通風孔が開けられ、各階層は通路でつながっており、その区切りには大きな丸い石がはめこんであったという。この丸い石は、敵が攻めてきたときに転がし、それ以降の侵入を阻むためのものと考えられている。

　何の目的でどうやって作ったのか、すべてが謎に包まれており、ローマの暴君ネロの迫害を逃れたキリスト教徒が隠れ住んだという説、宇宙人が作ったという説、古代核戦争から逃れるための地下シェルターとして作られたと言う説などがある。さらに、その地下深くに古代の超兵器が眠っているという説もある。

異界《いかい》

オカルト用語

　人間が日常生活を送っている世界とは別の世界のことで異世界とも言われる。外側に存在する世界。民俗学においては死者が行く黄泉の世界（他界）も含まれているが、異界と他界を区別することもある。その場合、他界は時空のずれによって認識される一方、異界の場合は空間でとらえられ、人間の住む世界の外にあるとされることが多い。霊魂などの実体がないものは他界に行き、妖怪や物の怪などの実体があるものが棲むのが異界というように区別する考え方もある。

　一般的な意味では、人間社会の中で、異質と見られる具体的な社会や集団（隣町や外国など）を指してこの言葉が使われることもある。

生き人形《いきにんぎょう》

怪談

　タレント稲川淳二による有名な怪談。稲川の数ある怪談のレパートリーの中でも、ひときわ現実味のある怖い話として知られる。

　一九七六年、稲川は高速道路を走行中、車の窓から道路の縁に座っていた着物姿の少女の人形を目撃。その後、人形を使う舞台、「呪夢千年」に出演することになったが、舞台で使う人形は高速道路で見たものとそっくりで嫌な予感がしたという。予感は的中し、以後、人形にまつわる恐ろしい出来事が連発する。

　舞台で使う予定の人形は、なぜか右手・右足がねじれており、修理を依頼しようとするも作者が行方不明に。脚本家の家が家事になったり、人形師のいとこや父親が急死したりと不幸な出来事が続く。出演者やスタッフには、なぜか右手・右足のケガや体調不良が頻発し、かつらに突然火がついたり、いつのまにか黒子が一人増えていたり（じつは正体不明の黒い影だったという）と、不気味なことやアクシデントが続いた。

　その後、テレビのワイドショーでこれらの出来事を紹介するたび、スタッフの交通事故やカメラの故障、関係者のトラブルなどが続出。極めつきがテレビ朝日系列の生放送番組『ワイドショー・プラスα』で、リハーサル中に不気味な声が流れたり、出演予定の霊能者が車にはねられたり、照明がひどく揺れたりしたうえ、テレビ画面で稲川と人形のそばに顔が見えるという視聴者からの電話が鳴り止まないという事態になった。

　稲川と人形師が霊能者にこの人形を見てもらったところ、大勢の霊が取り憑いており、最も強いのは空襲で右手・右足を失った赤い着物を着た七歳の少女の霊だと告げられ、この人形を舞台で使うなど危険極まりないと叱責される。その霊能者は、人形を鑑定した三日後に急死したという。

　これらの出来事に加え、「人形の顔が変わる」「髪が伸びる」とされたことも「生き人形」と呼ばれるようになった所以であるが、これらについては「顔の素材の変性や髪がずれたためではないか」という説もある。

　各所で「本物の怪談」といわれ、稲川自身も「どこまでが現実でどこまでが怪談かわからない」「この話に触れると怪奇現象が起こるのでもう口にしたくない」と述べている。なお、人形はその後、行方不明になったとされている。

池袋の女《いけぶくろのおんな》

事件

江戸時代末期の俗信、いまでいう都市伝説の一つ。寛政一一年（一七九九年）に書かれた『耳嚢』が初出とされる事件。

　高須鍋五郎という与力が、自分の雇っている池袋（現在の東京都豊島区池袋付近の村）出身の下女に手をつけた。すると、その後、屋根や雨戸に石が打ちつけられたり、皿や鉢、膳、椀などが飛んだり、火のついた薪が飛んできて座敷に火がついたりと、現代でいうポルターガイストのような現象が続いたという。

　修験者に相談してもお手上げで、その後も怪異は続いたが、ある者からの助言に従って鍋五郎が下女に暇を出すと、怪異はやんだ。その下女は狐憑きの家系で、鍋五郎が下女と密通した祟りで怪異が起きたのだろうとされた。

　一方、その時代、山間部の一部の村では村の娘を若者たちの共有物と見なす前時代的な風潮が残っており、起きた「怪異」は、じつは村の若者たちによる報復とする説もある。

異言《いげん》

オカルト用語

母語でなく、学んだこともなく、本来は話せるはずのない外国語、もしくは現在は知られていない未知の言語らしきもの（意味不明の複雑な言語）を話す現象、もしくはその能力を指す。いわゆる前世療法（退行催眠）や憑依現象などによって起こることがあり、「異種言語発話現象」とも呼ばれ、前世の人格や他者の霊の存在を示す一つの証明ともされる。

　もともとはキリスト教において、聖霊が取り憑くことによって本人にとって全く未知の言語を話す現象を指す。そうした宗教的な異言と区別するため、前世の人格や他者の霊によるとされる事象を「真性異言」と呼ぶこともある。

真性異言の例として、一九五二年にアメリカでアマチュア催眠術師のモーリー・バーンスタインが、顧客の一人だった女性に退行催眠を行ったところ、彼女の前世である別人格が現れたとされる「ブライディ・マーフィ」が有名。ブライディ・マーフィは一九世紀のアイルランドに住んでいた女性とされ、彼女が話せるはずのないアイルランド語を話したとして話題になった。しかし、その後の調査で、本人の潜在意識の記憶から、その言語が再現された可能性が指摘された。

　真性異言には、知らないはずの言語の発声や記述はできるが、母語話者とのコミュニケーションはできない「朗唱型異言」と、母語話者と意思の疎通ができる「応答型異言」がある。前者は、詳細に調べると無意識の記憶が呼び覚まされた可能性が高いケースが多く、研究対象としては後者のほうが重視される。

イゴポゴ《いごぽご》

UMA

カナダ、オンタリオ州のシムコー湖に棲息するとされる未確認生物。長い首を持つ水棲生物で、犬やアザラシのような頭部をしている。体長は六メートルほどであり、名前の由来は同じカナダのオカナガン湖のUMA「オゴポゴ」をもじったもので、目撃情報はあまり多くない。

　そのため、ネッシー登場による水棲UMAブーム前からその存在が報告されていたにもかかわらず、一時は懐疑的な見方が非常に強まっていた。しかし、一九九一年にシムコー湖で行われた水上飛行大会の際にイゴポゴが水上に現れ、多くの人物がその姿を目撃したことから信憑性が高まった。

　カナダにある他の湖でも同様の特徴を持った生物がみられることから、研究者の間では、湖同士が地下でつながっていて数十年単位でイゴポゴが移動しているという説がある。それが長い間目撃情報が途絶えていた理由とされるが、真相は定かではない。

石原豪人《いしはらごうじん》

人物

一九二三〜一九九八年。日本のイラストレーター、挿絵画家。島根県出身。「好き嫌いがなくてこそ高級な人間」をモットーとした。幼少期から芝居小屋に通っており、そこで芸能への関心を持つ。一五歳の時に映画雑誌「オール松竹」の似顔絵募集で、大黒様の絵を書いて一等をとる。その後、満州で現地召集され、帰国後に日本大学芸術学部で学びながら看板を描いていたが、肺病が悪化し中退、挿絵画家としての活動を始める。

　芸能誌に掲載された似顔絵に艶があると話題になり、少年誌の巻頭企画やさまざまな挿絵で活躍するようになった。さらに、『日本妖怪図鑑』や『なぜなに学習図鑑』など、オカルトブーム時代の書籍にインパクトのある挿絵を提供し、当時の子供たちを震え上がらせた。ほかにも林月光名義でゲイ雑誌やＳＭ雑誌の挿絵も担当しており、多方面で活躍した。

イタコ《いたこ》

職種

死者を自らに憑依させる「口寄せ」と呼ばれる能力を用いて、依頼者にメッセージを伝える巫女。東北地方で活躍しており、青森県の恐山がとくに有名。もともとは盲目や弱視の女性の職業であり、ハンディキャップを抱えながらも生計を立てていく手段でもあったといわれる。

イタコになるためには厳しい修行が必要で、現役はほとんどが高齢者となっている。お祓いや神事も行うため、口寄せ以外は一般の巫女と同様である。「イタコ」の名前の由来は諸説あるが、アイヌ語で「語る」を意味する「イタク」が変形して伝わったという説が有力である。

いつでもこの世は大霊界！《いつでもこのよはだいれいかい！》

作品（小説）

一九九一年に学研レモン文庫から刊行された森奈津子による全一巻の日本のライトノベル。イラストは飯坂友佳子。

私立花園学園高等部一年生の木谷留美子は、親友の飯田真弓に誘われて新聞部に入部。大の怖がりであるのに、新聞の特集として花園学園七不思議の調査をすることになる。

七不思議を調査するうち、留美子はそれらを上回る不思議に気づく。それは、部内で不気味な雰囲気を醸し出している副部長の犬神一太郎の中学以前の記録が全くないことだった。留美子は一太郎に怯えながらも、気にかけるうちに彼に惹かれていく。学園七不思議と一太郎の謎が交錯し、留美子の恋心も交えながらさまざまな出来事が起こる。

本作は学園七不思議を題材としているが、直接的な怪奇現象は扱わず、ホラー要素は薄い。ちょっと変わった人間関係を描く学園コメディとなっている。

ＩＴ／イット〝それ〟が見えたら、終わり。《いっと〝それ〟がみえたら、おわり。》

作品（映画）

二〇一七年九月に米国で公開されたホラー映画（日本での公開は同年一一月）。一九八六年に発表されたスティーヴン・キングのホラー小説『ＩＴ』の映画化。同小説を原作とする一九九〇年の米国テレビ映画『ＩＴ』のリメイクともいえるが、本作では原作の前半部分を映像化しており、初の劇場版である。監督はアンディ・ムスキエティ。

静かな田舎町で子供の失踪事件が相次ぐ。内気な少年ビルの弟も、おびただしい血痕を残して姿を消した。悲しみにくれるビルの前に「それ」が現れる。

奇怪なピエロ姿でペニーワイズと名乗る「それ」は、特定の人にしか見えない。相手が恐れる姿に擬態し、超常的な能力で子供を追いつめる。恐怖におののきながらも、ビルと仲間たちは勇気を振り絞って「それ」に立ち向かう。

テレビ映画から二七年目に本作が制作されたのは、「ペニーワイズは二七年ごとに現れる」という劇中の設定に由来するという。

ペニーワイズは、ピエロ姿でパーティーなどに参加していた実在の殺人鬼で、少年三三人を殺したジョン・ゲイシーがモデルといわれている。

本作は、それまでホラー映画の中で最高であった『シックス・センス』の興行収入を大幅に上回る大ヒットとなった。二〇一九年九月には、本作の続編にして完結編である『IT／イットTHE END〝それ〟が見えたら、終わり。』が公開された（日本での公開は同年一一月）。

イット・フォローズ《いっと・ふぉろーず》

作品（映画）

二〇一四年公開の米国ホラー映画（同年五月にカンヌ国際映画祭で公開、二〇一五年三月に米国で一般公開、二〇一六年一月に日本で公開）。監督・脚本はデヴィッド・ロバート・ミッチェル。

日本語にすると「それ（イット）がついてくる」というタイトルの通り、正体不明の何者かに追われる恐怖を描く。「イット」の正体はあくまでも不明だが、次のような奇妙な特徴を持つ。

・セックスで移る（「イット」に追われている人のセックス相手を次のターゲットとして追うようになる。ただし、その相手が死ぬと自分に戻ってくる）
・人の姿で歩いて近づいてくる（ほかの人には見えない）
・追いつかれると死んでしまう

ある日、何も知らされずにボーイフレンドから「イット」を移された女性が、恐怖に怯えながら逃げ、さらに戦う姿を描く。低予算での制作ながら、斬新なアイデアで新感覚の恐怖を描いて全米で話題を呼んだ。

伊藤潤二《いとうじゅんじ》

人物

一九六三年〜。岐阜県出身のホラー漫画家。幼少の頃から楳図かずお、古賀新一らの怪奇マンガに熱中し、怪奇マンガを描き始める。高校卒業後、歯科技工士の学校へ入学し、歯科技工士になるも、『月刊ハロウィン』新人漫画賞、「楳図かずお賞」の創設をきっかけに応募。一九八六年、投稿作「富江」で佳作入選したことでデビューを果たし、一九九〇年には漫画家業に専念。以後、「うずまき」「首吊り気球」「双一」シリーズ、「死びとの恋わずらい」などの名作を次々に生み出し、その多くが映像化される。日本のみならず海外にも根強いファンが多く、翻訳出版は一一ヶ国にも及ぶ。猫好きの面もあり、ホラー漫画の他に自身が飼っている猫を題材にしたギャグ漫画「よん＆むー」も手掛け、妻で絵本作家の石黒亜矢子も作中に登場している。

　また、「漫画界のアカデミー賞」と呼ばれるアメリカの漫画賞『ウィル・アイズナー コミック・インダストリー・アワード』が二〇二一年七月アメリカで開催され、『地獄星レミナ』『伊藤潤二短編集BEST OF BEST』で日本人作家として初めて二部門同時受賞の快挙を果たした。

稲川淳二《いながわじゅんじ》

人物

一九四七年～。東京都出身のタレント、工業デザイナー、怪談家として有名。一九七六年に「オールナイトニッポン」のラジオパーソナリティを務め、その後、テレビ番組のリポーターやリアクション芸人として活躍。平成八年度には、個人でデザインを手がけた「車どめ」が、当時の通産省選定のグッドデザイン賞を受賞。怪談家としては一九八六年の「生き人形」が反響を呼び、四五歳の年に怪談ライブを始める。

　自身の怪談を愛してくれる多くのファンの方々に失礼の無いようにと、怪談を探求することを第一に考え、五五歳の全盛期に周囲の反対を押し切り、あらゆるレギュラー番組やドラマ出演から降板した。

　一九九三年から毎年、怪談ライブを行うようになり、現在も続いている。ニックネームは「座長」。幼少期から怪談好きで、「母親が話してくれた怖い話を喜んで聞いていた」と回想している。

稲川大百怪《いながわだいひゃっかい》　噂の百物語《うわさのひゃくものがたり》

メディア（テレビ番組）

二〇一〇年の夏に全四回で放映された、怪談をテーマとするトークバラエティ番組。テレビ埼玉（テレ玉）を幹事局とし、ほぼ全国で放映された。

　毎回、稲川淳二、タレントの紗綾、一般人が、一話ずつ怪談を語る。番組ナビゲーターはタレントの長澤奈央。

　一般人は、「全国から集まったオカルトフリーク」と称する一六名（ただし、芸能事務所への所属者も多かった）。「数々の恐怖体験を持つホラーアイドル」と自称する紗綾は自身の体験談を、稲川は持ちネタの中から選りすぐった怪談を披露。

　各回には、「魑の章」「魅の章」…と、「魑魅魍魎」から一文字とったサブタイトルがつけられた。

　一般人と紗綾の怪談の後には、稲川が解説し、関連した怪談などを語る。出演者中で最も怖がっていたのはナビゲーターを務める長澤であった。

　毎回、放映の最後には、黒地に白抜き文字で「この物語を信じるか信じないかそれは、あなた次第です」と書いたエンドカードが表示された。

犬神の悪霊《いぬがみのたたり》

作品（映画）

東映が制作した日本のホラー映画で一九七七年六月に公開。一九七〇年代に入って『エクソシスト』『オーメン』などのオカルト映画ブームが起こったことから、「日本初のオカルト映画」として制作されたという。監督・脚本は伊藤俊也。なお、タイトルに同じワードが使われているだけで映画『犬神家の一族』との関連はない。

舞台となる寒村に、ウラン鉱探査のために訪れた技師が、村の女性と結婚して以降、次々と怪奇な出来事に襲われる。村に言い伝えられる「犬神の祟り」が次第に現実化し、主人公と周囲の人々を底知れぬ恐怖に追い込んでいく。

古来、日本各地にある犬神憑きや狐憑きの伝承に焦点を当て、それまでの日本の怪談ものとは全く違う視点と手法で描かれた作品。一方で、脈絡を欠くショックシーンが随所に登場する点は、見る人によって評価が分かれる。主人公の技師を演じた大和田伸也の「顔芸」も見どころとされる。

過激な表現のために「封印された（DVD化されない）」とも噂されていた本作だが、二〇〇七年にDVDが発売されてファンを喜ばせた。

犬木加奈子《いぬきかなこ》

人物

ホラー漫画家。短大卒業後は会社員として働いていたが、一九八七年に自作の同人誌をきっかけに講談社の漫画雑誌『少女フレンド』でデビューを果たす。デビュー作品のタイトルは『おるすばん』。代表作は『不気田くん』シリーズ、『不思議のたたりちゃん』などで、アニメ化や映画化もされている。一九九〇年代には当時発売されていたホラー誌の表紙をすべて担当したこともあるという。また、大阪芸術大学キャラクター造形学科客員教授も務めている。

犬鳴村伝説《いぬなきむらでんせつ》

都市伝説

⇩旧犬鳴トンネル

井上円了《いのうええんりょう》

人物

一八五八～一九一九年。明治時代の仏教学者、哲学者。新潟県の慈光寺に生まれ、幼いころから学問と仏教に触れて育つ。二三歳で入学した東京大学文学部哲学科で、西洋哲学に接して仏教を見つめなおし、「洋の東西を問わず心理は哲学にあり」と確信する。一八八七年に哲学館（現東洋大学）を設立。一九〇五年、試験の出題内容を文部省から問題視された

「哲学館事件」を機に学長を辞職し、運営から遠ざかる。その後、東京府豊多摩郡野方村（現在の中野区）に自ら哲学堂を建設し、生涯、公演活動の拠点とした。

迷信を打破する立場から妖怪を研究して『妖怪学講義』などを著し、「お化け博士」「妖怪博士」などとも称された。

井の頭公園バラバラ殺人事件《いのかしらこうえんばらばらさつじんじけん》

事件

東京都三鷹市にある井の頭恩賜公園で発生した怪事件。一九九四年四月二三日に、ごみ箱のポリ袋に人間の体の一部が入っているのが発見された。死体は二〇センチ間隔で均等に切断され、血液が完全に抜き取られていた。普通の設備でこの作業を行うには給水が追い付かず、大量の水と医学的な知識が必要な点や、被害者は周囲から恨みを買うような人物ではなく、交友関係から犯人像が浮かばない点、頭部や胴体は現在も見つかっていない点などから、この事件は怪事件として世間の注目を集めた。

指紋はほとんど削られていたが、わずかに残っており、その検証とDNA検査から、被害者の身元が割り出された。事件の三日後に、名古屋空港で二六四人の死者を出す墜落事故が発生し、当事件に関する報道は激減。捜査も難航したままで二〇〇九年に公訴時効が成立し未解決事件となった。

その六年後の二〇一五年、当事件と関わる新たな証言が出た。当時、この地域の露天商の元締め的存在であった男性が、縄張りで商売をする外国人グループとトラブルになり、男性は知り合いの暴力団関係者と共謀して外国人を追い出そうとするが失敗。じつは、そのグループは某国の特殊工作員であり、露天商はその工作員から追われる身となった。そんなある日、テレビで自分とそっくりな男性がバラバラ死体で見つかったことを知る。顔も背格好も瓜二つであったため、被害者はこの露天商との人違いで殺されたのではないか、というものだった。ただ、その確証はなく、未解決となった今、この事件の真相は闇のままである。

イリアス《いりあす》

神話・伝説・叙事詩

吟遊詩人ホメーロスによって作られた長編叙事詩。ギリシャの叙事詩としては最古のものである。ギリシャ神話に出て来る人間界最大の戦争「トロイア戦争」を題材としており、開戦してから一〇年目に生じたアキレウスの怒りから、トロイアの英雄ヘクトルの葬儀までを描写している。名前は戦争の舞台となった都市イーリオスに由来する。最初の成立は紀元前八世紀半ばとされ、その後、紀元前六世紀後半にアテナイで文字化された。さらに紀元前二世紀にアレキサンドリアで現在の形にまとめられたとされる。

イルミナティ《いるみなてぃ》

秘密結社

一七七六年、イエズス会の修道士だったアダム・ヴァイスハウプトが中心となってドイツで結成した秘密結社。

結成当初はバヴァリア幻想教団という宗教サークルで、高貴で美しい魂を持つ者が残りの人類を天国に導く義務を負っているという思想を唱えていた。それを実現することを目的にサークルが組織化された後に改称したのである。

組織内では厳格な教育が実施されて、メンバーにはギリシャ・ローマ時代の偉人にあやかった異名が与えられた。当時、暇を持て余す貴族階級がイルミナティに入会する例が続出したため、組織の思想を危険視していたドイツ政府によって徹底的な弾圧が行われた経緯を持つ。

イルミナティは、王や貴族といった特権階級を廃止して全ての人間が平等の立場で暮らす社会を設立することを最終目標としており、それを実現するためには「革命と動乱」を起こすことが必要と考えていた。フランス革命やロシア革命の実行者の中には、イルミナティのメンバーが多く参加していたといわれている。

カール・マルクスやフリードリヒ・エンゲルスはイルミナティのメンバーであり、彼らが提唱した共産主義はイルミナティの思想を具体化したものという説が存在する。

11PM《いれぶんぴーえむ》

メディア（テレビ番組）

一九六五年一一月から一九九〇年三月まで約二四年半にわたり、日本テレビと読売テレビの交互制作で放映されていた深夜番組。心霊やＵＦＯの特番を多数放送していた。

日本初の「深夜ワイドショー」でもあり、正式名称は『ＷＩＤＥ ＳＨＯＷ 11ＰＭ』。日本テレビ制作回と読売テレビ制作回を「東京イレブン」「大阪イレブン」と呼んで区別することもあった。曜日によって司会者やテーマが大きく変わるため、「月曜イレブン」など「曜日＋イレブン」の呼称も使われた。

月・水・金曜は日本テレビ、火・木曜は読売テレビが制作・放送。日本テレビ回では大橋巨泉、愛川欽也、読売テレビ回では作家の藤本義一が主要な司会者となり、社会問題からお色気ものまで幅広く取り上げた。

一九七〇年代中盤以降、月曜イレブンを中心に年に数回、ＵＦＯや超能力、心霊などに関する特集が組まれた。その傾向は、薄まりつつも一九八〇年代も続いた。

一九八〇年代後半から司会を担当した吉田照美は、番組で宜保愛子を招いたところ、ともに司会をしていた三枝成彰の事務所にかけてある絵のことを、その場で見えるかのように語って度肝を抜かれたという。

吉田自身も、自らの父に関することを話され、知っているはずのないことを言い当てられて驚愕したと語っている。

インカ帝国《いんかていこく》

遺跡・オーパーツ

南アメリカのペルー、ボリビア、エクアドルを中心にケチュア族が築いた国。前身であったクスコ王国は一三世紀に成立、一四三八年にインカ帝国となり、一五三三年にスペイン人によって滅ぼされるまで、約二〇〇年続いた。

最盛期には八〇の民族に及ぶ一六〇〇万人の国民を抱え、現在のチリ、アルゼンチン、コロンビアなどを含めるアンデス地方一帯を広く統治した。

インカ帝国の都市遺跡としてはマチュ・ピチュが有名だが、現在も発見されていない遺跡がアンデス山中に無数に存在するといわれる。首都は、標高の高さから「空中都市」といわれるマチュ・ピチュより、さらに一〇〇〇メートルほど高い標高約三四〇〇メートルのクスコ（現在のペルー南東部）。

その首都を中心に「インカ道」と呼ばれる街道を作り、灌漑施設の整備を行い、独特の建築技術や金銀の加工技術、ミイラ製造技術など、各分野に関する高い技術を持っていたとされる。

中でも驚異的なのが、接合剤を使わずに石を組み上げる建築技術で、インカ帝国の建築物に使われた石は恐るべき正確さで切り出され、隙間なく積み上げられている。外見の美しさに加え、これには工学的な利点もある。

ペルーは日本同様の地震多発国だが、地震が起こると、インカの建物は「踊り出す」といわれる。地震の揺れで石が衝突し合って動くのだ。それによって衝撃が吸収され、その特有の組み方ゆえに、最終的にはもとの位置に落ち着く。これが、接合剤なしでも倒壊しないしくみであり、その技術の高さを現在に伝えるものとなっている。

インカは文字を持たない文明であったため、その詳細は不明で、今も多くの謎が残されている。

インカニヤンバ《いんかにやんば》

UMA

南アフリカの奥地、クワズール・ナタール州に棲息するといわれるUMA。その姿は巨大な蛇のようで、体長は一〇～二〇メートル。頭部は馬に似ており、たてがみや髭もあるという、まさに幻の生き物という様相だ。その壮大な外見に加えて、気性が荒く獰猛だという特徴もあり、現地では古くから畏怖の対象であったようだ。そのため、近年まで家畜を生贄にささげていたという。

また、主に生息するといわれるホーウィック滝周辺では、夏になるといったん姿を消し、天より下りて嵐を呼ぶという伝説もある。さらに古代の壁画も多く残っているそうだ。このようにインカニヤンバの存在は強く意識されているにもかかわらず、その目撃情報は非常に少ない。南アフリカの秘境、ホーウィックの空飛ぶ大蛇の存在は、まだまだロマンの域を出ないようだ。

インゴ・スワン《いんご・すわん》

人物

一九三三〜二〇一三年。アメリカ出身の作家、超能力者。遠隔透視能力と予知能力を持ち、遠隔透視の語源である「リモートビューイング」の名づけ親である。幼少期に麻酔を打たれたときに体外離脱を経験し、それをきっかけに自身の能力に目覚めるようになる。

一九六二年から超心理学の研究を行い、一九七二年にはスタンフォード研究所で超能力開発に協力する。そこでスワンが透視した内容は宇宙探査機と一致しており、宇宙飛行士のエドガー・ミッチェルは、「水星探査、木星探査まで誰も知らなかったことをスワンが正確に描写した」と述べている。その後、遠隔透視能力を軍事利用する「スターゲイト・プロジェクト」に参加し、そこでも大きな成果を上げたとされる。さらに予知能力にも長けており、ベルリンの壁崩壊や冥王星についての予言も行った。

インプラント《いんぷらんと》

宇宙・ＵＦＯ・宇宙人

オカルト分野においては、異星人により、体内に何らかの物体を強制的に埋め込まれることを指し、「エイリアン・インプラント」ともいう。ＵＦＯにさらわれたとする人は、多くがインプラントを施されたと証言しており、中には手術痕が見つかる場合もある。

それらの人物の体から、実際に物体が発見されることも少なくないが、その大半がガラスや金属片などである。しかしなかには不思議な磁気を帯びたものが見つかったり、体に炎症反応が起きていなかったりなど、謎に満ちたケースもある。

う

ウィジャボード《うぃじゃぼーど》

占い

アルファベットと数字が書かれた文字盤で、降霊術あるいは占いに用いる。もとは一八九二年にアメリカのパーカーブラザーズ社が発売した占い用ボードで、「ウィジャ」はフランス語とドイツ語で肯定を意味する言葉を合わせた造語。

これを用いる降霊術あるいは占いは、テーブルターニングを簡略化したようなもので、数人がボードに手を乗せて占ってほしいことを質問し、降りてきた霊が答えを示すとされる。これは日本のこっくりさんの元にもなっているが、科学的な視点では、いずれも無意識の筋肉運動による動きだとされている。

ウィッチクラフト《うぃっちくらふと》

オカルト用語

魔女による魔術や占い、薬草などの技術や知識の集合のこと。「魔女術」や単に「クラフト」とも称される。古くからある民俗文化に関わっているものから、現代のキャンドルやオイルを用いたまじないまで幅広く含まれている。

中世ヨーロッパではこのような技術や知識を持つものは異端とされ、「魔女狩り」と称して迫害され、厳しい処罰の対象とされた。狭義では、魔女の知恵や技術を信仰する宗教的な意味合いで使われ、日本では「魔女宗」と呼ばれることもある。

ウィッチクラフトワークス《うぃっちくらふとわーくす》

作品（漫画）

水薙竜による日本のファンタジー漫画作品で、『ｇｏｏｄ！　アフタヌーン』（講談社、『月刊アフタヌーン』増刊）で、二〇一〇年より連載中。

表面上は通常の現代社会だが、歴史の影に生まれた「工房の魔女」と「塔の魔女」という二派閥の魔女が対立を続ける世界を描く。

主人公、多華宮仄は、ごく普通の男子高校生だったが、ある日突然、塔の魔女に襲われ始める。同級生であると同時に、仄を守る使命をもつ工房の魔女・火々里綾火の活躍により、彼は守られるとともにさまざまな事件に巻き込まれていく。

二〇一四年一月から同年三月まで、本作を原作とするテレビアニメが放送され、二〇一六年にはパチスロ化もされた。

ウィッピー《うぃっぴー》

UMA

カナダ、ケベック州のマサウィッピ湖での目撃例がある未確認生物。湖の名前が由来になっており、二〇〇五年に水面から顔を出す姿が撮影されてから実在説が強く唱えられた。

なんとも愛らしい名前だが、その姿については詳しいことはわからず、チョウザメやナマズを正体とする専門家も多いようだ。しかし、この湖に正式な確認がまだされていない生き物がいることは確かなようで、調査が本格的になれば何らかの新しい発見がされる期待は高いといえる。

ウィニポゴ《うぃにぽご》

UMA

カナダ、マニトバ州のウィニペゴシス湖で見られる水棲ＵＭＡ。同じくカナダでオカナガン湖にいるとされる未確認生物「オゴポゴ」をもじって名前が付けられた。体長は六メートル前後で、ウミヘビのような姿をしている。目撃情報によっては、角や背びれが生えている個体も存在するようだ。

　北米で報告されるUMAの多くが、地元では古くからその存在が伝承されているのに対して、ウィニポゴの目撃情報は二〇世紀に入ってからだ。中でも特に有力なのが、一九三〇年にオスカー・フレデリックソンが発見した謎の生物の脊椎の骨であったが、鑑定前に保管庫の火災によって消失してしまった。したがって正体については深くはわからないが、カナダに数多く存在する他の水棲UMAと同様、古代生物の生き残りという説が強いようだ。

ヴィマナ《ゔぃまな》

神話・伝説・叙事詩

インド神話や叙事詩に登場する空を飛び海を進む機械仕掛けの乗り物の総称で、兵器でもある。太陽神の一人プーシャンのそれは黄金の船であり、『リグ・ヴェーダ』には車輪のある黄金色の鳥が登場し、ヴィマナとされている。夜叉王クベーラのヴィマナは船や宮殿のような形状で、プシュパカと呼ばれる。『マハーバーラタ』によれば魔族アスラが車輪四つのヴィマナを用いている。インド遺跡の彫刻や経典の絵に記されている。

　転じてヒンディーなどいくつかの現代インド語では、飛行機をヴィマナと呼び、バィマナプラという飛行場の町がある。

　一九五二年、ヴィマナの機能や操縦法についてサンスクリット語で記述した『ヴィマニカ・シャストラ』の存在が世に出た。一万年以上前に生きていた聖仙バラドヴァージャが記したヴィマナの設計図『ヤントラ・サルヴァスバ』を原典に、一九一八〜一九二三年にかけてスッパラヤ・シャストリがチャネリングにより口述筆記したものとされ、ヒンディー語訳、英語訳なども出版された。その後、航空学・機械工学の観点からは否定されている。

　一九九一年、宇宙船バトルのシューティングゲーム『ヴィマナ』登場。二〇〇六年、小説『Fate/Zero』（二〇一〇年アニメ化）でシュメールの英雄王ギルガメッシュの乗り物として空中戦艦ヴィマーナが登場した。二〇一一年の新海誠監督アニメ『星を追う子ども』では空を飛ぶ船「シャクナ・ヴィマーナ」が描かれた。

ウィラタック《うぃらたっく》

UMA

アメリカ、ワシントン州で目撃例のある未確認生物。体長は九メートルほどで、プレシオサウルス型の外見をしている。

目撃場所はワシントン湖から隣のピュジェット湾に及ぶことから、淡水海水両方で生息できると考えられており、情報も多く存在する。

その歴史は長く、ネイティブアメリカンの時代から、先住部族が謎の生き物に遭遇したという記述も残っており、それがウィラタック伝承のもとであると推測される。最初は追い詰めようとした彼らも、次第にそれを畏怖の対象とするようになり、神聖なものとして扱ってきたようだ。

ウィラタックが存在するワシントン湖は近年まで環境汚染がひどく、遊泳禁止になるほど深刻なレベルだったという。その後、行政が本格的に改善に乗り出し、徐々に透明になっている。そしてウィラタックの探索プロジェクトも進められているものの目立った情報は得られず、この神聖な生き物が人々の前に再び姿を現す日はまだ遠そうだ。

ウィンチェスター・ミステリー・ハウス《うぃんちぇすたー・みすてりー・はうす》

心霊スポット（世界）

アメリカ・カリフォルニア州にある屋敷。銃ビジネスで成功したウィリアム・ワート・ウィンチェスターの妻、サラ・ウィンチェスターが夫の死後に建てた。

サラは、一八六六年に生後間もない娘を、一八八一年に夫を病によって失った。悲嘆に暮れて霊媒師に見てもらうと、「あなたの一家は、ウィンチェスターの銃によって命を落とした何千という人の怨霊によって呪われている」と告げられたという。

「あなたが生き延びるには、西部に移り住み、霊のために屋敷の増築を続けなければならない」という霊媒師の言葉に従い、サラはカリフォルニア州サンノゼに屋敷を建てた。その日から彼女が亡くなるまでの三八年間、一日も休むことなく家の増築を続けたという。

この屋敷には、四〇の寝室と二つの舞踏室を含む約一六〇の部屋、四七個の暖炉、一七の煙突、四〇以上の階段、三つのエレベーターなどがある。隠し部屋やわかりにくい通路、開けると壁に突き当たるドア、先が行き止まりの階段など、奇妙な構造があちこちに存在する。

怨霊から身を守ろうとするサラが、いつでも身を隠せるように秘密の部屋や通路を増築していったのではないかとも言われている。

また、サラが幸運をもたらすと考えていたとされる数字の一三とクモの巣のモチーフが、屋敷の至るところに用いられている。

もともとは七階建てだったが、一九〇六年のサンフランシスコ地震以後は、最上階が四階となっている。謎に満ちたこの屋敷は、現在は有名な観光地となっており、訪れる人たちの興味をかきたてている。

上記《うえつふみ》

書物

日本の古史古伝の一つで、古代史の主要な史料（『古事記』『日本書紀』など）とは異なる歴史が記述されている。上記の中では、神武天皇まで「ウガヤフキアエズ王朝」が七三代続いたとされる。

一八三一年に国学者、幸松葉枝尺《さちまつはえさか》が発見したものと、明治期に大友淳が公開したものの二種類がある。前者は「宗像本」、後者は「大友本」と呼ばれ、「宗像本」は神代文字である「豊国文字」が用いられた四一冊に及ぶ大著。一方で「大友本」は、源頼朝の落胤とされる大友能道が一二二三年に編纂したもの。いずれも歴史学では史実と見なされていないが、ウガヤフキアエズ王朝の実在を信じ、上記の記載を史実とする人々も一定数存在する。

ヴェラ事件《ゔぇらじけん》

事件

一九七九年にアメリカの人工衛星が南極大陸沖プリンス・エドワード諸島近辺で「二重の閃光」を探知した事件。これは核実験によるものだと推定され、事件の名称は衛星の名前「ヴェラ・ホテル」からとられている。この実験はイスラエルと南アフリカとの共同実験だとされ、「二重の閃光」は大気中での核実験の特徴であることから大きな議論を呼んだ。

その一方でこの閃光は経年劣化した検出器による偽の電気信号が原因の可能性もあった。また、核爆発を裏付けるものは空中から確認されず、事件に関する情報の一部は現在も国家機密のままである。

ウォーレン夫妻《うぉーれんふさい》

人物

アメリカの心霊研究家夫妻。夫はエド・ウォーレン（一九二六～二〇〇六年）、妻はロレイン・ウォーレン（一九二七～二〇一九年）。アナベル事件、エンフィールド事件、アミティビル事件など、有名な心霊事件に数多く関わっており、『死霊館』シリーズを始め、映画の題材になったものも多い。

キリスト教圏では悪魔と心霊は分けて考えられており、悪魔による怪奇現象には心霊学者は対応できない。しかし、夫のエドはカトリック教会が認めた唯一の非聖職者兼心霊研究家であり、悪魔研究家としての業務も受け持っていた。さらに、妻のロレインは透視も行う霊媒師であるため、夫妻はあらゆるタイプの怪奇事件に対応できるとされていた。

ウォーリー《うぉりー》

UMA

アメリカ、オレゴン州のワラウア湖にいるとされる未確認生物。体長五メートルほどの水棲生物で、頭部はバッファローほどの大きさである。その一方で胴体は大蛇のような姿をしており、およそ誰も見たことのない外見である。一度見たら二度と忘れられないようなインパクトがありそうだが、もともとの目撃情報はなく、古くはネイティブアメリカンの伝説が由来になっているようだ。

しかし、一九八二年に二人の人物が観測に成功。一〇分間にもわたってその姿を目撃し、一五メートルという巨大な体長と七つのこぶがついていたという特徴が報告されている。だが写真などの決定的な証拠は未だ存在せず、そのことが、特徴的な外見でありながら、いまひとつ知名度が上がらない理由になっているようだ。生息地とされるワラウア湖は魚類の多さが豊富で、UMAには関係なく貴重な研究の対象になっている。他の調査に付随してウォリーに関する情報が出る可能性もあり、今後に期待したい。

ウクマール《うくまーる》

UMA

アルゼンチンに出現するとされる、人獣型のUMA。体長は七〇センチほどで、全身が茶色の毛におおわれている。最も似ている既存生物はクマだが、近距離で見ると頭部にはゴリラのような顔に緑の怪しい目がついており、類人猿の生き残りのような姿をしているようだ。

ウクマールは地元アンデス山脈の先住民たちにとってはよく知られた存在であったが、世間的な知名度は皆無に等しかった。それが急速に高まったのは二〇一〇年のことである。この年、アルゼンチンの山間にある牧場に、全身が毛におおわれた奇妙な動物が現れた。牧場主は唸り声を上げながら近づくその動物を銃で射殺。それは緑色の目を持つ類人猿のような生き物で、ウクマールの子供であったとされる。牧場主はその頭部の写真を公開し、謎の生き物として話題になった。しかしこの頭部は現在も科学的検証が進んでおらず、懐疑的な意見が強まっている。

雨月物語《うげつものがたり》

怪談

上田秋成によって書かれた江戸時代中期の読本《よみほん》（中国の影響を受けて江戸時代後期に流行した伝奇風小説集）。幻と現実を組み合わせた怪異小説集で、日本と中国の古典を基にしている。全部で九篇からなっており、中でも最も怖い話として知られるのが、色好みの夫を妻が祟り殺す「吉備津の釜」という一篇である。

前の作品の一部が次の作品と結びつく構成になっており、また、物語中で怪異現象が生じる際に、その前触れとして雨や月の情景が描かれるという特徴もある。題名の由来は、「雨がやんで月がおぼろげに見える夜に編成したため」ということが序文に記されている。一九五三年に溝口健二が監督を務めて映画化され、ヴェネチア国際映画祭で銀獅子賞を受賞するなど高く評価された。

牛首トンネル《うしくびとんねる》

心霊スポット（日本）

石川県と富山県の県境で、小矢部津幡線（県道七四号線）上にある長さ五五メートルのトンネル。正式名称は宮島隧道。牛首トンネルという呼び名は、トンネルがある石川県側の地名が牛首であることに由来する。

トンネル内部には頭のないお地蔵様が祀られており、これにまつわる噂話がある。それは、あるとき、友人を殺してしまった男が、罪の意識からトンネル内で焼身自殺し、それを嘆いた男の母親がトンネル近くで首つり自殺をした。その供養のためにお地蔵様が祀られたというもの。

さらに、この事件以来、牛首トンネルには男の母親と思われる老婆の幽霊が出現し、通る車に乗り込んでくるとも伝えられている。

しかし、インターネット上に多く出回っているこの一連のストーリーを、地道に検証した人がおり、その報告によると、牛首トンネルでの焼身自殺や付近での首つり自殺の記録は、手を尽くして調べた限りないそうだ。

トンネル内のお地蔵様は、誰もが行き来に苦労していた峠にトンネルが完成した際、もともとは尾根伝いに道標を兼ねて祀られていたお地蔵様の一体を、トンネルに運んできて祀ったとのこと。

無残にもお地蔵様の頭がとれているのは、乱暴な人がいたずらしたものだという。現在は三代目のお地蔵様で、もともと初代も二代目も心ない人が毀損したため、奇特な人が三代目を祀り、掃除やお供えをしたが、それもまた毀損されて現在に至るようだ。

噂を検証した人の調べでは、この地域での別の殺人の話が民話に残っており、それは山で殺人をした男が、そばにいたお地蔵様に「見られた」と思い、「人にいわないでください」と拝んだところ、お地蔵様が「私はいわないが、お前がいう」と言葉を発したというもの。仰天した男は、お地蔵様のいった通り、自分から村人に罪を語り、捕まってしまう。

お地蔵様を毀損した犯人も、その行為をお地蔵様に見られ、今頃は罪を自分から語っているかもしれない。

牛抱せん夏《うしだきせんか》

人物

一九七九年〜。日本の女流怪談師。幼少期から時代劇や怪談作品に対する関心が強く、お岩さんや化け猫を演じることに憧れていた。二〇〇〇年代は女優として映画や舞台に定期的に出演していたが、二〇一〇年に「稲川淳二の怪談グランプリ」に出演して優勝したことを機に怪談師としての活動を本格化。現代怪談から古典怪談まで幅広い演目を持ち女流怪談師としての地位を確立する。バラエティ番組で怪談話を披露したり、怪奇現象を再現したドラマで幽霊役を演じるほか、幽霊画で知られる東京谷中・全生庵にて自身がプロデュースする怪談ライブを定期開催。現在はYouTubeチャンネル「この世の裏側」を開設しており、自身の怪談を披露している。

牛の首《うしのくび》

怪談

この世で最も恐ろしいとされる怪談。この話を聞いた者の大半が恐怖のあまり発狂するか死亡してしまうため、現在では語り部が存在しないとされている。今から数十年ほど前、「牛の首」の内容を知る小学校教師が遠足に向かう際、この話を披露したという。バスの中に児童たちの絶叫が響き渡るにもかかわらず教師が話を語り続けると、バスが突然停車した。我に帰った教師が周囲を見渡すと、そこには恐怖に震え上がるバスの運転手と泡を吹いて失神した児童たちの姿があったという。牛の首の存在が世間に知られるようになったのは、ＳＦ小説家・小松左京の同名小説であるとされている。物語中、主人公の「私」は「牛の首」という話が存在することを知って、知人にたずねるが誰も内容を語ろうとしない。そのうちに「私」は、「牛の首」という話は、誰も内容を知らないにもかかわらず皆が恐れていることが恐怖の本質であることを悟るのである。ただし、この話は小松の創作というわけではなく、昔から小説家界隈では「牛の首」という怪談が存在するという噂が語られていたそうだ。はたして「牛の首」は実在するのだろうか？

丑の刻参り《うしのこくまいり》

オカルト用語

日本に古来から伝わる儀式。丑の刻（午前一時から三時までの間）に参るのが名の由来で、元来はその時間に特定の神社に参拝して心願成就を行うことを意味する。

しかし、現在では、藁人形を使って丑の刻に対象者に呪いをかける儀式として知られている。人形を用いた呪術は古代から日本に伝わっており、それが陰陽道などと結びつき、近世には丑の刻参りが呪いの儀式になったと考えられている。

呪いの儀式としての丑の刻参りには決まり事が多い。行う際には、白装束をまとって頭にろうそくを立てる。ここまでは一般的なイメージとしてよく知られているが、厳密にはさらに顔に白粉を塗り、頭に五徳をかぶって（それにろうそくを立て）、一本歯の下駄をはき、胸元には魔よけの鏡をつけておかなければならない。藁人形には呪いたい相手の写真をくくりつけ、神社のご神木に五寸釘で打ち付けるが、誰にも見られないようにしなくてはならない。見られてしまうとすべての呪いが自らに帰ってくるため、その目撃者を始末する必要があるとされる。何とも恐ろしい話だが、現実世界でこれを行うと、もちろんさまざまな罪に問われるだけでなく、ヤケドや火災の心配もある。映画や物語の中で、その怖さを味わうのにとどめたほうがよさそうだ。

宇宙人《うちゅうじん》

オカルト用語

地球以外に存在する知的生命体。地球も厳密には宇宙の一部であるため、オカルトやUFO研究の分野では「異星人」とも呼ばれる。人間が住む環境以外に生命が存在するという考え方は昔からあり、世界各地の民話や神話にも共通している。日本で代表的なのは「竹取物語」で、登場人物の「かぐや姫」が月にある王国からやってきた異星人だとされている。

一七世紀に太陽系や恒星空間への理解が深まるとともに科学的な研究も進められるようになった。二〇世紀になると、イタリア・ローマ出身の物理学者エンリコ・フェルミが、地球外文明の存在の可能性の高さを示すとともに、それにもかかわらず彼らとの接触の証拠が皆無である事実の間にある矛盾を指摘した。これは「フェルミのパラドックス」と呼ばれ、のちの「ドレイクの方程式」につながった。

近年では「ウンモ星人」や「プレアデス星団人」など、一部のコンタクティによって存在が主張されている宇宙人もいる。「宇宙人」というテーマはフィクション作品でも頻繁に登場し、その多くは高度な科学と知見を持つ存在として描かれている。

宇宙塵《うちゅうじん》

宇宙・UFO・宇宙人

宇宙物質の一種で、宇宙空間に分布する微粒子。「星間塵」ともよばれる。「宇宙ゴミ（スペースデブリ）」と混同されることがあるが、宇宙塵がもともと宇宙にある物質であるのに対し、宇宙ゴミは人工物である点で異なっている。

大きさは〇・〇一マイクロメートルから一〇マイクロメートル程度で、密度は非常に低く一立方メートルに一粒あるかどうかとされる。地上から見ることはできないが、電磁波を吸収、反射するので、大規模な集合は星雲として視認されることもある。また、電波望遠鏡による観測や探査機による採取が試みられている。

宇宙塵は、毎年一〇〇トン程地球に降っているとされ、南極や海底から都心の古いビルの屋上まで、さまざまなところに降り積もっているという。その一部は研究対象となっている。

宇宙人解剖《うちゅうじんかいぼう》フィルム《ふぃるむ》

宇宙・ＵＦＯ・宇宙人

一九九五年に、イギリスの映像実業家レイ・サンティリによってもたらされた異星人の死体解剖を撮影した記録フィルム。サンティリによれば、これは一九四七年に起きたＵＦＯ墜落事件「ロズウェル事件」で宇宙人の遺体を解剖したもので、世界中に大きな反響を引き起こした。

その様子は日本でも公開され、一九九六年にフジテレビで放映。否定派と肯定派による大論争に発展するが、後にサンティリ自身によって偽造と告白された。彼によれば、特殊効果を専門とする人物も制作に携わっていたようで、プロによるお騒がせであったと判明した。

宇宙聖書学《うちゅうせいしょがく》

宇宙・ＵＦＯ・宇宙人

「聖書」に書かれた様々な奇跡を、宇宙時代の見方によって、空想ではなく現実に起きたものだとする考え。聖書の奇跡は「モーセによる紅海分裂」や「キリスト復活」に代表されるが、科学が発達した現在ではこれらの現象は空想や伝説の類として扱われる。しかし、ＵＦＯ飛来や異星人の存在を現実のものとして肯定し、その超常現象を考慮に入れれば、それらの「奇跡」もけっして実現不可能なものではないだろうというのが「宇宙聖書学」の考え方である。

この研究については、アメリカの神学者であるバリー・ダウニング博士が有名であり、彼は前述の「モーセによる紅海分裂」について、ＵＦＯから照射された反重力光線が原因だと主張する。宇宙聖書学には支持者が多く存在するが、一方で懐疑的な見方をする専門家も多く、そもそも異星人やＵＦＯ自体の存在を裏付ける必要があると反論されることもある。

宇宙友好協会《うちゅうゆうこうきょうかい》（ＣＢＡ）《（しーびーえー）》

組織・団体

一九五七年八月に元航空ジャーナリストの松村雄亮によって設立されたＵＦＯ・異星人との交流を目的とした団体。

当初の松村は科学的な見地からＵＦＯや異星人を研究しており、従来の研究団体が唱えるファンタジックなＵＦＯ論には難色を示していたが、ＣＢＡ設立後、異星人との交流に成功したと主張しはじめ「コンタクトマン」と自称するようになったのだ。

それ以降ＣＢＡは急速にカルト化し、松村は「種子」と呼称される教祖のような存在となった。一九五九年、ＣＢＡ内部で「近いうちに地球の地軸が傾き世界規模の大洪水が発生するが、会員たちをＵＦＯに搭乗した異星人が救出する」という文章が作成され、「リンゴ送れ、Ｃ」という電報が送られた際に指定の場所に集合するという計画が立案された。この事実が当時の産経新聞紙上で報道されたことにより、組織のカルト性が世間に知れ渡り、世間から距離を置かれるようになっていった。

以降、CBAはカルト色を一層強め、「ハヨピラ」と呼ばれる、団体が異星人であると主張するアイヌの神を祀るためのピラミッド型の祭壇を北海道平取町《びらとり》内に建造したが、松村が消息を絶ったことにより、CBAは自然消滅した。

虚舟《うつろぶね》

事件

江戸時代後期に現在の茨城県大洗港沖に出現したとされる未確認物体。曲亭馬琴の「兎園小説」や国学者・尾代弘賢の「弘賢随筆」など、現在までに七つの史料にのっている。史料によって虚舟の形は多少異なるが、上体はドーム型で下半分は楕円形をしている丸形の物体で、全長五・五メートルほど。上部に窓がついているという。

発見者は地元の漁師で、船内には外国人の姿をした女性が乗っており、箱を持っていたという。内部については史料が少ないが、謎の文字が多数記されていたといわれる。その外見や特徴からUFO遭遇事件ではないかともいわれているが、一方でサイズの小ささから、海外の潜水艇が沖に流れ着いたという説もある。

生まれ変わりの村《うまれかわりのむら》

地名

前世を記憶する人が集中して誕生するとされる中国奥地にある村、また、その村人八四人の前世記憶についてまとめた本の名。書籍『生まれ変わりの村』は、IT会社経営者で不思議研究所を設立した森田健が二〇〇〇年から七年間村人の話を聞き、二〇〇八年に河出書房新社より初刊、二〇一六年までに四冊シリーズで出版。インタビューに応じた人や村の風景の写真なども掲載されている。村の名は明かされず、生まれ変わる場所はその村を中心に中国国内、前世や前々世が牛だった人もいる。村の住人は死後「忘却のスープ」を飲めば前世の記憶を無くし、飲まなければ前世を覚えているとされている。

二〇一二年、同書をモチーフにした映画『スープ』が公開され、二〇一六年には森田健製作のドキュメンタリー映画『生まれ変わりの村』が公開された。

海坊主《うみぼうず》

妖怪

海に棲むとされる日本の妖怪。海入道《うみにゅうどう》、海法師《うみほうし》と呼ばれることもある。

多くは夜の海に出現する。波風の少ない静かな海が、突如として大きく盛り上がり、坊主頭の巨大な生き物が現れて船を破壊するという。大きさは数メートル

〜数十メートルだが、単独とは限らず、群れをなして船を襲うこともあるとされる。煙草の煙が弱点ともいわれている。

海坊主に関する言い伝えは日本全国に見られるが、宮城県にはより明確な以下のような目撃談がある。宮城県牡鹿郡女川町のマグロはえ縄漁船が、ニュージーランド海域ではえ縄を巻き上げていたところ、突然、縄が切れた。はえ縄のブイを引き上げようとした船員が、大きな木の根のようなものがあるのに気づいた直後、それがいきなり方向転換し、灰褐色で皺だらけの姿を現した。

直径一五センチメートルほどの目と、つぶれた鼻をもつ巨大な顔が、水面から一・五メートルほど出ていた。そこから下は濁った海水の中にあったため、全身像はわからなかったが、尾があるようにも見えたという。

船員たちが大騒ぎしながらモリで突く準備をしている間に、それは海中に消え去った。船長を含む二六名の乗組員全員が目撃したとされる。

この目撃談は、一九七一年七月一七日付の毎日新聞に、同年四月の出来事として掲載されている。「海坊主」という名称は書かれていないが、その目撃談と考えられる。

楳図かずお《うめずかずお》

人物

一九三六年〜。奈良県出身の漫画家、タレント。代表作は『漂流教室』『まことちゃん』『ママがこわい』『洗礼』『神の左手悪魔の右手』など。作品は多くのジャンルにわたり、SFやギャグ、時代劇まで幅広いが、とくにホラー漫画の第一人者として有名である。

漫画家を志したきっかけは、小学五年生の時に手塚治虫の『新宝島』を読んだことだったという。一九五五年にプロデビューし、貸本漫画家として有名になり、一九六一年に「恐怖マンガ」という言葉を作った。

一九六六年には『ねこ目の少女』『へび少女』がヒットし、恐怖マンガ家として全国的に有名になる。以降、精力的に作品を発表し続けていたが、腱鞘炎などの理由によって一九九五年から休筆している。以後はタレントや映画監督として活躍し、数多くのクリエーターが楳図かずおを信奉する。なお、二〇代から好んで着ている赤と白のボーダーは、児童期に影響を受けた『新宝島』において、海賊が来ていた服のイメージであり、いつしかトレードマークになったという。また、「赤と白のボーダーラインが自分のラッキーカラー」とも述べている。

ヴラド・ツェペシュ《うらど・つぇぺしゅ》

人物

一四三一〜一四七六年。現在のルーマニアであるワラキア公国の君主。ブラム・ストーカーの小説『ドラキュラ』のモデルの一人とされる。「ツェペシュ」は「串刺しにする者」を意味する一種のニックネームで、正式な名前は「ヴラド三世」。

公国の中央集権化を進め、反逆者をすべて串刺しの刑に処した。この刑罰は当時としては珍しいものではなかったが、対象は重罪を犯した農民など、身分の低い者に限られた。通常、貴族の処刑は斬首によって行われていたこの時代に、ヴラドは貴族であっても容赦なく串刺しに処した。それにより、君主の権威の絶対性を表そうとしたと考えられている。こうしたヴラドの姿勢から、「串刺し公」と呼ばれるようになった。

父であるヴラド二世はハンガリー王国のドラゴン騎士団の一員であり、通称「ドラクル」と呼ばれていた。ヴラド三世はそれに現地の言葉で「～の子」を意味する「a」をつけて「ドラクレア＝ドラキュラ」と称されるようになり、本人も好んで「ヴラド・ドラキュラ」と名乗っていたという。その名前と冷徹な政治、多数の人に対して行った残虐な串刺し刑のさまから、後世の怪物「ドラキュラ」のモデルになったといわれている。

ウルトラQ《うるとらきゅー》

作品（テレビドラマ）

一九六六年一月から七月まで、TBS系列で毎週日曜一九時～一九時三〇分に全二七話で放送された特撮テレビドラマ。円谷特技プロダクション（一九六八年より「円谷プロダクション」）制作の空想特撮シリーズである「ウルトラシリーズ」の初回作品であるが、第二作目以降のようにウルトラマンなどの巨大ヒーローは登場せず、人間が知恵と技術で怪獣などと戦い、問題を解決していくのが特徴。

パイロットである万城目淳、パイロット助手の戸川一平、報道カメラマンである江戸川由利子の三人が、不思議な事件や奇怪な出来事に遭遇し、危機を切り抜けていく様子を描く。

制作当初は、アメリカのテレビドラマ『アウターリミッツ』や『トワイライトゾーン』の影響を色濃く受けた怪奇現象中心のドラマとして、『UNBALANCE（アンバランス）』というタイトルがつけられ、世界の事象がバランスをくずしたときに現れる底知れない恐怖や不気味さをテーマとしていた。

意欲作だっただけに、スタッフには当初の企画通りの制作を続けたい意向も強かったようだが、テレビ局などの方針変更により、怪獣を中心としたドラマへの路線変更を余儀なくされた。

「ウルトラQ」というタイトルは、当時の流行語「ウルトラC」をヒントとして、視聴者に「これは一体何？」と思わせるという意味のQ（クエスチョン）を合わせたという。また、高度な撮影技術を駆使したという意味を込めた「テクニック（technique）」のQでもあるとされる。

当初の企画から大きく路線変更した番

組だったが、大部分の回で視聴率三〇パーセント台に乗るという快挙を成し遂げた大ヒット番組となり、続くウルトラシリーズへの道すじをつけた。

ウンモ星人《うんもせいじん》

宇宙・ＵＦＯ・宇宙人

おとめ座の方向に、一五光年離れた惑星に住む宇宙人。彼らは「王」に似た文字が付いたＵＦＯに乗っており、この文字は彼らのシンボルマークといわれている。また、地球人に対して非常に友好的で、ユミットと名乗るウンモ星人が、一九六三年以来スペインに六〇〇〇通を超える手紙を送ってきている。

ウンモ星人の科学力は地球の約一〇〇年先に相当しており、過去には彼らの手紙を参考に新製品を作り、特許を取得したものもいるとされる。しかし、現在では彼らの乗るＵＦＯの写真は捏造であると証明されており、ウンモ星人自体も何者かの悪戯《いたずら》であるとの見方が強い。

え

永久機関《えいきゅうきかん》

技術

外部からのエネルギー供給を必要とせずに運動をし続けられる機関。無の状態からエネルギーを生み出す「第一種永久機関」と、初めにエネルギーを受け取って、それをループさせ続ける「第二種永久機関」に大別される。実際には、いずれも作成することは不可能とされるが、これを想定してエネルギーの質と量を検証することで、第一種によって「エネルギー保存の法則」が、第二種によって「エントロピー増大の法則」がそれぞれ確立した。

現在も「永久機関を発明した」と主張する者は多いが、科学的に証明されたものは見つかっていない。なお、ＳＦ作品では永久機関をテーマにしたものがたびたび登場する。

栄光の手《えいこうのて》

魔術

処刑された罪人の手を切断したもの。魔術を行う際に蝋燭《ろうそく》に使うとされている。Ｊ・Ｋ・ローリングの小説『ハリー・ポッター』シリーズや、それを原作にした映画に登場したことで、世界中にその名が知られるようになった。

作成方法は切断した罪人の手から血液を抜き取った後、乾燥させて塩漬けにして蝋を塗り込むというもの。人体には多くの脂肪が含まれているため、強く燃え上がるという。

かつては泥棒たちの願掛けの品としても愛用されており、家屋の玄関の前で栄光の手に火をつけて、燃え上がると盗みが成功、燃えなければ失敗するというジンクスが存在したとされる。また、フクロウの血と白いメンドリの脂肪と黒猫の胆汁を混ぜ合わせたものを玄関のドアに塗りつけておけば、栄光の手の魔力を跳ね返すことが可能とも言い伝えられている。

イギリス・ノースヨークシャー州内のウィットビー博物館には、栄光の手といわれる標本が展示されているが、本物かどうかは定かではない。

エーテリアス協会《えーてりあすきょうかい》

組織・団体

一九五五年にイギリスで発足したUFO研究団体。

創設者のジョージ・キングによると、火星、金星、木星、土星には高度な知能を持つ生命体が暮らしており、太古から人類を見守ってきたという。モーセやイエス、釈迦といった古来の宗教的指導者たちは総じて地球外生命体であったというのだ。

一九五七年に光度が高い彗星が地球に接近した際、エーテリアス協会は金星から飛来したマスター・エーテリアスという名の知的生命体が操作するUFOであると解釈していた。キングはUFOが地球に飛来した目的は「カルマの網」を回転させて地球の生命体の覚醒を促すと見ていたが、これはキング自身が信奉していたインド哲学との類似性が指摘されている。

キングはマスコミに対して二度UFOが到来する場所と時間を予告したことがあり、当日は実際にUFOを目撃したという報告が寄せられたという。

エーテル《えーてる》

オカルト用語

古代ギリシャにおいて輝く空気の上層を表す言葉であったが、のちにアリストテレスによって火、空気、水、土に次ぐ第五元素として提唱され、宇宙空間に充満するとされた。無色透明で、質量、摩擦がなく、物理的に検出することが不可能だとされ、アリストテレスの提唱以後、長い間その存在が信じられていた。

物理学においてもエーテルは、光が波動として伝わるために必要な媒質（波動を伝える場となる物質）として、宇宙に満ちているものと定義づけられた。しかし、後年、マイケルソン・モーリーの実験（ともにアメリカの物理学者であるアルバート・マイケルソンとエドワード・モーリーによって一八八七年に行われた有名な実験）やアインシュタインの相対性理論によって、その理論は否定されている。

一方、神秘学や神智学で「エーテル体」という言葉が用いられることがあるが、これはアストラル体と同様に、肉体の外側に存在する霊体を意味する。

エーリッヒ・フォン・デニケン《えーりっひ・ふぉん・でにけん》

人物

一九三五年〜。スイス出身の作家、宇宙考古学者。異星人や古代宇宙飛行士が太古に地球を訪れ、初期人類の発展に寄与したという内容の『未来の記憶』『宇宙人の謎』が世界的ベストセラーとなる。一九五四年から世界中の古代遺跡を訪問し、「古代宇宙飛行士説」を提唱する。しかし、この考えは科学者の多数に否定されており、デニケンの主張を批判する者も多い。一方で宇宙考古学を一般に普及させる役割を果たし、彼の主張の根強い支持者も世界中に存在する。

エクソシスト《えくそしすと》

作品（映画）

一九七三年一二月にアメリカで公開されたホラー映画（日本での公開は一九七四年七月）。監督はウィリアム・フリードキン。タイトルの「エクソシスト」はキリスト教、とくにカトリックで使う用語で、「悪魔祓い（エクソシスム）を行う人」を意味する。

少女に取り憑いた悪魔と、それを祓おうとする神父の戦いを描くオカルト映画の代表作。乗り移った悪魔によって、少女の容貌と言動が邪悪に変わっていくすさまじい描写が話題となった。恐怖を増すための「サブリミナル効果」を狙った映像処理（映像の中に瞬間的に悪魔の顔を挟む）が施されていることでも知られる。

原作はウィリアム・ピーター・ブラッティの同名小説だが、そのモデルになったのは一九四九年の「メリーランド悪魔憑き事件」とされる。アメリカ・メリーランド州で一三歳の少年が悪魔憑きと見られる状態となり、二人の神父が二ヶ月にわたって悪魔祓いの儀式を続けた実話である。

当時一三歳のジェイミー・リー・カーティスが、悪魔に憑依される少女リーガン役のオーディションを受ける予定だったが、母で女優のジャネット・リーが反対し、リーガン役はリンダ・ブレアが演じることになった。

映画『エクソシスト』は、米国で一九七三年の興行収入第一位を記録し、第四六回アカデミー賞の脚色賞と音響賞を受賞。ホラー映画として初のアカデミー賞受賞を果たした。

本作はその後、二作の続編と多数の派生作品が作られた。さらに、二〇二〇年にはリブート版（同じ原作から新たに作るシリーズ作品）の制作予定が発表されている。

エクトプラズム《えくとぷらずむ》

超能力・超常現象

霊媒師が霊を物質化させる際に使用する物質のこと。もともとはノーベル生理学・医学賞を受賞したフランス人学者シャルル・ローベル・リシェが生み出した造語である。

通常の物質と異なり、構成する成分などが全く未知であることから「反物質」と呼称されることもある。リシェによると唾液に似た性質を持つという。霊媒師がエクトプラズムを利用すれば、浮遊やポルターガイストといった霊現象を作為的に引き起こすことも可能だと言われている。

一九世紀後半には、多くの霊媒師がエクトプラズムを吐き出した写真を披露したが、そのうちの大半は煙やゴムを利用したトリック写真であったため、二〇世紀に突入するとエクトプラズム研究は急速に衰退することになった。

スコットランド生まれの女性霊媒師ヘレン・ダンカンは、一九三〇年代から数多くのエクトプラズムを吐き出して絶大な支持を得ていたが、後にトリックを多用していたことが発覚した。一九五六年にダンカンが交霊会を行っていたところに警察が押し入った一ヶ月後に彼女は死亡したのだが、ダンカンの信者たちは死因を「交霊会が妨げられたことで、魂をエクトプラズムとして放出したから」との見解を示していたという。

エジプト神話《えじぷとしんわ》

神話・伝説・叙事詩

古代エジプト人は天候や穀物の豊穣、事故、病気、死などは神や魔によると信じていた。地域や時代、職業などによりさまざまな神が信仰対象となる。神々の行動記録は、儀式の説話、葬礼文書、ピラミッドや神殿の壁画などに記されているが、断片的でまとまりはない。

世界の創生に関わる神話は、概ね次の二つといわれる。

九神信仰ペセジェト（九を表す・ギリシャ語ではエネアド）では、原初の世界は混沌の水（ヌン）であり、そこにアトゥム神がいた。アトゥムはくしゃみ（イシェシュ）で大気の男神シュウを、唾（テフ）で湿気の女神テフネトを生んだ。この夫婦から大地の男神ゲブと天空の女神ヌトが生まれ、ゲブとヌトからオシリス、イシス、セト、ネフティスの四神が生まれた。アトゥムは後に太陽神ラーと習合する。

オシリスはセトに殺されるが、イシスの妖術で復活して冥界の王となることから、人もまた死後は冥界で生き続けるという信仰が、やがてミイラ作りに発展する。

八神（オグドアド）信仰では、水［ヌン‐ナウネト］、空気［アメン‐アマウネト］、暗闇［クク‐カウケト］、不滅あるいは無限［ヘフ‐ハウフト］の男女神の四対でナイル川が枯れないようにし、ラーを生む睡蓮を創ったとされる。

神の姿は、太陽・隼・狼・鰐・羊・蛇・猫・獅子・鰻などに象徴される。王は神の子孫とされ、王の名には必ず神の名がつけられた。

二〇二〇年刊行、漫画家ｙｕｋａによる『とーとつにエジプト神』（同年アニメ化）

には、丸みのある二頭身ゆるキャラ調のエジプトの神々が登場する。

エスター《えすたー》

作品（映画）

二〇〇九年七月に公開された米国のホラー映画（日本での公開は同年一〇月）。ある家族が養子として迎え入れた美少女が巻き起こす惨劇を描く。監督はジャウム・コレット＝セラ。

三人目の子供を死産したあと、心の傷が癒えずに苦しむ妻とその夫が、孤児院で出会った九歳の少女、エスターを養子として引き取る。少し変わっているが心やさしい少女だと思われたエスターは、次第に本性を現し、奇怪な行動や残虐な行為をくり返す。最初は妻だけが気づいた異常性が、次第にあらわになって一家は追いつめられていき、やがて衝撃的な事実が知らされる。

「かわいい姿をした怪物」の不気味さ・恐ろしさをさまざまな手法で巧みに表現し、観客を震え上がらせた作品。

二〇一三年に米国で、本作の筋書きによく似た実際の事件が起こり、「まるでリアル・エスター」と話題になった。

エディンバラ城《えでぃんばらじょう》

心霊スポット（世界）

イギリス・スコットランドのエディンバラにある城で、ヨーロッパ有数の心霊スポットとして知られる。中世に建てられたエディンバラ城は、何度も戦火に焼かれた。そのため、城内には、亡くなった多くの人の霊魂がさまよっているという。

城内のあちこちで死者のうめき声が聞こえたり、突然ものが動き出したりと、数々の心霊現象が確認されている。中でも、城の独房や大砲付近などでの霊の目撃証言が多い。

この城だけでなく、エディンバラという街自体がホラースポットとされる。一七世紀のエディンバラではペストが大流行し、多数の人が命を落とした。

とくに、下流層の人々が住む地下都市に感染者が多かったため、封鎖して埋めてしまった。そのとき、生き埋めにされた人々の霊が、今も地下都市や街中にさまよっているとされる。

現在は、霊現象と出会うための「ゴーストツアー」も多く企画されている。

ちなみにエディンバラは、『ハリー・ポッター』の作者、J・K・ローリングが、同シリーズの大半を描きあげた自宅があることでも知られる街。

エドガー・ケイシー《えどがー・けいしー》

人物

一八七七～一九四五年。アメリカの予言者、心霊治療家。ノストラダムス、ジーン・ディクソンと並んで、世界三大予言者とも称される。農家に生まれ、幼少期は聖職者になることを望んでいたという。成人後、保険のセールスをしていた二四歳のとき、喉の不調で声が出なくなり、催眠治療を受けたところ、別の人格が現れて自分の症状の治療法を述べ、その通りにすると治ったという。

　これをきっかけに、催眠状態で予言や心霊治療を行うようになった。彼が催眠状態のときには、アカシック・レコードにアクセスして情報を読み取って語っていたとされ、その言葉は速記によって記録された。このような手法を一般にリーディングというが、とくにエドガー・ケイシーが催眠下で残した予言は「エドガーリーディング」とも呼ばれ、それは生涯で三万件以上も存在するという。有名なものでは、第一次世界大戦の勃発年と終了年、ケネディ大統領の暗殺などが的中したといわれる。

江戸川乱歩《えどがわらんぽ》

人物

一八九四～一九六五年。日本の小説家で、とくに推理小説で有名。本名は平井太郎で、ペンネームは推理小説の父「エドガー・アラン・ポー」に由来している。「名探偵明智小五郎」や「怪人二十面相」の生みの親で、当時、これらのシリーズ作品は大人気となり、現代でも繰り返し新たに出版されている。

　一九二三年、『新青年』に掲載された『二銭銅貨』でデビュー。代表作として、明智小五郎が登場する『D坂の殺人事件』『黒蜥蜴』『心理試験』、ホラー小説の『人間椅子』『人でなしの恋』、探偵小説家を主人公とする『陰獣』などが知られる。

　新人推理作家の発掘や海外推理小説の紹介、さらに日本推理作家協会設立にも大きくかかわり、多方面で推理小説業界に尽力した。氏の名前を冠した「江戸川乱歩賞」は、推理作家を目指すものにとって登竜門として知られている。

エフェソスのアルテミス神殿《えふぇそすのあるてみすしんでん》

遺跡・オーパーツ

紀元前七世紀に、古代都市エフェソス（現在のトルコ）に建てられた神殿。現在は残骸しか残っていないが、もともとの神殿は幅五五メートル、奥行き一一五メートルで、高さ一八メートルの柱が一二七本立っていた。大理石を柱に使った神殿としては史上最大規模で、その巨大さから世界七不思議のひとつとされる。クレタの建築家ケルシプロンとその息子によって設計され、リディア王クロイソスによって援助されてできあがった神殿とされている。

　エフェソスの地では豊穣や多産を象徴するアルテミス（ギリシャ神話に登場する女神）が非常に崇拝されている。そのため、この神殿には商人や観光客、さらには王族も多数訪れてさまざまな品物を供えていったという。しかし、紀元前三五六年にヘロストラトスという若者が放火したために大部分が焼失し、エフェソスの人々を大憤慨させた。

　放火の動機は「有名になって歴史に自分の名を残したかった」というもので、この出来事から「愚かな犯罪や倫理的でない行為によって自分の名を売る」ということを意味する「ヘロストラトスの名誉」という言葉まで生まれた。

　神殿は紀元前三二三年に再建されるが、二六二年にゴート人の襲撃によって再び破壊される。その後、エフェソスの人々にはキリスト教徒が増え、アルテミスへの信仰は薄れていったため、以降は再建されることなく、今では残骸だけとなっている。

エブゴゴ《えぶごご》

UMA

インドネシアのフローレス島に伝わる類人猿型のＵＭＡ。名前の「Ebu Gogo」は現地の言葉で「なんでも生で食べるおばあさん」を意味する。体長は最大でも一メートルほどで、髪が長くおなかが出ていて、ぎこちない歩き方をする。これらの特徴から、時におばあさんのように見えるためその名前が付いたらしい。

　一方、その気性は穏やかではなく、名称にもある通り、雑食で何でも食べる。そのため、しばしば人里に現れて作物を食べ荒らすという困りものの一面を持つ。エブゴゴの歴史は古く、昔から島の人々と共存して暮らしていて、人の言葉をまねたりもしていたそうだ。その歴史が途絶えたのは一八世紀ごろで、それから二〇〇年以上、姿を目撃されていない。

　その理由として、エブゴゴが村の子供をさらって食べてしまい、怒った村人が駆除を行ったという話があるが、真相は定かではない。未確認生物というよりは妖怪の類に近いような気もするが、もしかすると今でもジャングルの奥地でひっそりと暮らしているのかもしれない。

ＦＢＩ超能力捜査官《えふびーあいちょうのうりょくそうさかん》

メディア（テレビ番組）

二〇〇二年三月以降、二〇〇八年四月まで、日本テレビ系列で不定期に放送されていた特別番組。多くの年は年二回、二〇〇四年は五回、二〇〇七年・二〇〇八年は一回ずつ放送された。

　内容は、アメリカ・連邦捜査局（ＦＢＩ）に在籍していた透視能力などを持つ捜査官が、その超能力によって事件や問題の解決をめざすというもの。

　ただし、実際のＦＢＩに「超能力捜査官」という役職は存在しない。また、アメリカの法律ではＦＢＩに所属する者は国外活動が禁じられている。

　番組に「捜査官」として出演したジョゼフ（ジョー）・マクモニーグルは、元陸軍諜報局に務めていた情報官で、米軍のための遠隔透視のプログラムに従事していたとされるが、彼自身が「FBI超能力捜査官」と自称したことはなく、自身のホームページなどにもその言葉はない。「FBI超能力捜査官」という設定、及び名称は、あくまでも日本のテレビ局によるものと考えられる。

番組では、超能力を用いて、さまざまな未解決事件の犯人や、行方不明者を探す試みが成され、手に汗握る感覚で見守った視聴者も多かった。透視能力が捜索に役立ったように見えた事例もあったが、のちに制作側の過度な演出によるものと判明したものや、その疑いをもたれているものが少なくない。

エマニエル・スウェデンボルグ《えまにえる・すうぇでんぼるぐ》

人物

一六八八〜一七七二年。スウェーデン出身の自然科学者、神秘家。ウプサラ大学で言語学、神学、数学等を学び、一七一五年にスウェーデン初の科学誌を発行。数多くのレポートを掲載したことがカール一二世の目に留まり、スウェーデン鉱山局に採用される。

五五歳ごろから、霊界の研究を深め、生きたまま霊界に入る方法を模索し、ついにはそれができるようになったと述べている。五〇〇キロ離れた場所の火事を霊視したこともあるという。霊界を訪れた経験を『天界と地獄』『霊界日記』など、総称して「霊界著述」と呼ばれる多数の書物として残している。

MJ−12（マジェスティック・トゥウェルヴ）《えむじぇいーとぅうぇるゔ（まじぇすてぃっく・とぅうぇるゔ）》

宇宙・UFO・宇宙人

アメリカで結成された大統領直属のUFO調査委員会。一九四七年のロズウェル事件の際、トルーマン大統領が一二人の専門家や科学者を集めて墜落したUFOと異星人の死体を調査させたためこう呼ばれる。

当時、その存在はトップシークレットとされていたが、一九八七年にウイリアム・ムーアが発表した文書で明らかとなった。しかし、さらにその後、MJ−12の存在を示す根拠になっている文書に不審な点が見つかったことや、トルーマン大統領の署名がコピーだと疑われた点などから、実際は架空の組織だったのではないかともいわれている。

エリア51《えりあごじゅういち》

宇宙・UFO・宇宙人

アメリカ・ネバダ州レイチェルに位置するアメリカ空軍ネリス試験訓練場内の一地区。UFOの事件との関連がささやかれる。

そのきっかけは、一九四七年にニューメキシコ州で起きたUFO墜落事件「ロズウェル事件」である。当時、墜落したのはUFOではなく観測気球であったと訂正されたが、アメリカ政府が秘密裏に

UFOや宇宙人の遺体を回収して軍事基地に運び込んでいるという噂が広まった。その舞台として注目されたのがエリア51である。

理由として、ニューメキシコ州から比較的近いという点、さらに基地がかなりへき地にあり、人目を避けて研究を進めるのに適しているという点が挙げられる。そのため、エリア51は現在では世界中のUFOマニアが憧れる聖地となっており、観光ツアーも組まれている。過去には基地内で実際にUFO研究に従事していたと主張する者も現れたが、真相は定かではない。

エリザベート・バートリ《えりざべーと・ばーとり》

人物

一五六〇～一六一四年。ハンガリー王国の貴族。歴史上でも有名な連続殺人鬼であり、吸血鬼伝説のモデルの一人とされる。トランシルヴァニア公国で最も有力な家「バートリ家」に生まれ、一五七五年にハンガリー貴族のナーダシュディ・フィレンツ二世と結婚する。生来感情の起伏が激しい人物であり、オスマン帝国との戦争中に夫が留守がちの間、性別問わず多数の愛人がいたという。

若い処女の血が自らの美貌に大きな影響を与えるという思想を持ち、領内の農奴の娘を誘拐して惨殺することを繰り返していた。やがて残虐行為は貴族の娘にも及び、拷問器具で四肢を切断するなどして、苦痛の表情を楽しむ変態性欲者であった。当初、この行為はバートリ家の名誉のために黙認されていたが、一六一〇年に監禁していた娘が脱走したことをきっかけに捜査が行われた。

その結果、数々の証拠が見つかり、女中たちが共犯者として死刑になるが、エリザベート本人は高貴な家系のため、扉と窓を漆喰でふさいだ自身の寝室に生涯幽閉された。被害者は本人の記録で六五〇人にも上り、本来なら死刑に処されるという意味で、幽閉されたチェイテ城の屋上に絞首台が置かれ続けたという。

エリザベス・クラーラー《えりざべす・くらーらー》

人物

一九一〇～一九九四年。南アフリカの女性コンタクティ。異星人と性的交渉を行って出産をしたと主張した。最初に異星人とコンタクトをしたのは七歳の時で、場所は農村内の小屋であった。その後、ジョージ・アダムスキーの書籍を読み、子供のころから異星人「エーコン」からのメッセージを受け取ってきたことを確信したという。

一九五六年、エーコンの船を呼び寄せることに成功。彼女は母船に運ばれ、エーコンの出身星である惑星メトンを訪れ、そこでエーコンと性的関係を持って男児を出産したという。彼女の息子アイリングは、教育のためメトンに残り、自分は地球に帰還。メトンへの旅、性交、妊娠、出産、そして地球への帰還という行程に、地球の時間では四ヶ月もかかっていないと思われる。

一九八〇年には、宇宙の旅を綴った書籍、『Beyond the Light Barrier』（邦題『光速の壁を超えて 今、地球人に最も伝えたい《銀河の重大な真実》ケンタウルス座メトン星の《宇宙人エイコン》との超DEEPコンタクト』〈ヒカルランド〉）を出版した。

エリック・ヤン・ハヌッセン《えりっく・やん・はぬっせん》

人物

一八八九〜一九三三年。ワイマール体制下のドイツで活動した奇術士・占星術士。自らを預言者だと語っていた。生前はデンマーク貴族にルーツを持つと周囲に語っていたが、実際はユダヤ系であった。オーストリアのウィーンで幼少期を過ごした経緯を持ち、地元のカフェで奇術の基礎を学んだという。第一次世界大戦に従軍した経験があり、エリック・ヤン・ハヌッセンという通称は当時の上官から付けられたものであった。大戦が終了した後、ドイツ各地の都市で奇術を披露したことで人気を博すようになる。当時、ドイツで発足したナチスの党員と積極的に交流し、アドルフ・ヒトラーが演説を行う際の身振り手振りを指導した経緯を持つ。一九三一年にはオカルト雑誌を刊行して多額の収益を得る。「オカルト宮殿」と呼ばれたハヌッセンの自宅では毎日のように降霊会が行われていたという。ナチスが政権を取得した際は、自身がオカルト大臣に就任すると豪語していたハヌッセンだが、一九三三年にナチス突撃隊によって暗殺された。その理由は、ヒトラーが自身の政権に強い影響を及ぼすことを危惧したためともナチス内の派閥闘争に巻き込まれたためとも推測されている。

エリファス・レヴィ《えりふぁす・れゔぃ》

人物

一八一〇〜一八七五年。フランス・パリ出身の詩人、魔術師、魔術書作家で、本名はアルフォンス・ルイ・コンスタン。近代魔術の父とも言われ、以後のフランス・イギリスの魔術師に大きな影響を及ぼした。

靴職人の子供として生まれ、神学校に通うが、卒業直前で退学し、社会改革運動に精力的に参加する。著作活動や社会運動などを続ける中で、一八五二年、ポーランドの神秘主義者ヘネ・ヴロンスキーと出会って感銘を受け、本格的に魔術師への道を歩み始める。

その後、ロンドンを訪問し、古代都市ティアナの魔術師、アポロニウスの招霊を行う。その際に霊の指示を受け、名前をヘブライ語のエリファス・レヴィ・ザヘドに改める。魔術書を多く執筆し、フリーメーソンにも入会した。代表作は

『高等魔術の教理と祭儀』で、魔術の基本を解き明かした名著として有名。

エルゴ領域《えるごりょういき》

宇宙・UFO・宇宙人

回転するブラックホールの表面に存在する領域。名前はギリシャ語で「仕事」を表す。ブラックホールは極めて高密度なため、とてつもない重力が発生し、光の速度でも脱出できない天体で、その脱出できない一定の範囲を「事象の地平」という。

物体が「事象の地平」を通過する速度は天体の質量によって異なり、例えば太陽の一〇倍程度の重さの星が収縮してブラックホールになった場合は、これを通過する速さは一〇〇万分の四秒。これが一〇〇万倍の質量では〇・二五秒ほどに増加する。さらに一〇〇〇億倍の天体になると、この通過時間は長く伸びて三日ほどになる。その間、通過する物体が、もし光を放って点滅するものである場合、急速に強まる重力によって時空が曲げられ、その点滅の間隔は数日、数年、数百年と間延びしていき、ついには途方もない時間になってしまう。

その場合、外から見ると「事象の地平」にいる物体は凍ったように張り付いて動かなくなるが、このように静止して見える領域がエルゴ領域である。ブラックホールからエネルギーを取り出すには、このエルゴ領域から取り出すしかないと、アメリカの物理学者ジョン・ホイーラーは主張している。さらに、一九六九年に数学者のロジャー・ペンローズが詳細な計算を行い、取り出すことができるエネルギーは全体の二九パーセントとされ、それを導く過程はペンローズ過程と呼ばれる。

エル・タヒン《える・たひん》

遺跡・オーパーツ

メキシコ湾岸の有名な古代遺跡で、一九九二年に世界遺産に登録された。「エル・タヒン」は、現地の言葉で「稲妻」や「ハリケーン」という意味。六〇〇～一二〇〇年頃に栄えた都市の遺跡で、この地に住むトトナカ族によって建設されたといわれてきたが、最近の研究では、マヤ文化圏の北方にいたワステカ族によって築かれたともいわれる。壁龕《へきがん》と呼ばれる窓のような穴が多数開けられた独特のピラミッドを始め、神殿や住居跡など、三〇〇近い石造建築物がある。

また、エル・タヒンは古代球技発祥の地とされ、球戯場が多く残されている。一部の球技は神への人身供犠にまつわる儀式であり「神は敗者の生贄など欲さない」という理由から、勝者が生贄にされたといわれる。その様子は球戯場内の壁面のレリーフに描かれているという。

エルドラド《えるどらど》

神話・伝説・叙事詩

南アメリカに伝わる黄金郷にまつわる伝説で、大航海時代にヨーロッパの人々の間で広まった。転じて、黄金郷自体の意味でも使われる。

スペイン語で「金箔をかぶせた」という意味で、一六世紀頃までアンデス地方に存在したチブチャ族の儀式がもとになったと考えられている。

この地域では金の採掘と装飾技術が発達しており、山に囲まれた湖で、金銀、宝石を湖中に投げたのち、首長が全身に金粉を塗って湖で沐浴を行う儀式があった。首長が湖に身を沈めると、金粉が広がって湖面が輝く。その儀式の様子がスペイン人に語り継がれ、やがて黄金のあふれる場所があるという伝説が広がったとされる。

一六世紀以降、多くの探検家が伝説の黄金郷を探したが、見つけ出すことはできなかった。「マノア」と呼ばれる黄金都市があるともいわれ、その場所はアマゾンの奥地、ギアナ高地の「パリマ湖」という伝説の湖の畔《ほとり》、あるいはインカ帝国などとされた。また、「黄金都市マノアには、海に沈んだムー大陸の遺産が運び込まれている」という伝承もあった。

エルム街の悪夢《えるむがいのあくむ》

作品（映画）

一九八四年一一月にアメリカで公開されたホラー映画（日本での公開は一九八六年五月）。監督・脚本はウェス・クレイヴン。

エルム街に暮らすナンシーたち高校生の夢に、共通して現れるようになった恐ろしい怪人フレディ。鋭利な鉄の爪を持ち、人々を襲う殺人鬼だ。その悪夢と併行して、現実世界でも殺人事件が起こり始める。次第に現実化されていく恐怖の中で、ナンシーは彼に立ち向かうことになる。

観客が夢と現実が併行する恐怖体験に引き込まれた人気作。以後、一九九一年に制作された完結編まで、続編と番外編を合わせて七作が制作された。一作目ではひたすら冷徹な殺人鬼として描かれたフレディは、シリーズ後期になると、ときにブラックジョークを飛ばす少々コミカルな面も見せるようになる。

二〇〇三年には『13日の金曜日』のジェイソンとの対決を描いた『フレディVSジェイソン』、二〇一〇年にはリメイク版が公開された。リメイク版はストーリーの大筋は踏襲しつつ、設定の一部を変更して別の味わいを出している。

エレーニン彗星《えれーにんすいせい》

宇宙・UFO・宇宙人

二〇一〇年一二月一〇日、ロシアのアマチュア天文学者によって発見された長周期彗星。発見者のレオニード・エレーニンから名前が付けられた。その後、二〇一一年八月に崩壊を開始し、地上から大型望遠鏡で観測することができなくなった。

発見当時、この彗星が地球に衝突したり、接近したりすることによって何らかの影響を及ぼすという噂が広がった。しかし、NASAはこれを否定しており、この彗星が再び地球の公転軌道に近づくのは最短でも一万二千年後だと予想されている。また、彗星は最大でも地球から三五〇〇万キロメートルまでしか近づかず、何らかの影響を与えることはあり得ないほど遠いとしている。

遠隔透視《えんかくとうし》

超能力・超常現象

肉眼では見えない位置に存在する光景や物体を見る超能力。「霊視」と混同されることがあるが、霊視が過去や未来の光景を見たり、人間の心理を見透かしたりすることが可能であるのに対し、遠隔透視はあくまでも「目には見えない情報を知る能力」であることが特徴。一九七〇年代にアメリカ陸軍が計画した「スターゲイト・プロジェクト」は、遠隔透視を応用したものである。

日本では遥か昔から「千里眼」と呼ばれる遠隔透視能力を持つとされる人物が存在する。明治時代の女性・御船千鶴子は二二歳の時に千里眼の能力に目覚めたとされる。当時の東京帝国大学助教授の福来友吉の下、能力を実証する実験が何度も行われて、御船千鶴子は次々と透視を成功させたものの、当時のマスコミや学術会が信憑を疑い、彼女を徹底的に糾弾した。世間が千里眼の存在を認めようとしない風潮に失望したためか、御船千鶴子は二四歳の時に自らの命を断ったため、彼女の能力が本物であったかどうかは永遠の謎となってしまった。

なお、鈴木光司の小説『リング』（角川書店）に登場する山村貞子の母のモデルは、御船千鶴子であると言われている。

エンジェルさん《えんじぇるさん》

占い

一九七〇年代に大ブームとなった占い、あるいは降霊術の一種。元々はこっくりさんから派生した亜種であるが、より恋愛方面に特化した面を持つ。その方法は地域や時代によってさまざまだが、五十音と「はい」「いいえ」などが書かれた文字盤を用いて数人で行う点や、「エンジェルさんエンジェルさんお越しください」と唱える点など、形式はこっくりさんによく似ている。

一九七〇年代にこっくりさんのブームがあまりにも加熱したために全国の小中学校で出されたその禁止令をくぐりぬけるために、エンジェルさんが発明されたといわれている。すなわち、「教師から注意された時に「これはこっくりさんではなく、エンジェルさんです」と言い抜けるために開発されたものという側面があったようだ。従って、形式がそっくりなのも当然といえる。同様の亜種に「キューピッドさん」がある。

エンジェルズ・ヘア《えんじぇるず・へあ》

現象

空から突然降ってくる細い糸のような物質。色は真っ白で粘着性を持っており、主にＵＦＯが目撃された後に出現する。一九五八年一一月に、アメリカの北カリフォルニアで大量に出現して話題となった。エンジェルズ・ヘアは手に取っても綿あめのように溶けて消えてしまうとされ、詳細な研究が進んでいない。その正体については、大量の蜘蛛の糸とする説や、宇宙人による何らかのメッセージ、あるいは彼らの落とし物だとする説などがある。

役小角《えんのおづの》

人物

六三七～七〇一年。修験道の開祖で、役行者《えんのぎょうじゃ》として現在も崇拝されている。大和国葛城地方（現在の奈良県）で、賀茂一族の家系に生まれる。幼少期より才覚を現し、三歳で字を覚え、八歳で奈良の官学に入学したといわれる。一七歳で葛城山にこもって修行を行う。その途中、朝鮮から来朝した僧である慧灌《えかん》と出会い、孔雀明王経を授けられ、それ以降、空中浮揚などの秘術を行えるようになった。また、前鬼と後鬼と呼ばれる鬼神を使役したともいわれる。

お

黄金都市マノア《おうごんとしまのあ》

神話・伝説・叙事詩

⇩エルドラド

黄金の十字団《おうごんのじゅうじだん》

秘密結社

一九世紀後半のイギリスで結成された魔術研究組織。「黄金の夜明け団」と呼称されることもある。

フリーメーソンの会員だった三名の男性によって設立された組織であるが、男性しか入会できないフリーメーソンと違い、男女分け隔てなく入会可能であることが特徴だった。

黄金の十字団では、旧約聖書に登場する生命の樹を参考にした階級制度が採用されており、会員たちは「未知の上位者」

の伝言とされる指示に従って活動していた。組織内では古代エジプトの儀式やインドの秘術、錬金術などさまざまな神秘学が講義に取り入れられていたが、キリスト教的神秘学が採用されなかったのは、当時はフリーメーソンとキリスト教が敵対関係だったからだと推測されている。

当時のイギリスでは心霊主義が流行していたことから話題となり、後にノーベル文学賞を受賞するＷ・Ｂ・イェイツや舞台女優として人気を博していたフロレンス・ファーも会員に名を連ねていた。

しかし、創設者の三名の男性が利権をめぐって争ったことをきっかけに組織が分裂。数年の間それぞれの組織が個別に活動していたが、現在は全て消失してしまった。

黄金の夜明け団《おうごんのよあけだん》

秘密結社

⇩黄金の十字団

狼男《おおかみおとこ》

怪物

狼または半狼半人に変身する怪物。「狼男」は男性に限定した言葉だが、男女を問わない表現として「狼人間」や「人狼」という言葉も使われる。「ドラキュラ」や「フランケンシュタインの怪物」に並ぶ、代表的な西洋の妖怪だが、その二つと比べて非常に古い歴史を持つ。古代ギリシャ時代には、すでに歴史家「ヘロドトス」の著書に、「人が一年に一度狼になる」という記述がみられ、旧約聖書でもネブカドネザル王が自らを狼だと思い込んで苦しんだ様子が描かれている。

中世ヨーロッパでは、獣人化を悪魔の呪いだと考えて、異端者にこの特性があると関連付けられるようにもなった。また、罪を犯して罰を受けたり、異端審問にかけられたりしたものは「狼」と称され、月明かりの夜に狼の耳をつけて毛皮をまとい、野原で叫びながらさまよわなければならない掟があったとされる。

その後、書物作品などで「満月や丸いものを見て狼に変身する狼男」が描かれるようになり、現在の狼男のイメージは、これがもとになったとされている。科学的には、人間が狼のようになることについては、「狂犬病」や「妄想」などの説がある。

OKOWA《おーこわ》

組織・団体

プロアマ問わず世界一怖い話を語る人物を決めることを目的とする大会のこと。発起人は、ベストセラーになった「事故物件怪談／恐い間取り」（二見書房）の作者である松原タニシ。大会で語られる怖い話は都市伝説、創作、実体験などジャンルは問わない。審査は大会運営側から派遣された公式審査員とニコニコ生放送上のアンケートなどによって決められる。

大会はトーナメント形式とタイトルマッチ形式で行われる場合がある。タイトルマッチ形式の場合、挑戦者はプロスポーツを参考にしたポイント算出方式に基づいて決定される。

記念すべき第一回チャンピオンシップの優勝者は「怪談和尚」を自称する三木大雲だった。その後、三木がタイトルを返上したことにより新たに大会が開催されてお笑いタレントの中山功太が二代目チャンピオンに輝いた。

ＯＫＯＷＡの大会が開催されるたびにニコニコ生放送で無料配信が行われる。興味がある方は、一度閲覧してみてはいかがだろうか。

大島てる《おおしまてる》

人物

事故物件の情報を提供するウェブサイト、および運営会社の社名かつ代表者の氏名である。サイトの開設年は二〇〇五年で、火災事故や殺人事件、自殺で死亡者が発生した物件などを事故物件と定義し、部屋番号を含む住所の情報を公開している。当初は東京の物件のみを紹介していたが、現在では日本全国のみならず欧米などの外国の都市の物件を紹介している。現在の運営代表の本名は大島学。東京大学卒業後にサイトを設立し、日本中に事故物件という存在を認知させた人物である。大島いわく、事故物件の見分け方のポイントとは、家賃が相場より安いこと、長らく空室になっていること、部屋の一部のみがリフォームされていることなどであるという。活動が認知されるようになって以降、あえて事故物件で暮らす人物が増加しており、当事者でお笑い芸人の体験談をまとめた書籍がベストセラーになった経緯がある。

（⇩松原タニシの項も参照）

大槻ケンヂ《おおつきけんぢ》

人物

一九六六年〜。少年時代は漫画家を目指していたが、ザ・スターリンや頭脳警察などの日本のロックバンドに傾倒したことをきっかけに自身も音楽を手がけるようになる。一九八二年に中学の同級生らとともに「筋肉少女帯」を結成して二年後にインディーズデビューする。一九九九年には筋肉少女帯を一時脱退してバンド「特撮」を結成。多くの映像作品のタイアップ曲を手がけた。もともと特撮やアニメなどのサブカルチャーに造詣が深く、多数のトーク番組でコメンテーター業を担当した。オカルトにも精通しており、特にＵＦＯに関心を持っている。超常現象が実在するか実在しないかで語るよりも超常現象に関わった人物の数奇な運命に強く興味を持つという。これまで、オカルトをモチーフにした小説を数冊発表しており、一九九七年に発売した

『ステーシー』（角川書店）は、映画・舞台化した経緯を持つ。

大伴昌司《おおともしょうじ》

人物

一九三六〜一九七三年。東京都出身の編集者、SF研究家。本名は四至本豊治《ししもととよじ》で、国際ジャーナリストの四至本八郎を父に持つ。幼少期を父の任地先であったメキシコで過ごし、アステカのピラミッドや石像が身近にあったことが、「異端なもの」を好む嗜好につながり、SF作家としての素地に影響したのではないかといわれている。大学卒業後に同人作家として活動し、一九六四年から『少年キング』や『週刊少年マガジン』などのSFコラムを書き始めた。

『ウルトラQ』の企画段階から円谷プロダクションにかかわり、宇宙人や怪獣を作り出し、続く『ウルトラマン』でも大きな役割を果たした。「ウルトラマンは地球上に三分しかいられない」という有名な設定も大伴によって生まれた。さらに、怪獣図鑑を少年誌等に掲載し、「怪獣博士」と呼ばれた。

若い時から肺を患っており、気管支炎から心臓発作を起こして三六歳で他界。少年向けSF作品において多大な功績を残した鬼才であり、その早すぎる死は大きな衝撃を与えた。また、生前、プライバシーについては一切公開しなかったため、SF作家の星新一は四至本八郎の息子であった事実に驚愕したと語っている。

大入道《おおにゅうどう》

妖怪

日本各地に伝わる妖怪で、文字通り「大きな僧の姿」をしており、大坊主《おおぼうず》と呼ばれることもある。地方によっては、僧とは判別しにくい影のような姿で、あるいは単なる巨人の姿でも現れるとされる。大きさは二メートル程度から、山のように巨大なものまである。

伝えられる目撃談は江戸時代のものが多く、以下のような例がある。

江戸中期、三河国《みかわのくに》（現・愛知県東部）の豊橋近くで、名古屋に向かっていた古着商人が大入道を目撃した。身の丈は一丈三〜四尺（約四メートル）だったという。

江戸後期の嘉永《かえい》年間、北海道の現・千歳市、支笏湖南側にある風不死岳《ふっぷしだけ》近くのアイヌ集落に大入道が出現した。大きな目玉で睨みつけられた人は卒倒したという。

現在の滋賀県、伊吹山で、ある秋の夜に大雨が降ったあと、突如、野原の向こうから体の左右に松明《たいまつ》を灯した大入道が現れた。周囲にはその足音が響き渡り、音がしなくなったあとに村人たちが外に出ると、山頂に続く道の草が全て焼け焦げてなくなっていたという（江戸時代中期に書かれた見聞録、『月堂見聞集《げつどうけんもんしゅう》』に記載）。

江戸前期の延宝《えんぽう》年間、夜中に犬を連れて山奥まで猟に出た人が、山伏の姿をした巨大な大入道が自分を睨みつけているのを見た。その大入道は、山をまたぐほど巨大（数千メートルの巨大さ）であったという（一九七〇年刊行の『西播怪談実記《せいばんかいだんじっき》』に記載）。

肥後国《ひごのくに》、下益城郡《しもましきぐん》豊野村（現・熊本県宇城市）には、「今にも坂」という坂があり、昔、ここに大入道が出て人々を驚かせたという。以来、その話をしながら今にも坂を通ると、「今にも」と声がして大入道が現れるとされる。

「大入道は自分の影法師が光の加減で大きくなったもの」とする見方もある。影のようであったという目撃談があることや、脅かされた話は多いものの、具体的な危害を加えられた話がほとんどないことがその根拠とされる。

しかし、顔や衣服の目撃談もあることや山のような大きさでの出現例もあることは、この見方だけでは説明できない。

オーパーツ《おーぱーつ》

オカルト用語

「out of place artifacts」の略語で直訳すれば「場違いな工芸品」を意味し、それらが製造された時代や場所にそぐわないものを指す。製造された年代の技術力では到底作り得ないものや、そのモチーフが未来にしか存在しないことなどにより、その時代の人が作り得ないはずの遺物や加工品をいう。

その特徴から、未来人によるタイムスリップ説、異星人飛来説、古代の超文明説などが推測されているものも多い。一方で、個々のオーパーツによっては懐疑的な意見、たとえば詳細に調べるとその時代の製造物として矛盾はないという意見や、偶然の産物を解釈によってオーパーツ扱いしているという意見などが多いものもある。両者が譲らずに論争を続けているオーパーツも多数存在する。

オーバートウン・ブリッジ《おーばーとうん・ぶりっじ》

心霊スポット（世界）

スコットランドの南部、ダンバートンにあるオーバートウン・ブリッジでは、この橋を通った犬が、なぜか飛び降りてしまうという奇妙な現象が多発している。一九五〇年以降、六〇〇匹以上の犬たちが飛び降り、そのうち五〇匹以上が死んだ。そのため、地元では「ドッグ・スーサイド・ブリッジ（犬自殺橋）」とも呼ばれるという。

この橋は、地元の有力者であったジェームズ・ホワイトが、近くに建てた邸宅へのアクセスをよくするため、一八九五年に建設された。それから五〇年以上たってから、突然、犬が飛び降りる怪現象が起こるようになったのだ。

この怪現象は、とくに晴れた日の昼に起きやすく、飛び降りた犬のほとんどはコリー種など鼻（マズル）の長い犬種だという。

さまざまな視点から、その理由が調査された。最も有力な説は「犬がミンクのにおいに引き寄せられて飛び降りるのではないか」というもの。

　この怪現象が起こり始めた一九五〇年、この橋の下を流れる川に、強烈なにおいで犬たちを引き寄せるミンクが異常繁殖していたのである。事件が多発したのが、ミンクのにおいを際だたせる晴れた日中であったこと、飛び降りた犬たちの多くが鼻の長い、すなわち猟犬などによく使われる嗅覚の鋭い犬種であったことも、この説を補強した。

　しかも、橋の欄干が高く、すき間のない作りであるために、犬たちは欄干の向こうの状況を想定できずに飛んでしまうのではないかとされた。

　ほかに、よりオカルティックな説もある。橋の近辺には、ジェームズ・ホワイトの息子、ジョン・ホワイトの妻が、理由はわからないが亡霊として出現し、彼女の霊が犬たちを呼ぶともいわれている。

　もともとオーバートウンは、ケルト神話で「シンプレイス」と呼ばれる。「薄い場所」という意味だが、これは世界の境目が薄いことを意味し、霊界に近い場所とされているのだ。

　現在は、危険を知らせる注意書きが設置され、愛犬をケガさせたり、死なせたりする事故はほとんど起きなくなっているという。

オーブ《おーぶ》

オカルト用語

肉眼では見えないが、写真や映像に移る球状の光。「玉響《たまゆら》現象」ともいう。心霊主義的にはこれは霊魂だとされ、浮遊霊や地縛霊が被写体や撮った人物に何らかのメッセージを伝えるために写りこむといわれる。また、オーブの色や形にも意味があり、それによってとるべき行動が決められるとする専門家もいる。

　一方でこの主張を懐疑的に見て、オーブは宙に浮くほこりやレンズの汚れが光の反射を受けているものとする考え方もある。実際のオーブの写真には、こうした解釈が当てはまるものと、それだけでは説明できないものが混在していると考えられる。

オーメン《おーめん》

作品（映画）

一九七六年六月に公開された米国のホラー映画（日本での公開は同年一〇月）。六月六日午前六時に生まれ、頭に「６６６」のアザを持つ悪魔の子、ダミアンに翻弄される家族と周囲の人々の恐怖を描く。

　米国人外交官のロバートは、六月六日午前六時にローマの産院で生まれた直後に死んだ我が子の代わりに、同時刻に誕生した男の子を引き取ってダミアンと名づける。

　妻にも真実を知らせず、我が子として育てるダミアンが五歳になったときから、周囲で自殺や事故死など、不可解な事件が次々と起こり始める。ダミアンの出生の秘密を探るロバートは、恐ろしい事実を知る。

世界的ヒットを記録した名作オカルトホラー。原作はなくオリジナル脚本で、低予算でもアイデアで面白くするという意図を持って制作されたという。映画の公開後にシナリオをもとに書かれた小説は、米国で二六〇万部以上を売り上げるベストセラーとなった。その後は、三部作として続編が制作され、二〇〇六年にはリメイク版が公開された。

オーラ《おーら》

オカルト用語

人体を取り巻く発光物質やエネルギー体のこと。アストラル体などもその一種で、触れることはできないが訓練を受けたものや能力があるものは見たり感じたりできるという。さまざまな色があり、本人の気性や運気を表しているとされる。そのため、オーラを視認する力があるものは占い師にも多く、助言を行うときの参考材料になるといわれている。

また、聖人や歴史上の偉人の絵画に描かれることがある後光もオーラの表現だという解釈がある。これが転じてある人物が発する独特な雰囲気や尊厳のイメージ、威圧感などを「オーラ」と称することもある。

岡山地底湖行方不明事件《おかやまちていこゆくえふめいじけん》

事件

二〇〇八年一月、岡山県新見市の洞穴で大学生が行方不明となった事件。

事件が起きたのは最深部に広大な地底湖が広がる延長一六〇〇メートルの鍾乳洞で、被害者は大学の探検サークルに所属していた。当日は被害者を含めた五人で洞穴に入り、地底湖で遊泳中に行方不明となった。本来この洞穴に入るには市の許可が必要であるが、サークルは入洞届を出していなかったという。

洞穴は非常に複雑な形状であり、地底湖は水深三〇メートルの巨大なものであるため、捜索は難航し、遭難者が見つからないまま打ち切りとなった。その後、遭難者だけが服を着たまま遊泳していたこと、この学生のブログアカウントが事件後改ざんされたり、サークルのウェブページが書き換えられていたことなどから、インターネットを中心にいじめや殺人ではないかと噂されるようになった。

一方で、報道がぱったりと途絶えたことも、この事故もしくは事件に対する不可解な印象を加速させた。さらに事件の一週間後、インターネット掲示板2ちゃんねるに、この事件の真相を示唆するような書き込みもされた。結局のところ、「行き過ぎた悪ノリや強要が招いた悲惨な出来事であったものの、殺意のない事故だったと判断した警察によって報道規制がなされた」という意見がネット上では有力となった。

しかし、今も真相は明らかになっておらず、学生は発見されていない。現在、この鍾乳洞は入洞禁止となっている。

オカルト記念日《おかるときねんび》

オカルト用語

七月一三日のこと。少女に取り憑いた悪魔と悪魔祓いをする神父との戦いを描いた映画『エクソシスト』が大評判となり、オカルトブームの火付け役となった。日本で初公開されたのが一九七四年七月一三日だったので、オカルト記念日としたといわれる。

オカルトとは、ラテン語のocculta（＝隠されたもの）が語源であり、目で見たり触れて感じたりできないことを意味する。それらの知識の探究や知識の体系はオカルティズムと呼ばれる。

ちなみに七月一三日は、日本の一部地域では盆の初日にあたる（全国的には八月）。家門で火をたいて祖先の霊を迎える。

お菊人形《おきくにんぎょう》

怪談

髪の毛が伸びる人形の怪談。

一九一八年に、北海道に住む鈴木永吉という当時一七歳だった人物が、三歳だった妹「菊」のために札幌で開かれた大正博覧会でおかっぱ頭の人形を買って来た。菊は大喜びで人形をかわいがっていたが、不運にも風邪をこじらせて三歳で急死してしまう。棺に納めるのを忘れた人形を、仏壇に置いていたところ、気づくとその髪が肩に届くほど伸びていたという。その後、鈴木家が北海道を離れるため、北海道空知郡（現・岩見沢市）の萬念寺に預けた。以後も髪が伸び続けたため、そのまま寺で永代供養してもらうことになったとされる。

この話は一九六二年の『週刊女性自身』に掲載されたのが初出とされるが、その記事では人形を買ったのは永吉の父である助七で、人形を与えられた娘の名は「清子」とされていた。一九六八年に『ヤングレディ』で再び取り上げられたとき、さらに一九七〇年の北海道新聞にコラムとして載ったときには、「お菊」のストーリーとなっており、人形の怪談として有名になった。

お菊人形は、実際に萬念寺で保管されており、同寺ではこのストーリーを公式の由来としている。人形の髪は、今も伸び続けており、年一回、供養として切りそろえているとされる。一説には、当時の人形には人の髪をU字型に曲げて植毛していたため、それがずれてきて伸びたように見えるのではないかともいわれている。

送り犬《おくりいぬ》

妖怪

日本の妖怪で、本州や九州の各地に伝えられる。その名の通り犬の姿をしており、「山犬」や「狼」と呼ぶ地域もある。

夜中に山道を歩いていると、どこからともなく現れ、ぴたりと後ろからついてくる。その人が変わりなく歩いている間は何もしないが、もし転んでしまうと襲いかかり、たちまち咬み殺してしまうという。しかし、転んでも、送り犬にそうと悟られないよう、「よっこらしょ」「ああ、疲れた」などと、座って休むふりをすれば襲われずにすむとされる。

無事に襲われないで山を越えたあとは、送り犬に「さようなら」「お見送りありがとう」などと声をかけたり、無事を感謝して何か食べ物を与えたりすれば、おとなしく帰っていくともいわれている。

伝えられる送り犬の行動には、今は絶滅したニホンオオカミの習性が反映されているという説がある。

ニホンオオカミは、縄張りに侵入した人間を監視する習性をもつ。そのとき、人間がただ歩いているだけなら襲うことはないが、走って逃げたり、転んだりして、急な動作を見せると、本能的に襲いかかるとされる。

また、近くに狼がいる間は、他の獣が寄りつかないので、一種の「見送り」のような効用もあることが、「送り犬」の伝承につながったのではないかという説もある。

オゴポゴ《おごぽご》

UMA

カナダ、ブリティッシュコロンビア州のオカナガン湖で目撃されるという水棲のUMA。体長は五〜一五メートルほどで、大蛇のような胴体に馬に似た顔がついている。最初の目撃は一八七二年で、体を上下にくねらせて泳いでいるところを地元の女性が目にした。詳しい情報を得るためにニューヨーク・タイムズが一〇〇〇ドルの賞金をかけると、目撃情報が殺到したが、未だ正体は明らかになっていない。ただオゴポゴの目撃者は絶えず、ネットには動画で撮影されたものも複数アップロードされており、未知の生物が棲息していることは確定的になっている。最も有力なのは古代生物「ゼウグロドン」の生き残りだとするもので、泳ぐ素早さや体長などいくつかの特徴が酷似している。さらに、オゴポゴはその派手な見た目に反して穏やかな生物だと言われており、地元だけではなく世界的に人気のモンスターとなっている。そのため、名前をもじった水棲UMAも多くその一部は本書でも紹介している。人気、信憑性ともに高いカナダの水竜に今後も注目だ。

オズマ計画《おずまけいかく》

宇宙・UFO・宇宙人

一九六〇年に、アメリカの天文学者フランク・ドレイクが中心となって開始した世界初の地球外知的生命探査プロジェクト。

異星に住む高度な文明をもつ生物と、地球人類が電波で交信することを目指した計画であった。「オズマ」という計画名の由来は、童話「オズの魔法使い」に登場する「オズマ姫」である。

具体的な計画の内容は口径二六メートルの電波望遠鏡を使用してくじら座タウ星とエリダヌス座イプシロン星を観測するというもの。二つの星は比較的地球から近く、生命が誕生可能と推測される衛星が存在する。実験中に外部からの電波が観測されたが、これは近くを飛来した航空機から発せられたものであった。

特に収穫が得られなかったオズマ計画ではあるが、最新の学説によると地球が存在する銀河系内部には、知的生命体が三六個存在するという。我々人類の科学力が高度化すれば、いつか異星の生命体と交流できるかもしれない。

恐山《おそれざん》

心霊スポット（日本）

青森県、下北半島の中央部にある活火山。カルデラ湖である宇曽利山湖（宇曽利湖とも呼ばれる）の外輪山と円錐形の火山との総称で、最高峰は標高八七八メートル。比叡山、高野山と並ぶ日本三大霊場で、死者の霊が訪れる山として広く知られる。

この世とあの世の境界線ともいわれ、入り口近くには「三途の川」が流れている。真っ赤な橋げたを持つ「太鼓橋」がかかり、悪人は渡ることができないとされる。

恐山は温泉地でもあり、岩場から硫黄泉が湧き出し、その景色を「地獄」と称する。無間地獄や血の池地獄など、一三六もの地獄があり、そこを巡る一周三キロメートルほどの参拝コースが設定されている。

地獄巡りを終えると、エメラルドグリーンの水をたたえた神秘的な湖、宇曽利山湖に出る。

その美しい様相が極楽浄土にも例えられる。そのほとりには、親より早く亡くなった子供たちが、石を積む苦行を行うとされる「賽の河原」があり、花の代わりに子供たちに手向けるというたくさんの風車《かざぐるま》が回っている。風車は輪廻の象徴でもあるという。

古来、下北地方では、「人が死ぬとその魂はお山（恐山）に行く」と言い伝えられている。「恐山に行けば死者に会える」「河原に石を積み上げ、供物をし、声を上げて泣くと先祖の声を聞くことができる」などともいわれている。

死者の霊を呼び寄せることができると

いう恐山の「イタコ」は非常に有名。霊を自分の身の内に入れ、代わって言葉を発する「口寄せ」を行う。一時期は大勢のイタコがいたが、現在では、数えるほどに減少し、夏と秋に開かれる恐山大祭の折には、口寄せを希望する参詣者が長蛇の列を成す。

死者が集う場所とされるだけに、霊感を持つ者が恐山を訪れると、無数の霊が見えるともいわれる。霊感がない者でも、参拝中にめまいや頭痛を覚えることが多いという。「子供の声が聞こえた」「死に装束の人が見えた」などという声もある。

しかし、地元の人たちや恐山を愛する人たちにとっては、恐ろしい場所ではなく、亡くなった大切な人に会える聖なる場所といえる。

織田無道《おだむどう》

人物

一九五二〜二〇二〇年。主に一九九〇年代に活躍した日本の僧侶。織田信長の子孫であると自称し、多数のオカルト番組やバラエティ番組に出演した。霊能力タレントとして注目されるようになったきっかけは、テレビの情報番組に出演した際、司会者から「悪い霊が来てしまったらどうすればいいの？」と質問された際、「それは気合いです」と答えたことであるという。そこから「悪霊と戦う僧侶」というイメージが根付いたそうだ。九〇年代にオカルトブームが起こったことを機に週一〇本以上のレギュラー番組を抱える超売れっ子になったが、後のインタビューによると、番組内で行った除霊の大半が「ヤラセ」であり、当時はバラエティの演出だと割り切って演じていたことを自白している。

近年は石川県内の寺院の住職に就任。自身のYouTubeチャンネルを開設するなど精力的に活動していたが、二〇二〇年一二月に大腸癌が悪化したことで他界した。

御茶漬海苔《おちゃづけのり》

人物

一九六〇年〜。神奈川県出身のホラー漫画家。ペンネームに姓・名の区別はなく、ひとつながりとしている。代表作は「惨劇館」「恐怖テレビ（旧名ＴＶＯ）」など。金物屋の家に生まれ、小学生の時に貸本屋で漫画を借りては模写をしていた。大学時代に仲間とともに同人誌を制作し、即売会では一日で数百冊を売り上げるほどの人気だったという。

漫画家、えびはら武司に師事していたが、あだち充のアシスタントに黙って応募した際、担当編集者から連絡が来てすぐにばれたという。しかしえびはらは怒らずに改めて許可を得て応募するように諭した。結果は最終選考で落選であったが、その時に知り合った小学館の編集者に激励され、プロを志すことになる。この時の編集者はのちの担当編集となっている。

卒業後はアルバイトをして実家にお金を入れながら、休日は漫画を描き続け、一九八四年にプロデビューを果たす。当初、読者の反応は芳しくなかったが、ある時にホラー漫画を描いたところ、そのアンケート結果が極端に高く、ホラー漫画家に転向。それ以来さまざまな怪奇作品を世に出し、人気を博している。独特の効果音や残忍なスプラッタ表現、恐怖をあおる心理描写などに定評がある。古賀新一、伊藤潤二とともに、自身の作品を映画化するプロジェクト「古潤茶」を立ち上げた。

自身の幼少期からの実体験を漫画化した自伝「昭和金物屋物語」では両親の営む金物屋の栄枯盛衰を描き、ただ恐怖を描くだけのホラー漫画家ではない人間味ある別の顔をうかがい知ることができる。

オド《おど》

説・論

ドイツの化学者Ｃ・ライヘンバッハが唱えた未知のエネルギーの名。「オドの力」「オド・フォース」「オド・パワー」などとも呼ばれる。現生に存在するあらゆるものは、未知の物質を放出しているとし、重さも長さもないが、磁石などを通して伝わり、物理的な作用を及ぼすとした。一八四五年、この力を北欧の神オーディンにちなんでオドの力とし、薬学・化学の学術誌に論文を発表した。

この理論のきっかけは、彼が水晶に触れたときに、上端に涼しさと心地よさを、下端に生暖かさと嫌悪を感じたことだった。以後、晩年を多くの鉱物や植物、天体などあらゆるものから伝わるエネルギーの研究に費やし、オドの力について多くの著作を残した。最も強力にオドの力を発しているのは、太陽とされる。

『神秘のオド・パワー　もう一つの科学史の発掘』が邦訳で出版されている。

鬼《おに》

妖怪

日本に伝わる妖怪の一種で、民話や郷土の伝承に多く登場する。

通常、頭に二本、または一本の角がある大男の姿をしており、ちぢれた頭髪、口から突き出た牙、鋭い爪を持ち、虎の皮の腰布をつけ、多くのトゲがある金属製の太い棒（「金砕棒《かなさいぼう》」という武器）を持つ。肌の色は赤・青・黒などさまざまで、色に応じて「赤鬼」「青鬼」「黒鬼」などと呼ばれる。

もともとは、圧倒的な力で人を襲い、人を食べることもある存在として恐れられた。地獄で死者に罰を与える獄卒役としても知られている。節分の豆まきのように、厄災をもたらす象徴とされることもある。

しかし、地域によっては、村を守って

くれた強い存在として鬼を称えたり、鬼の善行に感謝して、神社に祀っていたりする例もある。

悪役にせよ、善行を施すケースにせよ、圧倒的な強さをもつ点は多くの伝承で共通している。そんな鬼にも弱点があるとされ、それは、イワシを焼くときの煙や臭気、ヒイラギの葉などである。節分に、ヒイラギの葉とイワシを飾る風習はここから来ており、災厄の象徴としての鬼が寄りつかないようにする魔除けの意味を持つ。

一般的な鬼は角の生えた大男の姿をしているが、一方では激しい憎悪や嫉妬の念が人を鬼に変えるというパターンも存在する。こちらの場合は女性の話が多く、よく知られる「般若の面」は、そのようにして鬼と化した女性を表現したものとされる。

鬼の起源については、想像上の産物であるという考え方と、鉱山採掘などを行っていた金工師《きんこうし》であるとする説、白人などの外国人とする説などがある。

鬼の伝承は各地に存在するが、とくに有名なものとしては、鳥取県・鬼住《きずみ》山の鬼伝承や、岡山県の桃太郎伝説、そのもとになったとされる温羅《うら》伝承などがある。

オブジェクトリーディング《おぶじぇくとりーでぃんぐ》

超能力・超常現象

ESPの一種。物体に触れることで、その物体に残された思念、歴史、持ち主などの情報を読み取る能力のこと。フィクションの題材として頻繁に使用される「サイコメトリー」とほぼ同様である。

オブジェクトリーディングの傾向として、物体には「持ち主が最も強く印象に残す記憶」が残留思念として宿りやすく、固体よりも液状のものが透視しやすいという。能力者が物体から読み取れる情報は「その持ち物の過去にまつわる」ものに限定されるため、フィクションでは事件の現場検証用に使用されることが多い。

欧米諸国では以前からオブジェクトリーディングが考古学研究に使用されることがあり、ステファン・オソヴィエツキーというポーランド人男性は手に持った古代遺跡の石器が作られた年代や使用方法を次々と描写した。数十年後に行われた科学的実験によって、オソヴィエツキーの証言のほぼ全てが事実であることが判明したのだ。

なお、夢で見た内容が後に現実になるという「正夢」もオブジェクトリーディングの一種という説が存在する。

オラクルカード《おらくるかーど》

占い

オラクル占いに用いるカード。タロットカードとよく混同されるが、タロットカードはイラストが描かれたものが主で直接的なメッセージは書かれていないのに対し、オラクルカードにはメッセージが書かれており、占い結果をシンプルに知ることができる。

　イメージは神社のおみくじに近く、オラクル占いのほうがより初心者向きといえる。そのため近年、オラクルカードはライトな占いとして普及し、アプリやインターネットサイトも多く存在する。

オランイカン《おらんいかん》

UMA

インドネシアのケイ諸島に伝わる半魚人型ＵＭＡ。「オラン」は「人間」、「イカン」は魚を意味する。日本人による目撃情報もあり、信憑性の高いものでは大阪出身の元軍人・堀場駒太郎が戦時中の一九四三年に目撃したという情報がある。

　堀場がケイ諸島に派遣されて自給自足生活を行っていたある日、島民が人魚を捕まえたというので見に行った。すると、耳がとても小さく、顔は平らで島民に似ているものの、皮膚が黒くぬるぬるとしていて手に大きな水かきがついている不思議な生き物だった。

　初めは人間の死体かと思ったが、明らかに外見が人間とは異なっており、堀場はそのとき初めて「オランイカン」という名称を村長から教えられたという。ケイ諸島はジュゴンの生息地であり、一説にはオランイカンもこの仲間とされるが、堀場のような明らかにそれと異なる目撃情報も多く、今後の調査に期待が集まっている。

オランガダン《おらんがだん》

UMA

インドネシア、スマトラ島に棲むといわれる類人猿型ＵＭＡ。最低二メートル、大きなものでは三・六メートルほどの巨体で、「スマトラのビッグフット」という異名を持つ。

　全身が黒い毛でおおわれており、腕が長く二足歩行も行う。スマトラ島には同じく類人猿型で有名なＵＭＡ「オランペンデグ」がいるが、それに比べるとオランガダンの目撃情報は少なく、詳しいことはあまりわかっていない。

　巨躯に反して臆病者であり、人間を見ると逃げ出してしまうという特性がその一因だと考えられるが、オランペンデグも臆病者だということを考えると、単に個体数が非常に少ないのかもしれない。

オランペンデグ《おらんぺんでぐ》

UMA

インドネシア、スマトラ島に棲むという類人猿型ＵＭＡ。体長は〇・八メートルから一・五メートルで、全身を黒い毛におおわれている。現地では「セダペ」と呼ばれており、これは「臆病者」を意味している。

　最初の目撃はオランダ人博物学者がキャンプ中に遭遇したもので、それを科学雑誌に投稿したことがきっかけで広まった。さらに一九八九年にイギリスの未確認生物研究家であるデボラ・マーターが詳しく現地調査を行い、足跡や体毛の採取に成功した。

　それらの情報をもとに、正体はマレーの先住民とする説や新種の人類であるという説など、さまざまなものがあるが、ヒト属・ホモ・フローレシエンスの末裔だとする説が有力である。

オリバーくん《おりばーくん》

メディア（テレビ番組）

一九七六年に来日し、「チンパンジーと人間の中間にあたる未知の生物」「ヒューマンジー」「人パンジー」「謎の類人猿」などと話題になったチンパンジー。

　一九六〇年にアフリカのコンゴ川流域で捕獲され、米国でサーカス調教師夫妻に飼われていたが、推定年齢一六歳の頃、弁護士のマイケル・ミラーが夫妻から購入。米国で話題になっていたところに興行師の康芳夫が目をつけて契約し、日本での興行権を得た。来日時は身長一四〇センチ、体重五六キロ。

　来日後、歓迎ディナーショーに正装で出演し、ホテルのスイートルームに宿泊するなど、派手な演出で注目された。このとき、ホテルでオリバーの世話をしたのが、無名時代のテリー伊藤だったという。以後、日本中を巡業した際にはどの会場も満員であった。

　チンパンジーとヒトの中間的な存在である根拠は、「常に直立二足歩行をする」「一般的なチンパンジーより毛が薄く顔が白っぽい」「人間の女性に発情する」「ビールやコーヒーが好きでタバコも吸う」などとされた。

　決定的な証拠とされたのが染色体の数で、人間が四六本、チンパンジーが四八本のところ、オリバーは四七本だったという米国での検査結果が強調された。しかし、のちに公表された日本での検査結果では、四八本であることが確認されている。他の検査結果も合わせて、通常のチンパンジーと結論づけられた。

オリハルコン《おりはるこん》

遺跡・オーパーツ

古代文明「アトランティス」に存在したといわれる伝説の金属。もとは哲学者プラトンが、著作『クリアティス』で言及したもので、銅系の合金だと考えられている。アトランティスは地下資源が非常に豊富で、冶金技術にも優れていたと考えられた。

　しかしプラトンの時代には、オリハルコン自体がすでに名前だけしか知られなくなっていたため、その存在は伝説の域を出ていない。近年ではイタリアのシチリア島の海底から、オリハルコンの可能性があるのではないかとされるインゴット（精製した金属の塊）が発見されたが、調査の結果、残念ながら異なる金属だと判明した。

　オリハルコンの名は、小説や漫画、ア

ニメなどのフィクション作品にも登場し、「神が与えたこの世でいちばん硬い金属」「強靭でかつ伸縮性をもつ金属」などと設定されている。硬さや強さが強調されるため、作中では武器に使われることが多い。

ただし、アトランティス伝説に出てくるオリハルコンは、武器ではなく壁、柱、装飾物などに使われ、硬さや強さより希少で貴重な金属として扱われている。

オリンピアのゼウス像《おりんぴあのぜうすぞう》

遺跡・オーパーツ

紀元前四三五年に、ギリシャのオリンピアに建造されたゼウスの彫像。世界の七不思議のひとつだが、焼失したとされ現存していない。また、七不思議の中で最も史料が少ないとされる。建造者は古代の彫刻家ペイディアスで、オリンピアの神殿の奥に祀られており、座像ながら高さ一二メートルに及ぶ大きなものだったとされる。

そもそも古代オリンピックは奉納競技であったことから、神々の父であるゼウスに捧げるものとされた。その象徴として神殿の奥に安置されていたのが、このゼウス像であった。

建造から八〇〇年以上たった三九四年に、オリンピアからビザンツ帝国の首都に移されたが、その後ゆくえが分からなくなった。一説にはローマ帝国の支配下でキリスト教以外が禁止された結果、ゼウス像は異教のものとして焼かれたといわれている。

オルゴイコルコイ《おるごいこるこい》

UMA

モンゴル北部のゴビ砂漠に棲息しているというＵＭＡ。名称はモンゴル語で「腸虫」という意味で、一般的には「モンゴリアンデスワーム」といわれる。全長は最大で一・五メートル。巨大なイソメのような姿をしており、雨期になると地表にぞろぞろとはい出てくる。

虫嫌いの者にとってはその見た目だけでもたまらなく恐ろしいが、さらにこの生物は毒を吐くといわれる。それも人を即死させるほどの猛毒で、一九世紀初頭にはオルゴイコルコイの襲撃により、ゴビ砂漠でロシア調査隊が数百人も死亡したという言い伝えもある。

しかし、正式な文書ではこの事件は確認できず、人々がその見た目や名称から想像した話を語っていき、その中で誇張された結果、生まれた伝承ではないかと考えられる。さらに、「離れた標的に電磁砲を放つ」などというとてつもない特技も語られるが、これにも当然、懐疑的な意見が強いようだ。

オルゴン《おるごん》

説・論

自然界には、性エネルギー・生命エネ

ルギーが満ち溢れるとした精神科医ヴィルヘルム・ライヒが、そのエネルギーをオルゴンと名付けた。

ライヒは、精神分析の技法として性格分析を編み出した後、筋肉の緊張状態を作ってマッサージなど物理的に働きかけることで治癒に導く植物神経療法を創始した。これは弟子のアレクサンダー・ローエンがバイオエナジェティックスとして確立した。この理論は現代精神学にも引き継がれている。

一九三九年、ライヒは滅菌した肉汁を顕微鏡で観察中に、激しく動く青い光の粒子を認め、粒子をオルゴンと名付けた。彼は培養器を内側に金属を貼った木箱に収納した。次に取り出す際、培養器ごと光っており、箱の底にもオルゴンを目視した。ここから無機物・金属と有機物・木で作った箱はオルゴンを効率的に集積・放射すると考え、オルゴン集積器を考案した。

また、植物神経療法にオルゴンを応用することで、生物学的オルゴン療法と名を変えたが、具体的な治療法は同じとされている。

一九四〇年、米メイン州にオルゴン研究所オルゴノンを設立。オルゴン集積器を治療に用いるほか、販売をしていた。一九五四年にＦＤＡ（アメリカ食品医薬品局）から訴えられ、裁判所はオルゴン集積器の販売を禁止し、著作物の出版差し止め命令を出した。

一般的にオルゴン理論は疑似科学とされるが、オルゴンエネルギー応用の物品販売は、インターネット上でもみられる。また、日本の茶箱がオルゴン集積器であると紹介したものや、作り方を解説する記事も散見される。

オル・スレイヴィ《おる・すれいゔぃ》

UMA

カナダのグレートスレーヴ湖で目撃されたとされる水棲ＵＭＡ。とにかく未確認生物の目撃情報が多く、水棲ＵＭＡの宝庫ともいえる北米だが、オル・スレイヴィはその中では新入りの生物だ。

最初の目撃は二〇〇四年と最近で、カトリック司祭が水面から顔を出すところを目にした。その大きさは頭部だけでも二メートルあり、相当の巨大生物だといえる。体は緑色で、その見た目はドラゴンのようだったと証言されている。

その外見のインパクトや、聖職者が発見したという信憑性から話題になったが、その後の詳しい情報は明らかになっていない。生息地のグレートスレーヴ湖は、北アメリカで最も深いとも言われており、その最深部は六〇〇メートルにもなる。それ程の深さであれば、まだ見ぬ生物が潜んでいる可能性は十分にあり、今後の調査に期待が持てそうだ。

オレゴンの渦《おれごんのうず》

心霊スポット（世界）

アメリカ・オレゴン州、ゴールドヒルにあるミステリースポット。

「渦」といっても河川や海、湖といった水域にあるわけではなく、地表の一定範囲を指す。この一帯には強い磁力のような力が渦巻いているとされ、人や物体が中心部に引き寄せられたり、方位磁石がグルグル回ったりすることから、「渦」と名づけられた。

古くは深い森の中で、ネイティブアメリカンはもちろん、動物さえ恐れて近寄らない禁断の場所だったという。一九二〇年代初頭に開拓され、一九三〇年以降は一般に公開されている。

その中心部には、傾いた家が立っている。地盤沈下や経年劣化で傾いたわけではなく、最初から傾斜をつけて建てられた家とされる。この地帯の金の含有率を調べるための家と伝えられているが、傾斜を利用してどのように金の含有率を調べたのかなど、詳細は不明。

中心への磁力のような力は、訪れると肌で感じられ、頭痛やめまいを起こす人もいるという。「ボールが坂を上る」「普段と身長が違って見える」「中心点にホウキを立てて手を離すと、支えなくても自立する」などの怪異現象が見られるとされるが、その多くは錯覚やトリックによるものともいわれている。

現在は、有名な観光スポットとなり、多くの人が訪れて、自然の怪異か、錯覚か、トリックかという謎解きも含めて楽しむ場所となっている。

おわかりいただけただろうか？《おわかりいただけただろうか?》

メディア（テレビ番組）

心霊をテーマにした作品でナレーターが多用する言葉。昭和・平成時代に制作された心霊特番のナレーションを数多く担当した故・来宮良子や『ほんとにあった！呪いのビデオ』シリーズ（ブロードウェイ）の中村義洋が発する言葉がよく知られている。作品内で霊らしきものが出現した映像を放送した直後に、視聴者に対して問いかけることを目的に使用されることが多い。「おわかりいただけただろうか？」のナレーションが行われた後、確認用に霊らしきものが映っている部分を線や丸で囲んだり輪郭や矢印を表示するというのが定番の演出となっている。ナレーターがこの言葉を発した後、「この霊は生前に恨みを残して死んだ人物のものだろうか？」と推測を加えたり「この映像を撮影した人物は〜」などと、後日談を語るというのも定番となっている。非常にインパクトが強い言葉であるため、バラエティ番組でパロディ的な意味合いで使用されたり、インターネットのフリー素材として使用される機会も多い。

オンザ《おんざ》

UMA

メキシコに棲息するといわれる猫型UMA。その姿はピューマやチーターに似ていて、気性は非常に獰猛。昼夜問わず狩りをして獲物を狙っているとされる。

　オンザの歴史は非常に古く、五〇〇年前のアステカ帝国の時代からメキシコに存在していた。さらに、UMAの中では珍しく、射殺された死体がすでに研究されている。一九八〇年代にメキシコで撃たれ、見た目がピューマと異なったため解剖検査が行われた。結果、骨格や四肢の長さ、歯の並びなどがピューマとはかけ離れていたため、当初はオンザであるという結論に至った。

　しかし、懐疑的な意見が多かったため、最終的に遺伝子検査が行われた。その結果は、結局ピューマと同一の生物で、研究者たちを心底がっかりさせるものとなった。その後、議論はさらに進められ、このオンザはピューマの変異体、もしくは突然変異であると結論付けられたが、それならばピューマではないという者もあらわれ、議論は現在も尽きていないようだ。

オンバス《おんばす》

UMA

マダガスカルに棲息しているといわれる獣人型UMA。体長は一・七メートルほどで、人間に近い体型をしている。気性は温厚で臆病者であるため、人前にはなかなか姿を現さない。

　一方で知能は非常に高く、現地の住民たちと取引をできるほどだといわれる。その方法は、オンバスが棲息している森の川に作物を入れたお椀を置いておくと、翌朝、はちみつと入れ替わっているというユニークなもので、オンバスの優しい性格をよく表している。このように、地元ではさまざまな情報があるオンバスだが、具体的な目撃情報はほとんど存在しない。その正体は、六〇〇〇年前に絶滅した巨大なキツネザル「メガラダピス」だという説もあるが、真相は定かではない。

陰陽道《おんみょうどう》

占い

天文、呪術、占星、暦数などの知識を用いた占いの技術体系。起源は中国の陰陽五行説だが、神道や仏教の影響を受けて日本で独自に発達した。陰陽は、万物は全て陰と陽に分けられるという概念。これは「万物には一定のルールがあり、偶然の産物は存在しない」という自然哲学思想であり、古代科学の一種ともいえる。

　陰陽道に精通した人々は陰陽師《おんみょうじ》と呼ばれ、明治維新期まで天文観測や暦の作成を行う学者的立場から、吉兆を読み解く占い師としての役割まで広く担っていた。また、呪術師としての側面も持っており、

世界各地でモノリス発見。その正体は？

スタンリー・キューブリック監督によるSF映画『2001年宇宙の旅』(一九六八年公開)に登場した「モノリス」。もともとは「一枚岩」を指す英語の一般名詞(monolith)だが、今では石柱状、もしくは板状の謎の物体をイメージする人が圧倒的に多いだろう。

この映画や同名の小説では、モノリスは地球外の知的生命体の道具(高度なコンピュータのようなもの)として描かれ、生物を進化させたり、逆に滅ぼしたりできるとされる。

そのモノリス(を思わせる物体)が、二〇二〇年一一月～一二月、世界各地に出現したのをご存じだろうか。

最初は一一月一八日、アメリカ・ユタ州の砂漠に、高さ三メートル程度のモノリスが現れた。発見したのは州野生生物資源局の職員らで、ヘリコプターで砂漠上空を移動しながら動物の数を数えていたとき、このモノリスが目に入ったという。

このモノリスは硬質な金属でできた三角柱で、地面にしっかり固定されていた。その場所に一〇日程度存在したが、同月二八日には姿を消した。何者かによって撤去されたと考えられている。

その後、一一月二六日にはルーマニアのニャムツ県、一二月二日にはアメリカ・カリフォルニア州、一二月五日にはドイツのズルツバッハ、一二月六日にはイギリスのワイト島およびオランダのフリースラント州……と世界各地でモノリスが発見された。以後も、一二月上旬までにスペイン、ベルギー、ポーランドなどに出現している。

いずれも高さはおおむね三メートル前後、形は三角柱、もしくは板状で、素材や表面の様子はそれぞれ異なっている。その多くは一日～数日後に忽然と姿を消した。

この中のいくつかは、企業や団体が客引きの目的で設置したものだと考えられているが、残りは正体が謎に包まれている。そのため、一部では、「宇宙人のしわざ」という声や、「人類が次のステージに進化する前ぶれ」という声もあって盛り上がりを見せた。

世界各地のモノリスを巡ってさまざまな憶測が飛び交う中、アメリカのアーティスト集団「ザ・モスト・フェイマス・アーティスト」がSNSに、ユタ州のモノリスの完成予想図や制作時の写真を投稿。その後、この集団は自分たちが制作したモノリスを四万五〇〇〇ドルでオンライン販売した。

結局のところ、この騒ぎは世界規模の宣伝だったのか、少なくとも一部は「謎の物体」だったのか、今も詳細は不明のままだ。

この集団の代表者、マティ・モーはこういっている。

「このめちゃくちゃな年の締めくくりとしては、エイリアンと接触したと単純に思い込んでいたほうがよいのではないでしょうか」

確かに二〇二〇年はめちゃくちゃな年だった。世界中が新型コロナ感染症という新しい脅威にさらされ、今もそれは続いている。誰かがいった通り、これらのモノリスは人類が次のステージに行く兆しだと、信じたい自分もいる。

「安倍晴明《あべのせいめい》」が有名である。

か

カーゴ・カルト《かーご・かると》

思想・概念

オセアニアの一部で信仰される招神思想。ある霊的存在や神的存在が文明の利器を搭載して現れるというもので、日本語では「積荷信仰」と呼ばれる。異世界から特別な存在が現れて救いや利をもたらす思想は世界各地に存在するが、カーゴ・カルトは近代文明の工業製品に対して独特のとらえ方を持つことに特徴がある。

発現は一九世紀後半で、カーゴ（積み荷）の到来によって、それまでの白人優越社会に代わる理想郷が実現するという思想が広まった。この宗教的運動によって、現地住民の中には農耕や労働を放棄して積み荷用の倉庫の建設に従事したり、もうすぐ莫大な富が手に入るという確信から豚などのたくわえを惜しげもなく消費したりする人物も多かった。そのため、現在ではこの信仰は衰退したが、現地の一部では新宗教のような扱いとして、年に一度カーゴ・カルトの祭りが開かれる地域もある。

怪奇系児童書《かいきけいじどうしょ》

メディア（書籍・雑誌）

一九七〇年代に、日本で数多く刊行されたオカルトやホラーをテーマとする児童書の総称。講談社の「ドラゴンブックス」、立風書房の「ジャガーバックス」、学習研究社の「ジュニアチャンピオンコース」、ユニコン出版の「ユニコンブックス」など。

漫画やストーリーものではなく「〇〇大百科」「〇〇図鑑」「〇〇入門」「〇〇研究」「〇〇の秘密を探る」などとする解説書のスタイルをとるものが多い。

図鑑として妖怪、怪物を紹介するものや、超能力、超常現象、怪奇現象、心霊現象を題材にしたもの、スパイ、海賊、秘密結社といった非合法組織や地下組織に関するもの、残酷な絵柄を強調したもの、サバイバル入門のようなものなど、ジャンルは非常に幅広い。

当時の子供たちを夢中にさせたこれらの怪奇系児童書は、一九八〇年代に入ると急速に姿を消した。しかし、それを懐かしむマニアは少なからず存在し、残存する希少で人気の高い怪奇系児童書には、高値がついているものもある。

怪奇大作戦《かいきだいさくせん》

作品（テレビドラマ）

ＴＢＳ系列で一九六八年九月から一九六九年三月まで毎週日曜日の一九時～一九時三〇分に全二六話で放送された円谷

プロダクションの制作による特撮テレビドラマ。

　科学犯罪の解明を使命とする「ＳＲＩ」（Science Research Institute＝科学捜査研究所）のメンバーたちが、不可思議な現象や奇怪な出来事を伴って起こる犯罪を調査し、解決していく様子を描く。

　毎回、怪奇現象が発生するが、調べていくと人間が引き起こした科学犯罪であり、ＳＲＩの捜査チームがその悪人たちに立ち向かう。

　派手な怪獣や超人は登場しないが、社会に疑問を投げかけるようなテーマもあり、怪獣ものに比べて高い年齢層でも楽しめる作品であった。

　平均視聴率は二二パーセントと、ヒット番組といえる数字を記録したが、スポンサーサイドの要求度は高く、一クールのみの放映となった。

　しかし、ファンの人気は根強く、二〇〇七年には、リメイク作品である『怪奇大作戦　セカンドファイル』が、二〇一三年にはリブート作品として『怪奇大作戦　ミステリー・ファイル』が、いずれもＮＨＫと円谷プロダクションによって制作された。

　なお、「科学捜査研究所（略称：科捜研）」という組織は警視庁及び道府県警察本部の刑事部の附属機関として実在するが、本作に登場する組織はそれとは無関係の架空の組織である。そのため、リメイク・リブート作品中では、「特殊科学捜査研究所」に変更されている。

怪奇特集《かいきとくしゅう》!! あなたの知らない世界《あなたのしらないせかい》

メディア（テレビ番組）

日本テレビ系列の『お昼のワイドショー』で、毎週木曜日及び、夏休みなどの長期休暇期間に放映された特集コーナーもしくは同コーナーの再現ドラマ番組。

　視聴者の心霊体験や恐怖体験を、取材や再現ドラマを通じて検証し、霊能力者や心霊現象に詳しい専門家、放送作家の新倉イワオらが分析・解説した。

　放映は一九七三年からだが、当初は毎年、七～八月のお盆シーズンのみ、毎水曜日に放映したコーナーであった。一九七九年七月からは、一年を通じて、毎週木曜日に放映されるレギュラー番組となった。

　人気番組で、春、夏、冬の学校などが長期の休みとなる期間には、二週間程度、毎日放映した時期もあった。この期間中の再現ドラマは、過去のものの再放送が多かったが、それでも高い人気を誇っていた。

　一九八七年一〇月より、この時間枠は『午後は○○おもいッきりテレビ』に引き継がれたが、以後も夏休みには同特集の放映が続いていた。一九八八年には『土曜スーパースペシャル』でも放送された。

　一九九七年の夏休みを最後にこの特集は幕を閉じたが、二〇〇五年の夏休みには、『新・あなたの知らない世界２００５』として復活した。

怪人アンサー《かいじんあんさー》

都市伝説

二〇〇二年以降にインターネット上で流布した都市伝説の一つ。

携帯電話を使った儀式で呼び出せる怪人とされ、呼び出し方は以下の通り。一〇人が円形に並び、同時に隣の人に携帯電話をかける。すべてが通話中になるはずだが、一つだけは別のところにつながる。その相手が怪人アンサーで、呼び出せばどんなことでも答えてくれるが、最後にアンサーから質問してくる（もしくは、一〇人中九人の質問には答えてくれるが、一人だけには逆に質問してくる）。問題に答えられないとアンサーは「今から行くね」といい、携帯電話の画面から手が出現し、それを持っていた人の体の一部を引きちぎってしまう。

その理由は、アンサーは頭だけで生まれてきた奇形児で、体のパーツを集めて完全な人間になろうとしているからだとされる。なお、アンサーからの問題は、たとえば「今日から一万三九二六日後は何月何日の何曜日?」など、その場で答えることがまず不可能なものだという。

この話は、のちに作者が、「ネットにおける都市伝説の伝わり方について調べるために創作した話」と語ったとされる。

海底文明説《かいていぶんめいせつ》

説・論

かつて優れた文明をもつ古代人たちによって栄えた大陸があったが、海底に沈んだとする説。その代表がアトランティス、ムー、レムリアである。

古代ギリシャの哲学者プラトンが、伝聞として「九〇〇〇年前、太平洋にアトランティスという豊かで強い軍事力があり、広大な領土を持つ国があったが、地震と洪水で海中に沈んで滅亡した」と、書き記した。一八六三年、フランスの司祭シャルル・エティエンヌ・ブラッスールが、マヤ語で書かれた『トロアノ絵文書』にかつて太平洋に実在した大陸があったと書かれていると発表した。大陸名はなかった。

一八七〇年、ＳＦ作家ジュール・ヴェルヌが、アトランティスを描いた小説『海底二万里』を発表。一八八二年、アメリカの政治家イグネイシャス・ドネリーが『アトランティス大陸　大洪水以前の世界』を発表したことで、大ブームとなり、アトランティス神話やアトランティス文学が生まれたとされる。

アメリカの作家ジェームズ・チャーチワードは、太平洋に沈んだムー大陸についての粘土板を見たとして、一九三一年『失われたムー大陸』などの著書や講演でその存在を主張した。アトランティスとムーはほぼ同じとされている。

一八七四年、イギリスの動物学者フィ

リップ・スクレーターが、五〇〇〇万年以上前にインド洋にインド南部、マレー半島、マダガスカル島におよぶ大陸があったとすれば、キツネザル（レムール）の地域間の類似が説明できるとした。サルにちなんで、大陸名をレムリア大陸とした。

一九四四年、ドイツの生物学者エルンスト・ヘッケルが『自然創造史』でレムリアが人類発祥の地だとした。現在、アトランティス、ムー、レムリアは科学的には存在が否定されているが、信じる人は少なくない。

一九八七年、与那国島南部の水深二五メートルの海底に、人工的に見える構造物が発見され、与那国海底遺跡、または与那国島海底地形として知られるようになった。調査によって亀形の石や、象形文字のような模様も彫られるなど、人の手で加工された痕跡があることから、五〇〇〇年前に栄えた都市（伝説上の楽土ニライカナイ／与那国ではハイドナン）の遺跡とする説が浮上した。一方、構造物がすべて一枚岩でできていることから、自然現象が生み出したとする説や、自然が生んだ構造を古代の人々が利用したという説もあり、決着はついていない。

熊野の南端、和歌山県串本町の二キロメートル沖に、与那国と似た海底遺跡がある。また二〇〇六年、青森県の日本海側・鯵ヶ沢沖で海底遺跡が発見された。串本沖は鬼ヶ島、鯵ヶ沢沖は竜宮城伝説と位置が重なるとされている。好事家の間では、当地の伝説や相関関係などに注目が集まっているとされる。

事件

開洋丸事件《かいようまるじけん》

水産庁の調査船「開洋丸」が未確認飛行物体と二度遭遇した事件。一度目は一九八四年一二月一八日、南アフリカ大陸のフォークランド諸島付近で航海士がふらふらと動く謎の光体を観測した。光体の明るさは二等星ほどで、最初は方向が不安定なままゆらゆらとしていたが、途中から高速で飛んで行ったという。

次いで一九八六年一二月二一日、北太平洋のウェーク島付近で不規則な動きをする巨大タンカーほどの物体をレーダーで観測したが、肉眼では何も見えなかったという。そしてレーダー上で開洋丸に突撃し、衝突の直前、突然鋭角にターンして去っていった。計算によるとこの物体の移動速度はマッハ四（時速四九〇〇キロメートル）であった。目撃者はベテラン乗組員であったこと、船が政府所属であったことから信憑性は高いと考えられた。軍用機からのジャミング（電波妨害）を受けたという説や、アメリカの兵器実験という説などがあるが、詳細は明らかになっていない。

ガクラト《がくらと》

UMA

⇩トランコ

掛け軸に描かれた生首《かけじくにかかれたなまくび》

事件

一九七六年八月二〇日に、日本テレビ系列の番組「あなたのワイドショー」内のコーナー「テレビ三面記事」の途中に起きた怪奇現象。このコーナーは新聞に載った事件をタレントがレポートするもので、この日は東北の地方紙に掲載された「生きている生首の掛け軸」がその対象であった。これは幕末期の役人の生首絵が描かれた掛け軸で、夜になると妙なうなり声をあげるといういわくつきのものであった。

番組では二枚の掛け軸が紹介されたが、そのうちの一枚が放送中に右目を開けたと視聴者からの電話が殺到。その後の心霊番組で検証が行われるなど大きな話題となった。インターネットの動画サイトなどに、今もその映像が残っている。理由については、ハエが偶然目の位置に留まっただけという意見や、からくり掛け軸を用いたという意見、果ては番組によるやらせなど、さまざまな説がささやかれたが真相は現在も解明されていない。

過去生記憶《かこせいきおく》

オカルト用語

「人間は肉体が滅びても、魂（本質、非物質的な中核部分）は生き続け、次の生を生きる」という転生（生まれ変わり）の思想を前提とした言葉で、前回の生である前世、さらにその前に連なる過去生（過去世ともいう）の記憶を指す。

転生については、ヒンドゥー教や仏教でいわれる輪廻のように、動物などを含めた広い範囲で転生するという考え方と、近代神智学のように人間は人間にしか転生しないという考え方がある。過去生記憶は、一部に動物などであった生の記憶が含まれる場合もあるが、おおむね後者の考え方に基づいている。

過去生記憶は、ごく一部の者はもともと明確に持っているほか、乳幼児期には比較的、明確に持つ者が多くおり、長ずるにつれて失われることが多いといわれ、子供の過去生記憶の記録や検証を行っている医師・研究者もいる。大部分の成人は過去生記憶を失っているが、何らかのきっかけによって、あるいは記憶の掘り起こしを目的として行う催眠療法によって、甦らせることが可能とされている。アメリカの精神科医ブライアン・ワイスはこれを治療に生かした「過去生療法（次項）」を提唱した。

なお、一九八〇年代の日本では、「前世に勇者として世界を救い、その時の仲間を探している」といった前世記憶に基づく雑誌投稿がブームとなり、これは「戦士症候群」と呼ばれた。

過去生療法《かこせいりょうほう》

オカルト用語

催眠療法（ヒプノセラピー）の一種。催眠によって患者の幼少時の記憶を引き出す退行催眠（年齢退行）という手法があるが、その時間軸をさらに出生前まで戻し、前世やそれ以前の過去生記憶を引き出し、心身の治療やトラウマの解消、アイデンティティの確認や確立、自分にとってよりよい生き方の模索などを行う療法。一九八六年に、アメリカの精神科医、ブライアン・ワイスが心理的疾患の治療法として提唱したことから広く行われるようになった。

退行催眠で得られた過去生記憶は虚偽記憶であり、存在しない記憶を催眠によって作り出しているという批判も多いが、ワイスは「催眠によって起こされた記憶は全て自身の体験に根ざしており、一見脈絡がないものでも必ず関係がある」と述べている。

それとは別の問題として、治療者や術者のスキル不足から、強引な記憶の呼び出しや、記憶のゆがみ、誤認記憶の誘導が行われる危険性や、一種の降霊術のようになる危険性があるとして、警鐘を鳴らす人もいる。

カシマさん《かしまさん》

都市伝説

有名な都市伝説で、鹿島大明神・カシマさま・カシマレイコ・仮死魔霊子などとも呼ばれ、非常に多くのバリエーションがある。代表的なものは以下の通り。

「過去の悲惨な事件」の話を聞いた者のもとに、一定期間以内に夢や電話で、あるいはトイレや枕元に現れる幽霊としてカシマさんからのコンタクトがある。その姿は体の一部（多くは脚）を失った女性（まれに男性）。

過去の悲惨な事件の例としては「終戦直後の混乱期に、米兵に強姦された上に手足を銃で撃たれ、命はたすかったものの電車への飛び込み自殺をした女性」「轢死して体がバラバラになった女性」「戦時中、米兵に両手足を撃たれ、苦しみ抜いて死んだ郵便配達員」など。

その話を聞いてからカシマさんが現れるまでの期間は、「一日以内」「三日以内」「一週間以内」「一ヶ月以内」などさまざまなパターンがある。

現れたカシマさんは、問いかけもしくは命令をする。最も多いのが「脚いるか」という問いかけで、このとき「いらない」と答えると脚を奪われるという。この場合は「いる」と答えなければならない。

「手をよこせ」というパターンもあり、何も言わないと手を奪われるので「今使ってます」と言わなければならない。同様に「脚をよこせ」と言われたら「今必要です」と返すのが正しい対処法とされる。

その後、「この話を誰に聞いた?」と問われるので、「カシマさん。カは仮面のカ、シは死（または死人）のシ、マは魔（または悪魔）のマ、レイは霊のレイ、コは事故のコ」と答える（「マ」までのバージョンもある。流布している漢字名は仮死魔霊子だが、ここでは「事故のコ」と答えることになっている）。カシマさんの言葉や正しい応じ方には、ほかにも多くのパターンが存在する。

　カシマさんは妖怪あるいは都市伝説の「テケテケ」と同一ともいわれる。また、「カシマレイコは口裂け女の本名」という話もある。

がしゃどくろ《がしゃどくろ》

妖怪

日本の妖怪で、漢字では「餓者髑髏」と書く。古くから民間に伝えられる多くの妖怪と異なり、昭和中期に創作された妖怪である。生みの親は齋藤守弘で、一九六〇年代後半に刊行された児童書で発表した。

がしゃどくろを最初に掲載した書籍は、一九六八年に秋田書店から刊行された山内重昭の『世界怪奇スリラー全集2　世界のモンスター』である。同時期に水木しげるや佐藤有文によっても紹介され、以後も両者の著書に掲載されて広く知られるようになった。

　巨大な骸骨の姿をしており、身長は一〇メートル程度。動くときに「ガシャガシャ」と音を立てることから、その名をつけたという。

　戦死や野垂れ死にして、きちんと埋葬されなかった死者の怨念や骨や集積し、巨大な骸骨の姿になった妖怪とされる。夜中にガシャガシャと音を立てながら歩き回り、生きている人間を見つけると捕まえ、握りつぶして食べるとされている。齋藤が考案した数ある妖怪の中でも傑作といわれ、当時、怪奇系児童書を読む子供たちを震撼させた。

カスパー・ハウザー《かすぱー・はうざー》

人物

一八一二～一八三三年。ドイツの孤児。一八二八年にニュルンベルクの広場で少年が発見されたが、衛兵の質問にまともに答えられなかった。少年はニュルンベルク駐屯第六騎兵隊勤務のフリードリヒ・フォン・ヴェッセニヒ大尉宛の手紙を携帯しており、そこには少年の名前、誕生日とともに、「父親が騎兵であったが既に死亡し、同じ騎兵に採用してほしいが、手に余ったら殺して構わない」と記してあった。これついて大尉には何も心当たりがなく、孤児として市当局の保護下となった。

　カスパーは鏡に映った自分をつかもうとしたり、肉を食べても吐いてしまったりという異常行動を示し、法学者の推測によれば、かなり長期にわたって地下の監獄にとらわれていたと考えられた。一方でたぐいまれな感覚器官をもち、金属を握るだけでその材質を見抜いたり、暗闇で書物を読めたりしたという。

全てが謎に包まれていたが、それでもわずかずつ自らのことを語るようになり、いずれは出自などが解明されるかと思われた矢先、何者かが二度にわたってカスパーを襲撃し、それによって命を奪った。享年二一歳で、発見からわずか五年の子とであった。暗殺者は逃亡したため、国王ルートヴィヒ一世が情報収集のために懸賞金をつけたが、犯人に至る情報は出てこず、未解決事件となった。その暗殺のタイミングや特殊能力、出自の謎からさまざまな憶測がささやかれたが、詳細については現在も判明していない。

カタカムナ《かたかむな》

超古代文明

一九四九年に楢崎皐月《さつき》が発見、その後、解読したカタカムナ文献の記述をもとに、数万年（一説には一万二〇〇〇年）以上前に、日本で栄えたとされる文明。楢崎の解釈によれば、この文献にはカタカムナ文明の製鉄・稲作・石器や木器の製作・服織技術、経済活動、医学、哲学のほか、生物がよく育つ（エネルギーが入ってくる）土地「イヤシロチ」と、生物が育ちにくく不調になる（エネルギーが発散される）土地「ケガレチ」の見分け方や、ケガレチをイヤシロチに変える方法などに関して書かれているという。

この文明は、アシア族と呼ばれる人たちによって作られ、その最後の頭領であったトウアンという者は、現在の天皇家の源である天孫族と戦って敗北したとされる。

しかし、この文化の存在を示す遺跡・遺構などはなく、文書も楢崎が書写したカタカムナ文献以外には存在しない。「カタカムナ文献が出現した経緯が不可解であるうえ、その解読が正しいかどうかの検証もされていない」と、その存在自体に疑義をはさむ研究者も多い。

（⇩「カタカムナ文字」の項も参照）

カタカムナ文字《かたかむなもじ》

文字

数万年以上前の超古代において、日本にカタカムナという文明があったという説を前提に、そこで使われていたとされる文字。大円、小円、十字の組み合わせからなる記号であり、音声符といわれ、中心から右巻きのうず巻き状に書かれる。これをもとにカタカナができたとされるが、公には承認されていない。

物理学を学んだ電気技師の楢崎皐月《さつき》が、一九四九年一二月～翌年三月にかけて六甲山系の金鳥山付近で土地の電位調査をしていた時に、カタカムナ神社の宮司の息子と知り合い、神社に代々伝わる秘伝の巻物を見せてもらったという。遡って楢崎が満州にいたころに知り合った蘆有《ろう》三《さん》道士から、日本には中国文明よりもずっと古い文明があったという話を聞いており、その巻物との関係性を直感したとされる。巻物をノートに書き写して持ち帰った楢崎は、以後、巻物に書かれた図形の解読に没頭した。

なお、カタカムナ神社という名の神社は実在しないが、保久良《ほくら》神社との関連を主張する人もいる。

一九六六年、楢崎は『日本の第一次文明期の特徴』でカタカムナを紹介。一九七六年、私塾森水学園を創設した生物学者・森水生士園長が、「素敵なカタカムナ」という題の文を教育誌に寄稿したところ、当時活躍していた教育評論家から「トンデモ（現実や常識から逸脱した内容）」だと批判を受けた。

二〇〇六年刊行、『この世とあの世の風通し　精神科医加藤清は語る』で著者の加藤は、「あんたな、よう考えんとあかんな、の『な』というのは、相手の根源的主体性に呼びかける音だ」といい、カタカムナの「ナ」を重要視。日本語の音韻の持つ深さを自分の中に取り戻すことを提唱している。

ガタゴン《がたごん》

UMA

岩手県山形村に棲息するといわれる獣人型のUMA。話題になったきっかけは一九九二年に地元住民が畑で見慣れない足跡を発見したことで、広島県の「ヒバゴン」をもじってガタゴンと名付けられた。この足跡は二二センチほどで海外の巨大類人猿UMAと比較するとずいぶんかわいらしいサイズである。専門機関が鑑定したところ、現存のどの生物にも当てはまらず、調査が進められたが、その後の情報は出てきていない。一方でガタゴンのTシャツやキーホルダーが作られたり、果てはガタゴン祭りなる祭りが開催されたりと、村おこしには非常に貢献した。

その結果、地元の観光課による捏造説まで浮上したが、実は当時のさらに三〇年前にも、同様の足跡が報告されているという。その周期で考えると、一九九二年から約三〇年後の現在、岩手の獣人が再び姿を現す日は近いかもしれない。

カタコンブ・ドゥ・パリ《かたこんぶ・どぅ・ぱり》

心霊スポット（世界）

フランス、パリにある巨大な地下納骨堂（カタコンベ）。およそ六〇〇万人の遺骨が納められている。

ここは、もともと死者の埋葬や納骨をする場所として作られたわけではなく、五世紀以前に採石場として掘られたもので、パリ市内にあったいくつかの大規模墓地を閉鎖した際、その採石場跡が移転場所として選ばれ、現在の地下納骨堂となった。

驚くべきは、その骨の納め方である。巨大な地下空間に、おびただしい数の人骨が、そのままむき出しで積み上げられている。

決して乱雑にではなく、整然と美しく、アートのようにデザイン性をもって積まれているのだが、それが本物の人骨だということを思い起こすと、きれいであるだけに背すじがゾクッとする。

　カタコンブ・ドゥ・パリの全長は、五〇〇キロメートルにも達するといわれている。壁に沿って、積み上げられた骨が延々と並ぶ坑内には、ところどころに「どこの墓地から、いつ運び込まれたか」が表示された石板が設置してある。

　一九世紀初頭から観光地化され、一八七四年からは定期的に公開されている。

　もともとが巨大な地下通路なので、街の随所にカタコンブ・ドゥ・パリへの出入り口があるが、多くは閉鎖され、公開されている以外の地下空間には立ち入りが禁止されている。坑内は複雑に入り組んでいて迷いやすく、大変危険だからだ。

　しかし、好奇心に負けてその禁を犯し、公開区域外に忍び込む人も少なくないという。地下に迷い込んで行方不明になり、一一年後に遺体で発見された男性の話も伝えられている。

ガダラの豚《がだらのぶた》

作品（小説）

中島らもによる日本の長編小説。一九九三年三月に実業之日本社より単行本、一九九六年五月に集英社よりⅠ・Ⅱ・Ⅲ巻に分かれた文庫本が出版された。二〇〇〇年に双葉社が三巻のコミック版を刊行。

　一九九四年に第四七回日本推理作家協会賞長編部門を受賞。二〇〇八年、双葉社より刊行された同賞受賞作全集の七四・七五に上下巻に分けて収録されている。

　主人公はアフリカの呪術医研究で大きな業績を上げている民族学者・大生部多一郎。超能力ブームで著書がベストセラーとなった人気タレント教授でもある大生部は、テレビの特番取材を兼ねて妻・息子とともにアフリカへ。

　そこは、かつて彼の娘が事故死した場所でもあった。じつは娘の死以来、大生部自身はアル中となり、妻は心を病んで新興宗教にはまっていたのだ。しかし、呪術師・奇術師・超能力者・詐欺師などが入り乱れて幾多の騒動が起きるアフリカ旅行は、予想外の方向に展開して家族の絆を取り戻す旅となる。

　日本推理作家協会賞受賞の言葉で中島は「もともと七〇〇枚をめどに書き始めたが、人物が勝手に動き始め、結果的に一四〇〇枚の長編になった」と述べている。アフリカには半月滞在して呪術医や伝統医に取材したという。

　その成果が見事に組み込まれ、オカルトな世界をほどよい怪しさを交えながら痛快に描く。長編ながら、登場人物の強烈な個性と奇想天外な進行によって、一気に読ませる作品として知られる。

学校の怪談《がっこうのかいだん》

怪談

学校にまつわる怪談、都市伝説全般をいう。ほとんどが小学生や中学生が登場人物で、学校を舞台とするものが多いが、通学路や公園などで起きる怪奇現象をテーマとするものもある。

前者の代表例は「トイレの花子さん」、後者は「口裂け女」など。学校そのものが呪われているという設定はあまりなく、学校や通学路にこうした不思議な存在や奇怪な人物が現れるという話が多い。

「学校の怪談」をテーマにしたり、この名称を冠した小説やアニメ、映画などが一九九〇年代末から二〇〇〇年代初め頃には多く制作され、当時のオカルトブームとあいまって大人気となった。

学校の怪談《がっこうのかいだん》

作品（書籍）

一九九〇年以降、講談社からシリーズで刊行されている民俗学者・常光徹による小説、及びそれを原作とする映画シリーズ。映画は、ポプラ社から刊行されている「日本民話の会」によるコミック『学校の怪談』シリーズも合わせて原作としているが、内容的にはほぼオリジナルとなっている。

小説は一九九〇年一一月に『学校の怪談』が刊行されて以来、一九九七年までに第九巻までが、二〇〇五〜二〇〇九年に『新・学校の怪談1〜5』が、二〇一〇〜二〇一四年に『学校の怪談A〜E』が刊行され、その間にも単発的に数冊が出版された。なお、作者は一九九三年に『学校の怪談——口承文芸の展開と諸相』という学術書も上梓している。

楢喜八による独特の雰囲気の挿絵とも相まって、小学生たちをとことん怖がらせた名作として知られる。単に怖いだけではなく、不思議な味わいやもの悲しさが伝わる話もあって大人気のロングセラーとなっている。

映画は、一九九五年七月に『学校の怪談』が公開され、ホラーだけでなくファンタジー要素も加えたことや、手作り感を重視したノスタルジックな雰囲気を持たせたことにより、子供だけでなく大人層にも受けて大ヒットした。

一九九六年、一九九七年、一九九九年に、それぞれ続編の『学校の怪談2・3・4』が公開された。「3」までのシリーズに共通して登場する「花子さん」は、学校の怪談の代名詞といえるほど有名になった。

学校の七不思議《がっこうのななふしぎ》

怪談

学校にまつわる七つの代表的な怪現象。実際には「七不思議」というより、「七つの怪談」というほうが内容に合う場合が多い。

「学校の七不思議」という名称は全国的に有名だが、その内容は地域だけではなく個々の学校によっても細かく違っている。さらには「七つ全て知ると死んでしまう」「七不思議を二〇歳までに忘れないと死ぬ」「幻の八つ目を知ると命が助かる」といったような、内容そのものだけでなく、付随するローカルルールも各学校に存在するようだ。語られる際は、「音楽室の○○」や「旧校舎の○○」といった具合に各部屋や施設とセットで言われ、通常、同じ部屋や施設に二つの「不思議（怪談）」が生じることはない。

勝五郎《かつごろう》

人物

一八一四～一八六九年。武蔵野国の農家に生まれた男児。生まれ変わりを果たした人物として、平田篤胤《ひらたあつたね》の著書『勝五郎再生記聞』や小泉八雲の「勝五郎の転生」に記述された。八歳の時に自らを「藤蔵という少年で、六歳の時に病気で死んだ」と言い出す。藤蔵は実際に勝五郎のいる中野村から五キロほど離れた程久保《ほどくぼ》村で、六歳の時に天然痘で亡くなっており、その死から三年後に勝五郎が生まれていた。勝五郎は程久保村に連れられていくと、藤蔵しかわからないことを次々に言い当てたという。

その後、勝五郎は転生者として有名になり、多くの学者や高貴な人物が話を聞こうと彼のもとを訪れる。その中の一人、国学者の平田篤胤が『勝五郎再生記聞』としてまとめたことで広く知られるようになった。勝五郎はそのまま篤胤の弟子となり、大人になってからは評判の竹籠職人として豊かな暮らしをし、五五歳で亡くなった。勝五郎の語った転生体験は、明治期には小泉八雲が書物にしたことで海外でも知れ渡った。勝五郎は生まれた地である現在の八王子に祀られている。

河童《かっぱ》

妖怪

鬼、天狗と並んで広く知られる日本の妖怪。またはＵＭＡという見方もある。名称は、代表的な生息地とされる「かわ（河・川）」に子供を意味する「わっぱ（童《わらべ》が訛ったもの）を合わせた「かわわっぱ」が縮まったものといわれる。

その名が示す通り子供のような体型で、全身は緑、または赤みがかっており、頭頂部に「皿」（円形の無毛部）を持つ。皿は常に水で濡れており、もし乾いたり、割れたりすると生命力を失うとされる。

口には短いくちばし、背中には亀のような甲羅、手足の指の股には水かきがある。両腕は体内でつながっており、一方の腕を引っ張ると他方が短くなり、さらに引くと抜けてしまうこともあるという。

現実の生物でいうならば両生類の特徴を持ち、水中でも陸上でも生きられるが、乾燥に弱いので完全に陸上だけでは生活できない。そのため、基本的には河川や沼、湖などに棲息し、ときおり水辺に現れる。

河童にまつわる伝承には、友好的な話と人間に危害を加える話とが混在する。

友好的な話としては、「人間に魚を贈った」「土木工事を手伝った」「薬の製法を教えた」などの伝承がある。河童のいたずらを許した人間や、落ちていた河童の腕を拾って届けた人間に対して、贈り物や手伝いをしたという恩返し伝説の形をとるものもある。

危害を加える話の代表は、泳いでいる人や水辺を通った人を水中に引きずり込んでおぼれさせたり、尻子玉《しりこだま》を抜いたりするというもの。尻子玉は、人間の肛門内にあるとされた想像上の臓器で、これを抜かれると死んだり、「ふぬけ」になったりすると考えられていた。

尻子玉にまつわるこうした伝承は、溺死者の肛門括約筋がゆるんで、尻から何かを抜かれたように見えることから生まれたともいわれている。

河童の正体は、江戸時代に間引きされ、河原などに放置された子供の遺体という説もある。その事実を他の子供らに隠すために河童伝説が生まれたという。

河童にまつわる伝承は日本各地に見られるが、とくに有名な場所としては、岩手県遠野市のカッパ淵、茨城県の牛久沼などがある。九州には「九千坊《くせんぼう》」と呼ばれる河童の頭目にまつわる話が多く、全域に河童伝説が存在する。

金縛り《かなしばり》

オカルト用語

意識があるにもかかわらず、体が動かなかったり、何者かに体を押さえられていると感じたりする現象。睡眠時に起きることがほとんどであり、医学的には「睡眠麻痺」とよばれる。これは脳が活動しながら肉体が休息している「レム睡眠」に関係しており、この途中で目覚めると体が休んだまま脳だけが覚醒し、体が動かなくなるとされる。

加えてレム睡眠時は夢を見やすい状態であるため、これが金縛り中の幻覚を引き起こすと考えられている。したがって、金縛りは睡眠障害の一種であり、その原因は睡眠リズムの乱れとするのが一般的な結論である。一方、小説や映画などのホラーコンテンツでは怪奇現象の代表例として扱われる。

カニバリズム《かにばりずむ》

オカルト用語

人間が人間の肉を食べる行動、あるいは習慣。文化人類学では「食人俗」とも呼び、社会的・制度的に認められた慣習や風習を指す。一時的な飢餓による緊急避難的な食人や精神異常による食人は一般にカニバリズムには含まない。

スペイン語の「カニバル（Canibal）」が語源とされ、「Canib-」はカリブ族を指す。一六世紀頃の大航海時代、スペイン人航海士たちによって、西インド諸島のカリブ族に人肉を食べる習慣があると信じられていたことに由来する。

歴史的には古代アステカで儀礼的に行われていたことや、かつての中国で食文化として行われていたことなどが文献によって知られている。また、そうした習慣的行為以外にも、イースター島で森林伐採などによって食料がなくなった結果、食人に発展したなどの環境的要因によるものもある。また、人の臓器を薬として用いたという記録は、中国、朝鮮半島、日本ともに残っている。

カニバリズムはフィクション作品にも多く見られるモチーフである。タブーとされるからこそ、それを扱った文学や芸術は多い。

なお、言葉が似ているので、謝肉祭を表す「カーニバル（carnival）」と混同されることがあるが、こちらは中世ラテン語の違う言葉が語源となっている。

カニングフォーク《かにんぐふぉーく》

職種

かつての英国で、民間魔術として儀式を執り行っていた人々。本職の魔術者ではなく、知識のあるものが副業で行っていたケースが多い。男性はカニングマン、女性はカニングウーマンと呼ばれる。一九世紀には国内に数千人のカニングフォークが存在していたと考えられ、そのほとんどが限定的な地域で儀式を行っていた。また、薬草と呪文を組み合わせて治療を行ったり、占星術を用いて占いを行ったりもしていたが、ペテン師だとみなされて追放されることも少なくなかったという。

カバラ《かばら》

思想・概念

ユダヤ教における神秘思想のこと。「カバラ」はヘブライ語で「伝承」を意味している。世界の成り立ちを神秘的に解釈して神に近づくことを目的としており、特定の単語を複数の単語の頭文字の集合とみなす「ノタリコン」や、文字の総数からほかの単語との関係性を考察する「ゲマトリア」など、様々な手法を有している。

その誕生は紀元後一世紀に遡り、パレスチナに存在した「メルカバ神秘主義」から派生したものだと考えられている。また、カバラの教典である「創造の書」や「ゾーハル」は、後の西洋魔術の基本書になっている。

カフナ《かふな》

職種

ハワイの先住民社会における、さまざまな分野の専門家。職人のカフナや、航海術のカフナ、医者としてのカフナなど、さまざまな分野に存在した。中でも特に有名なのが神官のカフナであり、彼らは神々と人間の間を取り持つ存在として一般大衆を取りまとめた。そのため、神官のカフナは支配者階級アリイの次に地位を持つ存在であった。また、カフナの中でも位が高い者はカフナヌイと呼ばれ、首長の顧問的役割として強い発言力を有していた。

鎌鼬《かまいたち》

妖怪

日本に伝わる妖怪。あるいはそれが起こすとされた後述の現象を指す。

名前の通り、鎌のような爪を持つイタチの姿をした妖怪で、つむじ風に乗って現れ、瞬間的に人を切る。鎌鼬に襲われた人の体には、鋭利な刃物で切ったような傷ができるが、痛みはなく、血も出ないとされる。

もともとは「構《かま》え太刀《たち》」という語が訛って「かまいたち」となり、「いたち」の語感からこの妖怪伝承が生まれたとする説もある。

鎌鼬の伝承は全国にあるが、特に東北や甲信越などの雪深い地方に多く見られる。厳寒の季節、空気中に生じた真空部分に触れることで傷ができるのではないかといわれ、そこから鎌鼬伝説が生まれたとする説もある。

「突風が吹いて傷ができる」という現象そのものは同じでも、その解釈は地方によってばらつきがあり、傷のできる現象やつむじ風自体を鎌鼬と呼ぶ地域もある。

神々の指紋《かみがみのしもん》

作品（書籍）

イギリス人作家、グラハム・ハンコックによる超古代文明についてのノンフィクション作品。日本では、単行本は一九九六年二月に翔泳社から、文庫本は一九九九年五月に小学館から、いずれも上下二巻で刊行された。その後、小池書院から漫画版が出版されている。

ハンコックは、世界各地のオーパーツを調査・分析した結果、一万二〇〇〇年前の地球上に、現代文明以上の高度な文明があった痕跡を見出したという。その発見の経緯と、存在したと主張する超古代文明について論じた書籍。

本国イギリスでは、発売から二週間で書籍セールスのトップとなり、その後は二七言語に翻訳されて世界で三〇〇万部以上売り上げたとされる。

日本では、ＴＢＳ系列のテレビ番組『日立　世界・ふしぎ発見！』で特集が放映されて有名になった。ハンコックはその後、この分野の書籍として、『創世の守護神』『神々の世界』『異次元の刻印』などを執筆した。

『神々の世界』では、日本の与那国島沖の海底地形を海底遺跡であると述べ、来日して調査した結果を記載。さらに二〇〇〇年には雑誌のインタビュー中で、「日本以外ではほとんど知られていないが、私は縄文（縄文時代）を古代世界で最も重要な文化と位置づけている」と述べている。

　著書については、類書からの引用が多い、否定された説の焼き直しや事実誤認が見られるといった批判もある。一方で、近年の知見によって、ハンコックの説はますます信憑性を帯びてきたとする支持者も多い。

紙をくれ《かみをくれ》

怪談

　学校にまつわる怪談。トイレで用を足している際、便器の中から「カミをくれ」という声が聞こえてくる。それに対して紙を投げ入れると、「その紙じゃない、お前の髪だ！」という声とともに便器から手が伸びて髪をつかみ引きずり込んでしまうというもの。

　その怪談の性質上、少女が犠牲になった話が語られることが多い。由来についても、髪を切られた上で殺された女児の霊、トイレで足を滑らせて死亡した髪の長い少女の霊など、女性が主役となることがほとんどである。また、「カミいりますか」という問いかけに応えると天井から長い髪が垂れさがってくるという真逆の怪談も存在する。

からかさ小僧《からかさこぞう》

妖怪

　日本の妖怪の一種で、傘の姿をしている。典型的な姿は、竹と紙でできた唐傘《からかさ》に、大きな一つ目と長い舌が出た口が付いており、下駄を履いた一本足が生えている。腕は持つ場合と持たない場合がある。

　「傘化け」「傘お化け」「から傘お化け」「から傘一本足」など多くの異名がある。

　道具などに魂が宿る付喪神《つくもがみ》の一種とも考えられ、その中でも古くから伝わるポピュラーな存在である。捨てられた唐傘が、恨みの念によって妖怪に変化したともいわれるが、その割には人間に報復をしたとか、危害を加えたという伝承はほとんど見られない。することといえば、いきなり現れて驚かすくらいである。

　非常にポピュラーでありながら、何をするかということがハッキリしない珍しいタイプの妖怪といえる。

　ただし、漫画やアニメの『ゲゲゲの鬼太郎』に登場するものは、筋肉隆々の手足を持って高速で空を飛び、目からビームを出すなど、敵キャラとして描かれている。

カラダ探し《からださがし》

作品（小説）

　ウェルザードによる日本のホラー小説。二〇一一年一二月から二〇一四年五月、小説投稿サイト『E★エブリスタ』（現・エブリスタ）で、携帯電話向けのオンライン小説（ケータイ小説）として全四部作が投稿された。

県立逢魔高校で怪談として語られる、五〇年前の強姦・バラバラ殺人の犠牲者である血まみれの少女の幽霊「赤い人」。学校で「赤い人」に遭遇した生徒は体を八分割されて校舎に隠され、友達に体探しを依頼しなければならない。

　この怪談が現実のものになり、体探しを依頼された登場人物たちは、「赤い人」から逃げ惑いながら、友達の体のパーツを探す。「赤い人」にみつかれば惨殺されるが、同じ一日をループして、生き返りながら体探しを続けることになる。

「幽霊には足がない」という既成概念を逆転させ、ペタペタと足音を立て、不気味な歌を歌いながら登場人物に迫る「赤い人」が読者の恐怖心をかきたてる。

　書籍版が二〇一三年～二〇一五年に「ケータイ小説文庫」（スターツ出版）として、外伝小説が二〇一六年に「ジャンプ ジェイ ブックス」（集英社）として刊行された。二〇一四年～二〇一九年、本作を原作とする村瀬克俊による漫画版がウェブコミック配信サイト『少年ジャンプ＋』（集英社）で配信された。書籍版・漫画版ともに「ハイスピードなホラー」として読者から高く評価されている。

カラノロ《からのろ》

ＵＭＡ

マダガスカルに棲むとされる類人猿型のＵＭＡ。体長は一メートルに満たず、全身が毛におおわれている。非常に温厚かつ臆病な性格をしており、人前になかなか姿を現すことがない。

　そのため目撃情報や足跡などは少なく、詳しいことはわかっていない。一説にはピスタチオが好物で、山の中でピスタチオをフライしているとその匂いにつられて現れるという。同じマダガスカルに住む獣人「オンバス」も、穏やかで人間にはちみつを分けてくれるという伝承があるが、マダガスカルのＵＭＡは呑気で愛らしいタイプが多いようだ。

カルナック列石《かるなっくれっせき》

遺跡・オーパーツ

フランス北西部のブルターニュ地方のカルナックに存在する古代遺跡群の総称。カルナック列石は約六五〇〇年前に設置されたと言われており、三〇〇〇個以上の巨石が四キロメートルにわたって並んでいる。太古にこのようなものが設置された理由は、墓地とも戦争の記念碑とも推測されているが真相は不明である。カルナック列石は一キロメートルごとに三つの地域に分かれており、中央部には「ドルメン」という石をテーブル型に組み立てたものやストーンヘンジ（環状列石）が存在する。機械が存在しない太古の時代に、巨石を運搬するのには大変な労力と時間がかかったことが予想されるが、同地にはローマ兵によって迫害されていたキリスト教の聖人が兵士たちを魔法で石に変化させた結果、カルナック列石が誕生したという伝説が言い伝えられている。古代人が神秘的な力を使用して建造したと言われる古代遺跡は世界各地に存在する。カルナック列石もその内の一つなのであろうか。

かんひも《かんひも》

怪談

長野県長野市信州新町で発見されたといわれる、細長い縄紐のような黒い物体。出典はインターネット掲示板・2ちゃんねるのスレッド「死ぬ程洒落にならない怖い話を集めてみない？」に二〇〇五年に書き込まれた内容で、かんひもに触れると一本一本が分離して皮膚に突き刺さり、体内で寄生虫のようにうごめくとされる。

この書き込みによれば、もともとかんひもはある集落で作られたものだという。その集落では、障害を持った子供が産まれると、その子を「凶子《まがご》」、産んだものを「凶女《まがつめ》」とよび、親子ともども殺されてしまう。その後、凶女の髪を凶子の骨で作った数珠でとめ、それを隣村の土に埋めて恨みを押し付けるという。この埋められたものがかんひもになり、「髪」で災いを「被せる」を意味しており、漢字で「髪被喪」と書くとされる。

ガンボ《がんぼ》

UMA

アフリカ大陸ガンビアにいるとされる水棲UMA。体長は四～五メートルでイルカのような胴体に五〇センチほどの四肢がついている。また、長いくちばしを持ち、八〇個以上の歯が並んでいる。

何とも奇妙な外見だが、どのように動き、泳ぐのかはわかっていない。じつは、生きた状態ではみつかっておらず、死骸の目撃情報があるのみだからだ。

一九八三年、動物学者のオーウェン・バーナムが海岸を歩いていた際に、体の半分が砂に埋まっている動物の死骸を発見した。その時オーウェンはカメラを持っておらず、スケッチをすることしかできなかった。その後、カメラを持って現場に戻ると、不幸にも地元の漁師たちが解体してしまった後で、結局証拠はオーウェンが描いたイラストと本人の証言だけになった。

のちに発見地のガンビアにちなんでガンボと呼ばれるようになったが、同様の生物は見つかっておらず、真相は謎である。

き

消えるヒッチハイカー《きえるひっちはいかー》

都市伝説

アメリカの都市伝説、または怪談。さまざまなバリエーションがあるが、一例をあげると以下の通り。

車で道を走っていると、途中、ヒッチハイクをする女性に出会って乗せてやる。兄の家だという目的地に着くと、女性はいつの間にか車内から消えている。当惑しながらその家を訪ねると、兄が出てきて言った。

「妹は二年前に死んだ。妹を送ってきたのは、あなたで七人目だ」

ヒッチハイカーの性別、年例、目的地、そこをめざす理由などには多彩なパターンが存在するが、「車に乗せたヒッチハイカーが消えてしまい、じつは数年前に死んだ人（幽霊）だった」という基本構成は共通している。

一説には、行方不明になった花嫁が幽霊になって馬に乗せてもらい、家族のもとに帰るというネイティブアメリカンの伝承がもとになったともいわれる。

日本でも車に乗せた人が消えるという都市伝説、もしくは怪談があるが、アメリカほどヒッチハイクが日常的でないためか、タクシーの乗客の話として語られることが多い。さらに日本でも、古くは人力車、もっと遡れば駕籠に乗せた人がいなくなったという怪談がある。

何らかの形でアメリカから日本へ、逆に日本からアメリカへ影響を与えてできた話なのか、それぞれ独自に語られるようになったのかは不明。

きさらぎ駅《きさらぎえき》

怪談

静岡県で起きたとされる怪異現象。インターネット掲示板・2ちゃんねるに書き込まれたのが発端で、投稿者は「はすみ」と名乗る女性。投稿によれば、怪異を体験しながらリアルタイムで書き込んでおり、その内容は以下のようなものだった。

ある私鉄に新浜松駅から乗車すると、何分待っても次の駅につかない。不審に思いながら乗り続け、ようやく止まった駅で降りると、そこは「きさらぎ駅」という聞いたことがない場所であった。電話は通じるものの、場所がわからず迎えに来てもらうこともできない。

ようやく通りかかった車に助けてもらい、事なきを得たと思ったのもつかの間、運転手はうつろな顔で独り言をぶつぶつとつぶやきながら、あらぬ方向に向かっていく……というところで書き込みが途絶えてしまう。この話はネット発祥の怪現象として有名になり、謎の駅を題材にした怪談はその後もたびたび語られるようになる。

その数年後、同じく「はすみ」を名乗る女性が2ちゃんねるに書き込みを行い、続編として「暗い森を抜けると時空が飛んだ最寄り駅にたどり着いた」と語ったが、もとの投稿者と同一人物かどうかは不明。

キジムナー《きじむなー》

妖怪

沖縄に伝わる樹木の精霊。ガジュマルやアコウの樹に棲むとされ、「顔の赤い子供」でイメージされることが多い。同じく沖縄の伝承で大木に宿る精霊を「キーヌシー（樹の主）」と呼ぶことから、語源は、これが変化したものだとされる。基本的には無害、あるいは友好的な存在で、夕食時に火を借りたり漁を手伝ったりする「良き隣人」であることが多い。

ただし、キジムナーが棲んでいる樹に釘を打った人間に対しては例外とされる。というのは、棲んでいる木に釘を打たれるとキジムナーはそこに棲むことができなくなり、そればかりか最悪の場合は絶命するからだ。そのため、この禁を犯した人間には恐ろしい報復を行うとされる。

いくつかのフィクション作品にも描かれており、特に「ゲゲゲの鬼太郎」では南方妖怪として何度も登場している。なお、その名前が知られ始めた頃には「キムジナー」と誤記されることもあり、そう覚えてしまった人も多いという。

奇跡体験《きせきたいけん》！アンビリーバボー《あんびりーばぼー》

メディア（テレビ番組）

フジテレビ系列で一九九七年一〇月から放送されているドキュメンタリー系バラエティ番組。二〇一八年四月より、通常回は毎週木曜日一九時五七分から二一時まで放映されていたが、二〇二一年四月より同二〇時スタートとなった。

世界各国で起きた事件や事故などを、再現ドラマをもとに検証する。番組の前半では事件や事故など、後半は国内外の感動のエピソードを放映するのが基本的な構成となっている。

番組開始時から現在まで、番組ナビゲーター（ストーリーテラー）はビートたけし。現在、スタジオメンバーは進行役の剛力彩芽、レギュラー出演のバナナマンが務め、その回のゲストが加わる。

番組開始から二〇〇二年頃までは「恐怖のアンビリーバボー」として心霊写真特集などをやっていたが、その後はほとんど組まれなくなった（超能力者や霊能者の特集は近年もある）。

その理由について、インターネット上に最も多く見られるのが「アステカの祭壇を写した写真に妙なものが映り込んでおり、霊能者から『絶対に放送してはいけないもの』との苦情が入ったのがきっかけで、心霊写真特集が減った」という噂である。しかし、のちにこの写真は、カメラの不備によって撮影器具の影が写ったものといわれるようになった。

狐憑《きつねつ》き

オカルト用語

キツネの霊に取り憑かれた人、あるいはその現象。狐に憑かれると精神錯乱状態に陥り、暴言暴行が多くなり、さらに目が吊り上がって顔が変形するなど、外見も狐のようになるという。日本では古くからその存在や体験談が言い伝えられており、昔話や怪談でも狐憑きにまつわるエピソードは多い。

「お稲荷様」といわれるように、日本には古来、狐は霊威ある動物だと考えられてきた歴史があり、これに対して無礼を働くと罰が当たるという信仰から、この現象が広まったともいわれている。

一方で、医学的な観点から、精神疾患の一種であるという説もある。心霊主義的には、狐の霊そのものではなく、この世に生を受けたことのない低級霊の集まりによる現象とされることもある。

ギニーピッグ《ぎにーぴっぐ》

作品（映像）

一九八五年以降、日本で制作されたホラービデオ作品シリーズ。オリジナル作品が七作、総集編が三作制作された。

タイトルのギニーピッグは、日本では「モルモット」と呼ばれ、実験動物に頻用されるテンジクネズミの英名（Guinea pig）に由来する。

制作した時代においての最先端の特撮技術を駆使し、人体切断を始めとする残酷描写をつきつめたシリーズ。第一作『悪魔の実験』、第二作『血肉の華』にはほとんどストーリーが存在せず、残酷描写の羅列に近く、スナッフフィルム（実際の殺人を記録した映像）仕立てになっている。

アメリカの俳優、チャーリー・シーンが、ギニーピッグの二作目を鑑賞し、本物のスナッフフィルムだと思い込んでＦＢＩに通報したという逸話もある。

第三作『戦慄！　死なない男』、第四作『ピーターの悪魔の女医さん』は一・二作目とは大きく趣の異なるコメディホラー。第五作『マンホールの中の人魚』は奇病、第六作『ノートルダムのアンドロイド』は蘇生手術、第七作『ＬＳＤ――ラッキースカイダイアモンド』は脳手術に絡めてグロテスクな描写を多用。

なお、第五作目から「ザ・ギニーピッグ」と定冠詞がつき、第六作目は「ザ・ギニーピッグ２」と銘打たれている。

一九八九年、連続幼女誘拐殺人事件の犯人、宮崎勤の部屋からギニーピッグのビデオが押収された。実際はコメディ色の強い第四作目だったが、マスメディアは第二作目と報道。しかも、宮崎はそのビデオを見ていないと供述したにもかかわらず、殺人に対するホラービデオの影響を思わせる報道に終始した。

その影響により、ギニーピッグシリーズは、全作レンタル及び販売禁止と回収・廃盤措置となった。事件後に完成した第七作目はいったんお蔵入りとなり、タイトルから「ギニーピッグ」を外してリリースされた。

皮肉なことに、海外では注目されてシリーズが販売され、『アメリカンギニーピッグ』『アメリカンギニーピッグ ブラッドショック!!』というオマージュ作品まででき、それらは日本で正式にリリースされるという本末転倒となった。

こうした事情により、日本では見られない時代が続いたが、その後に活躍した国内外のホラー・スプラッター映画に大きな影響を与えた作品。

木下昌美《きのしたまさみ》

人物

奈良県在住の妖怪文化研究家。福岡県に生まれる。幼少期に「まんが日本昔ばなし」や水木しげるの漫画に触れたことで、日本古来の伝承に強い関心を抱くようになる。学生時代は『日本霊異記』や『今昔物語集』『宇治拾遺物語』などからお化けの話を拾い集め、「説話文学における鬼」を研究。同志社女子大学卒業、奈良女子大学大学院を経て二〇一二年に奈良日日新聞社に記者として入社。

記者時代から執筆している「大和妖怪めぐり」というブログの読者から妖怪に関する講演などを依頼されたのを機に妖怪文化研究家として活動を始める。

「形のない妖怪は、誰かが記録しなければ消えてしまう」という信念から、自ら「奈良妖怪新聞」(大和政経通信社)を執筆・発行し、奈良各地で見聞きした妖怪伝承を綴る。現在は妖怪に関する執筆にとどまらず奈良を拠点に講演や妖怪バスツアー等も行っている。

宜保愛子《ぎぼあいこ》

人物

一九三二～二〇〇三年。日本の作家、霊能力者。一九八〇年代に稀代の霊能者としてテレビで取り上げられて大きな話題となった。それにより、懐疑派と肯定派の論争も巻き起こった。

四歳の時に左目に火箸が落ちて失明し、右耳は先天性の難聴であるが、それによって霊の言葉を聞くことができたといわれる。六歳のころから霊能力を自覚するが、大人になると一般的な主婦として過ごす。しかし一九六一年のテレビ出演を機に人気が高まり、さまざまなオカルト番組で活躍した。その能力を疑問視する物理学者などから批判を浴びることもあったが、宜保愛子の死後、「霊感商法などによる金儲けは一切なかった」と、懐疑派からもその人間性は評価されている。

キマイラ《きまいら》

怪物

ギリシャ神話に登場する怪物。最強の巨人「テュポン」と、女性の上半身と蛇の下半身を持つ怪物「エキドナ」の子供で、名前は「牝山羊」を意味している。ライオンの頭とヤギの胴体、蛇のしっぽを持っており、神話ではカリア王アミソダロスに育てられた後、コリントスの英雄ベレロポーンに窒息死させられた。

キマイラはヒッタイトで聖獣として神聖視されていたが、中世キリスト教圏では「淫欲」や「悪魔」を象徴するものとして描かれることが多くなり、そのイメージが一変した。また、いろいろな動物が混ざっている姿から、「キメラ」は「異質なものの合成」を意味するようになり、生物学において使われる「キメラ細胞」などの語源ともなっている。

キャディ《きゃでぃ》

ＵＭＡ

カナダのブリティッシュコロンビア州を中心に目撃者が相次ぐ海棲ＵＭＡで、マーホースという別名もある。全長は九〜一五メートルで胴体はヘビに似て長く、背中にはラクダのようなこぶがついている。また、頭部は馬型で尾びれは鯨のように二股に分かれている。

盛りだくさんでかなりインパクトの強そうな外見だが、気性は穏やかで人を襲うことはないといわれる。キャディの目撃情報は非常に多く、中には科学的根拠とされる写真も含まれている。

さらに一九六八年には、捕鯨船がキャディの子供らしき生き物を捕獲したが、その後、漁師が海に逃がしてしまったという。捕獲報告があるＵＭＡは非常に珍しく、この不思議な生き物を動物園で見る日も近いかもしれない。

キャトル・ミューティレーション《きゃとる・みゅーてぃれーしょん》

事件

一九七四年にアメリカで起きた、家畜の大量死事件。広範囲の州で多数の家畜が被害にあっており、死骸から血液がぬきとられていた。また、内臓や目、生殖器がきれいに切り取られているものもあった。これらの特徴から、この事件は異星人によるものだと考えられたが、元ＦＢＩ捜査官のケネス・Ｍ・ロメル・ジュニアは、一年間かけた実験の末に宇宙人説を否定した。

その実験によると、死亡した家畜を放置すれば、血液は地面に吸い込まれて抜き取られたような状態になり、蠅《はえ》や蛆《うじ》などの虫や野生動物などに目や性器などのやわらかい部分から食べられ、牙や嘴《くちばし》による鋭利な切り口は、キャトルミューティレーションと同じ状態になるという。

しかし、死亡の翌日に目や性器などが切り取られていた例や、切り口に焼け焦げの跡が見られる例があったこと、突然に起きていて野生動物の捕食としては不自然であることなどから、その報告を疑問視する声も多い。

一部には、カルト集団の仕業とする説や、ＵＭＡの一種であるチュパカブラの仕業とする説もある。なお、キャトルミューティレーションは「アニマルミューティレーション」ともよばれ、この事件以外にも一般名称として家畜の不審死や、異星人による動物の殺戮を意味することがある。

キャビット《きゃびっと》

UMA

上半身が猫で、下半身がウサギの混合UMA。キャットとラビットをそのまま合わせてこの名称が生まれた。多くのUMAは、自然の中で目撃されたとする正体不明の未確認生物であるが、キャビットに関してはその報告例の多くが、人間によって掛け合わされたものとされている。

最初の報告例は、ヴァル・チャップマンという人物が、アメリカ・ニューメキシコ州で、猫とウサギをかけ合わせた結果生まれたものとされる。また、ほかの例では、ウサギと猫を飼っていた人物の元で、最初は猫の赤ちゃんだと思ったところ、後に下半身がウサギのように変化したという話もある。しかし、動物学者によると、猫とウサギの交配は遺伝学的には不可能だと言われており、キャビットについては懐疑的な見方が強いようだ。

キャビン《きゃびん》

作品（映画）

二〇一二年に公開された米国のホラー映画。同年三月にサウス・バイ・サウスウエスト（映画祭などの大規模イベント）で公開され、同年四月に全米で一般公開された（日本での公開は二〇一三年三月）。監督はドリュー・ゴダード。

女子大生のデイナは友人に誘われ、男女五人で山奥の別荘に来る。バカンスを存分に楽しむ彼らだったが、地下室で謎めいた日記を見つけたことをきっかけに、地獄の週末を過ごすことになる。

ホラー映画でこの設定ならば、定番の展開と思われがちだが、そのあとは観客の予測を大きく覆す展開に。ラスト近くにも、驚きの展開が用意されている。

二転三転するストーリー展開が話題となって、全米でヒットを記録した作品。

解釈によってはホラー映画そのものを深くえぐっているようにも見え、観る人によって感想や評価が大きく分かれる作品でもある。

キャプテン・キッドの財宝《きゃぷてん・きっどのざいほう》

都市伝説

沖縄県の宮古島の北にある小さな島、大神島にキャプテン・キッドの財宝が眠っているという都市伝説。

スコットランド出身の船乗りで、アドベンチャー・ギャリー号の船長だったウィリアム・キッドは、海賊行為によって巨万の富を築き、「キャプテン・キッド」として名をとどろかせた。この大海賊が命運つきて処刑されるとき、「俺の財宝はある場所に隠した」と叫んだという。

その財宝が日本の大神島に隠されているというのは、突拍子もない話のようだが、じつは根拠とされる伝承がある。大神島では、昔、上陸してきた海賊にほとんどの島民が殺され、隠れていた男女の子供一人ずつが生き残り、現在の島民はその子孫だと言われているのだ。

一九六〇年代にロンドン・タイムズがキッドの財宝に関する記事を載せ、ニューヨーク・タイムズがそれを転載。さらに日本では朝日新聞が報じた。一九六六年、沖縄タイムスはそれらを受け、大神島の海賊にまつわる伝承と結びつける形で、「海賊の財宝島に眠る？ 島民全滅の伝説と共に」という見出しの記事を掲載。

その後、多くの人が財宝を探り当てようと大神島を訪れ、立ち入り禁止の場所も含めて探したが、何も見つけられなかった。財宝を探した人々の中には、原因不明の病気になったり、それによって死んだりする人もいたという。

結局、この島にキッドの財宝があるのか、ないのかは謎のままだ。ちなみに二〇一五年、「マダガスカル沖で沈没したアドベンチャー・ギャリー号を発見。中にキャプテン・キッドの財宝があった」と主張するアメリカの海底探検家が現れ、キッドの財宝にまつわる長年の謎が解明するかと思われたが、ユネスコはこの主張を否定した。

キャリー《きゃりー》

作品（映画）

一九七六年一一月に公開された米国のホラー映画（日本での公開は一九七七年三月で現在はR15＋指定）。スティーヴン・キングの同名小説を映画化した作品。のちに『シャイニング』などの映画化作品を次々と手がけ、「ホラーの帝王」とも呼ばれるスティーヴン・キングの初の映画化作品。製作・監督はブライアン・デ・パルマ。

狂信的な母親に育てられ、学校でいじめを受けている少女キャリーは、初潮を迎えた日から超能力に目覚める。やさしい友達に励まされて出席したパーティーで、以前にも増してひどいいじめを受けたキャリーは爆発的に超能力を発揮し、悲劇を引き起こす。

哀しみの中で暴走するキャリーの姿と、それが招く恐怖と惨劇を描き、ホラー映画史に残る名作となった。

一九七七年アボリアッツ国際ファンタスティック映画祭グランプリ受賞。一九九九年に続編、二〇一三年にリメイク版が公開された。

旧伊勢神トンネル《きゅういせがみとんねる》

心霊スポット（日本）

愛知県豊田市の国道一五三号線から分かれる旧道にあるトンネルで、正式名称は「伊世賀美隧道《いせがみずいどう》」。長さ三〇八メートル、高さ三・三メートル、幅三・一五メートル。竣工は一八九七年で、当時の輸送の要であった飯田街道の伊勢神峠に建設された。

一九六〇年に現在の伊勢神トンネルが開通したため、区別するために「旧」をつけて呼ばれる。現在では、旧伊勢神トンネルはほとんど使われていない。長年使われていないトンネルであるせいか。幽霊が出るという噂が頻繁に聞かれる。

女性の幽霊や子供の幽霊、トンネル工事作業員の服装をした幽霊などの目撃情報がある。トンネル内に響くうめき声が聞こえたという話もある。

これらの幽霊が出る理由は不明だが、昔、テレビ番組で取り上げられた際には、当時、霊能者として大活躍だった宜保愛子さんがこのトンネルを訪れ、「トンネルの工事中に亡くなった死者の霊が、成仏せずに幽霊となっているようですね」と述べて除霊を行ったという。

旧犬鳴トンネル《きゅういぬなきとんねる》

心霊スポット（日本）

福岡県の久山町と宮若市にまたがる犬鳴峠にある約一五〇メートルのトンネルで、正式名称は「犬鳴隧道」。一八八四年に着工されるも、費用と技術面の関係で工事が中断され、のちに再開して一九四九年に開通した。

一九七五年に新しい犬鳴トンネルができてからは、「旧」をつけて呼ばれるようになった。

旧犬鳴トンネルは、幽霊の目撃情報が多いだけでなく、「犬鳴村伝説」と呼ばれる都市伝説において重要な役目を果たしている。

犬鳴村伝説とは、「旧犬鳴トンネルの近くに、日本政府の法治が及ばない集落『犬鳴村』があり、そこに入ったものは生きて戻れない」という都市伝説。これにまつわるさまざまな話があるが、代表的なのは以下のようなもの。

・この村は日本の地図や行政記録から完全に抹消されている
・村人は江戸時代以前から激しい差別を受けてきたため、外部との接触・交流を断って自給自足で生活している
・村の入り口に「この先、日本国憲法は適用しません」という看板がある
・入り口から進んだところにある小屋に、死骸が山積みされている
・旧犬鳴トンネルには紐と缶の仕掛けがあり、引っ掛かると斧を持った村人が走ってきて襲われる
・全てのキャリアの携帯電話が使用できない
・面白半分で犬鳴村に入った若いカップルが惨殺された

事実と確認されたものはないが、噂は根強く、SNSでは新たな話も報告されている。

二〇二〇年には、この都市伝説を題材としたホラー映画『犬鳴村』が公開されて話題となった。

吸血髑髏船《きゅうけつどくろせん》

作品（映画）

一九六八年一一月に公開された日本映画。制作は松竹で、『吸血鬼ゴケミドロ』に続く松竹の怪奇特撮映画第二弾。すで

にカラーでの制作が全盛となっていたが、本作はあえてモノクロで制作されている。監督は松野宏軌。

金塊を積んだ貨物船「竜王丸」が海賊に襲われ、乗組員は全員殺害される。三年後、犯人たちは山分けした金塊を元手に、それぞれの人生を送っていた。

一方、竜王丸で殺された女性の双子の妹が、ある日、漂流する竜王丸を発見し、船内で死んだ姉の亡霊に遭遇。姉の亡霊に憑依され、不思議な力を得て犯人たちへの復讐を始める。

恐怖を盛り上げる雰囲気と謎めいた展開は評価されつつも、ストーリーのつながりがわかりにくいとも評されるが、それには理由がある。試写段階で、ロケに使用した貨物船のオーナーからクレームが入り、随所を大幅にカットせざるを得なくなったのだ。

それでも、ホラームード満点の本作は、西村晃らの個性派俳優や初々しい美貌を備えた松岡きっこらの演技にも支えられ、十分にファンを喜ばせた。

監督の松野宏軌は、のちにテレビの「必殺シリーズ」の演出で活躍した。

旧笹子トンネル《きゅうささごとんねる》

心霊スポット（日本）

山梨県大月市と甲州市の市境付近、山梨県道上にあるトンネルで、笹子峠の直下を貫いている。長さ二三九メートル、高さ三・三メートル、幅三メートルで、正式名称は「笹子隧道」。一九三六年に着工し、二年後。

笹子トンネルは、二〇一二年に起きた大規模な崩落事故により、その名を記憶している人が多いが、事故が起きたのは国道二〇号線にある上り線用の新トンネル（新笹子隧道）である。

心霊スポットとして知られるのは、下り線にある旧トンネルで、ここには小さな女の子の幽霊が出るといわれている。

しかし、どういういきさつで出るようになったのか、どのように見えるのかは不明。「少女の幽霊が出る」という噂だけは多いものの、それ以上の具体的な目撃情報は見当たらない。

球電《きゅうでん》

現象

電気を帯びた光の球体が大気中を飛び交う現象のこと。発生のメカニズムはいまだに解明されていない。

球電は雷雨や暴風雨の時に発生する例が大半であるが、晴天時に目撃したという報告も存在する。直径は一〇〜一〇〇センチメートルとまちまちで、地面から数十センチメートルと人間の目線に近い位置に出現する。一瞬で消え去る雷の光とは異なり、数十秒間にわたって空中を漂っていることが多く、突然静止した直後にジグザグに動き始めるといった不可解な動きをする場合もあるという。また、突然、赤や黄色に変色したり、硫黄のような臭いを周囲に撒き散らしたりしたという報告も存在する。

特異な自然現象という説が主流の球電であるが、霊的存在である可能性もある。一例を挙げると、鎌倉時代に僧侶・日蓮が時の幕府を批判したとして斬首されそうになった際、処刑場の上空に突如巨大な球電が出現した結果、処刑が中止になったという記録がある。日蓮は真の仏の教えを広めようと苦心した人物であるが、彼を見守る仏の意思が球電となって救いに来たのであろうか？

旧本坂トンネル《きゅうほんざかとんねる》

心霊スポット（日本）

愛知県豊橋市、国道三六二号線の旧道上にあるトンネルで、一九一五年に開通した。長さ二一五メートル、幅五メートルほど。

国道三六二号線には一九七八年に開通した新本坂トンネルがあるが、その北を走る旧道上に旧本坂トンネルがある。

旧本坂トンネルには、幽霊が出るとの噂が多い。しかも、数種類の幽霊の目撃談がある。そのすべてが女性の幽霊で、中でも代表的なのが「逆さ女」と呼ばれる幽霊だ。

これは、トンネルの天井に逆さになった女が現れ、そのまま天井を這うようにして追いかけてくるというもの。ほかにも以下のような幽霊が出るといわれている。

・老婆の幽霊
・赤ん坊を抱いた女性の幽霊
・着物姿の女性の幽霊

女性の幽霊が多いのは、江戸時代に多くの女性の旅人が、このトンネルの上にある本坂峠を越えようとしたことに由来するとされる。

東海道の関所では、女性の通行を厳しく制限していたため、女たちは「姫街道」の別名をもつ本坂峠へ迂回した。その峠越えのために命を落とした女性が多く、その霊が峠の下のトンネルに現れるといわれている。

キュクロープス(サイクロプス)《きゅくろーぷす(さいくろぷす)》

怪物

ギリシャ神話に登場する一つ目の巨人達。神話では天空神ウラノスと大地神ガイアの息子で、アルゲース、ステロペース、ブロンテースの三兄弟であった。彼らは一つ目であったがゆえに父ウラノスに嫌われ、タルタロス（ギリシャ神話でいう地獄）につきおとされるが、その後、ゼウスによって解放される。

キュクロープスは卓越した鍛冶の技術を有しており、解放以降は炎の神ヘパイストスの下で鍛冶業を続けたとされる。ギリシャ神話では心の優しい低級神であったが、後のホメロスの叙事詩「オデュッセイア」では、旅人を食らう凶暴な怪物として描写されており、このイメージを持っている人も多い。

恐怖劇場アンバランス《きょうふげきじょうあんばらんす》

作品（テレビドラマ）

フジテレビ系列で一九七三年一月から四月まで、毎週月曜日の二三時一五分～火曜日〇時一〇分に全一三話で放送されたテレビホラードラマ。

タイトルロゴの「劇」は略字（偏の豕がなく虍）であるが、番組名などは正式な字が用いられる。

円谷プロダクションが『怪奇大作戦』に続けて制作した大人向けの本格ホラードラマで一話完結スタイル。円谷プロダクションにとっては、原点回帰ともいえる作品であり、その意味を込めて『ウルトラQ』の企画段階のタイトルであった「アンバランス」が用いられている。

『怪奇大作戦』では科学技術を用いた犯罪の恐怖を描いたのに対し、本作では世の中のバランスが狂ったときの得体の知れない恐怖を主題とした。しかし、「アンバランス」だけではわかりにくいため、ホラードラマであることが伝わるように「恐怖劇場」とつけたという。

大人向けの本格ホラーと銘打っただけあって、過激な恐怖描写と巧みな心理描写を用い、視聴者をゾッとさせるさまざまな仕込みが成されている。

ゴールデンタイムの放映を想定した意欲作だったが、「過激な描写のためにスポンサーがつきにくい」などの理由でいったんお蔵入りとなり、放映されたのは制作から四年以上経った一九七三年初頭で、しかも深夜の時間帯であった。

しかし、この時間帯の放映となったことで、視聴者に与える恐怖感は大幅に増したといえる。当時、この時間帯に本作を見て、「トラウマになるほど怖かった」という声も多い。

恐怖まんが《きょうふまんが》

メディア（書籍・雑誌）

恐怖感を煽ることを主な目的として構成された漫画作品。ホラー漫画、怪奇漫画ともいう。

精神的恐怖を感じさせるもの、幽霊・妖怪・怪物といった人知を超えた存在を描くもの、不気味なキャラクターが登場するもの、超常現象等をテーマにしたもの、残酷描写を主眼とする作品など、さまざまなテーマとスタイルがある。

恐怖漫画の代表的な作家としては、楳図かずお、日野日出志、伊藤潤二、古賀新一、つのだじろうなどがいる。

一九六〇年代には貸本漫画、一九六〇年代から一九八〇年代は少女漫画誌を中心とする月刊誌の連載、及び描き下ろし単行本、一九八〇年代から一九九〇年代には専門漫画雑誌などが主要な作品発表の場となった。

中でも貸本漫画と少女漫画誌は、恐怖漫画を育てる大きな土壌となった。

日本では一九七〇年代、「ノストラダムスの大予言」を端緒とするオカルトブームが起きたが、それ以前から脈々と受け継がれてきた恐怖漫画がこれと融合し、当時の少年・少女を夢中にさせた。

巨人《きょじん》（族《ぞく》）

怪物

神話、伝説、創作物に登場する長身の神（巨神）や人間または人間型異種生物など。ギリシャ神話ではゼヌス登場以前はティーターンという巨神がいたほか、不死に近いギガス族なども。旧約聖書には巨人の子孫ペリシテや、創世記にはネフィリムが登場する。北欧神話では荒々しく破壊的な自然の力を象徴する精霊である霜の巨人（ヨトゥン）、がよく知られている。また、オーディンの相談役ミーミルは、水の巨人という説がある。ヒンドゥー教『ラーマーヤナ』には、猿軍団を食い殺す巨人クンバーカルナがおり、日本では山ほどの大きさのダイダラボッチが各地に語り継がれている。

一九九七年、アニメ映画『もののけ姫』にダイダラボッチ、二〇〇九年、諫山創の漫画『進撃の巨人』（二〇一三年よりアニメ化、二〇一五年実写映画化）は北欧神話が基調になった作品といわれ、巨人（ティーターン・タイタン）は凶暴な食人種で再生能力を持つ。

切り裂きジャック《きりさきじゃっく》

人物

一八八八年にイギリスを恐怖に陥れた連続殺人鬼の通称。世界的に有名な事件であり、その犯人は現在も判明していない。八月末に突如出没し、二ヶ月余りで中年の売春婦ばかりを五人殺害している。手口は刃物でのどを掻き切ったあと、遺体をバラバラにしてその一部を持ち去るというもので、犯行直前に新聞に犯行声明文を投書していた。内容の猟奇さにもかかわらず、目撃証言や現場証拠など、捜査の糸口が一切つかめず、一世紀以上が経過した現在も未解決のままである。その狂気と超人的犯行のインパクトにより、切り裂きジャックをモチーフとする映像や小説などが数多く存在する。

ギリシャ神話《ぎりしゃしんわ》

神話・伝説・叙事詩

古代ギリシャより語り継がれた神々と英雄が、人間のような愛憎劇を繰り広げる物語。ギリシャ哲学、思想およびキリスト教にも影響し、近世、現代においても芸術を生む源泉の一つとされる。

およそ紀元前一五〇〇年くらいには物語が生まれて口承で伝わった。紀元前八〇〇～九〇〇年あたりの吟遊詩人ホメロスがトロイア（後にイリオスと呼ばれる）戦争を題材にした『イーリアス』とその続編である『オデュッセイア』を完成したとされる。紀元前七〇〇年頃の詩人ヘーシオドスは、口承で伝えられた詩を文字で記録したほか、オリンポスの神々を体系化する『神統記』を著した。

神話は、世界の始まり、オリュンポスの世界とそれ以前の神々について、人間の誕生と英雄たちの物語があり、英雄譚が分量的に最も多い。

オリュンポスの大神ゼウスは子沢山で、女神との婚姻で処女神アテーナーや軍神アレース、太陽神アポロンなどの男女神のほかに、人間の女性との間に半神半人のヘラクレスやペルセウスなどの英雄達も儲ける。

後世になってトロイア戦争は架空の物語とされるようになったが、一八七〇年にドイツ人シュリーマンがトロイアのあった場所として、トルコの都市チャナッカレ近郊の丘で遺跡を発掘した。遺構には複数の層があり、彼がトロイアとした層は、トロイア戦争の時代よりも一〇〇〇年ほど古いことがわかった。トロイア戦争と概ね合致する層は、シュリーマンの発掘によって破壊された。この遺跡がトロイア戦争の舞台であるとは断定できないが、考古学の発展に与えた影響は大きく、一九九八年にユネスコの文化遺産に登録された。

ギリシャの天文計算機《ぎりしゃのてんもんけいさんき》

遺跡・オーパーツ

古代ギリシャのオーパーツで、アンティキティラ島近海の沈没船から発見された。そのため「アンティキティラ島の機械」とも呼ばれる。発見されたのは一九〇一年だが、その価値が理解されないまま、何十年も放置されていた。その後、大きな歴史的価値が見出され、実物は現在、アテネ国立考古学博物館に展示されている。

全体は箱型で、前面に一つ、背面に二つの表示盤があり、前面の表示盤には少なくとも三つの針がついている。内部には青銅製の大小の歯車が複雑に組み合わせられており、現存するのは約三〇個の歯車で、それも断片に分かれているが、これは本来あったものの三分の一に過ぎないと考えられている。

近年の研究で、天体観測器および計算機であり、日付と天体の動きが同時にわかる優れた機器だったことがわかった。研究者によるとその精巧さは、一八世紀の時計と遜色ないという。太陽、月、惑星の位置がわかり、日食、月食が予測できる「世界初のアナログコンピュータ」ともいわれる。

ユニバーシティ・カレッジ・ロンドン（ＵＣＬ）の研究チームは、この装置の仕組みに関する新しい知見を得て、二〇二一年三月一二日付けの『Scientific Reports』で発表した。研究チームは、これまでほとんど解明されていなかった前面の表示盤の再現に取り組み、ＣＧモデルを作成し、その機能を解明したうえで「古代ギリシャの大傑作」と語っている。

ギルガメシュ叙事詩《ぎるがめしゅじょじし》

神話・伝説・叙事詩

古代メソポタミアの叙事詩。世界最古の文学作品と呼ばれ、ウルクという国の支配者ギルガメシュを主人公とする。彼は、神の血を三分の二持っており、暴君として君臨したため、それを変えようとする英雄エンキドゥと戦うことになる。戦いののち、ギルガメシュとエンキドゥは親友となるが、その後、エンキドゥは神の牝牛を殺した罪で呪いを受けて死亡し、ギルガメシュは不死の秘薬を求めて旅に出る。この叙事詩は、新アッシリア時代のアッシュルバニパルの図書館跡から出土し、その粘土板には紀元前二八〇〇年にギルガメシュが実在したと記述されている。

キルリアン写真術《きるりあんしゃしんじゅつ》

技術

対象物に高周波（周波数三kHz前後）・高電圧（三〇kV以上）をかけて、コロナ放電による水蒸気の電離・発光現象をおこして撮影することをいう。ニコラ・テスラは生体からコロナ放電像が得られることを発見した。一九三九年、ロシアの電気技師キルリアン夫妻が、この方法で撮影し、植物生体エネルギーの像を捉えたと注目された。

以後、キルリアン写真術と呼ばれ、夫妻はレーニン勲章を授与された。その後、科学者のジョン・ピーヘックがキルリアン写真術に写るコロナの大きさや形は、電圧と湿度によると発表した。

キルリアン写真術は、生体の表面にある電子や光子の移動を誘発させてガス放電化視覚法（GDV）に進化した。これを開発したロシアの物理学博士コンスタンティン・コロトコフは、二〇一三年、人の死の際に魂が離脱する様子を映像に収めたとされている。

二〇一三年、写真家山本渉がキルリアン写真術による『プラタナスの観察』を発表。二〇一六年、写真家谷口雅彦が『オーラ!? 不思議なキルリアン写真の世界』を発表する傍ら、講演を行う。肉眼ではぼうっとした光が、シャッター速度を遅くすることで稲妻のような光映像となる。

ロシアではコンピュータ解析により診断や治療に応用されている。日本でもキルリアン写真で治療前後の変化を示す気功整体研究所などがある。

緊急検証!《きんきゅうけんしょう!》

メディア（テレビ番組）

二〇一二年八月よりファミリー劇場で放送されている超常現象を題材とするバラエティ番組シリーズ。ファミリー劇場は、東北新社グループ傘下の株式会社ファミリー劇場が運営する専門チャンネルで、日本のテレビドラマ、アニメ、バラエティ、特撮ものなどを二四時間放送しており、スカパー!、ケーブルテレビ、ひかりTVなどへ番組供給を行っている。

　最初に単発特番として放映された「日本の怪村～絶対に行ってはいけない村がそこにある～」が非常に好評だったため、シリーズ化された。「新世紀のカルトバラエティ番組」をコンセプトとして、毎回、検証すべきテーマを設定。オカルトにくわしいゲストのプレゼンと解説を通じて徹底検証する。

　放映は不定期で、二〇一三年以降、年によって二～七回放映されている。二〇一三年一二月より、「紅白オカルト合戦」と称して各チームのオカルトネタを競う年末特番を放映。二〇一七年一二月の「2018年度版・超新約黙示録～第5回紅白オカルト合戦～」は二〇一九年に映画化された。

　二〇二〇年一二月には、紅白とは銘打たずにスタイルを一新しつつも対決番組の構成を引き継ぎ、オカルトの専門家たちが「恐家《こわいえ》」チームと「怪村《かいそん》」チームに分かれてプレゼンする「緊急検証！　恐家VS怪村～闘凶2020～」が放映された。

緊急指令《きんきゅうしれい》10－4《てんふぉー》・10－10《てんてん》

作品（テレビドラマ）

　一九七二年七月から同年一二月まで、NET（日本教育テレビ＝現・テレビ朝日）系列で月曜日一九時三〇分～二〇時に全二六話で放送された円谷プロダクション制作による特撮番組。

　「10－4・10－10」とはアメリカのCB無線（多くが免許不要の無料通信で日本を含む各国に各種のCB無線が存在する）や警察無線で使われる「テン・コード」と呼ばれる用語で、「10－4」（テンフォー）は「了解」、「10－10」（テンテン）は「送信完了」を意味する。

　タイトルに無線用語が使われているのは、無線が中心的な役割を果たす物語であるため。各地の無線愛好家たちが、さまざまな事件に遭遇し、無線で事件を知った「毛利チーム」が調査・解決する様子を描く。

　毛利チームは、大学教授の毛利春彦を中心に、八名の隊員と二名の準隊員が属し、無線を駆使して問題解決に挑む無線愛好家グループ。企画時のタイトルは『電波特捜隊』で、本作の中でもこの組織名が存在するが、作中人物による呼称は専ら「毛利チーム」である。

　調査や捜索の対象は、怪獣や宇宙人といった未知の生物から、家出人や非行少女まで非常に幅広い。

　作中の通信手段は不特定多数が受信できるCB無線であり、傍受して事件を知った多くの無線愛好家たちが、情報を提供して解決のサポートをする点も作品の見どころになっている。

く

クイックシルバー《くいっくしるばー》

現象

英語圏で伝わるポルターガイスト現象、およびそれを引き起こす霊の名前。性別は女性であり、鈴がなるように甲高い声で笑うという。目的は危険行為ではなく人を驚かせることだが、深夜に家具を外に放り出したり、流しや風呂の水をあふれさせたりするなど、少々重めの悪戯を働く。また、名前の頭文字の「Ｑ」を口紅やクレヨンで書き残すこともあるという。一般的にポルターガイスト現象は思春期の子供がいる家庭で起きることが多いが、クイックシルバー現象はその枠に当てはまらないとされる。

クー・クラックス・クラン《くー・くらっくす・くらん》

秘密結社

南北戦争終結直後に誕生したアメリカの白人至上主義団体。「ＫＫＫ」という略称で呼称されるのが一般的。

黒人差別思想を持つことで知られているが、実際はプロテスタントを信奉するアングロサクソン人のみを優生人種とみなしているため、差別対象はアジア系やヒスパニック、カトリックを信奉する白人にも及ぶ。

初期のＫＫＫは黒人奴隷の解放に反対する白人の退役軍人によって結成されたとされている。当初は同じ思想を持つ者たちの交流会といったものであったが、メンバーが増加するにつれて宗教的な色合いが強くなってゆき、さまざまな儀式が行われるようになった。ＫＫＫのメンバーたちは白装束を被って街に繰り出しては黒人たちに対して数々の暴行を行った。

アメリカ国内のナショナリズムが高まった第一次世界大戦時にＫＫＫの人気は最高潮となり、一時は二〇〇万人以上が参加するまでになったが、暴行が過激化したことや黒人の市民権が高まったことで各方面から非難された結果、団体は解散した。

しかし、現在もなお、排他的な思想を持つ白人たちによって結成されたＫＫＫの後継を名乗る小規模団体がアメリカ各地に存在している。

空中浮揚《くうちゅうふよう》

超能力・超常現象

人間や物体が何らかの力によって空中にとどまる状態のこと。広義には磁力やトリックを使用したものが含まれるが、本項では科学では解明されていない力を使用したものを中心に解説する。

人間が空中浮揚を行ったという話は、カトリックやチベット密教など、古来より数多くの宗教書に記されてきた。人々は神の力によって聖者が浮かび上がったと考えていたのだ。

　一九世紀にイギリスで心霊主義が流行した際、数多くの霊媒師が人々の目の前で空中浮揚を実践した。最も有名な人物はダニエル・ダングラス・ヒュームで、大勢が見守る中で床から三〇センチメートルほど浮かび上がったり、二階の窓越しに話しかけたりしたという。数多くの研究者がヒュームの使ったトリックを検証しようとしたが、証拠は全く見つからなかった。

　なお、現代のヨガ行者が空中浮揚と称してあぐらをかいた状態で飛び上がる光景を披露することがあるが、真相は体に反動をつけた跳躍であり、練習すれば習得可能である。

グール《ぐーる》

怪物

アラビアの伝承に登場する怪物。砂漠を住処《すみか》として、墓をあさって死体を食べたり、子供をさらったりする。変身を特技としており、特にハイエナを装うことが多い。子供をさらうところから、「さらう」を意味する「ガーラ」という言葉が名前の語源となっているが、襲う相手は子供に限らない。グールには男女がおり、女のグールは美女に化けて男を魅了し、その男を食らうとされる。

　このように恐ろしい存在として描かれる一方で、アラブの民話では人間と会話ができる社会的な存在としても認知されており、一部には倫理的な教えを説く善良なグールの話も存在する。

クーロカンバ《くーろかんば》

ＵＭＡ

主にアフリカで目撃例がある類人猿型ＵＭＡ。コーラカンバとも表記される。チンパンジーとゴリラを掛け合わせたような姿で、頭蓋骨が大きく、二足歩行するとされる。もとは特異な鳴き声から現地で「クールオ」と呼ばれていたが、それに「話す」を意味する「カンバ」が付随した。

　一九世紀半ばにはアフリカで目撃したという報告があり、フランス系アメリカ人、ポール・デ・シャイユの書籍にクーロカンバについての記述がある。一方でその存在を裏付ける証拠は見つかっておらず、ゴリラやチンパンジーの突然変異だとする説もある。

クシュ王国《くしゅおうこく》

遺跡・オーパーツ

紀元前一〇世紀頃から紀元後四世紀頃にかけて、ナイル川流域のヌビア地方（現在の南エジプトと北スーダン）を中心に繁栄した文明で「クシテ」ともいう。一時はアフリカ大陸の四分の一にも及ぶ強大な王国を築いたとされる。

ナイル川中流域のナパタを都として栄えたのち、エジプト全土を征服し、エチオピア王朝とも呼ばれる第二五王朝を興したが、二度に渡るアッシリアの侵攻によって後退し、前七世紀に都をメロエ（現在のスーダンの首都・ハルツームの北東）に移した。

この地は鉄鉱石や樹木が豊富で、アフリカの歴史上、最初の鉄器製造の中心地として栄えたとされ、王宮、神殿、浴場、城壁、居住区などの豊富な遺跡群が残されている。宮廷で使用した「メロエ文字」も残されているが、現在のところ解読されていない。アラビア半島から移り住んだ人々が建国したアクスム王国によって、三五〇年頃滅ぼされ、約一二〇〇年に渡った歴史の幕を閉じた。

件《くだん》

妖怪

日本の妖怪で、人偏に牛と書く「件」の字が表す通り、人間の頭と牛の体を持つ。つまり、牛頭人身のミノタウロスとは逆パターンの半獣人。人間の言葉を解し、話すことができ、未来の出来事を語るとされる予言獣の一種。

江戸時代以降、西日本を中心に日本各地に目撃談があり、多くは山中で件と遭遇し、その口から語られる予言を聞いたというもの。その際、件は「自分の姿を描いた絵を見た者は災厄から逃れられる」と述べたとされる。これは、アマビコ、アマビエといった予言獣にも共通するエピソードである。

幕末の頃になると、山中で件に遭遇する目撃談に代わって、牛小屋で牛から件が生まれ出たという話が増え始め、やがてこちらが主流となった。その場合、生まれたての件はさまざまな予言を口にし、語り終えると数日で死ぬが、その予言は必ず当たるとされた。

証文類の末尾に「よって件《くだん》の如し」と記す慣習は、件の予言が必ず当たるところから、「間違いないこと」を示すためとする説がある。しかし、件の伝承が始まる以前からある慣用句であり、妖怪の件とは無関係とする見方も多い。

口裂け女《くちさけおんな》

都市伝説

一九七九年に日本で大流行した都市伝説。口元が完全に隠れるマスクをした若い女性が、学校帰りの子供に「私、きれい？」と訊ねる。「きれい」と答えると、「これでも？」と言いながらマスクを外す。

するとその口は耳元まで大きく裂けているというもの。

「きれいじゃない」と答えると、持っている刃物で斬り殺されるとされた。

刃物は、包丁、鎌、メス、鋏、鉈、斧など、地域や個々の話によってさまざまである。服装も、「真っ赤な服、帽子、靴」「白いコートと白いブーツ」「薄汚いかっこう」などばらつきがある。

この都市伝説は全国の小・中学生に恐怖を与え、集団下校が行われるなど、社会現象にまで発展した。

口裂け女の話が最初に広まり始めたのは、一九七八年一二月、岐阜県からとされている。初めてマスコミに登場したのは一九七九年一月の岐阜日日新聞で、次いで『週刊朝日』に記事が掲載され、急速に広がった。

それらの記事では、岐阜県本巣郡の農家で、高齢の女性が母屋から離れたトイレに行ったとき、口裂け女を見て腰を抜かしたという噂話が紹介された。

一九七九年六月には、兵庫県姫路市の二五歳の女がいたずらで口裂け女の格好をし、包丁を持ってうろつき、銃刀法違反容疑で逮捕された。

しかし、同年八月になると、口裂け女の噂は急速に沈静化した。これは、夏休みに入って「学校帰りに口裂け女に会うかもしれない」という恐怖から解放されるとともに、子供同士の口コミが途絶えたためと考えられている。

このインターバルが奏功したと言うべきか、夏休み明けには以前のような盛り上がりを見せることなく、口裂け女の噂話は子供たちの口にのぼらなくなっていった。

その起源については、「教育熱心で怖い母親のイメージに由来」「精神に異常をきたした女性が口紅を塗りたくって人を驚かせたのが始まり」「正体は整形手術に失敗して理性を失った女性」など諸説がある。

クトゥルー（クトゥルフ）神話《くとぅるー（くとぅるふ）しんわ》

神話・伝説・叙事詩

米国の作家ハワード・フィリップス・ラヴクラフトが一九二〇年代から小説に著した世界観を核として派生した多数の作家による作品群。神経症を患っていたラヴクラフトは、幼い頃から悪夢に悩まされ続けた。この恐怖や孤独感は、超古代に宇宙から飛来した邪神クトゥルーの影響として一九二六年に『Call of Cthulhu（クトゥルーの呼び声）』を発表。

その後の作品にもクトゥルーそのものやその影を登場させて、いくつもの作品で共通の世界を築いた。その世界観によれば、ギリシャ神話など人類数千年の神話の根源は、封印され眠っているクトゥルーであるとされている。

ラヴクラフトの描くクトゥルーは、現人類が出現する数十万年前に宇宙から一族で飛来し、超古代世界の支配者となった。地球言語ではないので人には発音できないが、便宜的に英語でCthulhuと表記されるほか、CthluやKutuluなど複数の表記がある。日本語ではクトゥルー、クトゥルフ、ク・リトル・リトルあるいは九頭龍などが使われているが、語尾のフを発音すると海外では通じないともいわれる。

ラヴクラフトは文章の添削指導を本業としていたので、自分の作品にその世界観を散りばめるだけでなく、他の作家による作品にも添削によりクトゥルー感を加えた。これに共感した作家たちによってもクトゥルー神話が生み出され、読者に浸透、拡大していった。

ラヴクラフトの没後もその世界観を継ぐクリエーターによって、クトゥルーやその眷属などが登場する小説、ゲーム、アニメ、映画などが世界中で生み出され続けている。

ちなみに一九九六〜一九九七年の『ウルトラマンティガ』に登場する超古代怪獣や邪神、ラノベ原作で漫画やアニメになった『這い寄れ！ニャル子さん』の主人公ニャル子もクトゥルーとされる。

読書家だけでなく一般人にも爆発的に周知されたのは、二〇〇四年の『Call of Cthulhu』（日本版『クトゥルフの呼び声』『クトゥルフ神話TRPG』／二〇一九年に改訂版発売）というゲームのヒットによる。この他にもゲームや映画が次々に生まれ、書籍は知らないが邪神クトゥルーを知る若者が増えた。

二〇一七年『ドラえもん のび太の南極カチコチ大冒険』は、ラヴクラフトの『狂気の山脈』の影響が随所に伺えるクトゥルー神話とされている。

造形作品ではおどろおどろしい細密なフィギュアのほか、怪奇的要素を取り去って単純化したソフト塩ビ製のクトゥルー人形なども市販されている。

くねくね《くねくね》

怪談

水田や川辺といった、田舎の水場に現れるとされる怪異。遠目では人と同じような姿をしているが、その全身は白く、関節を曲げながら踊るようにくねくねとゆれており、その関節の動きは常識ではありえないという。これを見てしまうと精神に異常をきたすといわれる。

怪談話を集めるインターネットサイトが初出とされ、その時はくねくねという名称はついていなかったが、その後、2ちゃんねるの掲示板「死ぬ程洒落にならない怖い話を集めてみない？」で紹介され、この名前が付けられた。さらに実際に、「昔、目撃した」という情報が集まり、専用スレッドがいくつも立つなどの盛り上がりをみせた。

グノーシス《ぐのーしす》

神話・伝説・叙事詩

グノーシスとは、ギリシャ語で「認識」あるいは「知識」という意味。光と闇、善と悪、精神と肉体の二元論で語る創世記や古代の教えをグノーシス神話という。『ヨハネのアポクリュフォン』『マリヤの福音書』『ユダの福音書』『マニ教の教説』『ギンザー・ラバ』などに代表される。この世や肉体は悪であり、人はある霊知（グノーシス）によって救済されるというグノーシス主義の立場で著された神話。

グノーシス主義は肉体を否定するために、当時広まっていた初期キリスト教に浸透する一方で対立もおこり、異端の教えとされた。西洋宗教史におけるオカルティズムの源流の一つともいわれる。東方でゾロアスター教、マンダ教、マニ教に受け継がれた。

一九四五年にエジプトのナグ・ハマディ村近郊で、壺に収められた古代キリスト教の冊子（ナグ・ハマディ文書）が掘り出された。ギリシャ語の原本をコプト語で写したと考えられている。文献の多くはグノーシス主義の経典で、原始キリスト教の一次資料とされている。

現代のポップカルチャーでは、グノーシス主義系統の作品が多数ある。一九六七年、平井和正原作・石森章太郎作画による漫画『幻魔大戦』が発表され、一九七九年にこれを補完する小説『幻魔大戦』を機にシリーズが生まれ、一九八三年に映画化された。

首なしライダー《くびなしらいだー》

怪談

文字通り頭部のない男がバイクに乗って現れるという怪談。全国各地で語られており、これに遭遇すると不幸が訪れるといわれる。

首がない理由はさまざまで、「敵対する暴走族に殺害された」「道路を横断するように張られたピアノ線に突っ込み、首が飛んだ」「事故にあった際に、折れ曲がった道路標識で首が切れた」など、いろいろなバージョンが語られている。

また、本体だけではなく頭部のほうについても怪談があり、兵庫県では胴体から離れた首が空を飛んでいたという話も存在する。

クラーケン《くらーけん》

ＵＭＡ

北欧諸国に伝わる巨大な海棲ＵＭＡで、古来、多くの伝承がある。タコやイカといった頭足類の姿とされることが多いが、ほかにも、大海蛇や甲殻類の怪物、ドラゴンの一種など、さまざまな姿として語られている。

姿の差異はあっても、共通して語られるのがその並外れた大きさで、「島だと思って上陸しようとすると海に引きずり込まれる」といった伝承が残っている。

目撃情報は古くからあり、一六八〇年には巨大なクラーケンが岩の割れ目で死亡してしまい、数ヶ月間悪臭で人々が近づけなかったという。

一八世紀中頃に司教エーリク・ポントピダンが執筆した『ノルウェー博物誌』によって広く知られるようになった。一九五三年には、日本人カメラマン伊藤正一が、ノルウェーのフィヨルドで巨大なイカの足のような姿をとらえている。

小説や漫画、映画などにもたびたび描かれている。ギリシャ神話をモチーフとした特撮映画『タイタンの戦い』には、ワニのような皮膚とタコのような触手をもつ異様なクラーケンが登場した。ほかにも多くの映画に登場し、『ハリー・ポッター』シリーズでは、舞台となる魔法学校の池にクラーケンをモチーフとしたと思われる巨大イカが棲んでいる。

なお、クラーケンは、平均体長が一〇メートルで大きいものでは二〇メートルにも達するダイオウイカを見誤った、あるいはモデルとしたＵＭＡともいわれている。

暗い日曜日《くらいにちようび》

都市伝説

一九三三年にハンガリーで発表された楽曲で、ハンガリー語の原題（Szomorú vasárnap）は「悲しい日曜日」という意味。この楽曲には、「自殺者の出る曲」という都市伝説がある。

歌詞は、日曜日に女性が亡くなった恋人を想って嘆くという内容で、最後は自殺を決意して終わる。ヨーロッパやアメリカでは「自殺ソング」あるいは「自殺の聖歌」などとも呼ばれている。

本作を聴いて世界中で数百人（うち百数十名はハンガリー人）が自殺したといわれるが、因果関係は明確には証明されていない。当時はナチス・ドイツによる軍事侵攻の危機が迫り、自殺者が増えても無理からぬ世相だったため、直接的な原因とはいえないまでも、本作が引き金になった可能性もある。しかし、因果関係を調査した結果、本作に関連した自殺は五人のみで、数百人というのは誇張という指摘もされている。

イギリスでも反響は大きく、ＢＢＣ（英国放送協会）では放送禁止曲に指定された。

本作のヒット後に作曲者が自殺。理由は定かでないが、本作に対する世間の非難が影響したのではないかという説がある。また、喉の病気があると思い込んでいたためともいわれる。

本作は現在に至るまで、日本を含む世界で数多くのアーティストによってカバーされている。フリー・ジャズのサックス奏者である阿部薫がカバーしており、阿部は一九七八年に睡眠薬の過剰な服用により亡くなっているが、事故か自殺かは不明。

これらの事実だけを取り出せば、恐ろしい曲のように感じるが、日本だけでも数十名がカバーしている楽曲であり、その歌を大勢の人が聴き、ほとんどの人は無事に過ごしていることを思えば、「自殺を誘発する曲」とするのは言い過ぎかもしれない。とはいえ、陰鬱な気分のときは、用心してこの曲は聴かないほうがよさそうだ。

グラストンベリー《ぐらすとんべりー》

遺跡・オーパーツ

イギリス・イングランド南西部の町。パワースポットとして世界的に有名である。イギリスには古代の遺跡やオーパーツを結んでできた線「レイライン」が存在するが、特にグラストンベリーはイギリスで最も有名なレイライン「セント・マイケルズ・レイライン」上に位置している。そのため、世界中からパワーを求めて人々が訪れる観光地となっている。

　また、チベットで仏教を研究していたスティーブン・ジェンキンスによると、グラストンベリーは伝説の仏教王国「シャンバラ」があった地だとされている。

クラドニの図形《くらどにのずけい》

技術

物体の固有振動節を可視化する方法。この現象を発見したドイツの物理学者、エルンスト・クラドニにちなんで名前がつけられた。金属板やガラスなどに細かい砂や塩などの軽い粒体を蒔き、スピーカーで振動を与えると幾何学的な模様が観察される。この模様がクラドニの図形であり、振動する部分（腹）から流体が移動して振動しない部分（節）に集まるため、節がかたどられて模様ができる。音が高くなるほど、図形の構造が細かくなるという特徴を持つ。

　ボウルなどにラップフィルムをしっかりと張って平面を作り、同様に行っても観察できる。

グラハム・ハンコック《ぐらはむ・はんこっく》

人物

一九五〇年〜。イギリス、エディンバラ出身の作家。エコノミスト誌の元特派員であり、世界各地を調査して執筆活動を行っており、それをまとめた書籍『神々の指紋』を一九九五年に出版。本書は有史以前の超古代文明についての考察で、全世界で六〇〇万部を超える大ベストセラーとなった。ノンフィクションを前提としながらも、すでに否定された学説を根拠とするなど、事実の歪曲や捏造をしているとの批判も多い一方、支持者も世界中に存在する。ハンコックは日本の縄文文化について、古代世界研究の中で、特に重要な文化だと述べており、与那国島沖を調査した結果をまとめた『神々の世界』も出版している。

クリストフ・ヘイズマン《くりすとふ・へいずまん》

人物

ドイツの画家。一六七七年に魔王との契約をしたと告白し、死ぬまで悪魔の呪いに悩まされた。彼はその体験を文書に残しており、それによると、サタンが黒い犬を連れて普通の人間の姿で現れ、契約をすれば苦しみから救うといわれたという。その契約を結んだ日から、サタンがさまざまな姿でヘイズマンのもとに現れたといい、化け物の外見が絵画としても残されている。

　彼はこの現象によって病気がちとなり、マリアツェルの聖堂で数日間にも及ぶ悪魔祓いを受けた。しかし、その翌年にまた悪魔に苦しめられたとして再度悪魔祓いを受ける。さらにバイエルンの修道院に入るが、その後も悪魔による幻覚に苦しみ続け、一七〇〇年に亡くなった。

クリプトズーロジー《くりぷとずーろじー》

オカルト用語

未確認動物学あるいは隠棲動物学。目撃や伝聞による情報はあるが、実在が確認されていない生物を研究する学問。現地で目撃情報を集め、足跡や血液などの遺留物を丹念に探索するフィールドワーク的側面が強い。

　日本では「ＵＭＡ」と呼ばれる未確認動物は、英語ではこの言葉で表現される。海外では「国際隠棲動物学会」も設置されており、専門的かつ科学的な検証が進められている。実際この研究によって見つかった新種の生物は多く、「ゴリラ」や「コモドドラゴン」も、かつては未確認生物とされていた存在であった。

グリモワール《ぐりもわーる》

魔術

フランス語で魔術の書物を意味する言葉。特にヨーロッパで流布した魔術書を指すことが多い。

　アブラハムの宗教（ユダヤ教、キリスト教、イスラム教）の勢力が混在していた中世のイベリア半島では、数々の魔術書が誕生した。ヨーロッパの聖職者たちは率先して魔術書を翻訳して自分たちの教典に取り入れたのである。

　魔術書に書かれた占星術や心霊信仰は、当時のキリスト教国家では異端と見なされることが多かったが、近代以降、人々の識字率が上昇するとともに民衆の間でグリモワールが読まれるようになった結果、占いやオカルトが流行するようになったのだ。

　グリモワールの中で特に有名なのが、アレイスター・クロウリーが英訳した「レメゲトン」で、一章にあたる「ゴエティア」の内容は、古代イスラエルのソロモン王が呼び出した七二の悪魔と彼らを呼び出すための魔法陣が記されているというもの。そのイメージは、日本の

RPGゲーム「女神転生シリーズ」など、古今東西のあらゆる創作物で流用されている。

クルピー《くるぴー》

妖怪

アルゼンチンとパラグアイの亜熱帯の密林に棲むとされる妖怪。

身長は低く、黒くガサガサの肌を持ち、足の関節がなく、足の甲が人間とは逆向きについているとされる。最大の特徴は、異様に長いペニスを持っていることで、ふだんは足に引っかからないよう、腰にくるくる巻いている。

果樹を守り、人間に果実の豊作をもたらし、また子宝を与える妖怪として、人々から感謝されている一方で、とくに女性にとっては恐ろしい一面もある。クルピーはとてつもなく性欲が強く、一人歩きの女性を狙って妊娠させてしまうといわれているのだ。

足の関節のないクルピーは、速く動くのは苦手だが、女性を捕まえるときには、長いペニスを投げ縄のように飛ばし襲いかかってくる。

万一、ジャングルでクルピーに遭遇したときには、「すばやく果樹を見つけて登れ」といわれている。クルピーは果樹に登った女性を襲うことはないからだ。

昔、クルピーの足跡をたどって捕獲し、女性に悪さができないようにペニスを切ってしまおうとした人たちもいたが、足が逆向きについているために追跡は混乱し、捕獲できなかったと伝えられている。

クレアオーディエンス《くれあおーでぃえんす》

超能力・超常現象

肉体の聴覚器官では聞こえない音や声を認識する能力のこと。日本では「霊聴」などと訳されている。

クレアオーディエンス能力者は死亡した者や守護霊、高次の存在の声を聴くことが可能とされており、フランスの革命家ジャンヌ・ダルクやインドの数学者シュリニヴァーサ・ラマヌジャンら「神の声を聴いた」と生前に語った歴史的人物も能力者だった可能性がある。

また、音楽家が突発的に優れた楽曲を思いつくことがあるのは、高次の世界から奏でられた音楽を受け取ったからという説が存在する。楽聖・モーツァルトは作曲を行う際、譜面をほとんど書き直すことがなかったというが、彼は高次の世界の音楽を自在に聴くことができたのだろうか？

幻聴との違いは、自分の意思で聞こえてきた音や声を遮断することや、心の中での会話が可能であること。「誰もいないのに話しかけられたような気がした」というのは、霊的存在に声をかけられた可能性があり、その際に意識を集中すればクレアオーディエンス能力が覚醒することがあるという。

グレイ《ぐれい》

宇宙・UFO・宇宙人

地球を訪れる宇宙人の一種とされる存在。身長は一メートルほどで頭部が大きく、目は吊り上がり、鼻と口は穴が開いているだけで、手が異常に長い。体色が灰色であることからその名が付き、異星人の代表例として世界各地で目撃されている。そのため、宇宙人と聞くとこのグレイを思い浮かべる人も多いようだ。

その存在が世の中に認知されるようになったのは、一九六一年の「ヒル夫妻事件」がきっかけであった。インパクトの強さから、テレビ番組で特集が組まれるなど、グレイへの関心は急速に高まったが、煽るだけのコンテンツも多く、詳細の解明には至っていない。正体については、宇宙人の作ったアンドロイドであるという説や、恐竜の生き残りが変化したものという説、未来人という説など、さまざまな推測がなされている。

グレート・ジンバブエ遺跡《ぐれーと・じんばぶえいせき》

遺跡・オーパーツ

ジンバブエ共和国の首都ハラレから、南に約三〇〇キロメートルのジンバブエ高原南端にある、大規模な石造建築遺跡。一九八六年に世界遺産として登録された。

広さは約一・五キロメートル四方。遺跡の中心部には、花崗岩のブロックを綿密に積み上げて作られた円錐形の塔、曲線を描く長大な石壁、不思議な鳥の彫刻など、優美で謎めいた石造建築物群が集まっている。

アフリカの多くの文化遺産が木や土で造られているのに対し、グレート・ジンバブエは精巧な石造りの遺構で、アフリカの他地域にはない独特の様相を呈している。そのため、長く「謎の遺跡」といわれてきた。

大航海時代、ヨーロッパの人々はアフリカにこのような高度な文明が存在することが信じられず、フェニキアの都であるとか、聖書に登場する「シバの女王の国」ではないかと噂したという。

実際には、一二世紀から一七世紀、この地は南部アフリカの通商を支配し、高度な文明を発展させた都だった。その栄華を背景に、ジンバブエの人口の約七割を占めるショナ人が、王の一族のためにグレート・ジンバブエを築いたとされる。「ジンバブエ」はショナ語で王の宮廷としての「石の家」を意味する。ジンバブエという国名はこの遺跡に由来し、国旗にも遺跡のシンボルである鳥の彫像が描かれている。

グレートホワイトロッヂ《ぐれーとほわいとろっぢ》

秘密結社

神智学やニューエイジ思想で語られる超自然的な能力を持つ人間たちの集団。

グレートホワイトロッヂに参加する人間たちは、「グレートホワイトブラザーフッド」と呼ばれる、人類を次の段階に導く偉大な存在とされている。一九世紀のインドのヒンドゥー教活動家アーリヤ・サマージやイギリスの神学者アルフレッド・パーシー・シネットらが代表的なグレートホワイトブラザーフッドとされている。

　アメリカの宗教家モーリス・ドーリルは、マヤ文明の神殿に秘蔵されていた碑文を解読した。その結果、神殿は古代アトランティス文明時代に建てられたもので、古代の聖人たちはピラミッド内で思念を増幅させることで情報を伝達していたこと、ピラミッドの建造には反重力エネルギーが使用されていたことを知ったという。

　グレートホワイトブラザーフッドとは、太古の超科学を自在に操って人々の前で奇跡を披露した人々の総称なのであろうか。

グレムリン《ぐれむりん》

妖怪

欧米で知られる伝承上の生き物。二〇世紀初頭から知られるようになった比較的新しい妖怪、または妖精である。

　身長は、一五センチ程度、数十センチ、一メートル前後など諸説あるが、小人、あるいは子供ほどの背丈という点はおおむね共通している。

　頭部に大きな耳、背中に翼、体に比べて長い手足を持つ。頭部に角をもつ場合もある。機械にいたずらをするのが特徴で、とくに飛行機の中に入り込み、計器などを狂わせたり不調にしたりする。

　もともとは、イギリスの軍人たちによって、その存在が伝えられた。当時、原因のハッキリしない航空機の故障や誤動作などを、パイロットや修理技師たちが「妖精のしわざ」としたことから、グレムリンにまつわる話が広がっていったという。数は多くないが、一九二〇年代から一九六〇年代ごろに、イギリスやアメリカでの目撃談もある。

　その存在は、一九八四年に、映画『グレムリン』が公開されたことにより、一気に知られるようになった（ただし、作中で飼われる大きな目を持つ生物はモグワイであり、グレムリンではない。モグワイがある条件下で分裂して生まれるのがグレムリンという設定になっている）。

　北米では、航空機の部品を納入する際、飴を一つ同梱するという習慣があるが、これはグレムリンへの贈り物で、「どうぞいたずらをしないで（無事の飛行を）」という願いが込められているという。

クローン《くろーん》

技術

均一な遺伝情報を持つ個体や細胞の集団。分子・DNA・細胞・生体などのコピーはすべてクローンと言い表される。ギリシャ語で「植物の枝」を意味し、アメリカの植物心理学者ハーバード・ウェッバーが、栄養生殖によって増殖した個体を表す言葉として考案した「clone」がもとになっている。

個体の人工的なクローンは一八九一年に初めて作成され、対象はウニであった。哺乳類のものは羊が一九九六年に作られ、「ドリー」というクローン羊の名前とともに話題になった。一九九八年に、日本の生物学者、若林照彦らが細胞融合を必要としないクローン技術を確立し、これは「ホノルル法」と呼ばれて現在の標準方法となっている。

それ以降、イヌやネコなどさまざまな動物のクローン作成が成功しているが、ヒトの場合は未だ成功していないといわれる。加えて、日本におけるクローン技術規制法のように、世界各国でヒトのクローンを禁止する枠組みが広がっている。一方で、古代の人類や絶滅した動物をクローンで復活させる可能性をいう声もある。

黒手組《くろてぐみ》

秘密結社

一九一一年にセルビアのドラグーティン・ディミトリエビチ大佐を中心に設立された秘密組織。正式名称は「生か死か」である。

全てのセルビア人が統一国家に存在することを理念としており、当時オーストリア・ハンガリー領土であったボスニアとヘルツェコビナの併合を計画していた。第一次世界大戦の引き金となったオーストリア皇太子射殺事件の犯人の青年は黒手組のメンバーだったという説が有力視されている。

黒手組は、上司が二人の部下を持ち、その部下はさらに二人の部下を持つというピラミッド型の構成となっており、意思の疎通は基本的に上司と二人の部下のみで行うことで組織の隠蔽性を保っていた。最高指導者であるディミトリエビチ大佐は、アピス（聖なる牛）と呼ばれて組織では神格化されていたのである。

世界情勢を裏から操った黒手組であるが、第一次世界大戦でセルビアが敗北したことによって組織は解散。ディミトリエビチ大佐と六名の部下は国家反逆罪で逮捕されて銃殺刑に処された。

グロブスター《ぐろぶすたー》

UMA

ぶよぶよとした、白い肉塊のようなUMA。大きさは二・五〜一二メートル程が多く、何らかの生物の死骸であると考えられるが、その正体は明らかになっていない。世界各地に出現するが、大部分のものが海岸で見つかっている。

最初に発見されたのは、アメリカ、フロリダ州の海岸に打ちあがったもので、二二〜三〇メートルもの大きさだという。

グロブスターはgrotesque（奇怪）、blob（死体）、monster（怪物）を合わせた造語で、その目撃情報は日本の奄美大島にも存在する。

　体はコラーゲンで構成されており、クジラの死骸が腐敗したものだという説が有力だが、一部の動物学者はクジラの死体とは臭気が全く異なっていると主張。詳細は未だに明らかになっていない。

黒魔術《くろまじゅつ》

魔術

　他人に苦痛や不幸を与えることや自らの欲望を叶える効果を持つ魔術の総称。日本の「呪い」の概念と酷似している。

　黒魔術は主に悪霊や悪魔の能力を使って発動するものが多い。人々に利益をもたらす白魔術と対極的な存在と認識されているが、物事の良し悪しは相対的なものであるため、厳密に区別することは不可能という指摘も存在する。

　効果は相手を殺害するといった物騒なものから、相手を失恋させるといった他愛のないものまで多種多様。書店やインターネット上には黒魔術の実行方法を解説した書籍やサイトがあり、魔法円を使用した魔術が多く紹介されている。

　日本のＲＰＧゲーム「ファイナルファンタジー」シリーズ内での黒魔術は、「黒魔法」と呼称されており、炎や氷など自然現象を利用して敵を攻撃する魔法と定義されている。その影響か、後年の日本の創作物に登場する黒魔道士は、攻撃呪文の使い手という設定であることが多い。

クワイエット・プレイス《くわいえっと・ぷれいす》

作品（映画）

　二〇一八年四月に米国で公開されたホラー映画（日本での公開は同年九月）。監督はジョン・クラシンスキー。

　近未来、宇宙からやって来た謎の怪物のために、人類は滅亡の危機に瀕していた。怪物は盲目だが、鋭敏な聴覚を持ち、音を聞きつけると即座に襲ってきて人間を殺す。

　そんな世界で、アボット一家は手話を駆使して意思疎通を図り、ひたすら静寂に、そしてたくましく生き延びていた。しかし、ふとした油断で音を立て、怪物との死闘を繰り広げることになる。

　「音が死を招く」という奇想天外な設定で恐怖とスリルを描いた本作は、全米で高い評価を受けた。ただ、「ストーリー展開に不自然さが目立つ」「襲ってくる音のレベルが一定していない」などの評も見受けられる。

　二〇二〇年に続編が制作され、同年三月にニューヨークでプレミア上映された。その後、一般公開される予定だったが、新型コロナウイルスの流行によって延期された。米国一般公開、日本での公開ともに二〇二一年。

クンダリニー《くんだりにー》

オカルト用語

　ヒンドゥー教や、それと深く関わるヨ

ガにおいて、人体内に存在するとされる根源的な生命エネルギーで、名称はサンスクリット語で「とぐろを巻く蛇」を表す。宇宙の根源的エネルギーとされるプラーナの、人体内における名称で、「シャクティ」とも呼ばれ、「クンダリーニ」「クンダリニ」と表記されることもある。

　通常は、尾てい骨付近の第一チャクラ（生命エネルギーの中枢）である「ムーラーダーラ」に眠っており、ヨガや瞑想によって覚醒すると、獲物にとびかかる蛇のようにエネルギーが尾てい骨から頭部までまっすぐに突き抜けるとされる。この状態になると、脊柱に沿った六つのチャクラを経由してクンダリニーが上昇していき、さまざまな超能力を得られるといわれる。

　研究者によると、これを行うのに特別な才能は必要なく、クンダリニーヨガとよばれる行法を繰り返すことで達成できるという。しかし、事前に瞑想によって十分に準備ができていないと、クンダリニーが覚醒したことによって、かえって体の不調を招く場合があるため、専門家の下で行う必要がある。

け

ケープコッド・クリーチャー《けーぷこっど・くりーちゃー》

UMA

　アメリカのマサチューセッツ州東部、ケープコッドの浜辺で死骸が発見された水棲生物。全長は一・八メートルほどで、長細い体にいくつかのひれがついており、とがった頭部の先には鋭く細かい歯がいくつも並んでいる。

　目撃者はその写真を撮って、動物学者であるローレン・コールマン博士の元へ送ったが、死骸自体は持ち帰らなかったため、詳細な研究は行われていない。博士の見解はミズウオダマシの亜種ではないかというものだったが、それにしては異なる点が多く、違う生物だという見方をされている。また、発見した年にはケープコッドでイルカの大量死現象が起きており、この生物との関連性がささやかれたが、真相は解明されていない。

ゲオルギイ・イヴァノヴィチ・グルジエフ《げおるぎい・いゔぁのゔぃち・ぐるじえふ》

人物

　一八七〇〜一九四九年。ロシアの神秘思想家および著述家、作曲家。「ワーク」と呼ばれる独自の精神修行を創出し、ロシア以外にもフランスやアメリカなど各地で活動した。一八八八年から一九一二年までアフリカ、アジアで修行を積みながら事業を営み、一九一三年に一〇〇万ルーブルという大金を持ってモスクワに現れた。スーフィーの教えを根源とし、人間の発展段階を七つに分けて、ワークを実践して第七段階に至れば意識状態をコントロールする境地を得ると主張した。

ケサランパサラン《けさらんぱさらん》

UMA

綿毛のような形状で、白くふわふわしている生物あるいは物体。大きさは一〜三・五センチメートルほどで非常に小さく、見つけると幸せが訪れるといわれている。また、おしろいを与えると増殖するとされる。名前の由来については諸説あるが、サンスクリット語の「袈裟羅《けさら》・婆娑羅《ばさら》」が語源という説が有力だ。婆娑羅は衣服が風になびく様を意味しており、ふわふわしたイメージをよく表している。

そのふわふわした見た目と言い伝え、そして「おしろい」という女子のアイテムが関係しているという点から、全国の女子学生のハートを見事に射抜き、日本では一九七〇年代後半に大ブームとなった。ただし、このときケサランパサランとされたものの多くは、花の冠毛（羽毛状のガク）が集まったものだったとされている。

ケサランパサランの正体については諸説あるが、花の冠毛が寄り集まったものという説のほか、ウサギなどの小動物が捕食されたのち、残された毛皮の小片が丸まったものという説や、虫の幼虫という説、牛や馬の胆石という説などがある。綿状のカビという説もあり、おしろいで増殖するのはそのためともいわれる。

ケツァルコアトル《けつぁるこあとる》

怪物

アステカ神話に登場する文化神、農耕神。名前は古代ナワトル語で「羽毛ある蛇」を意味し（ケツァルは鳥の名、コアトルは蛇の意）、絵画ではしばしばドラゴンのような姿で描かれる。アステカ神話では平和の神とされ、人間を神への生贄として捧げる「人身御供」をやめさせたという。それによって生贄を好む神「テスカトリポカ」の恨みを買い、呪いのかけられた酒を飲んでアステカの地を追われてしまう。

このとき、自分の宮殿を焼き払って財宝を埋め、自らを生贄として火葬したとされている。その灰が何羽もの美しい鳥となって空へ舞い上がり、虹の彼方に飛んでいったとも、天に昇って金星に姿を変えたともいわれる。そのため、ケツァルコアトルは金星の神ともされる。

東京都渋谷区の代々木公園にはケツァルコアトルの像がある。これは、メキシコ大統領夫人の来日記念として、一九九〇年一一月にメキシコ政府から送られたものである。

結婚相手が見える洗面器《けっこんあいてがみえるせんめんき》

都市伝説

ある占いを行った女性にまつわる都市伝説。ある若い女性が「午前〇時にカミソリを口にくわえて水を張った洗面器をのぞくと、将来の結婚相手が見える」と聞いてやってみた。ドキドキしながら水面を見ると、ぼんやりと自分ではない顔が映っていた。

　びっくりした女性は、口にくわえていたカミソリを水に落としてしまった。すると、洗面器の水はみるみるうちに真っ赤に。恐怖を感じて後ずさったが、一瞬で水はもとに戻っていた。

　数年後、女性は友人を通じて知り合ったある男性とつき合うことになった。彼は、なぜかずっとマスクをしている。あるとき、「あなたはなぜ、いつもマスクをしているの」と聞いてみた。男性はマスクをはずして口元にざっくりできた傷痕を見せ、こう叫んだ。

「お前がカミソリを落としたからだ！」

　いくつかのバリエーションがあり、主人公が「女子高生」の場合もある。つき合うことになった相手がマスクではなく、ずっとニット帽をかぶっていて、その理由を問うと帽子を脱いで額の傷を見せ……というバージョンも存在する。

　最後の言葉は「お前のせいだ！」「お前がやったんだろ！」などもある。

ゲット・アウト《げっと・あうと》

作品（映画）

二〇一七年二月に公開された米国のホラー映画（日本での公開は同年一〇月）。監督・脚本はジョーダン・ピール。長くコメディアンとして活躍してきたピールの映画監督デビュー作であると同時に初めてのホラー作品。

　物語は、アフリカ系アメリカ人の写真家クリスが、白人の恋人ローズの実家に招待されるところから始まる。過剰なまでの歓迎を受け、参加したパーティーでは、なぜか全員がクリスに注目しているように感じられる。

　奇妙な出来事も続き、違和感と不快感に耐えきれなくなったクリスは、やがて想像を絶する恐怖を味わうことになる。単なるホラーにとどまらず、良質の社会風刺スリラーとなっており、コメディも融合させながら観客を深い思考に誘う作品として高く評価された。

　予定していたエンディングを、公開前に差し替えたことも話題となった。その理由は諸説ある。本来、採用予定だったエンディングはＤＶＤ・ブルーレイ作品に特典映像として収録されている。

　本作は、製作費五〇〇万ドルという低予算ながら大ヒットを記録。米国での公開時、週末興行収入ランキング初登場一位となった。第九〇回アカデミー賞で、作品、監督、脚本、主演男優賞の主要四部門にノミネートされ、脚本賞を受賞した。

ケネス・アーノルド事件《けねす・あーのるどじけん》

事件

アメリカ・アイダホ州で防火機器会社を経営していたケネス・アーノルドが未

知の飛行物体を目撃した事件。一九四七年六月二四日、ベテランパイロットでもあったアーノルドは、前日に消息を絶った海軍の輸送機捜索に参加し、自家用機を操縦してワシントン州のカスケード山脈の高度二九〇〇メートル上空を飛行していた。

一五時頃、レーニア山上空を北から南へ高速で飛行する九個の奇妙な物体を発見。翼を持った平たいブーメラン型の飛行物体で、エンジン音は聞こえず、一直線に並んで不可思議な飛び方をしていたという。アーノルドの目測では、物体の移動速度は時速二五〇〇キロを超える高速だったとされる。という。その飛び方について、アーノルドは「ソーサー（カップの受け皿）で水切りしたように飛んでいた」と述べた。

飛び方の説明に使ったソーサーという言葉をマスコミが取り上げ、「空飛ぶ円盤（フライング・ソーサー）と名づけて大々的に報道した。これ以降、「空飛ぶ円盤」という言葉が定着し、円盤型UFOの目撃例も急増した。ケネス・アーノルド事件は、初めてのUFO目撃事件とされ、六月二四日は世界中で「UFO記念日」とされている。

ケネス・アンガー《けねす・あんがー》

人物

一九二七年〜。アメリカの映画監督。精神世界をテーマにした難解な内容の作品を多く手がけ、カルト的な人気を博している。一〇代の頃に超自然現象をテーマとした本を読んだことがオカルトに興味を持つきっかけとなった。アレイスター・クロウリーの哲学に傾倒した時期もあるという。二〇歳時に制作した処女作『花火』は、同性愛と加虐嗜愛（サディズム）をテーマにしたもので、性的マイノリティに対する理解が低かった当時のアメリカでは大顰蹙《ひんしゅく》を買った。また、アンガー自身も同性愛者であり、『花火』の内容が同性愛を認める内容であるとして逮捕された経緯を持つ。一九六〇年代以降は、著名なロック・ミュージシャンと積極的に交流を持つようになり、一九六九年に作成した短編『我が悪魔の兄弟の呪文』は、ミック・ジャガーが音楽を担当している。二〇二一年には、アンガーが自身の半生と作品を振り返る内容の映画『アンガー・ミー』が公開され、いまだに制作欲が衰えていない様子を見せた。

介良事件《けらじけん》

事件

一九七二年、高知県高知市東部の介良地区で、中学生数人が両手に乗るほどの大きさの未確認飛行物体を捕まえた事件。彼らは八月下旬から田んぼの上を飛ぶ輝く物体を目にするようになり、九月一五日にはその物体を捕獲した。

直径一八・二センチ、重量一・三キロで、銀色に輝いていた。リュックの中に入れてチャックを締めて保管していたが、いつの間にか消えてまた田んぼを飛び、最終的には消滅したという。

ケルト神話《けるとしんわ》

神話・伝説・叙事詩

かつてヨーロッパ大陸を覆い、消滅したケルト人に伝承された古代の物語。ケルト人とは古代ローマ時代にケルトイ、ケルタエ、ガリと呼ばれた人々とされており、人種や言語のくくりで特定することはできない。多数の部族の総称であることから、近年はケルト人ではなくケルト系と称される。文字を持たず、混血やキリスト教の普及などにより、民族も物語も途切れた。

信仰は部族によって異なったとされる。神の性格や行動は不明だが、古代ギリシャ・ローマ人の記録に神殿や神の名が記されている。多数の神の中で概ねテウタテス、タラニス、エススなどの神を重要視したとされる。また、角のあるケルヌンノスという男神や、馬・豊穣を司る女神エポナなども信仰された。

ブリテン諸島には、古代の遺跡や初期の鉄器などが残るほか、キリスト教以前の物語も継承されてきた。中世以後になって口伝は筆記され、アイルランドやスコットランドなどの文化は、大陸から島に渡ったケルト人が伝えたという説が唱えられた。一九世紀末〜二〇世紀初めにおこったケルト復興運動により、島の遺物や伝承が広く周知されて、ケルト神話といえばほぼ島の伝承をさすようになった。

しかし最近の年代測定により、ストーンヘンジはケルト文化よりはるか昔に作られ、鉄製品は、ケルトではない独自文化の遺物とされる。血統的にも人の遺伝子解析により、ケルトの大規模な移住はなく、大陸のケルトとは無関係という説が優勢になっている。島の伝承が今後も「ケルト神話」と呼称されるかは未定といえる。

一九九七年発売のゲーム『ゼルダの伝説 時のオカリナ』に登場する馬エポナは、ケルト神に由来するといわれている。

ケルベロス《けるべろす》

怪物

ギリシャ神話に登場する怪物。冥界の神「ハデス」が使役する番犬で、三つの頭を持ち、冥界から逃げ出そうとする亡者をとらえて食べてしまうとされる。怪物テュポンとエキドナの子供で、キマイラの兄弟である。

神話におけるエピソードとしては、英雄ヘラクレスの手によって地上に連れ出された話が有名。このとき、太陽の光に驚いたケルベロスが吠え立てたため、その口から出た唾液が地面に飛び散り、そこから猛毒植物のトリカブトが発生したとされる。プラトン主義の哲学者は、ケルベロスを地獄における三位一体の象徴だと考え、それぞれの頭が「保存」「再生」「霊化」を表すとしている。

ゲルマン神話《げるまんしんわ》

神話・伝説・叙事詩

古代、ヨーロッパ北方を祖とする諸部族の総称をゲルマン人といい、キリスト教以前に彼らが信仰していた神や英雄の物語がゲルマン神話とされる。北欧神話（別項）、アングロサクソン人の神話、大陸ゲルマン人の神話の総称。中高ドイツ語で書かれた英雄叙事詩『ニーベルンゲンの歌』は一三世紀初頭の作品だが、北欧神話に由来するゲルマン神話。ほかに『古エッダ』『ノルナゲストの伝説』などがドイツに残る。

最高神オーディンの末裔とされるジュート人のヘンギストと弟ホルサが、アングロサクソン人を率いて、五世紀にブリテン島に侵攻した。先住のブリトン人との戦いでホルサは戦死し、ヘンギストはケントを征服して王になった。この戦いの経緯は『フィンネスブルグ争乱断章』『ベーオウルフ』にみられるほか『イングランド教会史』『アングロサクソン年代記』に記載されている。また、侵攻される先住民側には、アーサー王伝説が生まれたとされる。

ケロッピー前田《けろっぴーまえだ》

人物

一九六五年〜。東京都生まれ。千葉大学工学部卒、白夜書房（のちにコアマガジン）を経て、フリーランスのライター＆フォトグラファーに。世界のカウンターカルチャーの最前線を現場レポート、若者向けカルチャー誌『BURST』（白夜書房／コアマガジン）などで活躍し、海外の身体改造の最前線を日本に紹介してきた。その活動は地上波の人気テレビ番組『クレイジージャーニー』（TBS系）で取り上げられ大きな話題となる。子供時代はオカルト少年で、中学一年生のときにネッシーを探しに渡英した過去を持つ。海外情報収集を得意とすることから、オカルト＆陰謀論関係についての執筆も多く、二〇一四年、ユリ・ゲラーの来日密着取材をしたことがきっかけで『今を生き抜くための70年代オカルト』（光文社新書・前田亮一名義）を著している。縄文時代のタトゥー復興アートプロジェクト「縄文族JOMON TRIBE」を主宰し、体内にマイクロチップや電子機器を埋め込む「ボディハッキング」と呼ばれる先端技術と結びついた身体改造カルチャーにも詳しい。二〇二一年公開の映画『ホムンクルス』の題材となった頭蓋骨に穴を開けるトレパネーションについては、漫画家・山本英夫の原作に資料提供者として関わり、その調査のため、意識の覚醒を信じて頭に穴を開けた実践者たち数名と接触し、ロシアのトレパネーション研究所も訪れている。カウンターカルチャーを追う男として、次なる時代を先取りする情報を獲得し、数々の貴重な現場に立ち会っている。

ケンムン《けんむん》

妖怪

日本の奄美諸島に伝わる生物あるいは妖怪。水やガジュマルの木の精とされ、漢字で「水蝹」と書く。体格は小さく人間の幼児ほどで、手足が長く頭部には河童のような皿が乗っているという。魚の目玉を好物としており、夜になると頭が光る。容姿などに河童との共通点があり、河童の原型であるか、逆に本土の河童伝説の影響を受けた可能性があるとされる。水の精であるとともに木の精でもあり、沖縄に伝わるキジムナーとの共通点も多い。

もともとは凶暴ではなく、家事や炊事、薪運びなどを手伝ってくれるかわいらしい存在であったが、現代に近づくにつれて、人の魂を抜いたり、ガジュマルを伐採したものを祟ったりという危険な面の伝承が増えるようになった。ケンムンに祟られると、目が突かれたように腫れ上がって失明寸前になり、命を落とすこともあるとされる。

ケンムンの正体については妖怪として伝承されるほか、未知の霊長類ではないかという話もある。一九八〇年にはケンムンを愛するグループによって「ケンムン村」が創設され、東京を本拠地とする「河童村」と姉妹都市になったという。

こ

小泉八雲《こいずみやくも》

人物

一八五〇～一九〇四年。ギリシャ生まれの英文学者、作家。本名はラフカディオ・ハーンで、一八九〇年に小泉節子と結婚し、後に日本に帰化した。一九歳の時にアメリカに渡り、記者として活躍する。その後、ニューオーリンズ万博で日本文化に触れて強い興味を抱き、四〇歳の時に日本に渡ることを決意する。出雲に在住し、民間伝承を収集して怪談話集としてまとめ、次々に作品を発表。英語で書かれた作品により、海外の読者に日本の文化や民間伝承を伝えるとともに、翻訳されて日本でも人気を博し、現在も多くのファンがいる。

代表作は『怪談』『骨董』で、具体的な怪談話では「ろくろくび」や「耳なし芳一」が有名である。さらに晩年、日本人の精神心理を分析した『日本――一つの解明』を出版。この本は、後の太平洋戦争時にマッカーサーの秘書であるボナー・フェラーズが、日本人の心理を理解するために参照したといわれている。

甲府事件《こうふじけん》

事件

一九七五年、山梨県甲府市で起きたＵＦＯ目撃事件。目撃者は地元の男子小学生二人で、下校途中にオレンジ色の未確認飛行物体を発見する。その物体は二人を追いかけるように飛行してきたため、恐怖を感じ、物陰に隠れてやり過ごしたが、ブドウ畑で再び遭遇、機体から茶色で顔がのっぺらぼう状態の搭乗員が出てきたという。二人が逃げ出すと、現場のブドウ畑では三本のコンクリート柱が倒れ、柱を覆う金網が大きく広がったが、危ういところで逃げることができた。

その七年後、現場付近で保険外交員の女性が再び同様の特徴を持った謎の人物を目撃したという情報があるが、詳しいことは公表されていない。放射線の専門技師が現地を調査したところ、ＵＦＯが着陸したとされる場所から微量の人工放射線が検出されたと一部のマスコミが報道している。

降霊術《こうれいじゅつ》

オカルト用語

死者の霊や聖霊、悪魔を呼び出して、予言や知識を授けてもらう魔術。交霊術と混同されやすいが、交霊の場合は霊と交信するのが目的で、相手を特定しないのに対して、特定の霊を対象にその霊しか知らない事実や予言を教えてもらうのが降霊術である。

やり方として、海外ではテーブルターニングなどが主流だが、日本では職業として古くから降霊を行ってきたイタコが有名。降霊は半ば強制的に霊を呼び寄せるため、通常は生者側が主導権を握る形になる。とはいえ、憑依にまつわる危険も高いとされている。

コークロア《こーくろあ》

都市伝説

コーラ（特にコカ・コーラ）にまつわる都市伝説の総称で、コカ・コーラの愛称であるコーク（Coke）と、「民間伝承」を意味するフォークロア（Folklore）を合わせた造語。

世界中で飲まれているコーラ飲料だが、その製法などが謎に包まれていることが、都市伝説を生む素地にもなっているようだ。コークロアの例とその真偽としては以下のようなものがある。

・「コーラの原料はコカイン」…昔はコカの葉を使ったが、現在は含まれていない

・「コーラを飲むと骨や歯が溶ける」…コーラに魚の骨を漬けておくと酸によって溶ける（オレンジジュースなどでも同じ）が、飲むだけで溶けることはない。この都市伝説からの派生なのか、「コカ・コーラの原液に誤って落ちた作業

員が骨も残さず溶けた」というものもある

・「コーラの瓶は女性のボディーライン」…偽造を防ぐためなどの理由で複雑な形にした結果で、ボディーラインをイメージしたわけではないとされる

・「サンタクロースの服はもともと白と緑だったが、コカ・コーラ社がＣＭで白と赤にした」…事実ではない

・「コカ・コーラの瓶の側面下のにある刻印が、四角は強炭酸、丸は弱炭酸」…刻印は瓶の製造元の違いで炭酸の強さに違いはない

・「コカ・コーラのレシピを知っているのは二人の重役だけで、飛行機事故に遭っても同時に死なないよう同じ飛行機には搭乗しない。一人が亡くなると、もう一人が選んだ後継者に口述でレシピが伝えられる」…レシピを把握している人数や役職は明らかにされておらず真偽不明

コーサ・ノストラ《こーさ・のすとら》

秘密結社

アメリカに渡ったイタリア系移民が設立した犯罪組織のこと。「我らのもの」という意味を持つ。マフィアと同一視されることが多いが、マフィアはシチリア島で誕生した犯罪組織であり、厳密には定義が異なる。

一九世紀末から二〇世紀初頭にかけて多くのイタリア系移民が渡米したが、多くが成功を掴めず貧しい生活を余儀無くされた。移民たちのコミュニティは、いつしか犯罪組織化し、賭博や偽札作りで収益を得るようになっていった。彼らは「ギャング」と呼称された。

アメリカで禁酒法が施行されていた一九二〇年代に、ニューヨーク出身のアル・カポネらが密造酒を大量製造して巨万の富を築き上げたことで、ＦＢＩ（連邦捜査局）による捜査が頻繁に行われるようになった。その対策として、それまで分散していたギャング組織を統合した結果、現在のコーサ・ノストラが誕生したのだ。

「一家」と呼ばれるコーサ・ノストラの組織は、現在もなおアメリカの各都市に存在し、売春や麻薬販売の元締めになっていることが多い。

ゴーストシップ《ごーすとしっぷ》

作品（映画）

二〇〇二年八月に公開された米国ホラー映画（日本での公開は二〇〇三年一月）。監督はスティーヴ・ベック。ホラー映画専門の製作会社、ダークキャッスル・エンタテインメントの作品で、タイトル通り幽霊船を舞台にしている。

物語は一九六二年、アメリカへ向けて航行中のイタリアの豪華客船アントニア・グラーザ号の中の描写から始まる。そこで驚愕の事件が起きたあと、船は消息不明になる。

四〇年後、ベーリング海沖で謎の船が発見され、サルベージを依頼されたチームが現地へ向かう。船内へ潜入すると、次々に恐ろしい現象が起こり、次第に四〇年前の出来事と仕組まれた罠が明らかになっていく。

アントニア・グラーザ号のモデルは、一九五六年にマサチューセッツ沖で沈没したイタリアの客船アンドレア・ドーリア号とされている。

本作は、当初、『ゴースト／血のシャワー』のリメイクとして企画されたが、ポスターの構図が似ていること以外、完全に別の作品となった。

ゴースト／血のシャワー《ごーすと／ちのしゃわー》

作品（映画）

一九八〇年に制作されたカナダ・英国合作のホラー映画。同年三月に英国、四月にカナダで公開され、日本での公開は同年一〇月。幽霊船を舞台にしたホラー映画で、原題は『Death Ship（死の船）』。邦題の「血のシャワー」は幽霊船の中での一シーンからつけたもの。ビデオ発売に際し、原題の『デス・シップ』に改題された。

北大西洋を航行中の豪華客船が、謎の巨大な鋼鉄船に追突されて沈没する。救命ボートで漂流していた生存者は、再び現れた鋼鉄船に乗り移る。その船には誰一人乗っておらず、やがて不気味な現象が起こり始めた。次第に船の秘密が明らかになるとともに、さらに恐ろしい出来事が彼らを襲う。

現実の歴史に即した設定が幽霊船に説得力を与え、恐怖を増幅させている。幽霊屋敷のような怖さを醸しつつも、古い船や起きた出来事へのもの悲しさも表現されている作品。

ゴーストハント《ごーすとはんと》

作品（小説）

小野不由美のホラー小説。一九八九～一九九二年、『悪霊シリーズ』としてX文庫ティーンズハート（講談社）から全七作で刊行された。また、一九九四年にX文庫ホワイトハート（講談社）から続編である『悪夢の棲む家』を刊行。両シリーズは『ゴーストハント』のタイトルで一九九六年にラジオドラマ化された。一九九八年から同タイトルで、いなだ詩穂により漫画化、二〇〇六年にはアニメ化された。

書籍版は二〇一〇～二〇一一年、大幅に改稿し、『ゴーストハント』と改題してメディアファクトリー幽BOOKSより再刊された。二〇二〇年八月時点でシリーズの累計発行部数は八四万部を突破している。

普通の女子高生・谷山麻衣が、ナルシスト美少年の渋谷一也《ナル》をはじめ、変人ぞろいの霊能者たちと怪事件に挑む物語。少女小説家として人気を博す小野不由美の原点にして出世作といわれる作品。

ゴートマン《ごーとまん》

UMA

一九五〇年代からアメリカ各地で目撃されているという未確認生物。直訳すれば「山羊男」という意味合いになるが、羊のような角や顔立ちをしていたという報告も存在するため、「羊男」と和訳されることがある。数多くの目撃談を総括すると、ゴートマンは身長二〜三メートルほどの大柄な体格で、筋骨隆々の肉体を持ち、体中が灰色の巻き毛で覆われているという。その正体は不明であるが、悪魔崇拝者が儀式を行うために被り物をしているものとも、カリフォルニア州の酪農工場跡地で頻繁に目撃されたということから、アメリカ軍の科学実験によって誕生した新生物と噂されているのだ。

一見すると単なる作り話に思えるゴートマンであるが、二〇一六年四月にケンタッキー州ルイビルで、若いカップルが鉄道高架橋の線路を徒歩で渡った挙句、列車が女性に激突して死亡するという事件が発生した。警察が生き延びた男性に危険な行為をした理由は何かと尋ねると、「ゴートマンに会うため」と答えたのだ。地元の人々は、ゴートマンがカップル二人に呪いをかけたのだと噂した。

コーラカンバ《こーらかんば》

UMA

⇩クーロカンバ

古賀新一《こがしんいち》

人物

一九三六〜二〇一八年。福岡県出身のホラー漫画家。本名は古賀申策。代表作は少年チャンピオンで四年間連載していた『エコエコアザラク』で、映画化、ドラマ化もされている。美少女魔女である黒井ミサが黒魔術を駆使して、怪奇現象を解決していくというストーリーで、「ブラック・ジャック」や「ドカベン」と並んでチャンピオンの黄金期を支える人気作となった。ほかにも、『白へび館』『のろいの顔がチチチとまた呼ぶ』など、さまざまな人気ホラー作品を手掛けた。

伊藤潤二、御茶漬海苔とともに、自身の作品を映画化するプロジェクト「古潤茶」を立ち上げている。

コジェヤメニア《こじぇやめにあ》

UMA

アフリカ大陸のカメルーンやアンゴラ共和国に棲息するとされるUMA。名前は現地の言葉で「水ライオン」を意味する。体長は四メートル以上で、普通のライオンのおよそ二倍にあたる。絶滅したサーベルタイガーに似た見た目で、下向きに大きな牙が二本突き出ているのが特徴。

気性は非常に獰猛で、陸上と水中どちらでも狩りを行い、時にはゾウやカバなどの大型哺乳類にも襲いかかるという。さらにこの生物の驚くべき特徴とされるのが、獲物を殺した後に捕食しないこともある点だ。実際、この生物によって絶命したとされる動物の死骸に、捕食痕が見られないこともあるという。

補食以外で狩りをするのは人間以外には珍しいため、現地では非常に獰猛な生物として恐れられている。しかし、コジェヤメニアの目撃情報は、一九〇九年の英国人冒険家が遭遇したものが最後で、すでに絶滅したのではないかという意見もある。

児嶋都《こじまみやこ》

人物

ホラー怪奇漫画家、イラストレーター。「猫乃都」名義でアニメ雑誌『ファンロード』でデビュー、ジャンプ放送局マスコットガールなどを経て、近代麻雀、『少年ガンガン』(エニックス)等で漫画を連載。竹書房刊の少年誌で日本初の『X−MEN』オリジナルストーリーの連載を経た後、楳図かずおの影響を感じさせる耽美なホラーとギャグテイストの作品を数多く発表。映画監督・コメンテーターの山本晋也の娘であり、二〇〇五年、「ごきげんよう」(フジテレビ)で親子共演を果たしている。ホラーアート作品による個展、グループ展等、画家としての国内外での活動も多い。漫画単行本『おとめ地獄』『怪奇大盛!! 肉子ちゃん』『こども地獄』のほか綾辻行人小説作品のコミカライズ『眼球綺譚』『緋色の囁き』等多数。

古城池トンネル《こじょういけとんねる》

心霊スポット(日本)

岡山県倉敷市、浦田駅近くにあるトンネルで、正式名称は「古城池とんねる」とひらがな表記。上り線と下り線は別のトンネルになっているが、心霊スポットとされるのは上り線にある古いほうのトンネル。長さ四五四メートル。幅一一メートルのトンネルで、一九七五年に竣工した。

一九九九年に竣工した下り線のトンネルを新古城池トンネル、上り線のほうを旧古城池トンネルと呼ぶこともある。

このトンネルには、通称「ジェットババア」という幽霊が出るといわれている。車でトンネルを通過していると、突然現れ、車と同じくらいの速さで併走するという老婆の幽霊だ。

高速で併走して驚かせる以外、とくに害は加えてこないとされている。

ほかに、トンネルの入り口付近には、

落ち武者の霊が出るという噂もある。

また、以前はトンネルの手前に電話ボックスがあり、そこに女性の幽霊が出るといわれていた。その後、電話ボックスが撤去され、女性の幽霊の目撃談も途絶えているようだ。

コスタリカの大石球群《こすたりかのだいせっきゅうぐん》

遺跡・オーパーツ

コスタリカの密林で発見されたオーパーツ。文字通り大小さまざまな石の球体が配置されており、現在までに二〇〇個以上が発見されている。スペイン語で「大きな玉」を意味する「ラス・ボラス・グランデス」とも呼ばれる。

製造時期は明確にはわかっていないが、西暦三〇〇～八〇〇年にこの地で栄えたディキス石器文化の中で作られたものという説が有力視されている。この石球群を含めた遺跡四ヶ所は世界遺産に登録されている。

最小は直径二センチほどで、最大級では重量二五トン以上のものもあり、大きさの幅が非常に大きい。配置には一定の規則性が認められ、星座などの天体計測用だという説もある。中に金が詰まっているという噂が広まったため、それを奪う目的で破壊されたものも多い。現在では、石球の持ち出しは現地の法律で禁じられている。

コズモ《こずも》

メディア（書籍・雑誌）

一九八一年の三月号（創刊準備号）から一九八三年八月号まで、コズモ出版社（のちにユニバース出版社）から刊行された月刊誌。創刊時の雑誌名は『サイエンスマガジン・コズモ』であったが、のちに『コズモ』とした。

ファンの間では「日本初のオカルト雑誌」といわれているが、創刊時の編集長である矢沢潔は、かねてから出版を念願していた「サイエンスミステリー分野のビジュアル科学雑誌」と述べている。内容は遺伝子、ロボット、素粒子、宇宙、UFOなど、高度なテーマを多く扱った。

矢沢潔は、このときすでに同じ出版社から刊行されていた『UFOと宇宙』（のちに『トワイライトゾーン』）の編集長でもあった。コズモ刊行の翌年、一九八二年には、科学情報グループ「矢沢サイエンスオフィス」を立ち上げ、現在も多くの科学書を出版している。

子育《こそだ》て幽霊《ゆうれい》

怪談

昔からある怪談で、西日本を中心に全国で似た話が語られているが、以下にあげる兵庫県のものなどが有名。ある夜、トラック運転手が兵庫県の遠阪トンネル付近を運転していると、若い女性から乗せてほしいと頼まれる。承諾したところ、トンネルの中でいつもより強い冷気を感じて不思議に思うが、そのままトンネルを抜けた村で女性を下ろすと冷気が消えた。

のちに、この女性はある町で嫁入りし、子供を身ごもったまま離縁され、出産後に死亡した人物だと判明する。我が子に乳を与えるために、彼女は夜な夜な墓を抜け出してトラックに乗せてもらっていたのだ。地方によって設定はさまざまだが、我が子を思ってさまよっている母親の霊である点は共通している。

古代宇宙飛行士説《こだいうちゅうひこうしせつ》

説・論

超古代～古代に、宇宙人が地球に飛来して人間を作り文明を授けたとする説。キリスト宇宙人説も含まれる。

学生時代に考古学を専攻した作家G・W・ウィリアムソンが一九五〇～一九六〇年代に著した作品で、古代に宇宙人が来て文化を作った、ユダヤ教やキリスト教の創始も宇宙人の助けによるとした。一九六八年、スイス出身のＳＦ作家Ｅ・Ａ・デニケンが『未来の記憶』で、地球外生命体または古代宇宙飛行士が地球にきて、初期人類文化に影響を与えたと主張した。この本は世界的ブームとなった。

一九六五年、光瀬龍のＳＦ小説『百億の昼と千億の夜』（一九七七年漫画化）では、超越者である「シ」が登場してプラトン、シッタータ、イエスなどを中心に物語が展開する。一九六八年の映画『２００１年宇宙の旅』で人類の進化を促したのは宇宙のモノリスとした。一九八九年、高橋克彦の『竜の棺』では、想像上の生物とされる竜が実はＵＦＯであり、古代から宇宙人が地球に干渉してきたとされる。

古代核戦争《こだいかくせんそう》

説・論

有史以前の地球に超古代文明が栄えていたが、核戦争により滅亡したとする説。四大文明などの文明が核戦争により消滅したとする説も含む。インドで紀元前一〇世紀頃に起きた大戦争の伝承である『マハーバーラタ』や『リヴ・ヴェーダ』の記述が、原爆投下後の広島の状況と似ているために、核戦争だったとする説やモヘンジョダロの遺跡からの発掘物にガラス現象が見られることを根拠にする場合もある。

一九七二年、フランスの原子力庁がガボン共和国のウラン鉱の調査をした。その結果、ウラン二三五と二三八の同位体比に異常があるとした。これを「超古代文明人が残した原子炉跡ではないか」とメディアが報道して、信じた人がでた。しかし、一四億年前には、この鉱脈にウラン二三五は現在の四倍あったと考えられ、水が浸透して自然に核の連鎖反応をおこしたとされている。

小塚原刑場跡《こづかっぱらけいじょうあと》

心霊スポット（日本）

東京都荒川区南千住、南千住駅近くにある処刑場跡。小塚原刑場は、江戸時代に大和田刑場、鈴ヶ森刑場と並んで三大刑場といわれた。明治初年に廃止されたが、それまでにここで処刑された人は二〇万人に上るとされる。

小塚原刑場では、遺体の埋葬が不十分で、夏には腐臭が立ち上り、野犬などが食い荒らしてひどい有り様になっていたという。そこで刑死者を供養するため、墨田区の本所回向院の住職が仏堂を建て、それがのちに小塚原回向院となった。現在の小塚原刑場跡には、小塚原回向院から分院独立した延命寺があり、罪人供養のために作られた「首切地蔵」が安置されている。

大勢の罪人が処刑された場所だけに、「幽霊が出る」という噂があるが、それ以上の具体的な話は伝えられていない。霊感の強い人が訪ねると、気分が悪くなることが多いといわれている。

コックリさん《こっくりさん》

占い

西洋の「テーブルターニング」を起源とする占い、あるいは降霊術で、一九七〇年代半ばから日本の小中学校を中心に大ブームとなった。テーブルターニングは、テーブルの上に手を置いて行う占い。これに、アメリカの会社が占い用のゲームとして開発した「ウィジャボード」という文字盤の要素が加わって、こっくりさんの方式が生まれたとされている。

詳しい方式は時代や地域によって異なるが、紙に五十音の文字と「はい」「いいえ」、鳥居の絵を書いて硬貨（おもに一〇円玉）を置き、参加者全員が指を添えて行うのが一般的である。やがて硬貨が自然に動き出し、文字や「はい」「いいえ」などに移動することによって、占いや質問への回答が得られるとされる。

古くは明治時代にも流行が見られ、そのきっかけはアメリカの帆船が下田に立ち寄った際、「テーブルターニング」が伝えられたことだとされている。当時の日本にはテーブルが普及していなかったため、代わりにお櫃《ひつ》を三本の竹で支えてテーブル様のものを作って行ったところ、それが傾くさまが「こっくり、こっくり」と頷くように見えたことから「こっくりさん」と呼ぶようになり、やがて狐《きつね》、狗《いぬ》、狸《たぬき》の文字を当てて「狐狗狸」とも書くようになったとされる。

一九七〇年代の大ブームの際は、主に女子生徒の間で流行り、全国に広まったが、一部では体調が悪くなったり、おかしなことを口走ったりするなどの事件が起き、遂には多くの学校で禁止令が出された。「おかえりください」といったあとに「ノロウ」や「コロス」など不吉な回答をされ、その数日後に女子生徒が死亡したなどの怪談も、真偽は不明ながら語られている。亜種に「キューピッドさん」や「エンジェルさん」がある。

小坪トンネル《こつぼとんねる》

心霊スポット（日本）

神奈川県鎌倉市と同逗子市小坪にまたがって、県道三一一号鎌倉葉山線上にあるトンネルで、正式名称は「小坪隧道」。長さ一三〇メートルほどで、近くにある名越隧道とともに一八八三年に竣工した。

現在、この付近には、小坪隧道、名越隧道のほか、新小坪隧道、新名越隧道、逗子隧道、新逗子隧道があり、この六つのトンネルを総称して小坪トンネルと呼ぶこともある。

また、鎌倉市材木座と逗子市小坪にまたがる国道一三四号上にあるトンネルも同名の小坪隧道と名づけられているが、ここでは県道三一一号線上の単独の小坪トンネルについて述べる。

小坪トンネルの上の山には火葬場や霊園があり、その影響もあってかこのトンネルで「幽霊を見た」「心霊現象に遭遇した」という目撃談が多い。その種類は多く、以下のようなものがある。

・トンネルの壁に人の顔が浮かび上がる
・髪の長い女性の幽霊が出る
・白い服を着た女性の幽霊が立っていた
・トンネルの天井から女性の幽霊が逆さにぶら下がっていた
・青白い裸の赤ちゃんがフロントガラスに貼り付いた
・落ち武者姿の幽霊が出る
・老婆の幽霊が出て、車を追いかけてくる
・トンネルを抜けたら後部座席に知らない女性が乗っていた（バックミラーに映っており、そのあと消えた）
・タクシーが女性客を乗せたところ、トンネルを抜けるといなくなり、座席が濡れていた
・トンネル走行中、車の窓から誰かが覗いていた
・上半身だけの男性がトンネル内を横切っているのが見えた

タレントのキャシー中島は、以前、友人たちと車に乗って小坪トンネルに肝試しに行き、怪奇現象を体験したとテレビ番組で語っている。

それによると、トンネルの中間あたりで運転者が叫び声を上げ、前を見ると正面から青白い光が近づいてきて、青白い大きな手がフロントガラスにペタリとついた。直後、車の天井に何か重いものが落ちたような衝撃が走り、一同は恐怖に駆られてトンネルを抜けた。助手席に座っていた人は恐怖のあまり硬直して動けなくなり、しばらく脳外科に入院していたという。

コティングリー妖精事件《こてぃんぐりーようせいじけん》

事件

イギリス・イングランドのウェスト・ヨークシャー州、コティングリー村で撮

影したとされた妖精の写真をめぐって起きた論争や騒動。一九一七年、同村に住んでいた当時一六歳のエルシー・ライト、および一〇歳のフランシス・グリフィスという二人の従姉妹が、野外で妖精を撮影したとして二枚の写真を発表した。妖精は小さな美しい人の姿で、薄いガウンを羽織り、背中に大きな羽が生えていた。『シャーロック・ホームズ』シリーズで知られる作家、コナン・ドイルが関心を抱き、神智学協会のエドワード・L・ガードナーに調査を依頼するなど、著名人が関わったこともあって一大センセーションを巻き起こした。一九二〇年、ガードナーが新しいカメラを渡すと、彼女たちは新たに三枚の妖精の写真を撮影。計五枚の写真を巡り、本物か偽物かという論争がくり広げられた。

　本物と認める写真家もいる一方、「光の当たり方が、妖精の部分だけ他の部分と異なっている」「生物であればシャッターが下りる瞬間に動いてしまうため、わずかに輪郭がぼやけるが、妖精の輪郭が明瞭過ぎる」「当時発売された絵本に、この妖精とそっくりのポーズをした絵が載っている」などから、偽物とする指摘も多かった。

　ドイルやガードナーが亡くなったのち、高齢になった彼女たちは真相を告白。絵本を模写したイラストを切り抜き、ピンで留めて撮影したことを認めた。きわめて原始的なトリックであったが、少女たちのいたずらに端を発し、「無垢な少女の前には妖精が姿を現す」という伝説を信じたい大人たちの気持ちが絡み合って起こった事件であった。

人物

五島勉《ごとうべん》

一九二九〜二〇二〇年。日本の作家、ルポライター。本名は後藤力《ごとうつとむ》。一九七三年に、ノストラダムスによる世界滅亡の予言をまとめた『ノストラダムスの大予言』を出版し、ベストセラーとなる。「一九九九年に世界が滅亡する」というショッキングな内容が注目され、出版当時のオイルショックなどの世相とあいまって一大センセーションを巻き起こした。五島は大人だけが読むと考えて出版したが、子供たちがその予言を信じておびえてしまったことを後年謝罪している。

　また、書籍全体は、「恐怖と絶望を提示したあと、終章では『努力すれば終末は回避できる』という希望を語る」という構成になっているが、「いくら希望の部分を強調してもマスコミに取り上げられず、『終末の書』としての部分だけが注目された」と、のちに五島は語っている。一九九九年になると、今度はマスコミから「世界は終わらないじゃないか」と強烈なバッシングがあったという。

コトリバコ《ことりばこ》

怪談

島根県に伝わる怪異とされ、インターネット掲示板・2ちゃんねるのオカルト超常現象板に投稿されて知られるようになった。一見、かわいらしい名前であるが、漢字で「子取り箱」と書き、近くにいる女性や子供が呪われるという恐ろしい怪異である。

　もともとは激しい差別を受けていた集落に、戦から逃れてきた一人の男が伝授した武器だといわれ、その時期は一八六〇年代後半と推測される。作り方は、木でできた複雑な箱を雌の家畜の血で満たした後、集落で間引いた子供（もしくは水子）の死体の一部を入れる。使う死体の数によってその呪いの強さは変わり、一体なら「イッポウ」、二体なら「ニホウ」といったように名前がついている。男はそれを教えた代わりに八体を用いた最強のコトリバコ「ハッカイ」を部落に制作させ、それを持ち去ったという。

　コトリバコの近くにいる子供や女性は、少しずつ内臓が捻じれてちぎれ、血を吐き、苦しみ抜いて死ぬとされる。この武器を手にした集落の人々が、自分たちを差別していた庄屋にそれを送り込んだところ、二週間で女性一人と子供一五人が、その通りになって死亡。集落の人々は、周囲の地域に、「庄屋の惨劇は私たちの呪いによるものだ。今までのことは許せないが、今後、放っておいてくれれば何もしない。もし報復すれば再びこの呪いを振りまく」と宣言。その時点で呪いの箱は七個あり、最終的に一六個作られたとされる。

　その後、集落内でも子供が持ち出して惨劇が起き、人々は両刃の剣である箱の処分を決意したが、呪いの強い「チッポウ」と呼ばれる箱だけは呪いの解除と解体がすんでいないという。なお、コトリバコは「相手の一族を根絶やしにする」という目的からか、呪いを受けるのは幼い子供と出産可能年齢の女性に限られ、一定の年齢以上の男性と閉経後の女性は呪われないとされている。

コハウロンゴロンゴ《こはうろんごろんご》

文字

モアイ像で有名な太平洋上のチリ領イースター島で、一九世紀に発見された文字（原文字）とされるが、文字を模した偽物とする説もある。

　土着語であるラパ・ヌイ語で、コハウとは線、ロンゴロンゴとは暗誦・朗誦・詠唱のことで、詠唱のための線という意味。一八七〇年、宣教師が発見した当時には解読できる現地民が存在しなかった。現地住民のうち一部の階級のみに伝えられたとされる。現在でも解読はできていない。

　木材に刻まれた二六点のテキストが現存しており、それぞれ二〜二三二〇の単独の絵文字と、合計で一五〇〇〇以上の合字の絵文字が刻まれている。一部は宣教師が島に来た以前のものであることがはっきりしている。木のほかに石や像、胸飾りなどに刻まれたものもある。

　長崎県立大学情報システム学部・山口文彦教授が二〇一五年、『ロンゴロンゴ記号列からのノンパラメトリックな情報抽出』および二〇一八年『ロンゴロンゴのデジタルアーカイブと言語情報の抽出』というコンピュータ演算による言語解析アプローチを行った。

コラン・ド・プランシー《こらん・ど・ぷらんしー》

人物

　一七九三〜一八八七年。フランスの文筆家、悪魔学者。成人後はパリで教職についていたが、文筆家を志して一八一八年にさまざまな悪魔の特徴を辞書形式でまとめた『地獄の辞典』を出版する。その後、改定が繰り返され、最終的には三八〇〇項目にものぼる大著となった。その過程において、初版と第二版ではカトリック教会に対しての批判的記述が見られたが、その後、プランシーがカトリック教徒に改宗したため改められている。プランシーがまとめたサタンを頂点とした悪魔王国の構成は、その後の悪魔学に大きな影響を与えた。

コリン・ウィルソン《こりん・うぃるそん》

人物

　一九三一〜二〇一三年。イギリスの小説家、評論家。哲学・心理学のほか、殺人研究、オカルト研究で有名。父親は靴工場で働いていたが家が貧しく、経済的事情から一六歳で学校をやめて働きに出る。さまざまな仕事をしながら空いた時間に執筆を行い、二四歳の時に文化人についての評論「アウトサイダー」を発表し、大きな話題を呼んだ。その後は殺人やオカルトを独自の思想から論じ、ウィルソンはこれを「新実存主義」と称した。ＳＦ小説や警察小説も手がけ、多方面で活躍した。

ゴルゴーン《ごるごーん》(メデューサ《めでゅーさ》)

怪物

　ギリシャ神話に登場する怪物。ゴルゴン三姉妹の三女で、髪の毛が毒蛇であり、見たものを石に変える力を持っている。メデューサは、もともとは絶世の美女であった。その美しさに惹かれた海神ポセイドンは、妻を持つ身でありながらメデューサに思いを寄せ、二人は女神アテナの神殿で密会し関係を結ぶ。

「神殿を汚された」と怒ったアテナは、メデューサを醜い怪物に変えてしまう。メデューサの姉たちも美女であったが、妹への仕打ちに抗議したため、彼女たちもアテナの怒りを買って怪物にされた。ほかに、メデューサが自分の髪の美しさを自慢し、「私の髪はアテナ様より美しい」と言い放ったために、怒ったアテナによって髪を蛇に変えられたという伝承もある。

最終的にメデューサは、アテナの手助けを受けたペルセウスに首を切られる。その首からあふれ出た血から、天馬ペガサスが生まれ、別の伝承ではポセイドンとメドューサの子である巨人クリューサーオールも生まれたとされる。

ペルセウスがメデューサの首を持ち、空飛ぶ翼のあるサンダルで海を渡っているとき、メドューサの首から血が滴り落ち、砂漠に落ちた血からサソリなどの猛毒の生き物が、海に落ちた血から赤いサンゴが生まれたとされる。

コルネリオ・クローザー《こるねりお・くろーざー》

人物

一九五一年に四次元旅行を経験したとされるフィリピンの少年。一二歳のとき、学校で授業を受けている最中に、彼は放心したようにふらふらと立ち上がり、体がだんだんと透明になって、一分経ったのち完全に姿を消してしまう。この超常現象に学校中がたちまち大騒ぎとなり、警察まで呼ぶ騒動に発展する。

学校やその周辺で見つからなかったクローザーは、人々が必死で探している間、じつは何ごともなかったように自宅のベッドにいた。驚いた大人たちが何が起きたのか尋ねると、彼は「一ヶ月前に出会った少女に連れられて自宅に戻った」と答えた。森の中で出会ったその少女は、地面から一〇センチほど浮いていたという。彼女はほかの人には見えないようだったが、クローザーの前にたびたび現れるようになり、ともに空中を飛んで不思議な世界で遊んだと彼は語った。

以後、クローザーが授業を受けているときはしっかりと扉が閉められて監視がつけられたが、少女は壁をすり抜けて現れるため、何度もクローザーを空間移動させてしまう。困り果てた大人と母親は、クローザーを悪魔祓いに連れていき、それからは二度と不思議な現象が起きなくなったという。

コルポ・セーコ《こるぽ・せーこ》

妖怪

ブラジル南部に棲むとされる妖怪。この付近で夜道の一人歩きをするときは、「コルポ・セーコに気をつけねばならない」といわれている。

コルポ・セーコは、前世では人間だったが、母親や周りの人間にひどい暴力をふるう乱暴な性格で、彼の死後、天国の神様も地獄の悪魔も、彼の魂を受け入れることを拒否し、大地も彼の亡骸を埋葬することを許さなかったという。

以来、彼は腐った体をゆらしながら、この世をさまよいつづける亡者となり、ポルトガル語で「枯れた体」を意味するコルポ・セーコと呼ばれるようになった。

体が腐っているので、常に何かをつかんでいないと歩くことができない。そのため、木に寄りかかりながら移動するのだが、コルポ・セーコが触れた木は、たちどころに枯れてしまうといわれる。

　そのため、枯れ木のそばを通るときは、とくに気をつけなければならない。コルポ・セーコがそばにいるか、枯れ木に寄りかかっている可能性があるからだ。ボロボロに腐った姿は枯れ木とそっくりで、見分けにくいので要注意。

　気づかずに近づくと、コルポ・セーコに抱きつかれ、生き血を吸われてしまうとされる。誰かがそばにいて、すぐ引き離してくれれば助かるが、一人なら助からない。そんなわけで、「一人歩きに要注意」なのである。

コロナワクチン陰謀論《ころなわくちんいんぼうろん》

説・論

　二〇二一年より各国で投与が開始された新型コロナウイルス用のワクチンによって感染者が激減しているにもかかわらず、「コロナウイルス流行は嘘」「製薬企業が利益を得るため」「超小型マイクロチップを埋め込むため」といった陰謀論が出回り、それを理由に接種を拒否する人物が世界中に一定数存在する。

　二〇一九年一一月に中国で発生した新型コロナウイルスは、非常に短期間のうちに世界中で流行した経緯を持つため、生物兵器とする説や、大企業が人口抑制のために開発したウイルスとする説が根強く囁かれている。そのため、それを治療するワクチンに対しても何らかの陰謀が存在するという意見が付加される傾向にある。

　さらには、歴史的背景を理由にワクチン投与を拒否する例も存在する。以前のアメリカでは黒人に対して人体実験を目的とした梅毒菌投与が実施された例が存在するため、アメリカの黒人やヒスパニック（中南米系移民）の間ではワクチン投与を危険視する風潮が根強い。

コロポックル《ころぽっくる》

UMA

　アイヌ文化に見られる小人伝説を背景とする妖精あるいはUMA。一説にはアイヌ民族より以前から北海道に棲んでいたともいわれる。コロポックルという名前はアイヌの言葉で「蕗《ふき》の葉の下の人」を表している。その姿は個々の伝承、媒体によって違うが、頭部の大きい小人として、名前の由来通りに蕗の葉とともに描かれることが多い。

　コロポックルについての記述は同じ北海道でも地域によって異なるが、共通しているのは迫害や裏切りなどによってコロポックルから大きな恨みをかったというものである。その際にコロポックルは呪いの言葉を述べ、「この村のものはこれからすべて焼ける。この村は『トカプチー（水は枯れて魚は腐る）』と呼ぶぞ」といったとされ、これが十勝の地名の由来になったともいわれる。

しかし、「『十勝』はアイヌが誇りを持って名づけた地名であり、そのような由来とは考えにくい」という説を唱える研究者もいる。

コロンビアの黄金ジェット機《ころんびあのおうごんじぇっとき》

遺跡・オーパーツ

コロンビア、シヌー地方の古代遺跡で発見されたオーパーツ。名前の通り飛行機を模した黄金色の物体で、幅五センチ、高さ一センチほどの手に乗るサイズであり、装飾品の類と考えられている。「黄金スペースシャトル」とも呼ばれる。シヌー文明時代（五〇〇～八〇〇年）に製造されたという説と、それ以前のプレ・インカ文明（インカ帝国以前のアンデス文明で古いものでは紀元前）の製造物という説がある。現在は、コロンビアの首都ボゴタにある国立銀行付属黄金博物館に展示されている。

発見当初は鳥や昆虫をかたどったものだと思われたが、動物学者のアイヴァン・サンダーソン博士が「これは飛行機をモデルにしたものである」と発言したことによって大きな話題を呼んだ。当然のことながら、当時、飛行機は存在せず、古代文明がその技術を既に有していたとするなら、世紀の大発見といえるからだ。

さらに、博士が航空力学の専門家に調査を依頼したところ、その形状は「航空力学から見ても理にかなっている」という回答を得た。一九九六年には黄金ジェット機を忠実に再現した模型が作られ、飛行実験が行われて見事成功したという。

しかし、実際は飛びやすくするために翼の幅を大きくしていたことが発覚し、結局、このジェット機に隠された技術力を証明するには至らなかった。

じつは黄金ジェット機とともに見つかった同種の装飾品には、飛行機の形をしたもの以外にも、エイなどの魚や鳥、虫などに見えるような大量の類似品がある。そのため、飛行機と解釈できるものがあったのは、単なる偶然ではないかという意見もある。とはいえ、その美しさと興味深いエピソードから、人気・知名度ともに高いオーパーツであることは間違いない。

コンガマト《こんがまと》

UMA

アフリカのザンビア共和国で目撃例のある、翼竜型UMA。翼長は一・五～二・五メートルで、非常に長いくちばしと鋭く並んだ歯を持っている。「コンガマト」とは現地の言葉で「小舟を壊すもの」という意味で、その獰猛性を象徴している。

実際に、一九五七年にはザンビアのバングウェウル湖付近で、翼竜のような生き物に襲われた者がいるという。その前年には、同じ湖で二匹の怪鳥が上空を飛んでいる姿が目撃された。そのため、コンガマトの本格的な調査が進められたが、その後の詳しい情報は途絶えている。一説には「ランフォリクス」という古代翼竜の生き残りではないかといわれているが、実物の情報が少ないため、解明には至っていない。

コンジアム精神病院《こんじあむせいしんびょういん》

心霊スポット（世界）

韓国、京畿道広州市《けいきどうこうしゅうし》の山奥にある精神病院の建物で、現在は廃墟となっている。漢字では「昆池岩精神病院」と書く。

正式名称は「南陽精神病院」といい、一九九二年一二月に病床数四〇床の専門病院として開院したが、わずか四年足らずのちの一九九六年七月に閉院された。経営難などが原因ではなく、表向きは経営者の息子たちに病院を継ぐ気がなかったためとされている。

しかし、「じつは院長が精神病にかかって自殺した」「閉院前に患者が相次いで謎の死を遂げた」「院内で生体実験が行われていた」など、さまざまな噂が飛び交っている。

建てられてから四半世紀余り、取り壊されることなく放置されたままであるため、正門は錆びた門で閉ざされ、窓は壊れ、鉄格子のあるコンクリートの建物は、ところどころ崩れかけている。周囲に生い茂った木々と溶け合い、不気味さを醸し出している。

内部も当時のまま放置されているため、荒れ果てた様子となっている。廃墟マニアには魅力的なようで、立ち入り禁止にもかかわらず、忍び込む人が後を絶たない。侵入者からは「うめき声か聞こえた」「幽霊が出た」という声も聞かれるという。

二〇一九年、この病院を舞台にしたホラー映画「コンジアム」が公開された。実際に廃墟となったコンジアム精神病院で撮影したことでも話題となった。

コンタクティ《こんたくてぃ》

宇宙・UFO・宇宙人

異星人やUFO搭乗員と遭遇したと主張する人物。一九四七年に起きた「アーノルド事件」のケネス・アーノルドや「アダムスキー事件」のジョージ・アダムスキーなどはその代表例で、彼らは異星人と友好的な関係を築いたと述べている。

一方、近年は接触しなくてもテレパシーのみで意思疎通したという意味でも使われるようになり、「コンタクティ」という言葉に宗教的要素が混同されることもある。そのため、現在は懐疑的な目で見られることも多くなっている。

column 02

事故物件に住んでみた

2020年の夏、『事故物件　恐い間取り』という映画がヒットした。「事故物件住みます芸人」の松原タニシが書いた原作本の映画化で、芸人が事故物件に住み、そこで起こる怪奇現象をレポートするうち、いろいろな恐ろしい目に遭うというストーリーである。

私はこの映画を、ちょっとした思い入れをもって観た。というのは、二〇代のころ、私も事故物件に住んだ経験があるからだ。

それは大学4回生のときだった。3回生のとき、同志社大学（京都府）から早稲田大学（東京都）に国内留学した私は、4回生になってからも、留学中に住んでいた千葉でそのまま暮らしながら、毎週末、夜行バスで京都へ通学する生活を送っていた。

ところが、卒業間際になって、わずかに単位が足りないことが判明。「遠距離通学をしている場合ではない」と、同志社大学の近くで物件を探して住み、腰を据えて単位を取得することにした。

あと三ヶ月で卒業だったため、寝泊まりできればどこでもいいと考え、家賃一万円台の安いところを探したが、物件探しもそう甘くはない。隙間風が吹きすさぶベニヤ板の古びた建物や、配管が古くてトイレが使用できない倉庫など、さすがに住めないと思う物件しか見つからなかった。

「やはり一万円台では無理か」と諦めかけたとき、不動産屋から紹介されたのが、近隣の、女子大生が最近亡くなったという事故物件であった。聞けば、首を吊って亡くなったという。

「殺人だったら恐ろしいが、自殺だったらまだまし」と、そのときの私は考えた。通常ならば家賃七万円ほどの部屋とのことであった。

事故物件は、事件後に一度、誰かが住めば事故物件として報告しなくてすむようになるという。ならば、お互いにウィンウィンだと割り切って住むことにした。「いずれみんな死ぬのだし、そう怖いこともなかろう」と軽く考えての即決であった。

ところが、住み始めてみると、霊感などまったくない私の身に、いろいろなことが起こり始めた。寝るときに金縛りにあったり、シャワーを浴びていると、なぜか長い髪の毛が落ちていたり……（当時から私は坊主頭であり、長髪の誰かを連れてきたわけでもなかった）。

近くの寺の鐘の音が真夜中に聞こえてきたり、突然、部屋の中で変な物音がしたりと、薄気味悪い出来事が続いた。霊感の強い知人が遊びに来たときには、「この部屋はヤバい！」といって帰ってしまった。

管理人に、前に住んでいた女性について訊ねると、「いい子やったよ。成仏できていないのかもしれない。かわいそうに。親より先に死ぬなんて……」と涙を浮かべていた。そして、私の部屋に色鮮やかな花を供えていった。

それからは、物音などの妙なことが起きても、不思議と気にならなくなった。不気味に感じるより、「霊が何かを語りたがっているのだろう」と耳を傾けるようになったのだ（だからといって、直接的に霊の言葉が聞こえることはなかったが）。自分の体験した不思議な現象を人に話すことも、亡くなった人の供養になるのではないかとも考えるようになった。

映画のような派手なことは起きなかったが、自分にとっては貴重な事故物件体験であった。

さ

サードマン現象《さーどまんげんしょう》

現象

絶体絶命の危機に陥ったときに起きる現象。多くは何者かが現れ、その案内に従って進んでいくと命が助かるといった形になっている。有名なのはアメリカの九・一一同時多発テロのときのもので、建物が崩壊して粉塵で視界もままならない中、突然謎の声が聞こえて、それが導くままに避難するとギリギリ脱出できたというエピソードがある。

このようにサードマン現象は視界が悪く、迷ってしまうと死の危険がある場所で多く報告されており、他の例では深海や雪山などがあげられる。謎の人物が目の前にはっきり見えることもあり、過去には山奥でなぜか普通の服装をした女性に助けられたというものもある。正体は極限状態で脳が生み出した神秘的な幻覚という意見があるが、はっきりしたことはわかっていない。

サイ科学《さいかがく》

超能力・超常現象

ＵＦＯや超能力、臨死体験など、超常現象全般を科学的見地で研究する行為を表す。提唱者は電気通信大学名誉教授だった関英男。

日本最大のサイ科学研究組織である「日本サイ科学会」のホームページによると、サイ（Ψ，ψ）はギリシャ語の「魂」の頭文字であり、その流れで「ＰＳＩ」が超能力などの超常現象を意味するようになったとのこと。

既存の科学では説明することが不可能な現象が、世界中でたびたび発生しているのは事実である。サイ科学はそのような超常現象を追究して本質を探ろうとする学問である。

今後、サイ科学の研究が進めば、ＵＦＯや超能力、死後の世界の謎が解明される日が来るかもしれない。

サイコ《さいこ》

作品（映画）

一九六〇年六月に公開された米国映画（日本での公開は同年九月）。サスペンスの巨匠、アルフレッド・ヒッチコック監督による古典的名作で、全編モノクロ映像。原作は、作家ロバート・ブロックが米国犯罪史に残る猟奇殺人鬼、エド・ゲインの事件にヒントを得て執筆した小説『サイコ』。

ある女性が、車で恋人の元へと急ぐ途中、大雨のためにたまたま見かけたモーテルに泊まる。そこには、母と暮らしながら宿を切り盛りする青年がいた。そこから物語は恐ろしい方向に展開していく。

予測のつかない恐怖と心理描写で観客の心を震撼させた本作は、以後、幾多の作品に影響を与えた。モノクロでありながら強いインパクトをもつ描写は、多くの模倣やパロディーを生んだ。この映画によって「サイコ」という言葉は世界中に広まり、「精神的異常性」というニュアンスでも使われるようになった。

サイコキネシス《さいこきねしす》

超能力・超常現象

意思の力で物体を動かす能力のこと。「念力」「念動力」などとも言われる。これまで古今東西で製作された映画、漫画、ゲームに登場する多くのキャラが使用したものであり、テレパシーと並ぶ最も有名な超能力である。

「テレキネシス」の同義語とされることが多いが、両者には厳密な違いがあり、テレキネシスが対象物に意思のエネルギーを与えて自動的に動かす能力であるのに対し、サイコキネシスは意思の力で物理的な力を発生させる能力を指す。

日本でサイコキネシスという言葉が知られるようになったきっかけは、一九七四年に来日した超能力者ユリ・ゲラーのパフォーマンスである。テレビ番組放送中にゲラーが壊れた腕時計をテレビ画面の前に突き出してくれと呼びかけたところ、腕時計が再び動き出したという声が全国から殺到した。

当時の腕時計はグリス（潤滑油）が固まって故障する例が多く、視聴者が両手で強く握りしめたことでグリスが溶けたというのが真相のようだが、当時の日本人の多くがサイコキネシスの実在を確信したのだ。

最後の審判《さいごのしんぱん》

オカルト用語

世界の終焉が訪れた後に、人は生前の行いを審判されて天国行きか地獄行きかを決められるという信仰。ペルシア発祥の世界最古の一神教といわれるゾロアスター教では、善神と悪神の闘争で最終的に悪が滅びるとともに世界も滅び、最後の審判が行われるとされる。

ユダヤ教はゾロアスター教の影響を受けて、最後の審判ではメシアが復活して審判を行うとしている。キリスト教では、復活したイエス・キリストが再臨して審判を行う。イスラム教では、アッラーフが審判をくだすとされる。

一九七三年、作家五島勉の『ノストラダムスの大予言』では、一九九九年に恐怖の大王が来て人類滅亡が訪れるとした。本はベストセラーとなり、テレビ番組でもとりあげられ、当時、本気にした小学生を始め多くの人々が、一九九九年に寿命が尽きると思っていた。

サイコメトリー《さいこめとりー》

超能力・超常現象

⇩オブジェクトリーディング

齋藤《さいとう》守弘《もりひろ》

人物

一九三二〜二〇一七年。東京都出身のSF作家、科学評論家および古代文明研究家。父は九州帝国大学助手、母は地元の大地主という家に生まれ、小学五年生の時に福島県に疎開し、その二年後に敗戦のため東京に戻る。その頃、アメリカへの復讐として原子破壊機の発明を決意し、物理学の本を読みあさっていたという。それが物理学に興味を持つ発端となり、東京教育大学（現在の筑波大学）時代は素粒子論を専攻した。

　卒業後は会社役員を務めていたが、日本空飛ぶ円盤研究会の例会でSF愛好者たちと知り合い、SF同人誌「宇宙塵」に第一期会員として参加する。メンバーの中にはSF小説の第一人者、星新一も含まれていた。その後は豊富な科学知識を生かして解説者としてさまざまな番組に出演した。一九八〇年代にはオカルト雑誌『ムー』にも何度か登場している。

　後年は超古代史にも傾倒し、超歴史学研究会理事を務めていた。二〇一七年に老衰のため死去。六〇〜七〇年代のオカルトブームの立役者の一人であった。

佐伯《さえき》日菜子《ひなこ》

人物

一九七七年〜。奈良県大和郡山市出身。一九九四年に『毎日が夏休み』（金子修介監督）で女優デビュー。一九九七年には古賀新一の漫画を原作とした映画『エコエコアザラクⅢ』（上野勝仁監督）で主人公・黒井ミサを演じる。一九九八年に公開された『らせん』（飯田譲治監督）では、物語の元凶となる山村貞子役を担当。不気味さと妖艶さを兼ね備えたその姿は、公開時に大きな反響を呼んだ。二〇〇〇年には伊藤潤二の漫画を原作とした『うずまき』（ヒグチンスキー監督）に出演し、ホラークイーンとしての地位を確立。それ以降は、押井守監督作品や特撮系のテレビドラマに定期的に出演し、その独特の存在感で観客や視聴者に強烈な印象を与えた。二〇一〇年代からはミニシアター系の映画に出演し、シリアスかつコミカルな演技で新境地を開いている。二〇二一年現在、長女が「成海花音」名義で芸能界デビューしており、映画や舞台に出演している。

酒井《さかい》勝軍《かつとき》

人物

一八七四〜一九四〇年。山形県出身のオカルティスト。もともとはキリスト教の牧師であったが、シベリア出兵を経験してから、親米主義、平和主義を外れていくことになる。それからは反ユダヤ主義者であったが、一九二七年にパレスチナ、エジプトに派遣されてからは、親ユダヤを強め、日本とユダヤの祖先が同一であるとする日ユ同祖論を展開する。また、広島県の葦嶽山を日本のピラミッドと述べたり、神代文字を支持したり、ヒヒイロカネの特徴をまとめたりするなど、日本における超古代文明についてさまざまな記述を残している。

坂出《さかいで》送電塔《そうでんとう》倒壊《とうかい》事件《じけん》

事件

一九九八年二月に香川県坂出市で何者かが送電鉄塔を倒壊させた怪事件。死傷者はいなかったが、周辺世帯が一万五千戸以上停電し、信号機約六〇基が停止した。また、物理的な影響として、垂れさがった電線が瀬戸中央自動車道の障害になり、五時間半もの間通行規制がなされた。

当初は落雷などの自然現象が原因だと思われたが、鉄塔台座部のボルトが七六本も抜き取られていたため、人為的なものだと判明した。しかし、結局犯人は捕まらず、二〇〇三年二月に時効を迎えて未解決事件となった。

桜《さくら》の森《もり》の満開《まんかい》の下《した》

作品（小説）

坂口安吾の短編小説。坂口の代表作の一つで傑作と称される。一九四七年六月に雑誌『肉体』（暁社）創刊号に掲載。文庫版は講談社文芸文庫、岩波文庫などで刊行されている。

ある峠の山賊と、妖しく美しく残酷な女との幻想と怪奇の世界を、満開の桜をモチーフに描く。

坂口が後に書いたエッセイ『桜の花ざかり』によれば、東京大空襲後に死者たちを上野の山で焼いたとき、桜が満開で、人けのない森を風が吹き抜け、「逃げだしたくなるような静寂がはりつめて」いたという。それを原風景として、約二年後に本作が執筆されたと考えられている。

一九七五年、本作を原作とする篠田正浩監督による同名の映画が公開された。

サザエさん《さざえさん》の最終回《さいしゅうかい》

都市伝説

五〇年以上にわたって放送されているテレビアニメ「サザエさん」の最終回の内容についての二つの都市伝説。一つはサザエさん一家がハワイ旅行に行った帰りに飛行機が海に墜落。サザエが貝の栄螺《さざえ》に、カツオが魚の鰹《かつお》へと、一家が名前通りの海の生物に変化するというもの。

もう一つは波平が認知症を患ったことをきっかけに家族は崩壊。マスオが愛人を作ったことでサザエの精神が崩壊し、家族に反発したカツオは覚醒剤に手を出し、ワカメは売春を始めるという恐ろしい内容だ。家族崩壊パターンが噂されるようになったのは一九八〇年代中盤からであるが、これは漫画家・しりあがり寿が大学在学時に手がけたパロディ漫画「サザ江さん」が元ネタになっているという。「サザ江さん」の内容は、波平が娘のサザエに突如欲情して押し倒した挙句にサザエに撲殺され、フネは新興宗教に没頭し、カツオは同級生を妊娠させて、タラオは覚醒剤中毒になった後に死亡するという内容だった。「サザエさん」は、人間関係や家族構成が変わらないマンネリズムを特徴とする作品だ。それゆえ、人々は不動のサザエさんワールドが崩壊する光景を想像してしまうのかもしれない。

座敷童《ざしきわらし》

妖怪

おもに岩手県に伝わる妖怪。「座敷童子」とも書く。家の座敷に棲む一種の守り神と考えられ、住人にいたずらをすることもあるが、家に富をもたらしたり、災厄を防いだりするとされる。

とくに、座敷童の姿を見た者には幸運が訪れるといわれている。また、座敷童がいる間はその家が栄え、去ったあとは衰退するとも伝えられている。

伝承や目撃情報は岩手県が中心だが、青森県、宮城県、秋田県など、東北地方全域で見られる。

推定年齢や性別、服装は、その家ごとに違っている。多いのは五～六歳と見られる子供の姿だが、三歳くらいから一五歳くらいまで幅がある。髪は女の子ならおかっぱ髪、男の子ならざんぎり頭が典型的。

男の子はかすりか縞模様の黒っぽい着物、女の子は小袖や赤いちゃんちゃんこを着ていることが多いが、振袖姿の場合もある。ぼんやりとした影のような現れ方で、性別や服装が不明のケースも少なくない。

家や家人に危害を加えることはないが、自分の存在を知って欲しいかのようなちょっとしたいたずらをする。小さな足跡をいろりの灰に残したり、誰もいない部屋で物音を立てたり、鼻をすすったりという具合である。

現在、座敷童に会える宿として、岩手県の「緑風荘」「菅原別館」などが知られている。

サシ・ペレレ《さし・ぺれれ》

妖怪

いたずら好きなことで知られるブラジルの妖怪。幼児くらいの背丈で、肌の色は黒く、赤い頭巾を被っている。両手のひらには、なぜか穴があいており、一方の手にタバコを吸うためのパイプを持っている。

足が一本しかないが、跳びはねながら活発に動き回る。ときには、サシ・ペレレが高速で動いたために、小さな竜巻が起こることもあるとされる。

目撃者の話では、いつも被っている赤い頭巾を使って一瞬で姿を消し、違うところに現れる魔術を見せてくれたという。

とにかくいたずらが大好きで、突然、通りかかった人の背後に現れて驚かせたり、家の中で子供のおもちゃを隠したり、台所で塩をこぼしたり、馬のしっぽを三つ編みにしたり……。無邪気ないたずらばかりなので、怒る人はおらず、むしろ皆、そのいたずらを楽しんでいる。

　サシ・ペレレは森の植物やハーブに詳しく、それらを大切に守る役目もしている。普段は穏和な妖怪だが、植物を乱獲すると怒りを買ってしまうので注意が必要だといわれている。

　一本足になったのは、かつて奴隷だった黒人たちがあみ出した格闘技、「カポエイラ」の試合が原因とされる。今ではブラジル独自の文化として有名なカポエイラとの関わりも、サシ・ペレレが皆に愛される理由の一つかもしれない。

　水木しげるの漫画『悪魔くん』にも登場したので、南米の妖怪の中では、比較的日本でも知られている。

サスペリア《さすぺりあ》

作品（映画）

一九七七年二月に公開されたイタリアのホラー映画（日本での公開は同年六月）。監督はダリオ・アルジェント。トマス・ド・クインシーの小説『深き淵よりの嘆息』をモチーフに脚本が作られた。

　ドイツのバレエ名門校に入学した若い女性の身に、次々と不気味な出来事が起こる。やがて、この学校のとんでもない秘密が次第に明らかになるとともに、さまざまな恐怖が彼女を襲う。

　多くの映画音楽を手がけたイタリアのロックバンド、ゴブリンの音楽が、音響立体移動装置（サーカム・サウンド・システム）で観客の恐怖を増幅させた。

　日本では、公開当時のキャッチコピー、「決してひとりでは見ないでください」が流行語になり、同年公開の洋画でベストテンに入るヒットを記録。

　この映画の後に製作された『インフェルノ』（一九八〇年）、『サスペリア・テルザ　最後の魔女』（二〇〇七年）と合わせて「魔女三部作」と呼ばれる。

サッパン・スックーン《さっぱん・すっくーん》

妖怪

アルゼンチンやボリビアの、主に農村地域で知られる女性の姿の妖怪。小麦色の肌で、長い髪の毛と魅力的な黒い目を持ち。なぜか手のひらだけは雪のように白い。

　服を身にまとわず、いつも全裸で、最大の特徴である異様に大きな乳房をゆさぶりながら歩く。「サッパン……スックーン」という音を立てながら歩くので、その擬音語から名前がつけられたという。

　農家の女性たちが畑仕事をしていると、どこからともなくやってきて、子供たちと遊んだり、必要なら母乳を与えたりして面倒を見てくれる。

　このエピソードからもわかる通り、非

常にやさしい性格で人間のために役立ってくれる妖怪だが、その恩恵にあずかり続けるためには、一つだけ厳守すべきことがある。それは、ビクーニャという動物を絶対に殺してはならないということだ。ビクーニャは、この地域に生息するアルパカに似たラクダ科の動物である。

　意図的にでなくても、もしビクーニャを殺してしまうと、その家の子供をさらい、二度と返してくれないとされている。そのため、この地域の男たちは狩りの際、間違ってもビクーニャを仕留めないよう細心の注意を払うという。

　ある地域には、巨大なサッパン・スックーンが、何人かの村の男たちを大きな乳房で捕まえて連れ去ったという言い伝えがある。連れ去られたのは、畑仕事を怠けて休んでいた男たちだったといわれている。

サティヤ・サイ・ババ《さてぃや・さい・ばば》

人物

一九二六～二〇一一年。インドの聖者、霊的指導者。インド各地にその名を冠した学校や病院がある。インド南部の街、プッタパルティにはサイババ教団の本部があり、空港や病院も完備されている。国内外に数百万の信奉者がおり、世界の一〇〇ヶ所以上に一〇〇〇以上のサティヤ・サイ・ババ・センターを作った。

　本名はサチャナラヤーナ・ラージュナ。幼少期より特異な能力を発揮する。一四歳のとき、自らを一九世紀に活躍したインドの霊的指導者「シルディ・サイババ」の生まれ変わりだと確信し、「サイ・ババ（正確な発音に近いのは「サーイー・バーバー」で「聖なる父」の意味）と名乗る。一九四〇年に家を出て説法を始めると、立て続けに病を治すなどの奇跡を起こし、インド全土に知られるようになる。その二〇～三〇年後には、世界中で存在が知られるようになった。

　サイ・ババの起こす奇跡としては、病人に触れたり、ビブーティーと呼ばれる聖灰を与えたりすることで病気を治すほか、空中で手をくるりと回すだけでビブーティーがこぼれ落ちてきたり、指輪や腕輪、ロケットなどが現れたりという「物質化」を起こすことで知られる。遠隔地にある信者の家で物質化を起こすこともあれば、飾ってあるサイ・ババの写真から延々とビブーティーがこぼれ落ちてきたり、与えられたロケットなどからアムリタ（神聖蜜）と呼ばれる甘い蜜状のものが流れ続けたりするケースもある。

　二〇〇〇年前後に、「これらの奇跡はトリックであり、サイ・ババは青少年に性的虐待をしており、サイ・ババの病院では臓器売買が行われている」などと批判する者たちがインド国内及びヨーロッパに現れたが、サイ・ババと教団はこれを否定。インドでは、要人たちが「批判は事実無根」との声明を出した。

トリックの現場を撮影したという画像も出回ったが、実際にはどうだったのかという詳しい検証はされていない。手からビブーティーや指輪などを出すことはトリックで説明できたとしても、写真やロケットからビブーティーやアムリタが出続ける現象は、トリックでは説明しきれないのではないかという意見もある。

佐藤有文《さとうありふみ》

人物

一九三九〜一九九九年。秋田県出身の怪奇作家、オカルト作家。父親は作家の佐藤鉄章。代表作は『日本妖怪図鑑』『世界妖怪図鑑』など。そのほかにも『怪奇！日本ミステリー図鑑』『吸血鬼百科』『悪魔全書』など、一九七〇年代に数多くの怪奇系児童書を出版し、当時のオカルトブームに貢献した。

妖怪や悪魔に関する書籍を得意としており、『日本妖怪図鑑』は何十回も重版されるベストセラーとなっている。一方で、その解説には根拠が乏しいものや、作者本人の想像によるものが含まれるという声もある。しかし、その著書のファンは今でも多く、廃刊になったものの復刻を望む声も多い。

さとるくん《さとるくん》

都市伝説

二〇〇〇年代前半に流行した都市伝説。「さとるくん」は電話で呼び出すことができる謎の存在とされ、一説によれば人の心を読む妖怪「覚《さとり》」に由来するという。

さとるくんを呼び出すには、まず公衆電話に一〇円玉を入れて自分の携帯電話にかける。携帯電話側で受けたあと、公衆電話の受話器から「さとるくん、さとるくん、おいでください。さとるくん、さとるくん、おいでください。さとるくん、さとるくん、いらっしゃったらお返事ください」と唱える。

すると二四時間以内にさとるくんから携帯電話に電話がかかってくる。電話に出ると、さとるくんが今いる位置を知らせてくる。何回か電話が来て、さとるくんの位置が次第に自分に近づき、最後は自分の後ろへ。このとき、さとるくんはどんな質問にも答えてくれるが、後ろを振り返ると、さとるくんにどこかに連れ去られてしまうという。

さとるくんへの質問が思い浮かばない場合や、すでに自分が答えを知っている質問をした場合も、さとるくんが怒ってしまうとされる。

公衆電話からかけたあと、「携帯電話の電源は切っておかなければならず、電源オフにもかかわらずさとるくんからかかってくる」というバージョンもある。

サナト・クマラ《さなと・くまら》

神話・伝説・叙事詩

サンスクリット語で「永遠の若者」の

意味。ヒンドゥー教の創造神ブラフマーの息子で、古代インドでは重要視されていた神。サナト・クマーラともいう。二〇世紀以降、近代神智学系の人々は、サナト・クマラは一八五〇万年前に金星からゴビ砂漠上空に来たと設定している。

日本では、一九四九年に天台宗から独立した鞍馬弘教で、御法魔王尊がサナト・クマラであり、六五〇万年前に金星から飛来したとされている。神智学やオカルティズムを日本に紹介した三浦関造は、サナト・クマラは法華経の上行菩薩であるとしている。

二〇一五年、『Fate/Grand Order』がゲーム、漫画、小説で展開された。登場人物であるエレナ・ブラヴァツキーの宝具がサナト・クマラ（金星神・火炎天主）とされる。ブラヴァツキーは、近代智神学を創唱した実在の人物。

二〇一六年発売、ゲーム『東京放課後サモナーズ』のキャラクターとしてサナト・クマラが登場。学生服の上に半袈裟と念珠を首からかけている。

サバト《さばと》

魔術

ヨーロッパで信じられていた魔女あるいは悪魔崇拝の集会のこと。語源については諸説あるが、安息日である第七日を表すヘブライ語のシェバトに由来するといわれる。

一〇世紀のキリスト教の法規書には、魔女達の女神はディアーナとヘロディアスであると書かれ、当時ヨーロッパの各地で、夜間に異教の女神であるディアーナに導かれて野獣に乗って集う異教的民間信仰があったとされている。その頃はまだ悪魔に仕える魔女という存在の概念は確立していなかったが、女たちの夜の旅や集会は、魔女がホウキや動物にまたがって夜に集うという後世に作られた類型的サバト像に通じる。

一二世紀から異端審問が始まり、一四世紀初めにヨハネス二二世のマニュフェストで魔術が教会の管理する異端の一つに挙げられたことから、異端審問官や学者らによって悪魔的なサバトの概念が作り上げられ、魔女裁判が行われるようになった。サバトに参加した罪で断罪された人々の記録は、一七世紀ごろまで見られるが、サバトについて多くは、故意による虚報か人々の想像の産物と考えられている。

サバトが行われるとされた有名な場所は、フランスではブルターニュ半島、カリニャーノ、ピュイ・ド・ドーム山、ドイツはブロッケン山、シュヴァルツヴァルト、ポーランドはバルド山など。

サブリミナル《さぶりみなる》

オカルト用語

潜在意識のこと。それに働きかける「サブリミナル効果」が有名。これは動画の中に非常に短い時間一コマだけ関係ない静止画を混ぜることにより、視聴者の潜在意識にその情報を刷り込む手法である。顕在意識には残っていないが、理性で制御できる意識を超えて刷り込むことで、その情報を自然に取り込んで従ったり、影響を受けたりするとされる。しかし、根拠のない似非《えせ》科学という見方もある。

かつては日本のテレビでも使用されており、当時は番組に関連した画像で、サプライズや娯楽の要素が強かった。しかし一部では宗教とのつながりが指摘されたケースもあり、次第にマイナスイメージを伴うものとなった。そのため、現在では法的規制はないものの自粛することが共通認識となっている。

鮫島事件《さめじまじけん》

都市伝説

ネット掲示板2ちゃんねるを中心に広まった事件名。「この話題を出したとたん、誰もが口をつぐむほど恐ろしく忌まわしいあの事件」「その真相は隠蔽され、語ることさえタブーとされ、事件の裏には多数の被害者と公安の存在がある」というように語られ、「語るのもタブー」という前提ゆえに内容が明らかにされないまま拡がった。

発端は二〇〇一年に、「伝説の『鮫島スレ』について語ろう」というスレッドが立てられたこととされる。このスレを立てた人物を始め、誰も事件の核心には触れないまま、周辺事情だけを語る人々によって事件の名前だけが一人歩きし始めた。

その後、当該スレッドを立てた本人が「釣り」(インターネット上で人を騙して反応を楽しむ愉快犯的な行為)であることを明らかにしてもこの事件名は消えず、ときおり話題にのぼってはさまざまな情報が飛び交い、追加されている。二〇二〇年にはこれをモチーフとする映画も公開された。

現在では、ほとんどの場合、「『真相を探ろうとしたら消されるヤバい案件』というネタ」という位置づけで語られており、それを楽しむと同時に、掲示板の新参者をからかう材料にされることもあるようだ。

サルガッソ海《さるがっそかい》

地名

大西洋の一部、フロリダ半島からジブラルタル海峡あたり、長さ三二〇〇キロメートル・幅一一〇〇キロメートルの範囲を指す。メキシコ湾流、北大西洋海流、カナリア海流、大西洋赤道海流により大きな渦が作られ、海藻やゴミなどが集まりやすい。浮遊性の海藻サルガッスムに因んでサルガッソ海とされる。大西洋の中でも透明度が高く静かで美しい海だが、風がほとんど吹かないため、かつては藻などが船にまとわりついて難破する船も多かった。帆船が主流だった大航海時代には、魔の海域と恐れられていたとされる。

　この海域の西端にバミューダ諸島がある。バミューダトライアングルにはこのサルガッソ海の一部が含まれ、サルガッソ海もまた「船の墓場」などと呼ばれ、藻がからみつく幽霊船などの伝説が生まれる海域になっている。

　実際には、他の海域より浮遊性の海藻が集まりやすいものの、外洋航海用の船が藻によって航行不能に陥る事はあり得ず、海面下数メートルにあるスクリューに藻が絡み付く事もない。現実的には、この海域の特異性を原因とした明確な遭難記録はない。

　一九四〇年、E・M・ハミルトンの「キャプテン・フューチャー」シリーズ（『暗黒星大接近!』・『謎の宇宙船強奪団』）で、太陽系内の宇宙船の墓場として登場。一九七七年、歌手・大貫妙子のアルバム『サンシャワー』の九曲目タイトルが「サルガッソ海」。一九九七年、尾田栄一郎が漫画『ワンピース』の連載を開始。登場人物のウソップが「必殺緑星　サルガッソ」という技で大量の海藻を出現させる。

サンアントニオの踏切《さんあんとにおのふみきり》

心霊スポット（世界）

アメリカ・テキサス州、サンアントニオにある踏切。踏切事故で亡くなった子供たちの霊による怪現象が多発するといわれている。

　伝えられる事故の経緯は以下の通り。一九三八年、子供たちを乗せて学校に向かっていた一台のスクールバスが、踏切内で故障して動けなくなってしまった。最悪のタイミングで列車が来て、バスと衝突。バスは大破し、子供たちは無残にも全員亡くなり、その遺体はバラバラになって付近に散乱したという。

　それ以来、この踏切で怪現象が見られるようになった。車でこの踏切の手前にさしかかると、アクセルを踏んでいなくても踏切の方へ車が動く。踏切の手前からは上り坂になっているので、アクセルを踏まなければ動くはずはないが、吸い寄せられるように動くのだという。

　さらに、そのあとに車の後部を見ると、パンバーにたくさんの子供の手形がついているという。踏切内の線路上で人魂らしきものが飛び交っていたとか、誰もいないのに悲鳴のような声が聞こえたなどの証言もある。

　怖いもの見たさに車で来て、踏切の手前でわざとニュートラルにして動くのを確かめたり、ご丁寧にも車の後部にパウダーをかけて手形がわかりやすいようにしたりするマニアも訪れ、その多くで同じような現象が確認されているという。

　ただ、この踏切事故は、実際には別の州で起こったものが、なぜかサンアントニオで起こったことになったという説もある。また、踏切に向かって上り坂なのは目の錯覚

（実際には下り坂だが、景色によって上り坂に見える）という見方もある。

サンジェルマン伯爵《さんじぇるまんはくしゃく》

人物

一七一〇〜一七八四年。フランス革命期に現れた謎の人物。革命前に現れて予言や魔術を行ったとされる。自らを二〇〇〇歳であると主張し、ヨーロッパの言語をほとんどすべて話すことができた。さらに古代イスラエルの王ソロモンと会った経験や、金を生成する能力があるなど、さまざまな伝承がある。ドイツでフリーメーソンを設立したのち、一七八四年にシュレスウィッヒで死亡したとされているが、その五年後、一七八九年のパリやヨーロッパ各地でその姿を目撃したという情報がある。

3時にあいましょう《さんじにあいましょう》

メディア（テレビ番組）

ＴＢＳ系列で、一九七三年七月から一九九二年一〇月、月〜金曜日の一五時台に生放送されたワイドショー番組。

当初は船越英二と野際陽子が司会を担当し、生活情報を中心に扱っていたが、一九七五年四月に、ＨＮＫを退職した野村泰治が四代目司会者となって以降は、数人のリポーターを配して凶悪事件やスキャンダルなどの芸能情報を扱う路線に変更。長年、フジテレビ系列の『3時のあなた』とスクープ合戦を行った。

一九七〇年代後半から、ワイドショーがこぞって心霊特集を組む中、同番組でも水曜日に心霊特集が組まれた。視聴者から寄せられた心霊写真を披露し、中岡俊哉を始め、占い師の王麗華、僧侶で霊能者の宗川円学らが解説した。

三時ババア《さんじばばあ》

怪談

学校で午後三時に現れるお婆さんの怪異。トイレに出現することが多く、午後三時に個室に入るとカギが開かなくなり、どこからかお婆さんの不気味な声が聞こえるというもの。どんな声なのか、何をいうのかは明らかにされていない。

さらに地域によっては、「三階の女子トイレの奥から三番目の個室に三時ちょうどに入ると三時ババアが出る」といったような複雑な条件がつくパターンも存在する。

また、この例では姿は見えずに声がするだけだが、「三時にトイレの鏡からお婆さんが現れて子供を引きずり込む」「三時になると車いすに乗ったお婆さんが現れ、学校中を時速一〇〇キロで爆走して消える」など、三時ババアという怪談には数々のバリエーションがある。「糞を関西圏でババと呼ぶことから連想された」という説もある。

サンチアゴ航空513便事件《さんちあごこうくうごひゃくじゅうさんびんじけん》

事件

一九八九年一〇月、ブラジルに正体不明の飛行機が着陸し、機内に乗客乗員九二名の白骨死体が見つかり、さらにその機体が一九五四年に西ドイツから離陸したまま行方不明となっていたサンチアゴ航空五一三便と判明したとされた事件。

事件を報じたのはアメリカのタブロイド紙「ウィークリー・ワールド・ニュース」で、この報道に人々は色めき立ち、「タイムリープ実在説」や「逆バミューダ現象」などさまざまな憶測がとびかった。日本でもオカルト雑誌やバラエティ番組などのメディアで取り上げられ大きな話題を呼んだ。しかし、その後、事実と異なる内容が次々と見つかり、ウィークリー・ワールド・ニュースによる捏造記事と判明した。

し

ジークムント・フロイト《じーくむんと・ふろいと》

人物

一八五六～一九三九年。チェコ出身の精神科医および精神分析学者。神経症や心的外傷（PTSD）、夢と無意識の分析を行い精神分析学の祖として知られる。チェコの小さな村でユダヤ人の両親のもとに生まれ、ウィーン大学を卒業後、パリに留学。そこで神経学者のマルタン・シャルコーから精神学を学び、ヒステリー患者の治療を重ねる。それを通して心理療法を体系的に確立し、この時に用いた「自由連想法」が、当時の精神分析治療の基礎となった。

さらに無意識と意識の分析を行い、人間の意識の大半を無意識が占めていると述べた。また、夢を見るのは自らの願望の表れとし、それまで「魂」や「精霊」によって精神が左右されるとされていた宗教的考えを改め、科学的に心理療法の理論を構築した。

シーサーペント《しーさーぺんと》

UMA

世界各地で目撃されている、巨大な海蛇型UMA。大きさは一〇メートルほどから、最大で六〇メートルにも及ぶ。その目撃記録は非常に古く、なんと紀元前四世紀には哲学者アリストテレスが「巨大な海蛇が船を転覆させた」と記している。

目撃情報というよりは神話や伝説の類だが、その後も数多くの船乗りによってその存在が報告されている。そのためネット上には、数多くの写真や情報があるが、その正体は未だ謎に包まれている。

何十メートルにもなる生物は世界でも非常に限られており、既存の生き物ではないという見方が強い。したがって最も有力視されているのはリュウグウノツカイやウミヘビなどが突然変異で超巨大化したというものだが、根拠に乏しく議論は尽きない。

シードマスター《しーどますたー》

説・論

地球、彗星、隕石など天体や、地球上のすべての生物の誕生や進化の過程に干渉する支配者（神）の存在をいう。

ダーウィンの進化論では説明できない生物がいること、実はウイルスが進化に影響しているとする説、昆虫が宇宙からやってきたという説、多種多様な生物が暮らす地球こそ謎であり、誰かの意思で生まれたのではないかと考える説など、謎が支配者の存在を仮定してきたといえる。

シーモンク《しーもんく》

UMA

僧侶のような頭部にイカに似た体がついているという、なんとも不思議なUMAで、別名「ビショップフィッシュ」ともいう（ビショップはキリスト教の司祭の意）。生息地は主に北欧から西欧にかけての海域で、陸上では二足歩行もするという。

シーモンクの目撃情報は古く、一六世紀に世界各地で出現し、その多くが人間によって捕獲されたといわれる。その時、ドイツのある司祭が海へ逃がしてやると、キリスト教徒のように十字を切ってお礼をし、海へ消えたとされる。しかし、それ以来シーモンクの出現情報は途絶えており、現在では巨大なイカやアザラシだったのではないかともいわれている。

ジーン・ディクソン《じーん・でぃくそん》

人物

一九一八〜一九九七年。アメリカの予言者。ノストラダムスやエドガー・ケイシーと並んで世界三大予言者と称される。八歳のころにカリフォルニアで占い師から予知能力を指摘されて水晶を授かったという。それ以来ルーズベルト大統領の死やケネディ大統領の暗殺、ソ連のアフガン侵攻など、重大な政治的事件を次々と的中させた。

一方で、一九五八年に中国と細菌戦争が起きるなど、外した大規模予言もある。現在以降に関する予言としては、二〇〇〇年以降に中東生まれのある指導者がイエス・キリストの生まれ変わりとして現れ、二〇三七年に再びエデンの園を築くと述べている。

シェイヴァー・ミステリー《しぇいゔぁー・みすてりー》

作品（書籍）

アメリカのＳＦ雑誌「アメイジング・ストーリーズ」などに、リチャード・シャープ・シェイヴァーを始めとする作家たちが書いたＳＦシリーズ。

その発端は一九四三年に、シェイヴァーがアメイジング・ストーリーズ誌宛てに一通の手紙を送ったことであった。

その手紙には、自分が地球上の全ての言語の元となる古代語「マンタング」を発見し、さらに、適用すればいかなる言語においても隠された意味を知ることができる「マンタング変換式」も得たと書いてあった。

当時の同誌編集長、レイモンド・Ａ・パーマーは、いくつかの単語で変換式を試して何らかの意味を見出し、シェイヴァーに質問状を返信。それに対してシェイヴァーは、「未来の人々への警告」と名づけた一万語の文書を送り返した。

そこには、有史以前に高度な文明を持って地下に都市を築いていた古代種族について書かれていた。彼らは太陽からの放射線を避けるために他の星に移住したが、取り残された種族の一部は、高潔な精神を保った「テロ」と、退化した邪悪な「デロ」に分かれたという。

さらに、地下都市に住むデロたちは、数千人に及ぶ我々地表の人類を誘拐し、食用や娯楽に供し、また特殊な光線を放つ機器で我々の精神に想念や音声を送って苦悩をもたらしているという。そして、シェイヴァー自身、数年間、彼らの囚人となったことがあると記されていた。

パーマーはシェイヴァーの原稿をわかりやすくリライトして三万語以上の原稿にし、その記事を「レムリアの記憶」と題してアメイジング・ストーリーズ誌に掲載し、連載を開始。第一回目となった一九四五年三月号は、世間に強烈なインパクトを与えてたちまち完売。以後、約三年間、連載継続中の同誌は飛ぶように売れ、社会現象になると同時に大論争を巻き起こした。

同誌の編集部には、「シェイヴァーの主張は真実である」と証言する読者からの手紙が山のように届くとともに、批判も多く寄せられ、パーマーは誌面で反論をくり広げた。

しかし、人気や論争は次第に下火となり、一九四八年、同誌はシェイヴァー・ミステリーに関する全ての記事の掲載を終了。その後シェイヴァーと彼の妻は不定期の『シェイヴァー・ミステリー・マガジン』を刊行した。

一九七一年、パーマーは「シェイヴァーが数年いたのはデロの地底都市ではなく精神病院」と公言。しかし、シェイヴァー・ミステリーは、物理的な現実世界ではなく、精神世界での出来事であり、あくまで本物だと主張し続けた。

ジェイムズ・ブレイド《じぇいむず・ぶれいど》

人物

一七九五～一八九〇年。イギリス、スコットランドの外科医。催眠療法と近代催眠の父とされる。スコットランドのキンロスで生まれ、エディンバラ大学を卒業した後、外科医として内反足と斜視の治療、研究を行った。一八四一年にメスメリズム（すべての生物が持つとされる自然の力）に触れて強い関心を抱き、催眠療法の研究を進める。

ブレイドは、それまで催眠にあるとされていたオカルト的要素を否定し、科学的なものとして再構成した。これは「神経催眠」とよばれ、ブレイドは凝視法と呼ばれる一点を集中的に見ることで暗示に陥らせやすくする手法をとった。これは現在でも用いられる古典的催眠手法の代表例とされている。

ジェイムズ・ランディ《じぇいむず・らんでぃ》

人物

一九二八～二〇二〇年。カナダ出身の似非《えせ》科学批判家。生涯をかけてさまざまな魔術のいかさまを暴いた。ジ・アメイジング・ランディの名前でも知られる。一五歳の時に宗教集会で行われていた「降神術」の嘘を暴き、「神聖な儀式をけがした」として警察に捕らえられ四時間勾留された。この時、ランディはイカサマ心霊術師に復讐を近い、それが生涯、似非科学と戦うきっかけとなったとされる。

有名な超能力者ユリ・ゲラーともしばしばテレビ番組で対決を行い、その超能力は全て再現できるという内容の本を書いて訴訟を受けた。また、一九八七年には、二五歳の青年に手品を教えて彼を霊能力者「カルロス」に仕立て上げた。カルロスがテレビで人気を集めたのちに、その事実を暴露するという「実験」を敢行し、メディアの反感を買った。ランディはそれを意に介さないばかりか、「メディアは簡単なファクトチェックすらしなかった」「人はいかに騙されやすいかが判明した」と、「実験」の成果を強調した。

トリックによる心霊現象、超能力現象は、ただのエンターテインメントに終わらず、被害者を生む詐欺にもつながるため、ランディは解決すべき深刻な問題だと位置づけていた。

ジェームズ・チャーチワード《じぇーむず・ちゃーちわーど》

人物

「ムー大陸」についての書籍を発表したイギリス人作家。

一九世紀後半の欧米圏では、古代にムー大陸という巨大大陸が存在したという伝承が語られるようになった。チャーチワードがムー大陸の伝承を信じるようになったきっかけは、陸軍に在籍していた頃、遠く離れたインドとメキシコの遺跡でほぼ同一の絵文字を発見したことだったという。

チャーチワードが手がけた『失われたムー大陸』という書籍によると、ムー大陸は太平洋中央部に位置する巨大な大陸で、ハワイやポリネシア諸島も大陸の一部だったという。大陸内には六〇〇〇万人ほどが暮らす帝国が存在し、「ラ・ムー」と呼ばれる支配者が全権を握って国民を支配していた。帝国は高度な科学文明を有して事実上世界を支配していたが、一万二〇〇〇年ほど前に発生した巨大地震と大津波によって一夜にして大陸が沈没したという。

『失われたムー大陸』は発表時に大きな話題となったが、チャーチワードが証拠として掲げた遺跡が偽物であったこと、海底調査によって太平洋中央部で大規模な地殻変動が発生した事実が確認されなかったことが発覚し、チャーチワードの主張は創作であると結論づけられたのだ。

ジェラール・クロワゼ《じぇらーる・くろわぜ》

人物

一九〇九〜一九八〇年。オランダの超能力者。本名はヘーラルト・ブクビンダー。幼少期から知り合いの死期を言い当てるなどの力を示し、長じるにつれてそれを発展させ、精神感応能力者（サイコメトラー）と呼ばれる超能力者の先駆けとなった。

その力を行方不明者の捜索や犯罪捜査に生かし、数百件の事件解決に寄与したという。ユトレヒト大学のウィルヘルム・テンハフ教授は彼の能力を本物と認定している。

一九七九年には来日し、行方不明となった少女の写真を見て、その死体がある場所を言い当てたとされる。一方で、その場所は当日警察が捜査する予定であり、まぐれで当たったのではないかという意見もある。また、超能力の結果の捏造をした事例も判明しており、懐疑的な見方もされている。

ジェラルド・ガードナー《じぇらるど・がーどなー》

人物

二〇世紀中盤に活躍したイギリスのオカルティスト。

若い頃は世界各地を転々としており、南アジアや東南アジアで呪術の知識を学んだという。一九三九年に税関の仕事を退職してオカルト研究に没頭するようになった。当時のイギリスには「魔女術禁止法」という魔術の類の研究を禁止する法律が存在したのだが、ガードナーとその仲間たちは秘密裏に研究を進めた。そして、一九五一年に法律が廃止されると、ガードナーは自ら魔女と名乗りはじめたのだ（「魔女」という言葉は女性だけを指すものではない）。

一九五〇年初頭、ガードナーは『影の書』という、それまで漠然としていた魔女の定義を定めた書籍を発表した。陰の書内に描かれる魔女のイメージは、従来のような不気味な老婆ではなく、高い精神性を持つ神秘的な存在であった。

　当時の欧米圏でＳＦやオカルトが流行していたことを背景に、ガードナーの思想に感化される者が続出し、ウィッカという新宗教の形成につながったのだ。

ジオマンシー《じおまんしー》

占い

大地の力を用いる占い。「西洋易」ともいう。偶然の結果こそが答えになるという思想に基づいており、占星術的解釈とも複合して行われる。やり方としては「サイコロを振る」「無心の状態で紙に点を打つ」などを行い、それが奇数か偶数かを数える。それに対応した一六のシンボルを導き出し、どう行動したらよいかを占うというもの。

　ジオマンシーの結果は「ｙｅｓ」「ｎｏ」で出されるため、例えば「この買い物をしていいのか?」などといった簡単なことしかわからないが、その分、特別な道具や訓練が不要で気軽に行えるライトな占いだといえる。ジオマンシーはアラビア発祥だと考えられ、中世ヨーロッパではあらゆる階層で行われるほど普及していた。当時は石や砂を用いて行われたため、「土占い」とも呼ばれる。

シオン賢者の議定書《しおんけんじゃのぎていしょ》

文書

「ユダヤ人が世界制服を計画した会議の議事録」として広まった会話形式の文書で、偽書であることが明らかになっている。「シオンの議定書」「シオン長老の議定書」とも呼ばれる。

　一八九七年八月二九日～三一日に、スイスのバーゼルで開かれた第一回シオニスト会議で発表された「シオン二十四人の長老」による決議文であるという体裁をとっており、内容はユダヤ人が世界を支配し、すべての人をユダヤ教の前に平伏させるというもの。

　ユダヤ人に対する憎悪を広める目的で流布されたと考えられており、結果的に国家社会主義ドイツ労働者党政権下のドイツにおいて、ユダヤ人の大量虐殺（ホロコースト）を引き起こしたともいえることから、「史上最悪の偽書」「史上最低の偽造文書」といわれる。

　ヒトラーは、この文書を「中身が正しいかどうかは問題ではない」としながら広め、反ユダヤ感情を煽るのに利用したとされる。

　量産された議定書の最初の刊行者は、ロシアの神秘思想家、セルゲイ・ニルスではないかといわれ、ロシアで書かれ、一九〇二～一九〇三年に発行されたと考えられている。

死海写本《しかいしゃほん》

文書

一九四七年以降、ヨルダンの死海の北西にあるクムラン洞窟などで発見された九七二の写本群の総称で「死海文書」とも呼ばれる。発見のきっかけは、羊飼いの子供が迷子のヒツジを探していたときに、洞窟の中で見つけたこととされている。

文書は大部分がヘブライ語で書かれ、主にユダヤ教の聖典であるヘブライ語聖書（旧約聖書）と聖書関連の文書であった。多くは羊皮紙であるが、一部は砂漠では生産されない牛皮であり、一部にパピルスもある。

文書の成立は、内容、書体、その他の分析から紀元前二五〇年～紀元後七〇年の間と考えられた。

当時知られていた旧約聖書の最古の写本（レニングラード写本）を約一〇〇〇年さかのぼることになり、史上最も重要な考古学的発見とされた。

ところが、最近になってそれを覆す研究結果が出てきた。死海写本の大半はイスラエル政府が所蔵しているが、いくつかの断片はアメリカのワシントンにある聖書博物館が所蔵している。同館の所蔵品のうち、最も価値あるもののひとつとされてきたその断片が、二〇二〇年、偽造と判明したと報じられたのだ。

専門家は分析の結果、一六片の断片が靴用の皮革でできているようだという結論を出した。二〇〇ページに及ぶ報告書には、「この断片のあらゆる特徴が、慎重に偽造されたものであることを示している」と書かれている。

Cicada 3301《しけいださんさんぜろいち》

都市伝説

二〇一二年一月、英語圏の画像掲示板「4chan」上に突如、投稿された謎の暗号。メッセージの内容は「知能レベルが極めて高い聡明な人物を探すためにテストを考案した」というものでテストの内容は一枚の「Cicada」（セミ）の画像と「３３０１」という数字を分析するというものであった。

このメッセージを発見したコンピュータ・アナリストのジョエル・エリクソンがメッセージを解読した結果、ローマ帝国の第四代皇帝であるティベリウス・クラウディウス・シーザーを示すメッセージとデタラメに並べられた文字列に辿り着いた。

エリクソンは、ガイウス・ユリウス・カエサルにちなんで名付けられた暗号化方式の「カエサルの暗号」を使って、デタラメな文字列を解読すると一つのＵＲＬに辿り着いた。そのＵＲＬを開くとアヒルの画像と共に「おっと！　おとりに引っかかりましたね。どうやらあなたに暗号を解読するのは不可能のようだ」というメッセージが表示された。エリクソンはもしやこのアヒルの画像も暗号解読の手がかりになるのではないかと考え「OutGuess」と呼ばれる暗号解析ソフトにかけてみたところ、新たなメッセージが現れ、ソーシャルニュースサイトRedditのメッセージボードへのリンクが隠されていたという。

そのメッセージボードには、数時間おきに暗号化された文章が投稿され、その中にはマヤ文明で使われていた数字が含まれていることを知り、その文章を解読していくと、また別の暗号が浮かび上がってきた。

暗号を解読すると、次なる手がかりはなんと「Agrippa」という「詩」の中に隠されていることがわかったという。

この詩について調べていく中で、実はこの「Cicada 3301」の暗号を解いているのは自分だけではなく、世界中の何千もの人々が同時に暗号解読に励んでいることを知ることになる。

そして、「4chan」へと集まった人々が協力して暗号解読を進めていくと「この番号に電話してください。214-390-9608」というメッセージが浮かび上がった。エリクソンがその番号に電話を掛けると、「Cicada 3301のオリジナル画像から素数を見つけて下さい」という機械音声のメッセージが流れたという。

そして皆で力を合わせてオリジナル画像から素数を見つけ出し、もう一度暗号を解読したところ、「カウントダウンしている時計とセミ」が掲載されている「845145127.com」というウェブサイトに辿り着いた。

そしてそのカウントダウンがゼロになった瞬間、ワルシャワ・パリ・ソウル・マイアミなど世界一四ヶ国の都市を示したＧＰＳ座標が表示され、都市付近に住んでいるユーザーは直ちに周辺の調査を開始した。すると、「ＱＲコードがプリントされたポスターを発見した」という情報が世界各地から寄せられた。

ＱＲコードを解読すると一つの匿名通信システムのアドレスが隠されており、そのサイトには「我々が欲しいのは最高の者だけ。ただ付いてきただけの者は無用」というメッセージが表示された。

そして、それから数ヶ月後、Reddit上に「我々は探し求めていた人物をついに見つけました。これで長い旅路は終了します」というメッセージが投稿され、Cicada 3301を解読する手がかりは消えた。

すべては終わったかのように思われていたが、最初のメッセージ発見から一年後に再び「高度な知能をもった人間を探すことを再開します」というメッセージが新たな画像とともに投稿された。前回同様にエリクソンは画像の暗号を解いて、隠された暗号を次々に解き明かしていくと、今度は七つの都市にたどり着いた。

しかし新しい手がかりが得られず、依然として真相は謎のままだという。

これだけ手の込んだ暗号を作成したのは一体誰なのか。ＦＢＩやＣＩＡが絡んでいるのではないか？　など様々な憶測が飛び交っているがいまだ解明されていない。また今後、何か動きがあるかもしれないので続報に期待したい。

地獄先生ぬ～べ～《じごくせんせいぬ～べ～》

作品（漫画）

原作・真倉翔、作画・岡野剛による漫画作品、およびそれを原作とする各種作品群。集英社の『週刊少年ジャンプ』で一九九三～一九九九年に連載された。二〇一九年一月時点で、シリーズ累計発行部数は二五〇〇万部を突破した。

童守小学校に赴任し、五年三組を担任することになった鵺野鳴介、通称ぬ～べ～は、ドジな失敗などもしつつ、生徒たちに親しまれるよき教師だが、じつは日本でただ一人の「霊能力教師」という別の顔を持っている。

常に黒い手袋をしている彼の左手は、悪霊や妖怪に触れると浄化できる「鬼の手」だった。その力は、かつてある生徒を救うため、わが身を賭して封じ込めた地獄の鬼のものだった。子供たちが闇の存在に襲われると、ぬ～べ～は「鬼の手」を使って救い出す。

わかりやすく爽快なストーリーながら、教育問題の要素も取り入れてあり、深いメッセージ性をもつ作品で、連載終了後も高い人気を保っている。

地獄の辞典《じごくのじてん》

書物

フランスの悪魔学者ジャック・コラン・ド・プランシーによる著作。辞典形式で悪魔、占い、迷信などのオカルト情報を網羅した内容となっている。初版は一八一八年で、一八六三年に出された第六版が最終版となっている。プランシーは元々はカトリック宗派ではなかったため、初版と第二版ではカトリック教会に対しての批判的記述が見られたが、その後改宗したため、その箇所は改められている。多くの悪魔が紹介されており、その後の悪魔学に大きな影響を与えたとされるが、その大部分はプランシーの想像によるものとされる。

地獄の火クラブ《じごくのひくらぶ》

秘密結社

一八世紀のイギリスに存在した悪魔主義を標榜する団体。反キリスト教主義を唱えて「黒ミサ」という悪魔を崇拝する儀式を行っていた。

主催者のフランシス・ダッシュウッド卿は、若い頃にヨーロッパ各地を旅行していたとき、イタリアで見学した黒ミサに興味を持ったことが、クラブを設立する動機となった。

ダッシュウッド卿のコネクションにより、多くの貴族がクラブに参加した。その中には、後の国王ジョージ三世や首相となるジョン・ステュアート、アメリカ独立の父と称されるベンジャミン・フランクリンも含まれていた。

クラブの会場には、豪華な調度品や官能的な絵画、魔術をモチーフにしたオブジェが設置されて、会員たちはそこで贅沢な料理と酒を楽しんだ。売春宿から派遣された娼婦があてがわれるのが恒例となっており、会員の男性たちが乱行を繰り広げながら悪魔崇拝の儀式を行ったという。地獄の火クラブの本質とは貴族たちの交遊会にすぎなかったのである。

事故物件《じこぶっけん》

オカルト用語

何らかの理由で前居住者が死亡した経歴のある物件。賃貸契約や不動産取引を行う際に告知義務のある瑕疵《かし》のうち、心理的瑕疵に該当するとされる。死亡原因や状況によっては事故物件扱いされないこともあり、その定義は明確ではないが、通常は殺人や自殺、火災などの事故、その他の変死といったケースが相当する。広義には、そういった事件・事故がなくとも「幽霊が出る」といった噂などで、住人の定着率が極端に悪いような例も含められることがある。

事故物件は、ホラー作品において一つのジャンルを形成するほどメジャーな心霊テーマではあるが、実際にその怪奇によって連続的に犠牲者が出たというような事件は公式には見当たらない。

近年では、二〇二〇年八月に公開された日本映画『事故物件　恐い間取り』、及びその原作である書籍『事故物件怪談　恐い間取り』などで『事故物件』という言葉が話題になった。事故物件の情報提供ウェブサイトとしては「大島てる」が有名。こうした情報をもとに、事故物件を心霊スポット扱いして訪れる人がふえ、近隣の住民の迷惑となっている事例もある。

事故物件怪談《じこぶっけんかいだん》　恐い間取り《こわいまどり》

作品（書籍）

お笑い芸人で「事故物件住みます芸人」として活動する松原タニシが、事故物件、すなわち自殺、殺人、変死などで住人が亡くなった家や部屋に住んだ体験談を綴ったノンフィクション書籍。二〇一八年六月に二見書房から刊行された。

松原は、二〇一二年よりエンタメ～テレ（名古屋テレビネクスト株式会社が運営するCSチャンネル）のテレビ番組「北野誠のおまえら行くな。」の企画で事故物件に住み始め、これまで大阪、千葉、東京、沖縄などで事故物件に住んでいる。

本書では、五軒に住んだ自身の事故物件体験と、知人などの事故物件体験、事故物件関連の話がある場所のレポートなどを掲載。事故物件の体験談には、詳しい間取りがついており、それがリアルな怖さを醸し出している。

二〇二〇年には、『事故物件　恐い間

取り』として映画化され、原作である本書と松原タニシの存在が大きな話題となった。

事故物件《じこぶっけん》　恐《こわ》い間取《まど》り

作品（映画）

二〇二〇年八月に公開された日本映画。監督は中田秀夫。「事故物件住みます芸人」の松原タニシによるノンフィクション書籍『事故物件怪談　恐い間取り』（二見書房刊）を原作として、KAT-TUNの亀梨和也主演で映画化された。

売れない芸人・山野ヤマメは、先輩芸人から「テレビに出してやるから事故物件に住め」と言われ、テレビ出演と家賃の安さに惹かれて殺人があった物件に住む。部屋を撮影した映像には白いもやが映り、音声が乱れた。

番組は大評判となり、ブレークしたヤマメは、心霊現象を求めて次々と事故物件に移り住むはめに。そして、次第に度合いを増す怪奇と恐怖に襲われる。

興行通信社の週末映画動員ランキングでは初登場一位、翌週末も一位を記録するヒット作となった。

死者《ししゃ》の書《しょ》（エジプト《えじぷと》）

書物

古代エジプトで死者とともに埋葬された文書。故人の冥福を祈るために用いられ、素材はパピルスで、おもに絵とヒエログリフ（エジプト文字の一種である象形文字）によって、死者の霊魂が肉体を離れてから、楽園アアルに入るまでの過程を描いている。最長のものは三七メートルの「グリーンフィールド・パピルス」である。

書名はラテン語で「ペレト・エム・ヘルゥ」であり、日本語では「日の下に出現する呪文」と称される。「死者の書」という名称は、一八四二年、プロイセンのエジプト学者、カール・リヒャルト・レプシウスがこの書を紹介する際につけたタイトルである。

死者《ししゃ》の書《しょ》（チベット《ちべっと》）

書物

チベット密教の開祖パドマサンバヴァが作成し、弟子が山中に埋めたものが、後代に発見された埋蔵教典の一部。これは死者が臨終してから四九日間、その耳元で読み上げられる枕経であり、その根本には感覚器官の原始である耳が、死後にも機能し続けるというチベット独特の思想がある。この死者の書は「バルド・トゥ・ドル」と呼ばれ、死後には「死の瞬間のバルド」「心の本体のバルド」「再生のバルド」という三つの段階があるとしている。

死体洗《したいあら》いのアルバイト《あるばいと》

都市伝説

「死体を洗うアルバイトがある」という

都市伝説。「死体洗い」を広義にとらえれば、葬儀に際して遺体の湯灌（入浴させてきれいにする）を行うアルバイトは存在するが、ここでは「大学病院での死体洗い」に関する都市伝説について述べる。「大学の医学部では解剖実習用の遺体をホルマリンのプールに漬けてあり、その遺体を洗ったり、浮いてくると棒で突いて沈めたりするアルバイトがある」とするもので、報酬は一回数万円など、アルバイトとしては破格の値段とされる。

　実際には、このようなアルバイトは募集されていないが、多くの医科大学や大学病院には、このアルバイトに関して年に何回かの問い合わせがあるという。電話を取った職員が「そんなにお金になるなら俺がしたいよ」と返答したという話もある。

　そもそもホルマリンは、遺体の保存のために注入することはあっても、揮発性で引火の恐れがあるため、プールに貯めるなどは現実的にあり得ないという。

　しかし、細部は違っているものの、この都市伝説の出処となったのではないかと思われる作品がある。一九五七年に出版された大江健三郎の小説『死者の奢り』で、主人公が大学医学部で遺体処理のアルバイトを行う場面が出てくる。

　ただし、本作中のアルバイトは「死体洗い」ではなく「死体運び」であり、死体がプールに漬けられている描写はあるものの、中の液体はホルマリンではなくアルコールとされている。

　また、二〇一七年にお笑いタレントの佐々木孫悟空が、テレビ東京系の番組『じっくり聞いタロウ～スター近況㊙報告～』で、「死体洗いバイト」について、自身の体験を語っている。それによれば、怪しいアルバイトのブローカーをやっている兄の紹介で、一回三万円で死体洗いのアルバイトを行ったという。

　ただし、死体はプールに入ってはおらず、ベッドに寝かせた状態で清拭をして体毛を剃り、体の穴に綿を詰め、遺体をホルマリンに漬けて終了したとのこと。このアルバイトのことは他言しないように署名させられたという。

四柱推命《しちゅうすいめい》

占い

陰陽五行説を基にした中国発祥の占い。占星術の一種で、東洋においては「占いの帝王」とも呼ばれるほど信頼性が高い。人の宿命は生まれながらにして決まっているという思想が根底にあり、生まれた年、月、日、時間を四つの柱に見立てて占う。

　その歴史は古く、一一〇〇年代に南宋で誕生したといわれる。正確な鑑定は非常に難しく、一朝一夕にできるものではない。そのため、四柱推命を行う占術師になるには、独学だけでは難しく、有名な鑑定者に師事することも多い。その分、高い的中率で運命を事細かく知ることができるとされている。

シックス・センス《しっくす・せんす》

作品（映画）

一九九九年八月に公開された米国のミステリー映画（日本での公開は同年一〇月）。監督・脚本はM・ナイト・シャマラン。

多くの子供の心の病を治療してきた小児精神科医のもとに、一〇年前に治療した患者が現れる。その青年は、「自分を救ってくれなかった」と訴えて医師を銃で撃ったあと、その場で自殺してしまう。

撃たれた傷は癒えたものの、その青年を救えていなかったことに苦悩する医師。そこに今度は奇妙な悩みを持つ少年が訪れる。その悩みと医師の悩みが交錯し、互いに心を通じ合わせる二人。そして、驚きの結末へと向かっていく。

映画の冒頭で、医師を演じるブルース・ウィリスが、「この映画にはある秘密があります。まだ映画を見ていない人には、決して話さないで下さい」という前置きを述べることが話題となり、それを裏切らない衝撃的な内容で大ヒットした。

実験者効果《じっけんしゃこうか》

オカルト用語

心理学の実験において、実験者が被験者に影響を与え、実際とは異なる結果が得られる現象。実験者が望む結果に偏ったデータが取れてしまう場合が多いが、その逆のパターンも同様に実験者効果と呼ばれる。

一九五〇年代にイギリス心霊調査協会が行った「超常現象を信じるか否か」を確認した実験をきっかけに知られるようになった。このときの実験では、調査担当幹部のD・J・ウエストが行うと、彼自身は超常現象の肯定論者であるにもかかわらず、常に否定的な結果が得られたという。

なお、教育心理学において、教師の期待によって生徒の学力が向上する「ピグマリオン効果」も実験者効果の一種だとされることもあるが、これは批判者側の意見であり、支持者は明確に区別するべきだと主張している。

自動書記《じどうしょき》

超能力・超常現象

自分の意思とは無関係に文章を記す動作。心理学では「オートマティスム」（筋肉性自動作用）と呼称される。

心霊学では、人間が自動書記を行っている時は、霊的な存在が憑依していると解釈されている。憑依されている時の人間の意識はトランス状態になっていることが多いが、意識は通常通りで手が勝手に動いている場合があるという。

自動書記は「自分とは別の存在が文章を書いている状態」であるため、書いている人間が知らない外国の文字や古代文字が書き込まれることがある。また、文字を書くスピードが恐ろしく速く、なおかつ乱雑に記されることが大半で、描き終わった後に解読するのが困難であるが、内容は大抵筋が通ったものであるという。

日本では「お筆先」と呼ばれる自動書記が宗教家や霊能力者によって行われることがあり、特に神道家の岡本天明が高級神霊からのお告げを記したとされる「日月神示」は、未来を正確に予言したものとして現在でも頻繁に研究されている。

死神《しにがみ》ベンツ《べんつ》

呪い

何代にもおよぶ所有者を次々と悲劇に巻き込んだ車の名とされる。

一九一四年六月二八日ボスニアの首都サラエボで、オーストリアのフランツ・フェルディナンド皇太子とゾフィー妃の歓迎パレードが行われようとしていた。車は皇太子が特別注文した六人乗りの真っ赤なベンツで、夫妻、ポチオレック将軍、護衛が同乗。出発間際に、突然、爆弾が投げつけられたが、夫妻に危害はなかった。パレードは続行され、街の通りに入ったときに、ピストルを構えたセルビアの男が夫妻の体に次々と弾を撃ち込んで夫妻は絶命した。この暗殺はサラエボ事件と呼ばれ、第一次世界大戦の引き金となった。

その後、問題のベンツは同乗していたポチオレック将軍が所有したが、すぐに戦争となる。将軍はオーストリア第五師団長として陣頭指揮に立ったが、ある戦いで大敗して本国に召還された後に精神異常をきたし、救貧院に入ったまま生涯を閉じた。三番目のベンツの所有者は、ポチオレック将軍の参謀・スメリア大尉だった。大尉は、車を手に入れて九日後、ドライブ中にふたりの農民をひき殺し、自らも車もろとも立ち木に衝突、首の骨を折って死亡した。

大戦が終わり、ベンツの所有者は、ユーゴスラヴィアの州知事になった。彼は、ベンツを修理・改造して運転したところ、四ヶ月で四回事故が起こり、右腕を失った。州知事は、「この車には、死神が取り憑いている」と解体を命じた。しかし、そこにサーキスという医師が現れ、ほとんどタダ同然でこれを買い取った。しかし半年後、ベンツが溝で横転し、サーキスはその下で息絶えていた。

六番目にオランダの宝石商が所有した。このころ、ようやくこの車がもたらす災厄が世間の評判となり、宝石商は人々の注目を集めたが、一年後、彼は突然自殺した。次にある医師がベンツの所有者になったが、患者が寄りつかなくなったとして、スイスのレーサー、サミレスに売られた。サミレスがアルプスのレースに参加したところ、車は途中で横転し、彼は車外に投げ出され、障壁に激突して即死した。九番目の所有者となったドイツの実業家もまた、ベンツを手に入れてから、わずか二日後、石壁に衝突して命を落とした。

その後、呪われたベンツは業者の間を転々としたあげく、再びサラエボに戻り、農場主コルシュがこれを買い取った。数ヶ月後のある朝、運転中にベンツが急に故障し停止した。通りかかった荷馬車に町まで牽引してもらおうとしたところ、車のエンジンが始動し、荷馬車を弾き飛ばして暴走したあげく、道路下に転落した。コルシュも荷馬車の農夫も、巻き添えで即死したとされる。

壊れたベンツは自動車修理工場に運ばれ、経営者のヒルシュヘルトがそのまま所有者となった。ヒルシュヘルトはベンツの色を赤から青に変えた。ある日、友人四人を乗せてドライブに出かけ、途中で前の車を追い抜こうとしてスピードを上げたとたん、ハンドルを取られて側壁に衝突。彼はむろん、友人達も無惨な最期を遂げた。車はのちにオーストリア政府に接収され、ウィーンの博物館に贈られた。第二次世界大戦中に連合国の爆弾で博物館とともに砕け散ったとされる。

以上が死神ベンツの呪いとされるが、事実は異なる。

サラエボ事件で使用された車はベンツではなくオーストリアのグラーフ&シュティフト製高級セダンで、黒色のドッペル・フェートン（エンジン番号287）であり、所有者はフランツ・フォン・ハラック伯爵だった。サラエボ事件の際に伯爵もこの車に同乗していた。暗殺されたフランツ・フェルディナンドは、皇嗣ではあるが日本でいう皇太子とは異なり、身分は大公。この時に乗車した車は、大公が当日着用した血まみれの軍服と共に、現在もオーストリアのウィーン軍事史博物館に常設展示されている。

地縛少年花子くん《じばくしょうねんはなこくん》

作品（漫画）

あいだいろ作の日本の漫画作品で、『月刊Gファンタジー』（スクエア・エニックス）で二〇一四年七月号より連載中。二〇二〇年一一月時点でシリーズの累計発行部数は五〇〇万部を突破した。

かもめ学園旧校舎の三階女子トイレ三番目におり、「トイレの花子さん」の正体とされる少年が主人公。ヒロインはかもめ学園高等部一年A組で園芸部所属の八尋《やしろ》寧々《ねね》が本作のヒロインであり語り部となっている。

「七不思議」と呼ばれる七つ（七体）の怪異が存在するとされ、その七番目がトイレの花子さんという設定になっている。これらの怪異と、個性的な人間たちとの不思議な関係を描く怪異譚。

ジプシー魔法《じぷしーまほう》

超能力・超常現象

ヨーロッパを中心に生活する移動型集団「ジプシー」（ロマ）が使用する不思議な能力のこと。

一八九一年、アメリカ人作家C・G・リーランドがイギリス南西部の都市を旅行していると、ジプシーの女性に「運命を占ってやる」と声をかけられた。リーランドが断ろうとすると、女性は二年前にリーランドが体験した出来事を詳細に語ったという。

　また、婚約者からの連絡が二ヶ月間途絶えたことで困惑していた女性が街の通りを歩いていると、向かいからジプシーの女性が歩いてきてすれ違いざまに「明日、良い内容の手紙は届きますよ」とささやいた。翌日、女性のもとに婚約者からの手紙が届き、その後二人は結婚したのだ。

　ジプシーたちのルーツは現在のインド北西部に定住していた民族と言われている。古来よりインドは多くの宗教が誕生し神の力を授かった人物が多い地域である。ジプシーの正体とは、人智では計り知れない力を得たが故に人々から迫害されて流浪の旅へと赴いた民族集団ではないだろうか。

島田裕巳《しまだひろみ》

人物

一九五三年〜。東京都出身の宗教学者、作家。東京大学で博士課程まで宗教学を学び、同学でゼミを開いていた宗教学者・柳川啓一の影響を強く受ける。当時の柳川ゼミの活動として、調査者であることを伏せて宗教団体に参加する手法が行われており、島田はユートピアを目指す「幸福会ヤマギシ会」に参加して調査したが、その一員として生きることを決意するほど強く感化される。その後、会の暮らしに窮屈さを覚えて離脱。この体験を自分なりに分析し、宗教的考察に役立てたという。

　大学卒業後は放送教育開発センター助教授、日本女子大学助教授を経て一九九五年に教授に昇任したが、同年一一月に退職。以後、東大先端科学技術研究センターの特任研究員、いくつかの大学の講師などを務めながら、さまざまな宗教について研究を重ね、多数の著書を執筆。研究対象にはオウム真理教も含まれており、島田は地下鉄サリン事件以前はオウム擁護派とみなされたことから、批判や中傷を受けた。この件で一部のマスコミを相手に訴訟を起こして勝訴している。ＮＰＯ法人「葬送の自由をすすめる会」会長も務め、火葬した遺骨を引き取らずに処理を任せ、葬儀も行わない「ゼロ葬」を提唱した。二〇一〇年に発売した『葬式は、要らない』はベストセラーとなった。

ジミー・ペイジ《じみー・ぺいじ》

人物

一九四四年〜。イギリス出身のギタリスト、プロデューサー。ロックバンド「レッド・ツェッペリン」のリーダーを務めた。「ローリング・ストーン誌の選ぶ歴史上もっとも偉大な一〇〇人のギタリスト」で二〇一一年に三位に選ばれている。

一方でオカルト的側面もあり、魔術師アレイスター・クロウリーの言葉がレコードに刻まれていたことがある。また、「天国への階段」を逆再生すると悪魔崇拝のメッセージが聞こえるとプロテスタントの牧師から指摘を受けている。

そのため、「ペイジは黒魔術に手を染めている」などとしばしば噂されたが、「ファッションとして魔術のイメージを利用しているだけ」という見方も多い。特に「天国への階段」の件については関係者全員が強く否定しており、アトランティックレコードは「当社のレコード盤は一方向にしか回転しない」と述べている。

シミュラクラ現象《しみゅらくらげんしょう》

現象

三つ集まった点や物体が人の顔のように見えてしまう現象。この見えかたはもともと人間の脳に備わっている本能であり、「錯視」の一例である。また、広義では、三点でなくとも、あるはずのない場所に人の顔を見てしまうという現象も意味する。壁などに人の顔が浮かんで見える心霊写真の多くはこの現象が理由であり、脳の認知機能が原因とされる。一方で、幻覚といえるほど、過度にこの現象が起こることもあり、その場合は精神疾患と見なされる可能性もある。

シャーリー《しゃーりー》

UMA

アメリカ、アイダホ州に生息するとされる水棲UMA。生息地はアイダホ州マッコール付近のペイエット湖といわれる。体長は一〇メートル以上もあり、胴体は蛇のような形で頭部は恐竜に似ているとされる。また、皮膚は貝殻と同じほど固く、背中にはラクダを思わせるこぶがついている。

シャーリーの最初の目撃情報は一九二〇年で、湖付近で労働者が丸太のような生物を見たと報告されている。一九五四年には、この生物を命名するコンテストが開催され、そのときにシャーリーという名前がつけられた。目撃情報は、それほど頻繁ではないものの一〇〇年近く続いたが、二〇〇二年の報告を最後に途絶えている。

シャーリー・マクレーン《しゃーりー・まくれーん》

人物

一九三四年～。アメリカ出身の女優。バージニア州に生まれ、ブロードウェイのコーラスをつとめる。その後、ミュージカル『パジャマ・ゲーム』で話題を呼び、一九八四年に『愛と追憶の日々』によってアカデミー主演女優賞を受賞。

一方、体外離脱やチャネリングなどの神秘的体験を追究し、『アウト・オン・ア・リム』など、その体験を記述した著作を多数発表している。エドガー・ケイシーに傾倒しており、自身の前世がアトランティス大陸の人間であったという「輪廻転生説」を述べている。

シャイニング《しゃいにんぐ》

作品（映画）

一九八〇年五月に米国で公開されたホラー映画（日本での公開は同年一二月）。スティーヴン・キング原作の同名小説をスタンリー・キューブリックが映画化。

アメリカ・コロラド州のロッキー山上にあるホテルに、小説家志望でアルコール依存症を患うジャックが、管理人としての職を求め、妻、一人息子のダニーとともにやってくる。支配人から、このホテルで過去に起きた凄惨な出来事を聞いても、ジャックは気に留めず、豪雪で閉ざされたホテルでの三人暮らしが始まる。

特殊な能力「シャイニング」を有するダニーは、「ここにいる自分たち以外の存在」を感知。やがて、その存在がジャックを狂気に陥れ、家族を恐怖の底に追いつめていく。

ジャック・ニコルソンが「ジョニーが来た！」と叫びながら浴室のドアを斧で叩き割るシーンは映画史上に残る恐怖シーン。ジャックが撮影前に斧を何度か振ってリハーサルをおこなった際に真後ろにスタッフが立っていることに気づかず、危うく斧でスタッフの頭を叩き割りそうになった。スタッフがその場で身をかわしたため大惨事に至らなかったが間一髪だったそう。

ホラー映画の金字塔として名高い傑作。内容が原作とかけ離れたため、原作者のキングがキューブリックを批判したことでも知られるが、映画自体は高い評価を受けた。

二〇一九年、『シャイニング』から四〇年後を描いた続編、『ドクター・スリープ』が公開された。監督・脚本のマイク・フラナガンは、『シャイニング』の原作・映画双方へのリスペクトを込めた

と語っている。

シャグモンキー《しゃぐもんきー》

UMA

イギリス、ケンブリッジシャーに伝わるUMA。犬や羊のような四足歩行の胴体に、サルの頭がついた姿をしており、体は真っ黒とされる。現地では空想の生き物や悪魔の化身とも考えられているが、森や道路で実際に目撃された情報も存在する。有名なものでは、一九五六年にサム・ホランドという男性が発見し、全長は三メートルほどだったという。

なおイギリスには、古来から「ブラックシュック」と呼ばれる「黒妖犬」の言い伝えがある。これは日本の妖怪のようなもので、それがシャグモンキーの伝承につながったとも考えられている。

シャスタ山《しゃすたさん》

地名

アメリカ・カリフォルニア州北部にあるカスケード山脈の南部に位置する標高四三二一・八メートルの火山。古来、アメリカ先住民の聖なる山とされ、名前は先住民部族の一つであるシャスタ族に由来する。

山頂は通年、雪に覆われ、その雪解け水はナチュラルミネラルウォーターのクリスタルガイザーの源泉となっている。

神秘的な歴史背景に加え、ＵＦＯの目撃情報が多いことなどもあり、スピリチュアルな伝承の多い山として知られる。

「上空に理想郷がある」「シャスタ山は地球のチャクラ（エネルギーの中枢）である」といった説のほか、代表的なのが「シャスタ山の下に地底都市がある」という説。その地底都市は「テロス」と呼ばれており、伝説上の大陸「レムリア」がかつてここにあったとされる。

「レムリアの人々は、今現在もシャスタ山の地底にあるテロスに存在し、会うことができる」「テロスからはさまざまなメッセージが送られ、それによってレムリアについて知ることができる」とする人たちもいる。

ジャック・ヴァレ《じゃっく・ゔぁれ》

人物

一九三九年〜。フランス出身のコンピュータ科学者、ＵＦＯ研究者。ソルボンヌ大学で数学の学位を、リール大学で宇宙物理学の修士号を取得した。その後は天文学者となり、ＮＡＳＡの火星調査プロジェクトにも参加した。また、ＳＦ小説でジュール・ヴェルヌ賞を受賞、ベンチャー起業家として四つのファンドを運営するなど多彩な活躍をしている。

一九五五年にフランスの自宅で未確認飛行物体を目撃し、次いで一九六一年に、当時の科学力では見つけることが不可能な衛星を発見する。これらの経験からＵＦＯに興味を抱き、科学的に解明する活動を試みている。

ジャノ《じゃの》

UMA

トルコ最大の湖、ヴァン湖で目撃される水棲ＵＭＡ。ヴァナ、キャナヴァーとも呼ばれる。体長は一五〜二〇メートルで茶褐色の体をしている。気性は非常に穏やかで、水上をジャンプして遊ぶという話もある。

一九九七年には、実際に頭部と背中を水面から出している姿が撮影され、大きな話題となった。しかしその後の情報はなく、さらにはこの湖には小さな生物しかいないため、巨大生物は餌がなく存在しえないとして否定されている。

また、その映像そのものが信憑性が低いという意見もあり、調査は難航しているようだ。

ジャンヌ・ダルク《じゃんぬ・だるく》

人物

一四一二〜一四三一年。一五世紀のフランス王国の軍人、英雄であり、国民的ヒロイン。カトリック教会における聖人でもある。「オルレアンの乙女」とも呼ばれる。

　現在のフランス東部に農夫の娘として生まれ、一六歳の時に森で「フランスを救え」という神の声を聞いてフランス軍に従軍。それまで半年間劣勢であった状況を覆し、わずか九日間でイングランドによる包囲を崩壊させた。その際に、突風が船を押し進めるなど、いくつかの奇跡が起きたといわれている。

　勝利を収めたことにより、のちのフランス王シャルル七世の戴冠に貢献したが、その後、コンピエーニュの戦いでブルゴーニュ軍に捕らえられ、イングランド軍に引き渡された。三ヶ月にわたる魔女裁判の結果、一九歳で火刑に処された。一方で、そこを生き延びてメスへのがれ、ロベール・デ・ザルモアと結婚したという伝説もある。

シャンバラ《しゃんばら》

神話・伝説・叙事詩

仏教徒のユートピアで、チベットの奥地に存在するといわれる。初出はヒンドゥー教の叙事詩『マハーバーラタ』で、後にヒンドゥー教典や密教にシャンバラというカーストのない仏教国が登場する。一三世紀初めにインドの密教が滅亡すると、経典『時輪タントラ』と共にシャンバラ伝説がチベットに伝わる。

　一八世紀になると、チベットの仏教経典にシャンバラがユートピアとして具体的に書かれる。国は蓮の花の形で全体が美しい湖、草原、森で覆われ、光り輝く王宮はカラーパという。民は皆美しく裕福で穏やかに暮らし、病気や飢えは存在しない。王は仏の化身で、僧侶は計り知れないほど崇拝されている、とある。

　この伝説はイエズス会の東洋布教報告を通じてヨーロッパに伝えられ、チベットに対する秘教的な聖地崇拝観がかたちづくられた。一九世紀にはシャンバラ思想が西欧の庶民にも広がり、アメリカではシャンバラがユートピアの同義語となる。一九三三年、J・ヒルトンの小説『失われた地平線』に登場するチベット山中の理想郷シャングリラは、シャンバラがモデルといわれている。

　二〇〇二年、中国雲南省にある町が香《シャン》格里拉《グリラ》と改名されたが、観光目的とされる。

　二〇〇七年、アメリカ人の研究者B・コバーンと、登山家P・アサンズが、ネパールの切り立った崖の中腹にある人工の洞窟内に、チベット仏教の古代寺院を発見した。美しく彩色された壁画には、ブッダの生涯が描かれていた。二〇〇八年、二回目の探検では、六〇〇年前の人骨や貴重な古文書などが大量に見つかり、シャンバラと関係があるかもしれないとされている。

13日の金曜日《じゅうさんにちのきんようび》

作品（映画）

一九八〇年五月、米国で公開されたホラー映画（日本での公開は同年八月）。監督はショーン・S・カニンガム。

一九五七年の一三日の金曜日、ニュージャージー州、クリスタルレイクのキャンプ場で、一人の少年が溺れて消息不明となる。以後、ここで奇怪な事件が多発してキャンプ場は閉鎖。数十年後、再開したキャンプ場を訪れた指導員候補生たちを、潜んでいた殺人鬼が次々に襲っていく。

仮面をつけた独特の姿の殺人鬼、ジェイソンが話題となって大ヒット（ただし、一作目ではその犯人像にも秘密が隠されていた）。二〇〇一年までに九作の続編が作られ、ビデオゲームなどの派生作品も多い。

二〇〇三年、『エルム街の悪夢』のフレディとの対決を描いた『フレディVSジェイソン』が、二〇〇九年にはリブート版が公開された。二〇一七年、新作の企画が報じられるも頓挫してファンを失望させた。

なお、「ジェイソン」といえば「ホッケーマスクにチェーンソー」というイメージを抱きがちだが、ジェイソンがチェーンソーを使ったシーンは続編も含めて一度もない。ジェイソンの武器はマチェットと呼ばれる大型ナイフ、ナタ、斧、ボウガンなど。チェーンソーのイメージは、『悪魔のいけにえ』のレザーフェイスと混同した結果ではないかといわれている。ちなみに、ホッケーマスクの使用は第三作目からで、それまでは袋に穴をあけたマスクをつけている。

ジュール・ヴェルヌ《じゅーる・うぇるぬ》

人物

一八二八～一九〇五年。フランスの小説家。『月世界旅行』『海底二万里』『十五少年漂流記』など、数多くの名作を残し、SFの父と呼ばれる。弁護士の父のもとに生まれ、パリの法律学校へ進むが、そこでの芸術家との交流を通して劇作家を目指す。処女作『折れた麦わら』が評価を受け、小説家としての道を歩み始める。

一八六三年には冒険小説『気球に乗って五週間』が大きな話題を呼び、人気作家の仲間入りを果たす。日本でも翻訳本が多く出版されて人気を呼んだ。作品はSFや冒険譚が主だが、宇宙や未来の話ではなく、多くはヴェルヌが生きている時代とリンクしていた。そのリアリティと臨場感のある展開から、現在でも高い人気を保っている。子供用の物語として書き直されるなど、読者の年齢層も幅広い。一八八三年からアミアン市議会議員を務め、亡くなるまで在職した。

呪怨《じゅおん》

作品（映画）

二〇〇〇年に発売された清水崇監督・脚本によるホラービデオ作品、およびそれを原作とする二〇〇三年一月公開のホラー映画。

さまざまな偶然と誤解から、嫉妬心を燃え上がらせた夫により、壮絶な虐待の末に惨殺された佐伯伽椰子が、その呪いを人々に伝播させていくというストーリー。佐伯家が住んでいた家に引っ越して来た者を始め、関わる人は皆、伽椰子のすさまじい呪いを受けていく。

ビデオ版は、その後に出た『呪怨2』も含めて売れなかったが、口コミで「怖い」という噂が広まり、映画化されてヒット。二〇〇三年八月、劇場版の続編『呪怨2』が公開され、これは諸外国でヒットし、二〇〇四年と二〇〇六年には、監督を清水崇、プロデュースを『死霊のはらわた』のサム・ライミが担当してハリウッド版リメイク『The Grudge（恨み）』、『The Grudge 2』（日本版タイトルは『THE JUON／呪怨』、『呪怨　パンデミック』）が公開された。

守護霊《しゅごれい》

オカルト用語

背後霊の一種で、インスピレーションや霊夢によってよりよい方向へ導いてくれる存在。西洋心霊主義の「Gurdian Spirit」を心霊研究家、浅野和三郎が和訳したもの。

通常、その姿は目に見えないが、能力のある霊能者には捉えることができ、守護霊からのメッセージを代弁してくれることが多い。日本では守護霊は先祖だと考えられることが多く、波長が合う人物とされるが、黄泉《よみ》にいるもう一人の自分という考え方もある。守護霊がより強力になるためには、自分自身が誠実で向上心をもって過ごす必要があるとされる。

ジュセリーノ・ダ・ルース《じゅせりーの・だ・るーす》

人物

ブラジル人の英会話教師。予言者であると自称している。ジュセリーノ自身の証言によると、八歳のころに〝神秘的な黄金の球〟を掴んで以降、予知夢を見続けており、未来に起きる出来事を正確に言い当てることができると自称している。ジュセリーノは以前から世界各国のマスコミに自分の予知を記した手紙を送付しており、日本では韮澤潤一郎・たま出版社長らに注目されたことで、テレビ出演を果たすようになる。「的中率九〇パーセント以上」という触れ込みだったジュセリーノであるが、日本のテレビ番組出演時に行った予言のほぼ全てが外れであったため、世間からの注目度が急速に低下した経緯を持つ。この事実に対してジュセリーノ側は「夢で見たことが必ず起きるわけではない」「警告を受けた人間が対処を行うことで未来の出来事が変化することがある」と弁解している。

出神《しゅっしん》

超能力・超常現象

仙人が行う自らの気をエネルギー源とする移動術の総称。

一九世紀後半、中国奥地の小さな村に住む黄元吉という仙人が「白日昇天」という出神を行った。黄元吉は村人や自らの弟子に別れの挨拶を告げた後、大勢が見守る中、空へと舞い上がっていった。彼の姿は雲に溶け込むかのように消えて、その後二度と人前に姿を現すことはなかったという。なお、死後遺体となった後に行われる出神を「尸解仙」という。

自らの姿を消す出神であるが、存在そのものを消失させるわけではない。八仙の一人に数えられる唐時代の仙人・呂洞賓は、出神を使用して人々の前から姿を消したが、それから遥か後の世である宗、元、明、清の時代に姿を現して人々を驚愕させた。また、太極拳の創始者と言われる張三丰は、元時代末期に死亡したと伝えられているが、それから二〇〇年近くが経過した時代に再び出現し仙人になるための手法を人々に伝えたという。

気をエネルギーにすることで、時空すら自由自在に移動できるようになるだろうか。

浄閑寺《じょうかんじ》

心霊スポット（日本）

東京都荒川区南千住にある浄土宗の寺院。吉原遊廓の近くにあり、遊女をこの寺に投げ込んで葬ったという「投込寺」として知られる。

創建は一六五五年で、吉原遊廓の誕生（一六五七年）より二年前である。安政の大地震（一八五五年）で大勢の遊女が死亡した際、身寄りのない遊女をこの寺に投げ込んで供養してもらったことから、投込寺と呼ばれるようになった。

その際、遊女たちを供養した供養塚は、一九二九年に改修されて「新吉原総霊塔」とされた。その壁面には、川柳作家、花又花酔による「生れては苦界　死しては浄閑寺」という句が刻まれている。

安政の大地震以後も、一九二三年の関東大震災、一九四五年の東京大空襲によって死亡した遊女がここに葬られたという。江戸、明治、大正、昭和を通じて、浄閑寺に葬られた者の推定数は二万五千に及ぶとされている。

このような歴史を背景に、浄閑寺を訪れると、霊感の強い人は「遊女の無念な思いにとらわれ、底知れない悲しみに襲われる」「涙が止まらなくなり、泣き崩れてしまう」などといわれている。

ほかにも同寺院内には、江戸時代に親の仇を追っていた本庄兄弟にまつわる史跡がある。仇を討とうとした兄は返り討ちに遭い、命を落とす。その兄の首を井戸で洗っていた弟も、ここで仇の男に襲われて死んでしまう。その井戸が、同寺にある「首洗い井戸」で、二人の霊を慰める首塚も建てられている。

常紋トンネル《じょうもんとんねる》

心霊スポット（日本）

ＪＲ北海道の石北本線、生田原駅と金華信号場の間にある長さ五〇七メートルの鉄道トンネルで、常紋峠下を通る。着工は一九一二年三月。

非常に過酷な「タコ部屋労働」によって建設されたことで知られる。本州から集められた労働者たちは「タコ」と呼ばれ、わずかな食事を与えられるのみで過酷な労働を強いられた。重労働と栄養不足から、労働者は次々と倒れたが、治療されずに体罰を受け、死亡者が増えていった。

一九一四年一〇月の完成までに一〇〇人以上が死亡し、遺体はトンネルわきや付近の山林に埋められたとされる。のちに山菜取りに来た近隣の住民が、人の手足の骨を拾ったという話も伝えられている。

開通後、トンネル内で急停車事故が頻発したこともあって慰霊の必要性が唱えられ、一九五九年、常紋トンネルから約一キロメートルのところに歓和《かんわ》地蔵尊が建立された。地蔵尊の裏側にある空き地からは、およそ五〇体の遺骨が発掘されており、毎年六月に供養祭が行われている。

スコップなどで撲殺された労働者が人柱にされたという噂があり、真偽は不明であったが、十勝沖地震による壁面損傷部の改修工事中だった一九七〇年、壁奥から頭蓋骨に損傷のある人骨が発見され、事実と判明した。

その後の発掘調査で、トンネル内からさらに一〇体の遺体が発見され、「常紋トンネル殉職者之墓」に納骨された。一九八〇年には、「常紋トンネル工事殉難者追悼碑」が建てられた。

常紋トンネルでは、「誰もいないはずなのに人影が見えた」「血を流した男性の幽霊を見た」「トンネル走行中、電車内に人型の影が見えた」「うめき声が聞こえる」などの心霊体験が語られている。

ジョージ・アダムスキー《じょーじ・あだむすきー》

人物

一八九一〜一九六五年。アメリカのコンタクティで、世界で最初に異星人と遭遇した人物として知られる。出身はポーランドで、二歳の時にアメリカに移住する。一九四六年にカリフォルニア州のパロマー山で葉巻型飛行物体を目撃したのを皮切りに、幾たびも未確認飛行物体を目撃している。ＵＦＯの写真をいくつも残しており、そのうち、ドーム型の屋根と窓のある円柱形の本体、広がった下部を持つものは「アダムスキー型ＵＦＯ」

と呼ばれる。

一九五二年にはカリフォルニアの砂漠で金星人「オーソン」に遭遇し、以後、火星人や土星人など他の異星人にも会い、円盤型の彼らの乗りものにも乗ったと主張している。一九五三年には異星人から独特の図形が映るフィルムを受け取ったとしており、これは「アダムスキー宇宙文字」と呼ばれた。

アダムスキーの目撃談や写真などは、当時、大きな話題となったが、そのコンタクトを裏付ける他者の証言や客観的な証拠が乏しいことから、懐疑的な意見もあった。アダムスキー型円盤の写真については、後年のコンピュータ解析で吊り糸が確認されたという検証結果もある。

ジョー・マクモニーグル《じょー・まくもにーぐる》

人物

一九四六年〜。アメリカ・フロリダ州出身の情報官。陸軍諜報局スタンフォード研究所に勤め、遠隔透視のプログラムに参加した。アメリカ陸軍が秘密裏に進めていた遠隔透視軍事利用計画「スターゲイト・プロジェクト」の被験者第一号と自称し、日本のテレビ番組に多数出演している。ジョーは愛称で、本名はジョゼフ。自称する経歴には、いくつか事実と一致しないという疑惑もあるが、現在までに東日本大震災や、それに伴う東京スカイツリー竣工の遅れなどを未来透視したとされる。

食人族《しょくじんぞく》

作品（映画）

一九八〇年二月にイタリアで公開されたホラー映画であり、強姦や食人を題材とするセクスプロイテーション（センセーショナルな性的描写で売り上げを狙う作品）映画（日本での公開は一九八三年一月）。監督はルッジェロ・デオダート。

ドキュメンタリー風に構成されたフィクションで、この手法は「フェイク・ドキュメンタリー」、あるいは「モキュメンタリー」と呼ばれる。「撮影者が行方不明などになったため、埋もれていた映像」という設定で作られたフィクションを指す「ファウンド・フッテージ」の先駆けとなった作品でもある。

意図的にドキュメンタリー映像のように宣伝したため、ノンフィクションと誤解する人も多かった。

作中では、ドキュメンタリー制作のためにアマゾン川上流の密林地帯に向かった男女四人の探検隊が消息を絶つ。捜査に向かった大学教授は、原住民の襲撃や儀式などを目にし、恐ろしい体験をしながら、探検隊の失踪した地域にたどり着き、原住民のヤマモモ族に接触。四人の白骨死体のそばにあったフィルムを入手する。

フィルムには、現地での四人の行動と、その後どんな目に遭ったかが克明に記録されており、それは想像を絶する内容だった。教授はフィルムの焼却を命じるが、意図に反して流出したという設定になっている。

日本では「あなた、食べる？ 食べられる？」「テレビではこれ以上お見せできません」というインパクトの強いキャッチコピーとショッキングな映像のCMが流れて本作は大ヒットした。

なお、当時の日本では映画のレイティングシステム（年齢制限規定）が厳しくなかったこともあり、年齢制限はなく正月映画として公開された。

ショロマンツァ《しょろまんつぁ》

魔術

イギリスの女性雑誌記者だったエミリー・ジェラードが公表した、かつてルーマニア・トランシルヴァニア地方に所在したとされる黒魔術学校。

ジェラードの記事によると、ショロマンツァは山岳地帯地下に所在し、悪魔が直接授業を行っていたという。毎年一〇名ほどが入学し、七年間魔術の習得や動物の言葉を理解するための授業を受ける。もっとも優秀な卒業生は「天候師」という役職を与えられて、バラウルという龍にまたがって地域の天候を自在に操るというのだ。

小説家ブラム・ストーカーは、ジェラードの記事を読んで自作「ドラキュラ」のアイデアにしたと語っている。実際、ドラキュラの作内にはショロマンツァの描写が存在する。

この話が事実かどうかは定かではないが、スペインの学術都市・サラマンカは古くから「魔術の街」として名を馳せており、そこをヒントにジェラードが話を創作したという指摘も存在する。

白神じゅりこ《しらかみじゅりこ》

人物

「新感覚オカルト作家」と称してこれまで『ムー』（学研）や『実話ナックルズ』（ミリオン出版）などの雑誌やウェブサイト「TOCANA」に超常現象に関する記事を寄稿した経緯を持ち、テレビ特番「ビートたけしの超常現象」（テレビ朝日系列）では、オカルト否定派の著名人たちと激しい口論を繰り広げた。予言能力があると自称しており、YouTubeに開設した「滅亡ちゃんねる」の番組内において、近い将来東京で大地震が発生するので注意するべきと警告している。また「白神じゅりこのほんとにあったリアル都市伝説」では自ら心霊スポットに向かった際の様子を数多くアップし、まさにITテクノロジーを活用した新世代のオカルト作家である。

死霊館《しりょうかん》

作品（映画）

二〇一三年七月に米国で公開されたホラー映画（日本での公開は同年一〇月）。二〇一九年までに七作が制作・公開された死霊館シリーズの第一作目で、作中の時間軸では第二作目の『アナベル　死霊館の人形』に続く物語となる。監督はジェームズ・ワン。ＰＧ12指定。

実在する米国の著名な超常現象研究家であるウォーレン夫妻が、一九七一年に体験した「これまでに調査した中で最も邪悪で恐ろしい事例」とする事件をもとに描く。作中にもウォーレン夫妻役の俳優が登場して事件解決に挑むストーリーになっている。

米国・ロードアイランド州にある一軒家に、両親と五人の娘たちが引っ越してくる。マイホームを手にして喜ぶ一家を、次々と奇怪な出来事が襲う。両親から依頼されたウォーレン夫妻が調査すると、その家に隠された恐るべき歴史が明らかになり、夫妻は一家を救おうと邪悪なものに立ち向かう。

全米ではＲ指定ながら大ヒットを記録し、その後のシリーズ化につながった。

死霊船《しりょうせん》　メアリー号の呪い《めありーごうののろい》

作品（映画）

二〇一九年一〇月に公開された米国のホラー映画（日本での公開は二〇二〇年一月）。監督はマイケル・ゴイ。

「メアリー号」という名の古い船をオークションで購入したデヴィッドは、妻と二人の娘と共に意気揚々と船旅に出発する。ところが、一家は次々と奇怪な現象や恐ろしい出来事に襲われる。

その船は、隠された歴史を持ち、乗り込む者を呪い続ける「死霊船」だった。逃げ場のない船内で、デヴィッドは家族を守るために悪霊に立ち向かう。

米国では批評家から酷評された本作だが、日本では「ジャパニーズホラー的な展開もあって楽しめた」「これぞベーシックホラー」などと評価する声も聞かれた。

死霊のはらわた《しりょうのはらわた》

作品（映画）

一九八一年一〇月に米国で公開されたスプラッター・ホラー映画（日本での公開は一九八五年二月）。監督・脚本はサム・ライミ。

フロリダ州ジャクソンビルで休暇を過ごそうとやってきた五人の若者が、道中で森の小屋を訪れる。その地下室で見つけたものを興味本位で扱ったために、死霊を復活させてしまい、とてつもない恐怖を体験することになる。

サム・ライミ監督の長編デビュー作で、一九八〇年代のスプラッター・ブームを牽引した作品。日本でも大ヒットした。

続編として一九八七年に『死霊のはらわたⅡ』、一九九三年にキャプテン・スーパーマーケット』が制作され、本作と合わせて「カルト映画三部作」として有名。

二〇一三年にリメイク版が制作され、

日本ではR18+指定として公開。二〇一五年にはテレビシリーズ『死霊のはらわた リターンズ』が製作され、二〇一六年にはその第二作目が放送された。ゲームソフトなどの派生作品も多い。

ジル・ド・レ《じる・ど・れ》

人物

一四〇五頃～一四四〇年。百年戦争時代のフランス貴族、軍人。本名はジル・ド・モンモランシー＝ラヴァル。代々アンジュー領主に仕える家柄に生まれ、両親から広い領土を受け継ぐ。一一歳の時に両親が死去し、それ以降、母方の祖父の下で奔放に育てられた。成長して軍人となり、一四二四年に宮廷入りを果たして、その三年後に初陣を飾る。

一四二九年にはオルレアン包囲戦でジャンヌ・ダルクに協力。パテーの戦いで活躍して戦闘終結に貢献し、「救国の英雄」とも称された。しかしその後、ジャンヌが捕らえられると徐々にジルの心は荒んでいき、財産を次々と投げうって錬金術や黒魔術に熱中する。その過程で黒魔術師フランソワ・プレラーティにそそのかされ、多くの少年を拉致、虐殺。その被害者は数百人にも上り、黒魔術の目的以外にも、ジルの性的嗜好が含まれていたとされる。

一四四〇年に聖職者を拉致監禁したことから捕らえられ、公開裁判ですべてを告白し、泣きながら懺悔。一〇月二六日に絞首刑となった。また、ジルをけしかけたフランソワ・プレラーティも、その五年後に絞首刑を執行された。

シルバーバーチ《しるばーばーち》

オカルト用語

樺の木のこと、またはモーリス・バーバネルの身体を支配して、霊界から交信してきた霊の名前。バーバネルはイギリスの心霊主義専門新聞の編集者であり霊媒師で、一九二〇～一九八一年の間、週一回約一時間半程度、シルバーバーチと交信したとされる。シルバーバーチは、三〇〇〇年前に地上生活を送ったことがあるということ以外、地球上での名前、民族、職業や地位などは不明。

交霊会は初め、バーバネルのアパートで開かれていたが、後にはイギリスのジャーナリストのハンネン・スワッファーの自宅で毎週金曜の夜に開催された。また、バーバネルが発行する心霊新聞『サイキックニューズ』紙に霊訓を連載することになった。

シルバーバーチは、人間の霊は最終的に輪廻転生を終え、地上への再生から卒業していくとして、再生は霊的成長に最適な場所、タイミング、存在、環境を選んでいるとする。当たり前の善行こそ、霊的資質を発揮する行為であり、本当の意味での宗教であると説く。

シルバーバーチの話は霊訓または霊言として多数出版されている。本国イギリスよりも日本での出版数が多いとされる。一九八三年、近藤千雄訳『霊力を呼ぶ本—生きがいの発見』刊行。二〇〇四年、アン・ドゥーリー編／近藤千雄訳『シルバー・バーチの霊訓』(一～八) 刊行。二〇一八年、A・W・オースティン編／桑原啓善訳『シルバー・バーチ霊言集』刊行。

白魔術《しろまじゅつ》

魔術

人間に対して有益になる魔術の総称。伝説上の聖人が使用する奇跡とほぼ同一のものとされている。

白魔術における有益とは、個人の欲望を満たすだけではなく多くの人物に対して益をもたらすものである。雨乞いや豊作を祈願する、怪我や病気を治療するといったものが代表的なものだ。現代の薬学も、源流は人間を祈祷で治療するための白魔術から派生したものという説が存在する。

現代では恋愛を成就させることを目的に使用される機会が多く、白魔術の効果が得られるとされるグッズが人気商品になることもある。

人気ゲームタイトル「ファイナルファンタジー」シリーズでは、「白魔法」と呼称され、主に攻撃の効果を持つ黒魔法とは対照的に回復やバッドステータス解除効果を持つ魔術と定義されている。その影響か、日本のライトノベルでは、美しい容姿を持つ白魔術の使い手を主人公格にした「白魔道士もの」と言われるジャンルが存在して人気を博している。

シンクロニシティ《しんくろにしてぃ》

オカルト用語

心理学者「ユング」が提唱した、意味のある偶然の一致。因果関係のないところで同じような現象や事件が起きることを指し、「共時性」や「同時性」と訳されることが多い。日常的な例では、「友人に連絡を取ろうとした時、ちょうど向こうからメッセージが来た」「同じタイミングで家族が同じようなことを考えていた」などがあげられる。日本でいう「虫の知らせ」もこれに含まれる。

ユングは、シンクロニシティの基盤として、人間の無意識の深層に、個人の経験を越えた先天的な構造領域として存在する「集団的無意識」があるとした。ユングは占星術についても、惑星と人間行動という因果関係のないものが一つの結果を示す現象であるとし、シンクロニシティとして説明しようとした。

辛酸なめ子《しんさんなめこ》

人物

一九七四年～。東京都生まれ、埼玉県育ちの漫画家、コラムニスト。本名は池松江美。

幼少期よりヨーロッパの貴族を題材に

した漫画などを描いていた。女子学院中学校・高等学校を経て武蔵野美術大学短期大学部でグラフィックデザインを専攻。在学中は美術家である中ザワヒデキの事務所でアルバイトをしながら、さまざまな創作活動を行う。

　ネット黎明期にインターネットを媒体とするマルチメディア作品にいち早く取り組んでいたことでも知られ、一九九三年にMacintoshを使ってゲームやアニメーションを制作し、一九九五年にはウェブサイト『女・一人日記』を開設。

　一九九四年、愛読していた渋谷パルコのフリーペーパー「ＧＯＭＥＳ」主催の漫画グランプリで賞を受賞し、雑誌の連載を始める。以後、漫画家、コラムニストとして活躍するほか、コメンテーターとしてテレビ番組にも出演。ペンネームは、高校時代に周囲から「薄幸そうに見える」とよく言われていたことが由来で、当時、自主制作していた新聞のコラムで名乗り始める。独特な画風と丁寧な語り口とは裏腹に、皮肉や自虐を絶妙に織り交ぜた文体で人気を博し、多数のコラム、エッセイを執筆している。

　皇室ウォッチャーとしても知られ、皇室のＩＴ事情、メイド、神道、皇居の風水など独自の切り口で皇室の知られざる実態を研究し解き明かしている。また、セレブウォッチャーでもあり、ケイティ・ペリー、パリス・ヒルトン、リリー・アレンなど海外セレブリティへのインタビューを行い、英国の歌手アレンのシングル「smile」には自身が手がけた公式の日本語訳も存在する。「あなたに去られたわたしは生き霊と化して待ち続ける」「トンネルを抜けると、そこは光の国でした」「口角上げて運気ｕｐ！」など独特のウィットに富んだスピリチュアル的解釈に、お騒がせ歌姫アレンも思わず吹き出したのではないだろうか。

人体《じんたい》自然《しぜん》発火《はっか》現象《げんしょう》

現象

人体が自然に発火する不可思議な現象。焼死体や人体の一部が燃えた状態で発見された際に、周りに火の気がなく、人体の周囲だけが焦げているといった状況から、こうした現象が起こりうると考えられるようになった。

　いくつか事例があり、代表的なのは一九八八年のイギリス南部、サウサンプトンで起きたものである。被害者の名前はアルフレッド・アシュトンといい、下半身だけを残してくっきりと焼けてしまっていた。発見された際にはすでに死亡していた。室内は高温であったものの、周辺に火気は見つからなかった。似たような事件はほかにもあり、その原因については「プラズマ発火説」や「人体帯電説」などさまざまなものがあるが、はっきりとはわかっていない。

神代文字《しんだいもじ》

文字

漢字が伝来する以前に使用されていた文字、あるいは文字様のものを指す。神話や古史古伝に結びついて神代に使用された文字とされるものと、後代になって神代文字の一種とされたものがある。近代以降は、現存する神代文字は偽作であり、漢字渡来以前の日本に固有の文字はなかったとする説が一般的だが、神代文字存在説は古史古伝や古神道の関係者を中心に支持されている。主要な神代文字の例としては以下のようなものがある。

・『神皇記』や『開闢神代暦代記』に記載されている阿祖山文字
・江戸時代後期の国学者・鶴峯戊申が漢字・梵字・ハングル・ラテン文字などあらゆる文字の起源であるとし、農書『成形図説』にも用いられ、太古と関係があるとされる天名地鎮《アナイチ》文字
・神社に奉納されている阿比留草文字（畔切神社所蔵の夷丘銅鍥古字《ヒナヲカドウキザミコジ》、ドイツの考古学雑誌に紹介された半田稲荷社碑文の文字、大御食神社所蔵の銅板に記された『美女ヶ森昔刻年代記』の文字など）
・神道家の橘三喜が出雲あたりにある書《フミ》島《ジマ》の石窟に刻まれていたものを写して伝えたとされる出雲文字
・亀卜の卜兆から生まれた文字とされ、対馬市の雷社で行われる亀卜神事で用いられる対馬文字
・豊後の宗像家と古史古伝の『上記』で用いられている豊国文字
・南朝同士間の秘密文書に使用されたとする南朝古字（南朝伝神代文字）
・神道研究家・矢野祐太郎が八咫鏡裏側に刻印されているとしたヒフ文字
・カタカムナ文明で使用されたとするカタカムナ文字
・『ミカサフミ』『ホツマツタヱ』などに使用されるヲシテ文字

ほか、ハングルと似た阿比留文字、大宮八幡宮『神名書《カナフミ》』の阿波文字、斉部（忌部）・橘両家のみの家伝である斉部文字《インベモジ》、うきは市の重定古墳石室に記されたとされる筑紫文字《ヤツヨモジ》、道教の護符に似た中臣文字など、種類は多い。

一九七一年、考古学者佐原真が弥生時代の土器に書かれた絵画や記号を調べ、写実的表現と抽象的表現があり、明らかに記号に意味があるとした。一九八〇年、佐原は記号が機内で成立し、他地方に伝わっていったとし、これは大和政権成立以前におこった重要な事象であるとした。その後一〇年ほどで考古学会では、土器に書かれた記号が絵と共に、弥生時代の人々の呪力、物語、思想などを伝える媒介であり、原文字的性格をもつものという共通認識に至った。

一九九八年、三重県津市大城《だいしろ》遺跡、四号竪穴住居入り口の穴から出土した高杯に刻まれた文字が発見された。二世紀の前半から中頃、刻書最古の遺物とされ、その文字は「奉」ではないかと推定されている。

神智学協会《しんちがくきょうかい》

組織・団体

一八七五年にニューヨーク市で誕生した神秘思想団体。

神智学協会が誕生した背景には、心霊主義の流行による保守的なキリスト教的宗教観の否定と、仏教やヒンドゥー教など東洋発の思想や宗教が浸透したことが存在する。

創設者の一人であるヘレナ・ペトロヴナ・ブラヴァツキーは、宇宙と人間の起源をめぐる秘術が特定の人々たちの間で伝承され、後にそこから東西の諸宗教が誕生したのだが、現代は秘術の核心を公開し、宗教間の対立を超えて、再び根源的な神秘主義に回帰する時期だと主張していた。ブラヴァツキーが手がけた「ヴェールを剥がれたイシス」という書籍は、近代科学とキリスト教的宗教観を否定する内容であった。

設立当初の神智学協会は大きな話題となり、発明王トーマス・エジソンら多くの著名人が会合に参加した経緯を持つ。

神通力《じんつうりき》

超能力・超常現象

もともとは仏教の菩薩や弥勒が使う「六神通」という六つの能力を表す言葉。六神通の内容は、神足通（自分の行きたい場所へ自由自在に移動する能力）、天眼通（未来を正確に予知する能力）、天耳通（はるか遠くの音や声を聞く）、他心通（他人の心を読み取る能力）、宿命通（過去の記憶や分岐点が全て頭に浮かび上がる能力）、漏尽通（物欲や邪念を全て無くす）というものであり、敬虔な仏教徒が身につけるとされていた。

現在では人間が神や仏の力を借りて使用することを指す言葉となっており、超能力や霊能力と混同されることがあるが、厳密には全く異なるものである。

神通力は先天的に取得している人物もいるが、後天的に獲得することも可能だ。ただし、そのためには厳しい修行に耐えたり欲望や虚栄心といった煩悩を捨て去ることが必要だ。

悟りを開いて神通力を得た人間はこの上なく清らかな心を持ち、多くの人々を悩みや苦しみから解放することができるという。

神秘学《しんぴがく》

オカルト用語

オカルティズムまたはオキュルティスムの日本語訳の一つ。もともと「オカルト」とはラテン語で「隠されたもの」を意味する「occulta」という言葉を語源とする。それが意味する通り、目で見たり、触れて感じたりすることのできないものに対する探究とそれによって得られた知識体系が「オカルティズム」、すなわち神秘学である。人間が把握した事物を超える超常現象を、科学で思考する理性的な試みともいえる。

何をもって「オカルト」とするのかについては、時代や論者の立場等により見解が異なり、本来は占星術、錬金術、魔術などの実践を指していたが、現在では幅広い超常現象を対象とする研究を指すようになっている。「神秘主義」と混同されやすいが、神秘主義は理性を超えた現象をあくまで感情によってとらえるとするもので、異なる概念である。

神秘学研究についてはルドルフ・シュタイナーや心理学者ユングが有名で、書籍も多く存在する。自然科学では現象が外的に説明されるが、霊的な「神秘」が知識として体系化されるためには、その霊的な事実の内側に入り、探究を続けることが重要だとされている。

新耳袋《しんみみぶくろ》

作品（書籍）

現代の怪談・怪異譚を百物語形式で収録した書籍で、木原浩勝と中山市朗の共著。著者はいずれも大阪芸術大学芸術学部映像計画学科卒の小説家・放送作家・怪異蒐集家で、本書ができる端緒は大学時代にあったという。

木原は、大学時代に中山の下宿に泊まり込み、三日三晩怪談を語り合ったのが面白かったため、メモを取り始めたのがきっかけだったと述べている。

本のタイトルは、江戸時代に怪談奇譚などを集めて作られた随筆、『耳嚢《みみぶくろ》』からとったという。

一九九〇年に扶桑社より『新・耳・袋――あなたの隣の怖い話』として出版され、絶版となるも一九九八年にメディアファクトリーより『現代百物語「新耳袋」第一夜』として再版され、以後、二〇〇五年までに第十夜まで（全十冊）が刊行された。また、文庫版『新耳袋』第一夜～第十夜は角川文庫から、二〇〇二～二〇〇八年に刊行されている。

本書を原作として、テレビドラマ・劇場版『怪談新耳袋』、及び『怖い日曜日』シリーズが生まれ、漫画の連載や単行本も多数制作された。また、一本五分で映像化したビデオが、ホラー映画専門の動画配信サービス「ＯＳＯＲＥＺＯＮＥ」から配信されている。

膨大な調査・取材を元に、体験者のプライバシーに考慮してリライトした実話怪談集とされ、バラエティに富む内容とリアルな怖さが評価されている。

人面魚《じんめんぎょ》

都市伝説

頭部を正面から見たとき、人の顔のように見える模様を持つ魚。

最初に人面魚として話題になったのは、善宝寺（山形県鶴岡市）の「貝喰《かいばみ》の池」にいた金色の錦鯉であった。この池に、頭部が人の顔のように見える錦鯉がいることは、善宝寺では古くから知られていたというが、一九九〇年に写真週刊誌やスポーツ新聞、さらにテレビ番組でも報じられて一躍有名になった。

同年夏には、この人面魚を一目見ようと大勢の人が貝喰の池を訪れ、一日一万人にのぼることもあり、池に落ちた人もいたという。その後、人の顔に見える模様を持つさまざまな色の鯉の存在が、各地で報告され、全国的なブームとなった。

背景には、それ以前から、人間の顔を持って言葉を話す人面犬（次項）がいるという話があったことが影響していると思われるが、人面犬は立体的な人の顔を持って言葉まで話すという都市伝説であるのに対し、人面魚は模様が人の顔に見えるに過ぎず、名称は似ているが性質は全く違う。

人面犬《じんめんけん》

都市伝説

人の顔と犬の体を持ち、人の言葉をしゃべる生き物がいるという都市伝説。一九九五年以降のインターネット黎明期において語られたとされる都市伝説。その後フジテレビの番組『奇跡体験！アンビリバボー』のスペシャル番組で二〇〇〇年にこの噂を取り扱い広く知られるようになった。

一九八九年から翌一九九〇年にかけて、小中学生を中心に広まった。そのパターンには、高速道路に現れるものと街中に現れるものがある。

前者の場合、深夜の高速道路で、車に時速一〇〇キロメートル程度の速度で追いつき、追い抜かれた車は事故を起こすとされる。後者は、繁華街でゴミ箱を漁るなどしており、通行人などが声をかけると、「うるせえ」「ほっといてくれ」「勝手だろ」「なんだ、人間か」などと言い捨てて立ち去るという話が多い。

数メートルの高さにジャンプして逃げた、人面犬に噛まれた人間は人面犬になってしまうなどとも伝えられた。顔は中年男性風であることが多いとされ、「リストラされて自殺した中年男性の怨念が犬に憑依した」という解釈も登場した。

正体に関してはそのほか、「妖怪の一種」「遺伝子操作によって生まれた生物兵器」「環境汚染による突然変異」などの説がある。

ブームは急速に盛り上がったあと沈静化したものの、現在でも「人にそっくりな顔の犬」は人面犬と呼ばれ、写真投稿などで一定の盛り上がりを見せている。

人面瘡《じんめんそう》

妖怪

妖怪・奇病の一種で、体の一部にできた傷が悪化し、人の顔のようなものができ、やがてそれが意思を持って話したり、ものを食べたりするようになるもの。「人面疽《じんめんそ》」とも呼ばれる。これにまつわる伝承や創作は日本に多いが、西洋にも見られる。切り落としても、また同じように現れるとされる。人面瘡の口に、薬もしくは毒を入れて飲み込ませると、弱ってやがて消えるといわれている。

江戸時代の奇談集である『伽婢子《おとぎぼうこ》』には次のような話が記載されている。

ある農夫の左足に腫れ物ができ、それが人の顔のようになってひどく痛んだ。その口に食べ物を入れると、そのときだけは痛みがひく。やがて、農夫はやせ衰え、死を待つばかりとなった。

そこへ諸国を旅する修行者が訪れ、人面瘡を治せるというので、農夫は田畑を売って代金を払った。修行者がその金で買い集めた薬を、一つずつ人面瘡の口に入れると、みな飲み込んだが、貝母《ばいも》という薬（ユリ科のアミガサユリの地下茎を乾燥させた生薬）だけは嫌がった。そこで、無理やり口に入れて飲ませたところ、一七日後に傷が癒え、農夫は助かった。

明治時代には、人面瘡の話が新聞で報じられた。それによれば、ある農夫の股の近くに人の顔のような腫れ物ができ、口を開いて食べ物を欲しがるそぶりだったので、飯を与えてみたところ、一升もの飯をあっという間に平らげたという。

通常の腫れ物が人面のように見えただけとする解釈もある。腫れ物の傷口の開いた様子が人間の口のように、また、皺や凹凸が人間の目鼻に見え、体を動かすと患部が動いて顔のように見えたことから、人面瘡の伝承が生まれたとするものも。また、患部の皮膚が厚くなって腫れ上がる「象皮病」がもとになったとする説もある。

心霊《しんれい》

オカルト用語

超常現象のうち、霊魂が原因だとされるもの。イタコの口寄せや自動書記などの「精神的心霊」とポルターガイストなどの「物理的心霊」に大別される。心霊現象の中でも最もメジャーともいえる「心霊写真」は、写真という物質に写り込んでいることから「物理的心霊」に区別される。

心霊現象の目撃談の多くは経験者の主観によるため、立証することが困難な場合も多い。ヒステリー状態や自己暗示などの精神異常が原因のものや、現実には捏造もある。複数の人が体験した心霊現象や、検証に耐えられる画像などの客観的証拠があるものなどは信憑性が高いと考えられる。

心霊写真《しんれいしゃしん》

超能力・超常現象

心霊、エクトプラズムといった霊的存在、または心霊現象が写り込んでいるとされる写真の総称。

一九世紀中盤に写真技術が普及した頃から心霊写真の存在が語られるようになり、アメリカやヨーロッパでは写真の被写体となる人物の後ろに霊を出現させる「心霊写真家」なる職業が存在した。

日本では一九七〇年代にテレビのオカルト番組やホラー漫画で紹介されたこと

を機にその存在が知られるようになり、オカルト研究家の中岡俊哉が手がけた『恐怖の心霊写真集』(二見書房)が大ベストセラーとなった。

中岡俊哉自身は心霊写真自体に霊的な力は存在しないという見解を示していたが、一九八〇年代から「心霊写真の所有者に祟りが降りかかった」という都市伝説が広まった結果、各テレビ局や出版社はこぞって心霊写真を特集し霊能力者が心霊写真に写り込んだ霊の背景や対処法を語るという企画が恒例化したのだ。

実際には心霊写真の多くが多重露光(複数の写真を重ね合わせること)やレンズフレア(写真の中に光が写り込むこと)が原因となっているものであり、カメラの性能が高度化した現在では心霊写真が撮影される機会は激減した。

だが、それでもなお、専門家でも判別不可能なものが写真に写し出されることがあり、数多くの人が死亡したなど因縁のある場所で心霊写真が撮影されることが多いのもまた事実である。

心霊手術《しんれいしゅじゅつ》

超能力・超常現象

特殊な能力を用いてメスや麻酔といった医療用器具を一切用いずに罹患部位のみを取り出す手術のこと。現在でもフィリピンやブラジルでは行われる機会が多い。

心霊手術の基本的な流れは、施術者が患者の患部を撫で回すうちに血液が流れてくる。しばらくして施術者の手によって患者の患部が抜き出されて血液を拭き取ると傷は全く存在しない。術後も患者には痛みが一切残らないというものだ。

日本では一九七〇年代にテレビのバラエティ番組で「奇跡の治療法」として紹介されたことでその存在が知られるようになった。一九八〇年代に歌手・声優の天地総子がフィリピンで乳がんの心霊手術を受けたり、韓国の新興宗教団体が心霊手術を教義に取り入れたりしたことで、日本のオカルト雑誌がこぞって特集を開始したが、手術の大半が動物の血液や臓物を使用したトリックであったこと、病気が治ったという証言のほぼ全てが患者の思い込みであったことが判明し、日本における心霊手術ブームが急速に沈静化したのだ。

心霊スポット巡礼ツアー《しんれいすぽっとじゅんれいつあー》

心霊スポット(日本)

横浜市のタクシー会社、三和交通が運行するタクシーツアー。東京や横浜周辺にある心霊スポットをタクシー乗務員が案内する。その車を「心霊タクシー」と称し、運転とガイドは自称「霊感がある」というドライバーたちが担当している。

二〇一五年の夏に初めて開催され、その年は横浜のツアーのみであったが、翌年以降は東京二三区、多摩地区、埼玉県ふじみ野市などを加えたコース設定を順次増やしつつ、毎年夏に、期間限定・完全予約制で運行。

初年は一三回のツアーを行ったが、いずれも予約開始直後に満員になるほどの人気だったため、翌年以降は申し込み後に抽選するシステムとなった。

二〇一六年はコースと運行回数を増やしたにもかかわらず、当選倍率が一〇倍以上となった。以後も応募数は増える一方で二〇〇〇件近くとなり、倍率は四〇倍を超えるという。

料金は年度とコースによるが、二〇二〇年の場合、所要時間二～三時間の「横浜コース（新横浜）」で一万一〇〇〇～一万六〇〇〇円、所要時間七時間三〇分（オールナイト）の「東京コース（東京）」で四万円、所要時間三時間三〇分の「不死身野コース（ふじみ野）」で二万四〇〇〇円、所要時間八時間（オールナイト）の「多魔コース（八王子）」で四万五〇〇〇円となっている。

地域住民に迷惑がかからないよう、具体的な訪問先は伏せられている。客は出発前に、「心霊現象で異常をきたしても主催者に責任を問わない」旨の誓約書にサインしなければならない。ツアー後、霊障対策として、運転手と車はお祓いを受けているという。

人狼事件《じんろうじけん》

事件

一六世紀のヨーロッパで多発した猟奇殺人事件の総称。当時のヨーロッパでは、人々が黒魔術によって人狼と化し、そのような事件を引き起こすとされた。そのため、この疑いがかかったものには刑罰が科され、フランスだけで三万件の人狼関係とされた事件が報告された。フランスでは、少なくとも一二人の子供を殺して食べたといわれるジル・ガルニエ、秘薬を体に塗ることで狼に変身できると主張し、人や動物を襲ったガンディヨン一家（家族のうち四人が人狼と化したとされる）などが有名。また、ドイツのペーター・シュトゥンプは、一四人の子供と二人の妊婦を殺して食べたことを自白した。

人狼事件の犯人は、多くが処刑されて亡くなったが、中には噂だけで罰せられた者もいたとされる。また、時を経た一八世紀半ばにはフランスで、「ジェヴォーダンの獣」と呼ばれた謎の巨大な獣が一〇〇人以上を殺害する事件が起きる。これは現在も詳細が判明していない未解決事件で、人狼によるものという説もある。

す

スアラ・ナラカ《すあら・ならか》

現象

インドネシアのスマトラ島に位置するシバヤック山から聞こえてくるという謎

の音。現地の人々が言う「スアラ・ナラカ」とは「地獄の声」という意味である。

スアラ・ナラカは、シバヤック山中の直径二〇〇〇メートル、深さ三〇〇メートルほどの巨大な穴から聞こえてくるという。「命が惜しければ近づくな。悪魔が棲む地獄の声が聞こえ、恐ろしい死を遂げる」という古くからの言い伝えがあるため、現地の人々は絶対に穴へは近づかないそうだ。

一九五六年、アメリカの調査隊が穴の中に降りていったところ、突然一人の隊員が悲鳴をあげて倒れた。急いで地上に引き上げられた時には、すでに耳の三半規管が破損しており、その後も回復することがなかった。

穴の中からは有毒性のガスが噴出していたため、当初はそれが原因で調査員が倒れたと推測されたが、後にそれが理由ではないことが判明した。後年の機械を使った調査により、穴の中には超低周波音が常に響き渡り、それが人体に悪影響を及ぼすことが判明したのだ。

超低周波音を発しているのは何らかの自然現象だろうか。それとも……？

水晶骸骨《すいしょうどくろ》

遺跡・オーパーツ

遺跡から発掘された、水晶で作られた人間の頭蓋骨型のオブジェの総称。主に中南米の文明の遺跡から発掘される。はじめて認知された水晶髑髏は、一九二七年にイギリス人考古学者が発見したものと言われており、二〇二一年現在までに十数個が発見されている。アメリカの研究所が実施した調査によると、水晶髑髏は一つの水晶を切り出して作られたもので、形状はモンゴロイドの頭蓋骨を模したもの、刃物などで削った跡は一切見当たらないという結論に達した。そのあまりに精巧な作りから、オーパーツ（古代の技術では作製不可能な遺物）と見なされていたが、後の調査によって、金属ドリルやダイヤモンド研磨剤で表面を加工した痕跡が発見されたこと、遺跡から発掘されたという報告が正式には存在しないことなどから、現在では水晶髑髏は全て偽物という説が濃厚になっている。二〇〇八年に公開されたハリウッド映画『インディ・ジョーンズ　クリスタル・スカルの王国』（スティーヴン・スピルバーグ監督）は、水晶髑髏をキーワードにした作品である。

数秘術《すうひじゅつ》

占い

「数」は意味を持つ神聖なものだととらえ、その法則によって運命や性格を鑑定する占い。生年月日や名前のアルファベットを数字に置き換えるなどして行う。二桁以上の数を足し合わせ、それを繰り返して最終的に導かれた一桁の数字が、その人の特性を表すとされる。

もとは古代ギリシャの哲学者「ピタゴラス」によって取りまとめられ、「カバラ数秘術」としてユダヤ民族に継承されていった。現代でも広く普及しており、数を重視するという特性からか、学者などにも好まれる傾向がある。

スカイフィッシュ《すかいふぃっしゅ》

UMA

肉眼で確認できない特殊なUMA。生息地は世界中だが、動きが速すぎて人間の目ではとらえることができないとされる。写真やビデオでしか姿を確認できないというその特徴から、生物兵器や心霊現象ではないかとする説もある。

体は棒状で、いくつものひれや羽がついているという。また、体長は一〇センチ程の小さなものから二メートル程度までと幅広いが、どのタイプも時速三〇〇キロ近くの高速で移動する。

最初の報告は、一九九五年に映像編集者がビデオをコマ送り再生していた時に発見したもの。正体についてはさまざまな意見があり、古代生物「アノマロカリス」の生き残りとする説や、ビデオでしか見られないという特徴から、単に映像の乱れとする説まである。

巣鴨プリズン《すがもぷりずん》

心霊スポット（日本）

東京都豊島区西巣鴨（現・豊島区東池袋）にあった拘置所施設。一九三七年からここにあった東京拘置所の施設を接収して使用したもの。

第二次世界大戦後に設置され、戦争犯罪人（戦犯）とされた人々の収容と処刑を行った。「巣鴨留置所」「巣鴨拘置所」「巣鴨刑務所」とも呼ばれた。

一九四八年一二月二三日、極東国際軍事裁判によって死刑判決を受けた東條英機ら七名の死刑が執行された場所としても知られる。七名を含め、ここでは六〇名が処刑されたと伝えられている。

一九七一年に東京拘置所が移転したのち、跡地は超高層ビルのサンシャイン60を中心とするサンシャインシティとして再開発された。処刑場周辺は豊島区立東池袋中央公園となり、慰霊碑「平和の碑」が建立されている。

この慰霊碑の周辺を始め、碑が設置されている公園、サンシャインシティの建物内などで、以下のような心霊現象を体験したという話が伝えられている。

・誰もいないのにコツコツと歩く音がする
・何かがドスンと落ちる音がした（落ちたものは確認できない）
・人魂を見た
・軍服を着た男性の幽霊が現れた
・高層の窓の外に人が通るのが見えた
・誰もいないはずなのに、部屋の外から壁が「バン！」と叩かれた

とくに、深夜零時には、こうした心霊現象に遭遇しやすいともいわれている。

スカル・アンド・ボーンズ《すかる・あんど・ぼーんず》

秘密結社

アメリカのイェール大学に存在する秘密結社。一九世紀後半にアメリカ最大の貿易企業だった「ラッセル商会」の創業者サミュエル・ラッセルと、彼の従兄弟ウィリアム・ラッセルが設立した。

秘密結社と呼称されているが、会員名簿が公開されているなど活動はオープンで、実際は学生同士の親睦会といったもの。会員同士が協力し合うことによってアメリカ国内で成功を収めることを目的としており、週二回会員全員が集まって話し合うというルールが存在する。

名称の由来については、会員の一人がネイティブ・アメリカンの伝説的戦士ジェロニモの頭蓋骨を持ち帰ったためと言われているが、これは作り話だと推測されている。結社内では古代ギリシャの政治家デモステネスが崇拝されており、彼の没年をモチーフにした（紀元前）「三二二」をモチーフにした儀式が頻繁に行われる。

アメリカの政財界の中枢に存在した人物の多くがスカル・アンド・ボーンズ出身者で、二世代にわたって大統領を務めたジョージ・ブッシュ親子や歴代ＣＩＡ長官も会員であったという。

杉沢村伝説《すぎさわむらでんせつ》

都市伝説

青森県にあったとされる村にまつわる都市伝説。一九九五年以降、インターネットで流行し、二〇〇〇年にフジテレビ系の番組『奇跡体験！　アンビリバボー』のスペシャル版で取りあげられて広まった。

かつて青森県の山中に杉沢村という村があり、そこで昭和の初期、一人の村人が発狂し、村民全員を殺して自らも命を絶ったという。村は廃村となり、行政区画上は隣村に編入され、地図や公式文書から姿を消したが、その跡地は霊の棲み家となって現在もあるとされる。

杉沢村への道筋、もしくは入り口付近には、次のようなものがあるといわれる。

・「ここから先へ立ち入る者、命の保証はない」と書かれた道路脇の看板
・村の入り口を示す朽ちた鳥居。その根元にあるドクロのような石
・鳥居の奥へ進むと、廃墟となった住居があり、中に血痕のようなものが多数ある

『奇跡体験～』では数回にわたって杉沢村の特番を行ったが、村の場所や正体は判明せず、「杉沢村は時空の歪みに存在し、現れたり消えたりする」と結論づけた。

一九五三年に、青森県中津軽郡で一家七人が猟銃で殺される事件が起きており、それが杉沢村伝説の由来になったという説がある。

一方、「杉沢村」の本体は存在したが、地図には最初からなく、その理由は正式

名称ではなく通称だから」という説がある。その説によれば、小杉という集落があり、地元の人はそこに行くことを「杉さぁ行く」と言っていた。それがいつしか「杉沢」となり、「村」をつけて呼ばれるようになったという。

現在も小杉という地名は残っているが、通称「杉沢村」に該当する地域は過疎で人がいなくなった。その際、最後に残った家族が集落の入り口に鳥居を立てたという。

隙間女《すきまおんな》

都市伝説

いつのまにか部屋のすき間に女性が潜んでいたという都市伝説。

ある一人暮らしの青年が、自分しかいない部屋の中で、誰かにじっと見られているような感覚に襲われる。気のせいだろうと思うが、その感覚が続くので、「自分はおかしくなったのか」とすら思い始める。

「誰もいるわけはないのに」と、自分を納得させるために部屋のあちこちを見ていった彼は、ついに視線の主を発見した。部屋の壁とタンスの間にあるほんの数ミリの隙間の中に女が立ち、じっと彼を見つめ続けていたのだ。

「数ミリの隙間に立つ」といっても、豆粒のような小さい女というわけではなく、一種の時空の歪みが生じて、そこに立っている女が見えるらしい。

稲川淳二とともに怪談語りで知られるタレント、桜金造の代表作であり、それが出所ともいわれる。桜金造バージョンのストーリーは以下の通り。

無断欠勤を続ける男性を同僚たちが訪ねたところ、彼は「ずっと家にいた」という。「たまには外に出ないと体に悪いぞ」と諭すと「女が寂しがるから出られない」というので「どこにも女なんていないじゃないか」というと、「そこにいるんだよ」と壁とタンスの隙間を指さす。見ると、その隙間に女が立ってこちらを見ていた。同僚たちは逃げだし、男性はどうなったかわからない。

このほか、「部屋にいるのは一人暮らしの女性」「隙間に立っているのが女でなく男（隙間男）」「視線でなく何かを叩く音で自分の存在を知らせてくる」などのバージョンが存在する。

江戸時代の随筆「耳嚢《みみぶくろ》」の類話が出所という説もあるが、こちらは戸袋から女が飛びだしてくるという話で、隙間に潜んでいるわけではない。

スクエア《すくえあ》

都市伝説

雪山で起きたとされる都市伝説。

スクエアは英語で四角形を意味する言葉だが、この都市伝説においては「四角い部屋」、あるいは「四角い部屋で行うある方法」の意味。この都市伝説は、「スクエア」のほか「雪山の一夜」「山小屋

の一夜」「山小屋の四人」「四人の登山家」などとも呼ばれる。さまざまなバリエーションがあるが、基本的には以下のような内容である。

ある大学の山岳部に所属する五人の学生が雪山登山をした。登頂までは晴れていたものの、やがて雪が降り始め、猛吹雪となって遭難してしまった。しかも、一人が落石に襲われて亡くなるという悲劇が起こり、四人は交代でその遺体を背負って歩いた。

そのうち、幸運にも小さい避難小屋が見つかった。四人は中に入り、仲間の遺体をねかせて一息ついた。何もない四角い部屋だったが、そのときの四人にとっては吹雪をしのげるだけでありがたかった。とはいえ、すでに夜になり、小屋の中も気温は低く、そのまま寝てしまえば死ぬだろう。

四人は知恵を絞り、吹雪が止むまで寝ないで過ごす方法を考え出した。四人が部屋の四隅に一人ずつ座り、最初の一人が壁づたいに二人目の場所まで歩き、その肩を叩く。一人目は二人目がいた場所に座り、二人目は同様に、壁づたいに三人目の場所まで歩いて肩を叩く。二人目は三人目がいた場所に座り……とくり返すという方法だ。

壁に手を当てて移動するので暗闇の中でも行える。定期的に動かなければならないので寝なくてすむし、次の人に引き継ぐと言う使命感もあって頑張れる。しかも次の番が来るまではつかの間の仮眠ができる。

これを実行して、学生たちは吹雪が止むまでどうにか持ちこたえ、無事に下山できたのだった。しかし、助かったあと、一人が気づく。自分たちは、常に壁の一辺分しか歩かなかったが、これは変ではないかと。

一人目は二人目の場所へと移動しているので、四人目は二人分移動しないと一人目の肩を叩けない。壁の一辺分しか移動しないなら、この方法は四人では出来ないのだ。「じつは、死んだ仲間が五人目として加わり、仲間を助けていた」というのが、この都市伝説の結末とされている。

四人が小屋で行った方法を「スクエア」と呼ぶ。四人のうち一人が二人分を移動するようにすれば四人で行うことも可能。二人分移動する者は、一周ごとにずれていく。

なお、「スクエア」は降霊術の一種という説もある。

スクライング《すくらいんぐ》

超能力・超常現象

何らかの物体に映り込んだビジョンを見ることで誰かの運命を占うこと。日本では「幻視」などと呼ばれる。一六世紀のドイツの僧侶たちの間で流行した占い術が原型とされて、一七世紀以降にヨーロッパ全土に広まったとされる。

スクライングという言葉を直訳すると

「遠くから探し出す」という意味であり、この場合の遠くとは物理的な距離だけではなく時空も含む。やり方は水晶や鏡、水を張った容器など光を反射する物体に手をかざして見つめるというもの。成功すると自分が知りたい未来のビジョンが映し出されるという。

　スクライングを扱った怪談として以下のような話がある。

　ある少女が未来の結婚相手を知ろうとしてスクライングを行った。彼女は占いの本に書いてあった通りに深夜○時に剃刀をくわえて水を張った洗面器を覗き込んだところ、本当にビジョンが浮かんできた。その様子に驚いた彼女がくわえていた剃刀を洗面器の中に落としてしまうと、水が血のように真っ赤に染まった。

　それから一〇年ほどが経過し成長した彼女はある男性と交際するようになった。その男性はなぜか一年中マスクを着用しており顔の下半分を見せようとはしなかった。ある日、彼女が思い切ってマスクを取って素顔を見せてほしいと依頼すると、男性はあっさりと承諾したのだが、マスクをとった彼の頬には深い切り傷が刻まれていたのだ。彼女が「その傷は誰につけられたの?」と尋ねると、男性は彼女を指差してこう叫んだ。

「お前だ!!」

（⇩結婚相手が見える洗面器の項も参照）

スクリーミング・トンネル《すくりーみんぐ・とんねる》

心霊スポット（世界）

カナダのナイアガラの滝の近くにあるトンネル。ナイアガラの滝とトロントを結ぶ鉄道の高架線の下にある。このトンネルの中で、深夜にマッチで火を灯すと、少女の悲鳴が聞こえてくるといわれている。そのため、「スクリーミング（悲鳴をあげる）・トンネル」と呼ばれるようになった。

　なぜマッチで火を灯したときに聞こえるのか。それは、火にまつわる次のような悲惨な出来事があったからだと伝えられている。

　数世紀前、トンネルの南側にあった納屋に少女がいた（そこで暮らしていたのか、たまたまいただけなのかは不明）。何かの原因で納屋が燃え出し、少女の洋服に引火したため、動転した少女はそれを消そうと家から飛び出してトンネルに入った。しかし、火は消えずに、少女は焼け死んでしまったという。

　別の噂もあり、それによると、このトンネル内で少女がレイプされて殺され、証拠が残らないよう犯人が少女の遺体を燃やしたという。

　いずれにしても悲惨な出来事であるため、その少女の怨念がトンネル内に漂い、マッチの火に感応して悲鳴が聞こえるとされている。

スクリーミング・マッド・ジョージ《すくりーみんぐ・まっど・じょーじ》

人物

一九五六年～。大阪府出身の特殊メイクアーティスト。本名は谷譲治。幼少期にサルバドール・ダリの作品に触れたことをきっかけにシュルレアリスム系の芸術に興味を抱くようになる。高校卒業後にニューヨークの美術学校に進学し、在学中にパンクバンドを結成してＰＶを自主制作したところ、それがアメリカの特殊メイクアーティスト・リック・ベイカーに評価されたことでハリウッド映画のスタッフとして活動を開始。

『ポルターガイスト2』『エルム街の悪夢4』『帝都大戦』『ソサエティー』などの特殊メイクを担当する。とりわけ『ソサエティー』の終盤で肉体が融合する乱交パーティのシーンはスクリーミング・マッド・ジョージ独特の悪夢的幻想センスが爆発し、ファンの間でも伝説的に語り継がれている。

奇抜でグロテスクな作品群は国内外でカルト的な人気を博しており、世界各国で個展が開催された経緯を持つ。元プロ野球選手の新庄剛志と親交が深いことでも知られており、オールスターゲーム時に新庄が被った不気味なマスクは大きな話題となった。

『呪怨：呪いの家』（二〇二〇年、Ｎｅｔｆｌｉｘドラマ）では『帝都大戦』以来の盟友・一瀬隆重とタッグを組んで特殊造形を担当し、長年ホラーファンを魅了してきた腕前を披露。現在は大阪芸術大学の講師を務める傍ら、パンクバンドのボーカルとして活動している。

鈴ヶ森刑場跡《すずがもりけいじょうあと》

心霊スポット（日本）

東京都品川区南大井にある江戸時代の処刑場の跡地。正確な記録は残っていないが、ここでは一〇万～二〇万人の罪人が斬首刑、串刺し、磔、火炙りなどで処刑されたといわれる。その中には、およそ四万人に上る冤罪の犠牲者が含まれていたともいわれている。

恋人に会うために放火したという有名な「八百屋お七」、義賊伝説で知られる「鼠小僧次郎吉」も、ここで処刑されたと伝えられる。

斬首刑で切り落とされた首を水で清めるために使用された「首洗いの井戸」や、磔や火炙りの刑に使われていた台などが残されている。

史跡としての価値も高い鈴ヶ森刑場跡では、写真を撮る人も多いが、ここで写真を撮ると、高い確率で心霊現象が映り込むといわれている。

「白い煙のようなものが写った」「火の玉のようなものが写った」という体験談のほか、「首のない幽霊の姿が写った」という話もある。

ストーンヘンジ《すとーんへんじ》

遺跡・オーパーツ

イギリスのソールズベリー近郊にあるオーパーツ。直径一一四メートルの円形に高さ四メートルほど、重量三〇トン以上の巨石が集まったストーンサークル（環状列石）で、周囲は土塁と堀で囲まれている。この遺跡とその周辺は、一九八六年に世界文化遺産に登録された。謎が多いことから、パワースポットとしても人気が高い。

完成したのは紀元前二五〇〇～二〇〇〇年ごろ、周囲の土塁と堀は紀元前三一〇〇年ごろとされる。その用途と建造方法は、いまだに解明されていない。用途については、祭祀場、天文台、礼拝堂など諸説ある。その中で最も有力なのが、巨大な日時計ではないかというもの。夏至の日に、サークルの入り口にあるヒールストーンと呼ばれる高さ六メートルの石と、中心にある祭壇石を結ぶ直線上に太陽が昇るように設計されていることから、すぐれた天文学の知識を持つ者が設計したと考えられている。

また、石の設置にも高度な技術が使われており、倒れないよう安定させるため、接した石と石の間には凹凸がある。いずれにせよ、これほどの巨石を当時の技術で積み上げるのは不可能と考えられ、建造についての詳細は不明である。「宇宙人が活動の証拠として残していった」という説を唱える者もいる。

ストロンゼイモンスター《すとろんぜいもんすたー》

UMA

イギリス・スコットランド、オークニー諸島のストロンゼー島に漂着した生物。発見時は死骸で、漂着したのは一八〇八年であるため、当時描かれたスケッチしか残っていない。蛇状の長細い体に、三対六本の足がついている。全長は一五メートル以上であり、その三分の一を首が占めている。

三対の足を持つ脊椎動物は存在しないため、未発見の生物だと考えられたが、二〇〇年も前のスケッチ一枚しかないという点で、やはり信憑性に欠ける。そのため、ウバザメやチョウザメの死骸を、発見者が脚色して描いたのではないかともいわれているが、真相は定かではない。また、当時から二〇〇年見つかっていないことを考えると、すでに絶滅した可能性もありそうだ。

スピリチュアリティ《すぴりちゅありてぃ》

オカルト用語

⇩スピリチュアル

スピリチュアル《すぴりちゅある》

オカルト用語

霊的であることや霊魂や精神に関するさまを指す言葉。本来はラテン語の

「spiritus」に由来するキリスト教用語だが、現在は、特に日本では、宗教と無関係に広く超自然的な物を指す言葉となっている。派生語として「霊性」や「精神性」をスピリチュアリティという。

日本では主に霊的存在や魂の影響を表すことが多く、神秘主義とのつながりが強い。三次元を超越した存在によって予言や念力を行うことを「スピリチュアル能力」と呼び、これを持つものはさまざまな分野に存在するとされる。特に占いにおいて統計を用いない占い師は、ほぼすべてがこの能力を駆使して結果を導いている。しかし、科学的には根拠が乏しいため、「スピリチュアル」という言葉に不信感を抱いたり、怪しんだりする人も多い。

スフィンクス《すふぃんくす》

怪物

エジプト神話やギリシャ神話に登場する怪物。ライオンの体に人間の顔がついた姿をしており、古代エジプトでは王家のシンボルで、王や神を守護する存在とされている。そのため、エジプトにはスフィンクスの像が多く立っており、最も有名なのはギザの大スフィンクスで、これは王の偉大さを示す神聖な存在とされる。

本来はエジプト神話の生物であるが、非常に古くからギリシャ神話にも取り入れられていた。ギリシャ神話のスフィンクスは、ライオンの体、美しい人間の女性の顔と乳房、鷲の翼を持つ怪物（一部の絵画では尻尾が蛇になっている）であり、旅人になぞなぞを出してそれを解けない者を食い殺してしまう恐ろしい存在であった。最終的には英雄オイディプスによって退治された。この話は詩人ソポクレスが残した戯曲にのっている。

スプーン曲げ《すぷーんまげ》

超能力・超常現象

金属製のスプーンに強い力をかけず、撫でたり息を吹きかけるだけで折り曲げるパフォーマンスのこと。日本ではユリ・ゲラーがテレビ番組出演時にひんぱんに行ったことで知られるようになった（なお、来日当初はフォークを曲げることの方が多かった）。

日本では超能力の代名詞となったスプーン曲げだが、マジックの世界では古典的なトリックとして以前から知られているもので、あらかじめスプーンの付け根に細かい切れ込みを入れておいたり、てこの原理を利用して中心部と柄の部分を押さえて口をつける部分に力を加えたりすると簡単に曲がるのだ。

ただ、ゲラーがテレビ番組でスプーン曲げを披露した後、「自分も成功した」という報告が全国から殺到し、彼らは「超能力少年・少女」と呼ばれたのだが、全員がトリックを使用していたわけではなかったという。超能力少年の一人だった清田益章に対しては、彼のスプーン曲げが超能力かトリックか判断する検証が幾度にもわたって実施された。

角由紀子《すみゆきこ》

人物

世の中の超常現象を紹介するニュースサイト「ＴＯＣＡＮＡ」の編集長。幼少期はオカルトマニアであった父親の影響で楳図かずおやＨ・Ｇ・ウェルズの作品を愛読していた。上智大学中退後、白夜書房に入社してスピリチュアル系の雑誌の編集を担当。退職後、ＢＡＢジャパンにて書籍編集、担当書籍の影響で幽体離脱能力を獲得。

その後、サイゾーに入社し、二〇一〇年代初頭に趣味であったオカルトをテーマにしたニュースサイト「ＴＯＣＡＮＡ」を開設して編集長を務める。超常現象を紹介するだけではなく、自身が実践するべきというスタンスの持ち主で、幽体離脱以上の超常体験をするために二〇日間に及ぶ断食を敢行したことがある。現在、テレビでオカルト番組が放送される機会は減少しているが、動画サイトにオカルト系の動画が多数アップされていることから「潜在的に需要がある」と見ており、「オシャレで、カッティングエッジで、ハイクラスの人がオカルティスト」というイメージを作り上げることを目標にしているという。「角由紀子の明日滅亡するラジオ」「ほんトカナ？　ケンドーコバヤシの絶対に観ない方がいいテレビ！」ほかレギュラー番組多数。

スレンダーマン《すれんだーまん》

怪物

アメリカを中心とした海外で伝わる怪人、もしくは都市伝説。名前の通り、ガリガリに痩せた姿をしており、二〜三メートルとかなりの長身である。さらに顔面は蒼白で目鼻と髪が一切ない不気味な外見をしている。気に入った人間にどこまでも付きまとうという厄介な特性を持っており、これにつかまると祟り殺されるといわれる。

噂が広まったのは比較的最近で、ネットが普及して以降といわれるが、同じような怪物は民間伝承で古くから確認することができる。身長の高さと付きまとって取り殺すという点では、日本で語られる「八尺様」も共通している。長身で特徴的な外見と、逃げなければ取り殺されるというスリリングな状況を生むことから、海外では人気の都市伝説でもあり、題材としたゲームや作品は多数存在する。

せ

聖骸布《せいがいふ》

遺跡・オーパーツ

イエス・キリストが磔《はりつけ》で処刑になった後、その遺体を包んだとされる布。トリノの聖ヨハネ大聖堂に保管されているため「トリノの聖骸布」とも呼ぶ。大きさは縦四・四一メートル、横一・一三メートルで、布上には男性の全身がうっすらと転写されている。その痕跡はそのままイエスを表しているとみられ、頭部と手首、わき腹と足の部分には血痕がみられる。

最初の発見は一三五三年、フランス・リレのシャルニー家が所有していたものであった。トリノに移動したのは一五七八年のことで、教皇クレメンス七世は布に書いた絵だとして神聖物ではないと宣言し、聖骸布についての真偽の決着は現在もついていない。

科学的な調査では三〇〇〇年前の布である可能性が示唆されたが、懐疑派はユダヤの埋葬慣習との矛盾や遺体の像が布に映り込む奇跡が聖書に記述されていないことを根拠にしている。

聖痕《せいこん》

現象

イエス・キリストが磔になったときについたとされる傷。このことから派生し、現在、一般的には信者の体に謎の傷が出現する現象を意味する。この傷はスティグマータと呼ばれ、カトリックでは奇跡だとされる。宗教的な恍惚状態にある女性に見られ、一三世紀から報告されるようになった。ただし、中には自傷行為によって捏造されたケースもある。出現場所は「キリストの受難」によって釘を打たれた左右の手足と、ロンギヌスの槍に刺された脇腹で、列聖（カトリックの信者が死後、信仰の模範と公式に認められること）された人物の多くが聖痕を受けているとされる。

聖杯《せいはい》

オカルト用語

イエス・キリストの最後の晩餐に由来する典礼的会食「聖餐」の際に使用される杯（カリス）を指すほか、最後の晩餐に使われたとする聖遺物の杯と、聖杯伝説に登場する杯という三つの概念がある。

イエスは、パンをさいて「私の体」といい、杯にワインを注いで「私の血」として弟子に勧めたとされる。これに由来して、現在でも教会では信徒にパンやカリスに注いだワインを分ける。

聖遺物の一つである聖杯はいくつか存在する。七世紀に巡礼の僧がエルサレム近くの教会で見たとされる銀製で取手がついた聖杯が知られるが、現在は行方不明。一一〇一年、カイサリアで発見された杯は緑色で鉢状の六角形であり、ジェノヴァのサン・ロレンツォ教会の宝物殿に展示されている。

スペインのバレンシア大聖堂の中には、聖杯礼拝堂がある。ここに暗褐色のメノウ製、直径九センチメートルの半球状、高さ一七センチメートルの聖杯が保管されている。一九六〇年、スペインの考古学者の論文『バレンシア大聖堂の聖杯』では、この聖杯について紀元前四〜一世紀にエジプトかパレスチナで作られ、時代的にも最後の晩餐で使用された本物の可能性が高いとした。

一九一〇年、初期キリスト教布教の拠点地・シリアのアンティオケアで、銀製の杯が発掘された。この杯はパリを経てアメリカに渡り、考古学者の鑑定を受けて一九三三年に聖杯としてシカゴ万国博覧会に出品された。一九五〇年にメトロポリタン美術館別館・クロイスター美術館に収蔵されたが、六世紀に造られたことが判明している。

伝説として騎士達が聖杯を追い求める物語を聖杯伝説という。伝説に登場する聖杯は、カリスではなくグレイル（グラール）として区別されるが、日本語ではどちらも聖杯と訳されている。聖遺物には病気治療などの奇跡をもたらすという信仰があり、アーサー王物語では、漁夫王の病気を治すために円卓の騎士すべてが聖杯探索に向かう。

一八八二年、R・ワーグナーが歌劇『パルジファル』を発表。主人公は聖杯の騎士で、困難の末に王となると宣言し、聖杯を高く掲げて幕となる。一九八九年、アメリカ映画『インディ・ジョーンズ　最後の聖戦』には聖杯の騎士や聖杯が登場した。

聖櫃《せいひつ》

オカルト用語

ユダヤ教・キリスト教において、特別な宗教的意味を持つ箱。広義では、ユダヤ教においてモーゼ五書（トーラー）の収納に使われる。キリスト教では、ミサに使う聖体（パン）を入れる箱。

狭義では、旧約聖書に記されている十戒が刻まれた石板を収めた箱のことで、契約の箱、約櫃、掟の箱、証の箱ともいう。モーゼの時代に三種の神器（マナを入れた金の壺、アロンの杖、十戒を記した石板）を収めたとされるが、ソロモンの時代には石板のみが収められていたと伝えられる。紀元前七世紀あたりから所在が不明のため、失われた聖櫃ともいわれる。

失われた聖櫃が、徳島県の剣山に埋められているとする説がある。一九三六年、当時教員であった高根正教等は、剣山の亀岩の下を一三〇メートル程掘り、巨大な球体の太陽岩を発見。さらに大理石でできたアーチ門や、高さ一三メートル程のピラミッド型の空間を発見したと言われている。しかし、一九四三年に発掘差し止めになり、一九六三年に国定公園に指定されたため、発掘はできなくなったとされる。

一九八一年に公開されたアメリカ映画『レイダース　失われたアーク《聖櫃》』は、主人公が失われた聖櫃をナチスに奪われないようにネパール、エジプト、ギリシャなどで冒険する話である。

西洋占星術《せいようせんせいじゅつ》

占い

占星術の一種。日本では「占星術」そのものと混同されることもある。古代メソポタミアで行われていた天体観測を起源とし、天体の動きから運命を導いて占う。

個人が生まれた時点の天体の位置から、その人の運勢を占う「出生占星術」だけでなく、国家や民族の吉凶を判断する「マンデン占星術」も含んでいる。出生時の天体の位置は「ホロスコープ」と呼ばれ、西洋占星術において基本の図となる。現在ではコンピュータによって更に正確なホロスコープが算出されるなど、古代に生まれた占いながら、今も進化を続けている。

セイレーン《せいれーん》

怪物

ギリシャ神話に登場する怪物。下半身は鳥で、上半身は人間の女性。海を生息地として岩礁に群れをなし、非常に美しい歌声を響かせるという。そして、それに魅了されて近づいてきた船を難破させたり、乗っていた人間を食い殺してしまったりするという。

中世以降はその外見が変化し、人魚のような見た目だとされるようになった。その美しい姿から西洋絵画で好まれ、しばしば男たちを誘惑する甘美な存在として描かれている。

セーサル・サナルディ《せーさる・さなるでぃ》

人物

一九八〇年〜。グラフィックデザイナー兼イラストレーター。アルゼンチン共和国ブエノスアイレス市に生まれる。幼少期にアルゼンチンの地上波で放送されていたウルトラセブンやゴジラに出会い「怪獣」に心惹かれる。

学生時代に「百鬼夜行絵巻」などの妖怪絵巻や「鳥獣人物戯画」を通して日本の鬼や異形の者に関心を持つ。

パレルモ大学グラフィックデザイン科を卒業後、妖怪研究家の兄ホセの影響もあり来日し、水木しげるや歌川国芳による妖怪の世界を研究。異形生物、珍獣をモチーフにしたキャラクターデザインを特徴とし、日本の企業向けのブランディングやパッケージデザインのプロジェクトに携わる。CDジャケット、音楽バンドのロゴなどを手がけ、ラテンアメリカ文化とポップアートを融合させた妖怪キャラクター「CERRITO《セリート》」を考案。現在は国内外でアート・トイのデザイン制作も行う。

世界七不思議《せかいななふしぎ》

遺跡・オーパーツ

世界各地にある七つの注目すべき建造物。いくつかの時代設定と選び方があるが、一般的には以下の「古代世界の七不思議」が知られている。

①ギザの大ピラミッド
②バビロンの空中庭園
③エフェソスのアルテミス神殿
④オリンピアのゼウス像
⑤ハリカルナッソスのマウソロス霊廟
⑥ロドス島の巨像
⑦アレクサンドリアの大灯台

ほとんどは地震や破壊などで消滅し、現存するのはギザの大ピラミッドのみである。

これは、紀元前二世紀に古代ギリシャの数学者であり、旅行家でもあったフィロンが、著作『世界七つの景観』に記した七つの巨大な建造物がもとになっている。

ただし、フィロンの選んだ七つには、「アレクサンドリアの大灯台」はなく、代わりに「バビロンの城壁（新バビロニア王国の首都バビロンを囲んでいた城壁で、全長数十キロメートルに及んだとされる）」が入っている。後世、バビロンの空中庭園とバビロンの城壁とが混同されたため、後者がアレクサンドリアの大灯台に差し替えられたといわれている。

「七不思議」の「不思議」という用語は、もともとフィロンの著書にあった「眺めるべきもの」というギリシャ語の単語が、ラテン語を経て英語に訳された「wonder（s）」＝驚かせるもの、賞賛すべきもの」から来ており、必ずしも「不可思議」「人知を超える」などは意味していない。

このほかの「世界の七不思議」としては、以下のようなものがある（説によって内容の一部が異なる場合もある）。

「中世の世界七不思議」＝ローマのコロッセウム、アレクサンドリアのカタコンベ、万里の長城、ストーンヘンジ、ピサの斜塔、南京の大報恩寺瑠璃塔、イスタンブールの聖ソフィア大聖堂

「現代の世界七不思議（古いものでも現存する遺跡は含む）」＝万里の長城、タージ・マハル、ローマのコロッセウム、ヨルダンの古代都市遺跡群ペトラ、リオ・デ・ジャネイロのコルコバードのキリスト像、ペルーのインカ帝国遺跡マチュ・ピチュ、メキシコのマヤ遺跡チチェン・イッツァ

世界のモンスター《せかいのもんすたー》

作品（書籍）

一九六八年に秋田書店から出版された子供向けの図鑑で、タイトルに「妖怪」という言葉は使われていないものの、実質上は日本初の本格的な妖怪図鑑とされる。著者は作家・絵本作家の山内重昭、

絵は西岡敏郎。

フランケンシュタイン、ドラキュラ、半魚人など西洋の有名な怪物、酒呑童子、河童、のっぺらぼう、座敷童子といった日本の伝統的な妖怪に加え、洋の東西を問わず、マイナーな妖怪の数々を、ストーリー性のある文章と目を引きつける絵で紹介。妖怪ブームの先陣を切った貴重な一冊であった。

ゼカリア・シッチン《ぜかりあ・しっちん》

人物

一九二二〜二〇一〇年。アゼルバイジャン出身の宇宙考古学者。ロシア系ユダヤ人であり、パレスチナで幼少期を過ごす。ロンドン大学で歴史学修士課程修了後、第二次世界大戦で連合軍に参加する。その後、イスラエルでジャーナリストとして活動し、ニューヨークに移住する。

シュメール文明の研究を行い、アヌンナキが異星人として地球に訪れ、太古に人類を創造したと主張。シッチンによれば、太陽系内に「ニビル」という惑星があり、これが火星と木星の間にあった惑星「ティアマト」と衝突し、地球を形成したという。この主張は天文学者たちから強い批判を受けたが、一方でシッチンの熱心な支持者も一定数存在する。

絶叫学級《ぜっきょうがっきゅう》

作品（漫画）

いしかわえみ作の日本の漫画作品で、『りぼん』（集英社）に二〇〇八年一〇月号から二〇一五年三月号まで連載された。二〇二一年二月時点でシリーズの累計発行部数は四〇〇万部を突破している。

何気ない日常に潜む次元の落とし穴や異世界を、狂気や恐怖を絡めて描くオムニバス作品で、唯一のレギュラー登場人物は、「黄泉」という名の下半身のない少女の幽霊。話数は「〇時間目」と表記し、番外編は「課外授業」とされる。

現在は新シリーズ『絶叫学級 転生』を『りぼん』二〇一五年七月号より連載中。話数の表記は「授業〇」となっている。

接近遭遇《せっきんそうぐう》

宇宙・ＵＦＯ・宇宙人

オカルト分野においては、ＵＦＯと近接・遭遇すること。アメリカの天文学者ジョーゼフ・アレン・ハイネックが定義した用語で、大きく三段階に分類される。

第一種接近遭遇は、一八〇メートル以内の至近距離の目撃とされる。第二種接近遭遇は、それに加えて目撃者の乗っている車のエンジンの停止や目撃者の体の麻痺など、なんらかの物理的影響を伴うもの。第三種接近遭遇は、ＵＦＯ搭乗員の姿を目撃した場合としている。その後、他者によって提唱された第四種接近遭遇は、インプラントが施されたり、ＵＦＯ搭乗員と会話をしたりした場合とされている。さらに第五種以降の接近遭遇もさまざまな人によって提唱されているが、その定義は統一されていない。

セドレッツ納骨堂《せどれっつのうこつどう》

心霊スポット（世界）

チェコの首都、プラハから東に七〇キロメートルほどに位置する町、セドレッツの教会に併設された納骨堂。驚くべきことに、ここでは教会を含めた納骨堂全体の室内装飾が、すべて人骨で作られている。

　天井や壁、窓周りの装飾、シャンデリア、紋章までもが、頭蓋骨や肋骨、手足の骨などを緻密に組み合わせて作られているのだ。キリスト像も、ぎっしりと人骨を積み上げ、頭蓋骨を並べた中に設置されている。

　ここでは約四万体の人骨を保管し、そのうち一万体の人骨を使って装飾を施しているという。

　なぜこのような人骨を使った装飾がなされたのか。もともとセドレッツは、戦争や伝染病などで亡くなった大勢の人々を埋葬する共同墓地だった。一三世紀に修道院長がエルサレムに使節として派遣され、キリストが磔になったゴルゴダの丘の土を手に一杯持ち帰って修道院墓地に撒いたことから、神聖な墓地として知られるようになり、さらに埋葬希望者が増えたと伝えられている。

　次第に巨大化する墓地を、あるとき縮小するために、骨を掘り起こし教会の地下に集めた。その後、人骨で内部を装飾するという計画が持ち上がり、進められたという。

　現在は観光地として有名。セドレッツ及び隣接するクトナー・ホラの歴史的な教会地域は世界遺産に登録されており、セドレッツ納骨堂にも多くの観光客が訪れている。

セルマ《せるま》

UMA

ノルウェーのセヨール湖に棲息するとされる海蛇型ＵＭＡ。全長六メートルで、大蛇のような胴体に馬に似た頭がついている。体には四〇個以上ものこぶがついているとも言われ、水中にすむドラゴンのような生き物を想像させる。

　セルマの目撃情報は古く、一七五〇年代から報告されている。現在ではその目撃情報は一〇〇件を超えており、私的な研究チームによる探索も行われている。さらに鳴き声の録音や、上空から湖にうつる巨大な姿の撮影にも成功し、調査は進行しているものの、決定的な証拠の発見には至っていない。

　その正体として有力な説は古代の無顎類生物「ヤモイティウス」の生き残りとするものだが、真相は未だ謎のままだ。

戦士症候群《せんししょうこうぐん》

事件

一九八〇年代、オカルト雑誌『ムー』の読者コーナーに、自分を「戦士」などとする投稿が相次いだ事件、もしくは現象。自らのオカルト体験や心霊現象を寄稿するコーナーに寄せられた投稿で、多くは「自分は目覚めた戦士であり、仲間の行方を追っている」「前世の記憶を取り戻した転生者で、その時つながっていた仲間を探している」など、忘れていた「本来の自分」に気づいてその仲間を探す内容となっている。

　一時期は投稿コーナーのほとんどがこの内容で埋め尽くされ、「前世アトランティスの戦士だった方、また、エリア、ジェイの名前を知っている方連絡ください（『ムー』一九八八年四月号）」のように、きわめて具体的な内容も多かった。当時は自分が戦士であることに目覚めるストーリーの漫画やアニメがあり、その影響を受けたものと考えられた。

千秋《せんしゅう》トンネル《とんねる》

心霊スポット（日本）

秋田県秋田市千秋公園にあるトンネル。千秋公園は地名であり、施設名でもある。施設としての千秋公園は、久保田城の本丸・二の丸跡地に整備された一六・二九ヘクタールの広大な公園。

　千秋トンネルは、千秋公園の下を通る長さ一八九メートルのトンネルで、一九七八年一二月に開通した。四角い形状のトンネルで、並んだ柱をはさんで対面式で車道と歩道が設置されている。

　このトンネルの建設により、広大な公園を迂回せずに反対側に行けるようになり、秋田市内の渋滞解消と通行時間の短縮に大きく寄与したとされる。

　もともと千秋公園自体で、幽霊を見たという噂があることから、千秋トンネルも心霊スポットとする見方がある。トンネル内で子供の声が聞こえるとか、クラクションを鳴らすと女性の霊が落ちてくるなどという話もある。

　ただ、千秋トンネルは活発に生活利用されている比較的新しいトンネルなので、地元住民はもちろん、マニアの間でもそれほど強い心霊体験は語られていないようだ。

占星術《せんせいじゅつ》

占い

天体や惑星の動きが人類に影響を及ぼすとし、それを基に運命を予知する占いの総称。古代メソポタミアで発達した西洋占星術や、中国やインドが起源の東洋占星術がある。東洋の場合は暦や十干十二支から導かれる虚星を用いることも多く、その代表的なものに「四柱推命」がある。

　近年では占星術をもとにした「星占い」が、気軽にできる占いとして人気を高めている。一九九七年には、イギリス最古の新聞「デイリー・メール」に、一面トップで占星術特集が掲載された。

先代旧事本紀《せんだいくじほんぎ》

書物

天地開闢《かいびゃく》から推古天皇時代までを記述した歴史書。著者は不明だが、『天孫本紀』に尾張氏と物部氏の系譜が多く記され、特に物部氏について詳細に書かれていることから、物部一族が編纂したのではないかと推定されている。序文には「大臣蘇我馬子宿禰等奉勅修撰」とあるが、この部分は偽書とされ、内容の多くは『古事記』と『日本書紀』をもとにしている。一方で、上述の『天孫本紀』や独自の記録である『国造本紀』は重要な古代史史料とされる。

千駄ヶ谷トンネル《せんだがやとんねる》

心霊スポット（日本）

東京都渋谷区千駄ヶ谷にあるトンネル。JR東日本・中央本線、千駄ケ谷駅から徒歩一五分ほどの仙寿院交差点と神宮前交差点の間にある。長さ六一メートル、幅二〇メートル、片側二車線の対面交通式で、一九六四年三月に完成した。

同年一〇月に開催された東京オリンピックに合わせて建設された。トンネルの上には、徳川家の菩提寺として知られる仙寿院東漸寺の墓所がある。

本来ならば、墓所を迂回して道路を作るか、墓所を移転するところであるが、急ぐ必要もあったことから下にトンネルを通すという手法がとられたようだ。トンネルの建設に当たって墓地はいったん取り除かれ、トンネル完成後に改葬された。

こうしたいきさつがあるためか、千駄ヶ谷トンネルでは心霊現象に遭遇したという話が多い。最も有名なのは長髪の女性の霊で、トンネルの上から逆さまの状態で現れてボンネットに落ち、追いかけてくるという。ほかにも、「霊が浮かんでいるのが見えた」「車で走ると窓に手形がつく」などの話がある。

仙童寅吉《せんどうとらきち》

人物

江戸時代に天狗にさらわれた少年。一五歳の時に江戸に現れ、天狗がいる異世界のことを語って、呪術を操る人物として有名になった。江戸下谷七軒町の町人のもとに生まれたが、七歳の時に常陸国岩間山十三天狗の総領である杉山僧正にさらわれたという。その後、杉山僧正を師匠として修行したと語っており、これに興味を持った国学者の平田篤胤《ひらたあつたね》は、その問答を「仙境異聞」に記している。また、篤胤は異世界の杉山僧正あての書簡を寅吉に託した。

扇風機の都市伝説《せんぷうきのとしでんせつ》

都市伝説

扇風機にまつわる都市伝説。閉じられた空間で扇風機をつけたまま眠ると絶命するというもの。突拍子もない話ではあるが、扇風機に長時間当たっていると、体が冷やされて体調不良を起こしたり、風圧によってストレスを受けて気分が悪くなったりすることから生じた連想ではないかと考えられる。

正確な由来は不明だが、一九二〇年代に朝鮮半島で電気扇風機が普及した頃、吐き気や呼吸困難、顔のしびれなどを起こすのではないかと恐れる人が多かったため、その影響を受けた結果ともいわれている。

千里眼《せんりがん》

超能力・超常現象

⇩遠隔透視

そ

ゾーハル《ぞーはる》

文書

ユダヤ教神秘思想（カバラ）の中心となる基本文献で、トーラー（ユダヤ教の聖書におけるモーゼ五書）の註解書。シリア地方でつかわれていた言語であるアラム語で書かれている。『光輝の書』『ゾハール』ともいわれる。

一二八〇年から一二八六年にかけ、スペイン北東部のカタルーニャ地方で、古代アラム語の手稿が発見されたことで、その存在が明らかになった。二世紀にイスラエル地方で使われていたアラム語のスタイルが用いられているという。

しかし、二世紀のタンナー（皮革業者）であるシモン・バル・ヨハイの編纂に模してあるが、実際は一三世紀のスペインのカバリスト、ラビ・モーシェ・デ・レオンが書いたとされる。

ユダヤ神秘思想の中に登場するセフィロト（宇宙万物を解析するための「生命の樹」と呼ばれる象徴図表）やアダム・カドモン（原人間）、様々な天使、多様な天国など、諸々の神秘思想がまとめられている。

ソコロ事件《そころじけん》

事件

一九六四年にアメリカ・ニューメキシコ州、ソコロ付近でＵＦＯが目撃された事件。目撃者は警察官のロニー・ザモラ巡査で、交通違反者を追う途中で爆発音を耳にし、空に青い炎が昇っているのを見たという。そこに近づくと谷底に白い卵状の物体が立っており、さらに人影が二つ見えた。その後人影は卵状の物体に乗り込み、轟音とともに飛び立ったという。ソコロ署の職員は現場に急行し、複数の着陸痕を発見した。

ソチミルコ島《そちみるこどう》

心霊スポット（世界）

メキシコの首都、メキシコシティの中にあるソチミルコという地域に属する島。別名「人形島」とも呼ばれる。その名前の通り、おびただしい数の人形が木に吊るされている。

島中を覆うかのような人形の数にも圧倒されるが、さらにその多くが古びて壊れているため、さらに不気味さを醸し出している。

なぜ島中に人形が吊るされているのか。この島の所有者であったドン・ジュリアン・サンタナ・バレーナという男が、運河で溺れた少女の魂を慰めるために、人形を吊るし始め、その数をどんどんふやしたといわれる。

サンタナが人嫌いだったため、他人を寄せ付けない目的で、不気味な人形を吊るしたという説もある。

のちにサンタナは、少女が溺れ死んだのと同じ場所で、溺死しているのを発見されたと伝えられている。

現在、ソチミルコは世界遺産に登録されており、運河を渡る遊覧船も人気だ。ソチミルコ島にはその遊覧船で行くのだが、本物の島に行くまでには二時間ほどかかるため、近くにレプリカの人形島もあるという。しかし、レプリカの島は、本物の人形島の不気味さには遠く及ばないようだ。

ソニータイマー《そにーたいまー》

都市伝説

ソニー（ソニーグループ株式会社）の製品にまつわる都市伝説。

「ソニー製品は一年間のメーカー保証期間が終了した直後に故障が頻発する」と多数のユーザーが感じたことから、「ソニーは高度な技術力により、保証期間が過ぎると故障する一種のタイマーを仕込んでいるのではないか」という噂が流れ、「ソニータイマー」と称されるようになった。時期はハッキリしないが、一九七〇年代後半からとされる。

もちろんそういった事実はなく、その後インターネット掲示板や漫画などで、冗談半分のネタとして騒がれていたが、二〇〇六年、その存在にリアリティを与える出来事が起こる。

ソニーの欠陥バッテリーを搭載したアメリカのデル製ノートパソコン四一〇万台が、「バッテリーが爆発する危険性あり」という理由でリコールとなったのだ。

このバッテリーは、デル以外にレノボ、富士通、アップル製品にも搭載されていたため、リコール対象製品は世界で九六〇万個となり、ソニーは大打撃を受けた。

奇しくも同じ二〇〇六年、ソニーは前年に発売した薄型テレビに、視聴時間の累積が約一二〇〇時間を超えると電源が切れなくなるソフトウェアのバグが発見されたと発表した。テレビの平均視聴時間である一日三時間として計算すると、一二〇〇時間がおよそ一年に相当することから、「これぞ正しいソニータイマー」と騒がれた。

二〇一〇年一月には、イギリスの新聞、「デイリー・テレグラフ」電子版が「『ソニータイマー』説は、同社を長年悩ませ続けている」と報じた。

なお、ソニーのゲーム機「プレイステーション」の人気が高いのは、「ソニータイマーが搭載されていないから」という噂も伝えられている。

ソニー・ビーン《そにー・びーん》

人物

一五世紀初頭のスコットランドの荒野に住んでいたと伝えられる伝説的殺人鬼。伝承によると、スコットランドの荒野では二〇年以上にわたって人々が失踪する事件が相次いだ。ある日、荒野から逃げ帰ってきた男性によると、妻と二人で荒野を馬に乗って走っていると、突然奇妙な風体をした者たちに襲撃されたという。男性の妻は瞬時に喉笛を切り裂かれて絶命し、男性も襲撃されそうになったが、偶然祭り帰りの集団が近くを通りかかったことで難を逃れた。男性の報告を受けて国王自ら軍隊を率いて荒野を探索したところ、海岸沿いに洞窟があることが判明し、内部に侵入すると、そこには吊るされた人間の手足や塩漬けにされた人間の胴体が数多く存在した。洞窟内には獣のような唸り声をあげる奇怪な者たちが数多く暮らしていたが、全員が拘束された。その後に行われた取り調べによると、洞窟で暮らしていた者たちの総数は四八人。驚くべきことに全員血縁関係があったという。一族の首領であったソニー・ビーンは、元々怠惰な性格で、人々を襲って略奪することで生活の糧にしていた。その後、ソニー・ビーンとその妻は子供たちと近親相姦を繰り返すことで、数多くの一族を誕生させたのだ。このあまりにおぞましい一族は裁判を受けることすら許されず、全員が処刑されたという。

空飛ぶ円盤《そらとぶえんばん》

オカルト用語

「ＵＦＯ」という言葉が定着する前に一般化していた、それとほぼ同義の言葉。一九四七年に、ケネス・アーノルドという人物が、アメリカのワシントン州で九個の飛行物体を目撃した事件をきっかけとしてこの言葉が広まった。

実際にはアーノルドが見た物体は円盤状ではなかったが、地元紙が「空飛ぶ円盤」と形容して記事にしたことで、世間に広がっていった。「空飛ぶ円盤」が文字通り円盤状の飛行物体を意味するのに対して、「ＵＦＯ」は「unidentified flying object（未確認飛行物体）」を表しているため、その形状にとらわれないという違いがある。そのため、現在では、より柔軟に飛来物体を表現できる「ＵＦＯ」という表記が使われることが多い。

ソリッド・ステート・生命体《そりっど・すてーと・せいめいたい》

説・論

　ソリッド・ステートとは、固体状態を表す英語のことで、転じて固体自体の電子現象を利用した回路や装置をいう。PCに用いられる記憶装置SSDは、ソリッド・ステート・ドライブの略。

　アメリカの脳科学者J・C・リリー博士が、PCなどの精密機械が未来社会では自己修復、自己増殖する生命体＝ソリッド・ステート・生命体へと進化すると提唱した。

　一九五四年、リリーが、感覚を遮断するタンク（アイソレーション・タンク）を作り、刺激がない状態の脳の意識を調べた。LSDを服用してタンクに入るとECCO（Earth Coincidence Control Office）との交感がおこり、地球の種の進化や人類にとって代わってソリッド・ステート・生命体が主役になった未来の文明などを体感したとされる。

　一九七三年の映画『イルカの日』や一九七九年の映画『アルタード・ステーツ／未知への挑戦』の主人公の科学者は、リリー博士がモデルといわれている。

　アイソレーション・タンクは究極のリラクゼーションや瞑想効果があるとして、世界的セレブや一流スポーツ選手らに需要があるとされる。

ソロモン王《そろもんおう》

人物

　紀元前一〇一一頃～紀元前九三一年頃。旧約聖書に登場する古代イスラエルの王。父ダビデと家臣ウリヤの妻バト・シェバとの不義の関係で生まれた。父の死後は他の王位継承者候補たちを倒して王となった後、ファラオの娘と婚姻してエジプトに臣従儀礼をとり、イスラエルの最盛期を支えたとされる。

　内政と外交両面を重視し、官僚制度の拡充や土木工事による都市強化と、近隣諸国と条約を結んでの政略結婚を繰り返した。そのような政治の結果、イエスラエルを強国に育て上げたため、ソロモンは稀代の知恵者と見なされた。それを表すエピソードとして、以下のような「ソロモンの審判」がある。

　二人の女が一人の子供を「自分の子だ」と争った際に、ソロモンは刀を用意させて二人のために子供を二つに引き裂こうとした。その時、一方の女が「この子は相手に渡していいから、どうか殺さないでください！」と叫んだことで、本当の母親が判明したという。これは広く世界に広まり、日本の「大岡裁き」にも取りこまれた。また、妻との婚姻の際にギブオン（旧約聖書に登場する古代イスラエルの町の名）で盛大な捧げものをして神から「知恵」を受けたとされ、予知能力も有していたといわれる。一方でソロモンは晩年、支持者とその他の対立を拡大させて、自身は享楽に耽っていたという批判的意見もある。

ソロモンの鍵《そろもんのかぎ》

魔術

古代イスラエル国王ソロモンに献上されたと言われる魔術書。

発見されたのは、ルネサンス期のイタリアであったという。実際には二冊存在し、一冊目の「ソロモンの大きな鍵」は、後年にマクレガー・メイザースによって英訳されたが、原本の保存状態が悪く、現在では使用されていない言葉が多く使用されているため、本来の内容とは大きく異なるものと推測されている。

二冊目となる「ソロモンの小さな鍵」こそが、最も有名な魔術書と言われる「レメゲトン」であり、全五部で構成されているのが特徴だ。

日本では魔術書をモチーフにした同名のパズルアクションゲームが一九八六年に発売された。内容は非常に難易度が高いもので、当時のゲーム機にはセーブ機能が存在しなかったこともあってクリアを断念する者が続出したのだ。そのため、日本語で「ソロモンの鍵」とインターネットで検索すると、「難しい」「攻略」といった言葉が関連ワードとして登場する。

ゾンビ《ぞんび》

オカルト用語

一度死亡した後に、魔術や儀式によって蘇った存在。カリブ海の民間信仰「ブードゥー教」で「動く死体」を意味する言葉が語源で、本来は儀式によって罪人を復活させ、労働力として酷使する処罰だったといわれる。

実際にそのようなことが可能であったかは不明だが、ブードゥー教を信じる人々はゾンビにされることやその出現を恐れ、遺体の首を切断するなどの習慣があった。さらにそれがアメリカのジャーナリストにまとめられて「ブードゥーとゾンビ」は一九三〇年代に大ブームとなった。このゾンビに攻撃的な要素を加えたのがジョージ・A・ロメロ監督による映画『ゾンビ』であり、この映画によって現在、多くの人がイメージするゾンビ像が作り上げられた。

ゾンビ《ぞんび》

作品（映画）

一九七八年九月にイタリアで公開されたホラー映画（日本での公開は一九七九年三月）。監督・脚本はジョージ・A・ロメロ。「ゾンビ映画」というジャンルを確立した傑作ホラーで、当時無名だったロメロ監督は本作で一躍有名になった。

ある星から降り注いだ光線によって、地球上の死者がゾンビとして復活。襲われた者もゾンビとなり、たちまち世界を覆い尽くす。生存者たちは、生き残りをかけて必死の戦いを挑む。

『ゾンビ』にはアメリカ公開版、本作の音楽を担当し、『サスペリア』の監督と

やってはいけないオカルト儀式

世の中には、やろうと思えば実行可能だが、決してやってはいけないオカルト儀式が存在する。そんな儀式の例をご紹介しよう。もし実行する場合、何が起きても責任は負いかねるので、完全に自己責任でお願いしたい。

❶ 浴室ゲーム（ひとりダルマさんがころんだ）

真夜中に浴槽に水をためて電気を消し、「ダルマさんがころんだ」とくり返し言いながら髪を洗う。浴室から出て、朝まで電気をつけずに寝る。翌朝から、常に後方に誰かがいる感覚に襲われる。肩越しに後ろを見ると、黒髪の女性が見え、徐々に接近してくる。真夜中に右肩越しに女性を確認し、手刀で「切った！」と叫ぶと女性は消える。それがうまくいかないとどうなるかは不明。

❷ ブラッディ・メアリー

真夜中に一人で鏡の前に立ち、「ブラッディ・メアリー」と三回呼ぶ。すると、鏡の中に血まみれの女性が現れる。その後、攻撃されて気絶する、魂を抜かれる、発狂する、死亡するといったさまざまな説がある。

❸ エレベーターの儀式

一〇階建て以上のビルのエレベーターに一人で乗り、四階に行ったあと、二階、六階、二階、一〇階、五階の順に行く。途中で人が乗ってきたらやり直す。

五階に着くと、一人の女性が乗ってくるが、直視したり話したりしてはならない。次に一階のボタンを押すと、エレベーターはそれに反して一〇階に行く。開いた扉の外は、人間が自分しかいない異世界とされる。

❹ 真夜中ゲーム

自分一人しかいない家で、紙に自分の名前を書いて自分の血液を一滴つけ、玄関扉の前に置く。家中の照明を消し、紙の上に火をつけたロウソクを置き、午前零時にノックし終えるように扉を二二回ノックする。扉を開け、ロウソクの火を消し、扉を閉める。これで「ミッドナイトマン」が招き入れられる。

実行者は、再び火をつけたロウソク、マッチ、塩を持ち、午前三時三三分まで、家の中でミッドナイトマンから逃げなければならない。ロウソクが消えたら、一〇秒以内にロウソクに再び火をつけないと彼に捕まる。それを防ぐには、自分の周りに円状に塩をまき、動かずに午前三時三三分まで待つ。両方に失敗すると、ミッドナイトマンが実行者の臓器を一つずつ引きちぎるという。

❺ スリーキングス（3人の王様）

友人など一人の協力が必要。午後一一時に、部屋に「王座」となる椅子、その左右に王座に向けて二脚の椅子を置き、座面に鏡を置く。王座の後ろから扇風機の風を当て、部屋の入り口近くに水の入ったバケツとマグカップを置く。

部屋のドアを開けたまま、寝室で子供時代からの愛用品を持って眠り、午前三時半に起き、火をつけたロウソクと携帯電話を持って午前三時三三分に王座に座る。暗闇を見て質問すると、左右の椅子から答えが聞こえるという。

協力者は部屋の外で待機し、四時三四分に部屋に入って実行者の名を呼ぶ。反応がなければ携帯電話をかける。それでもダメならマグカップでバケツの水を汲んでかける。扇風機の風でロウソクを消せば終了。この通りにいかないと、降りた霊を帰せなくなって危険。

しても知られるダリオ・アルジェントによる監修版、アルジェント版をもとに日本の配給会社が独自に編集した日本初公開版、ディレクターズカット版など、複数のバージョンが存在する。そのうち、幻のバージョンとなっていた日本初公開版が、二〇一九年にリバイバル上映された。

た

ダークマター《だーくまたー》

宇宙・UFO・宇宙人

質量は持つが、光を反射しないため直接観測できない仮説上の物質。「暗黒物質」とも呼ばれる。銀河系の質量は光学的に判定できるが、水素原子から発生する電波によって推定した場合では、その質量におよそ一〇倍もの差が生じる。

そのため、光を放出も反射もしない未知の物質が大量にあるとされ、それがこのダークマターである。正体は「アクシオン」や「ニュートリノ」などいくつかの説があるが、明確な証拠は得られていない。近年の研究では、宇宙の質量のうちダークマターがおよそ二七パーセントを占めるといわれている。

ターボばあちゃん《たーぼばあちゃん》

都市伝説

現代妖怪に関する都市伝説の一つで、兵庫県を中心に伝えられる。場所は六甲山付近とされることが多いが、まれに街中の場合もある。

車でトンネルを走っているとき、突然、窓を叩かれる。驚いて横を見ると、自分の車と並走する老婆がこちらを見ているというもの。ドライバーを驚かせる以外に、危害を加えることはないとされるが、一部には「驚いて事故を起こす」「老婆に追い越されると死ぬ」などの話もある。

トンネルではなく、「高速道路を走っているとき」「真夜中に町を走っているとき」などのバージョンもある。いずれも人が併走できるはずのないスピードで走っているときとされ、それが「ターボ」という名の由来となっている。

「ターボばばあ」「ジェットばばあ」「マッハばばあ」「光速ばばあ」「一〇〇キロばばあ」などと呼ばれることもある。

第五番惑星《だいごばんわくせい》

宇宙・UFO・宇宙人

火星と木星の間にかつて一つの惑星が存在し、それがバラバラになって現在の小惑星群になったとする説。太陽系で内側から数えて四番目の惑星が火星であり、その次点の惑星であるためこの名称で呼ばれる。

この説を最初に唱えたのはドイツの天文学者で、この星こそが人類の起源だとする考えや、核戦争によって滅亡したなど、さまざまな考察がなされた。しかし、火星と木星の間にある小惑星だけでは月の三五分の一の質量にしかならず、この説は現在空論とされている。

大図解《だいずかい》

メディア（書籍・雑誌）

一九六〇年代の『週刊少年マガジン』（講談社）に掲載されていた大伴昌司によるシリーズもので、怪奇系児童書の原点とされている。大伴は編集者、ＵＦＯ研究家で「怪獣博士」とも呼ばれていた。

怪奇系の記事に限らず、最先端の特撮技術や第二次世界大戦の実録、未来都市、ＳＦ、怪獣、妖怪など、さまざまなテーマで制作されたが、中でもオカルト系の記事は人気が高かったとされる。

一九七三年、大伴が三六歳の若さで急逝したため、「大図解」は少年マガジン誌上から姿を消した。「大図解」に掲載されていたようなオカルト系の記事は、同社の「ドラゴンブックス」、立風書房の「ジャガーバックス」など、怪奇系児童書に引き継がれ、多数のシリーズものが出版された。

タイタニック号沈没事故《たいたにっくごうちんぼつじこ》

事件

二〇世紀初頭に建造されたイギリス船籍のオーシャン・ライナー（スケジュールに従って大洋を渡る定期船）であったタイタニック号が一九一二年に北大西洋で沈没した海難事故。処女航海中の同年四月一四日深夜に氷山に衝突し、それによる損壊のため、翌一五日未明に沈没した。

タイタニックは当時最大の豪華客船であり、この事故による死者数は乗客・乗員合わせて一五一三人に上った（乗客名簿の不備により、一五〇〇名前後のさまざまな説がある。なお生存者は七一〇名）。戦時中を除くと二〇世紀最大の海難事故であった。航行の途中に海氷の危険を告げる警告を受けていたにもかかわらず最高速で進み続けたことや、救命ボートの数が大幅に少なかったことなど、ずさんな管理体制が指摘され、のちに「海上における人命の安全のための国際条約」が成立するきっかけとなった。

事故後、その発生を予知したとされる人物が何人も現れた。この船の二等航海士を依頼されたコリン・マクドナルドは、言い表せない不安を感じて断り、乗船を予定していたＪ・コノン・ミドルトンは客船が沈没して漂っている夢を二度見て乗船をキャンセルしたという。アメリカ人の元船員モーガン・ロバートソンが、事故の一四年前に発表した短編小説『タイタン号の遭難、または愚行』は、船名、大きさ、構造、航路、沈没原因などがこの事故と酷似しており、「事故を予言した小説」として話題になった。

日本人唯一の乗客として鉄道官僚の細野正文（音楽家・細野晴臣の祖父）が知られ

ている。もし彼がタイタニック号から生還していなければ細野晴臣が誕生することなく、日本の音楽シーンは大きく変わっていたかもしれない。

ダイダラボッチ《だいだらぼっち》

妖怪

日本に伝わる巨人。ダイダラボッチが伝承されている民話は各地にあり、多くは山や川などの自然を作った神のような姿で描かれている。代表例では「富士山や静岡県の浜名湖を作った」「足跡が茨城県の千波湖になった」など、非常にスケールの大きい話となっている。

名前の由来については諸説あるが、民俗学の第一人者柳田國男は「大きな人」を意味する「大太郎」に法師がついた「大太郎法師」が変化したのではないかと記述している。妖怪アニメや漫画に登場することも多く、その場合は多くが心の優しい巨人として描かれ、人間に利用されることもある。

タイムトラベル《たいむとらべる》

オカルト用語

タイムトラベルとは、過去や未来に移動することをいい、日本では時間旅行とも表記される。ＳＦ小説や映画、ドラマなどの創作物でテーマとされることが多く、空想の産物といわれるが、真摯に研究する物理学者もいる。

時間移動の手段として、時間移動を実現するタイムマシン、個人の能力、ゲートをくぐるなどがある。目的を定めて移動できる場合と、時代や場所を制御できない場合がある。

一八九五年、イギリスのＨ・Ｇ・ウェルズがＳＦ小説『タイムマシン』（一九六〇年と二〇〇二年に映画化）を発表。これにより時間旅行の概念が広まった。一九八八年、アメリカの物理学者Ｋ・Ｓ・ソーン（二〇一七年にノーベル物理学賞受賞）は、量子の泡から生まれる通過可能なワームホールを広げて利用する時間旅行の概念を唱えた。

二〇〇三年、宇宙物理学者Ｊ・Ｒ・ゴット教授は宇宙ひも（物理学、特に宇宙論で言及される時空の中の特殊な領域）を利用した時間旅行の概念を発表し、『時間旅行者のための基礎知識』を著した。二〇一〇年、コネチカット大学の物理学博士Ｒ・Ｌ・マレット教授は、タイムトラベルを可能にする方程式を発表した。時間をループ状に曲げると未来や過去に行き来できるという。円状に循環するレーザー光線が、空間と時間を捻じ曲げて、タイムマシンの機能を果たすという理論で、高出力レーザーを用いた研究がコネチカット大学で行われている。

平将門首塚《たいらのまさかどのくびづか》

心霊スポット（日本）

東京都千代田区大手町にある旧跡で平

将門の首が祀られている。首塚とは、討ち取られた武将の首や斬首刑にされた罪人の首などを供養する塚をいう。

平安時代中期、承平天慶《じょうへいてんぎょう》の乱で討ち取られた平将門の首が京都の河原で晒されていたところ、その首が空高く舞い上がって故郷である東国へ飛来し、落下したのがこの場所とされる。

落下地点には諸説あり、関東には「平将門首塚」と呼ばれる場所が何ヶ所か存在するが、最も有名なのが大手町の首塚である。

一九二三年、この首塚を壊して大蔵省の仮庁舎が建設された。直後から役人や工事関係者にケガ人や死亡者が続出。将門の祟りといわれ始めたため、五年後に仮庁舎を取り壊し、塚を復元して慰霊祭を行った。

一九四五年には、GHQが首塚を含む一帯を造成しようとしたところ、ブルドーザー横転事故が起きて運転手が亡くなり、計画は白紙となった。

平将門首塚は、オフィス街の中ではあるが緑に囲まれた場所で、今でも絶えることなく、四季の花が手向けられている。

大陸書房《たいりくしょぼう》

メディア（書籍・雑誌）

一九六七年から一九九二年まで東京都に存在した日本の出版社・映像ソフト会社。昭和三〇年代に双葉社の雑誌『別冊実話特報』『世界の秘境シリーズ』などに、オカルト的な切り口の人気記事を掲載していた編集者の竹下一郎が、オカルト関連のノンフィクションを専門に扱う出版社として文京区本郷に設立。社名はムー大陸からとったという。

一九六八年、ジェームズ・チャーチワードの著作『失われたムー大陸』を翻訳・出版してベストセラーとなった。以降、失われた古代文明やUFO、怪奇・超常現象、異次元などにまつわるシリーズものを中心に多数の書籍を刊行し、一九七〇年代の日本のオカルトブームや超古代ブームを牽引した。

大霊界《だいれいかい》

作品（書籍）

日本の俳優・心霊研究家の丹波哲郎による霊界に関わる著作や、それを原作とする映画のタイトルに使われた言葉。

丹波は一九八〇年代から死後の世界、霊界に関する本の出版を始め、一九八〇年代後半から著書に「大霊界」という言葉を使い始めた。

出版物としては『大霊界を翔ぶ』（一九八六年）、『大霊界―死んだらどうなる』（一九八七年）、『大霊界の真実―この真実を知ればもう死は恐くない！』（一九八八年）、『大霊界を見た―死後の世界の驚異』（一九八八年）、『小説　大霊界』（一九八九年）などがあり、ベストセラーを連発した。

一九八九年一月には、映画『丹波哲郎の大霊界　死んだらどうなる』が公開されてヒットし、書籍とともに「大霊界ブーム」を巻き起こした。

太霊道《たいれいどう》

組織・団体

一九一六年に設立した霊能力研究団体。創設者の田中守平は、大蔵省印刷局に勤務していた当時に明治天皇に対して直訴しようとして逮捕された経緯を持つ。退職して故郷へと戻った田中は山の中で修行を行って霊能力を獲得したと自称していた。実際に日露戦争下の日本海海戦を予言して的中させた経緯を持つ。

その後、中国や朝鮮半島で修行の旅を行った田中は、帰国後に霊能力に関心がある有志を集めて現在の岐阜県恵那市内に太霊道の道場を開設。「誰でも霊能力を取得できる」という触れ込みで多数の会員を獲得したのだ。

太霊道内で霊能力を獲得するために行なわれた修行は断食、瞑想、催眠術など多岐にわたっていた。また、ウイジャ盤など西洋の降霊術も積極的に取り入れられた。田中自身が持つ尊皇思想も教義に取り入れられていたという。

最盛期には三万人以上が会員となった太霊道であったが、一九二九年に田中が四六歳で突然死すると、会員は急速に減少し自然消滅のような形で解散した。

ダウジング《だうじんぐ》

技術

地中や遠方にある物体を探知する技術。占杖術とも呼ばれ、Ｙ字型の木の枝やＬ字型の針金などを用いて行う。古代ギリシャや古代ローマにおいて、木の枝は神の意思を表す物質とされ、これを用いた占いが盛んにおこなわれた。

中世からは宝探しや地下の水脈発見にも使われ、これがダウジングのもとだとされる。実際にその土地を歩きながら探知するだけでなく、地図を見ながら行うマップダウジングも存在する。ダウジングの原理は、科学的には無意識の筋肉運動によるものとされるが、物体が放つ放射線を感知するともいわれる。

高野誠鮮《たかのじょうせん》

人物

一九五五年〜。石川県羽咋市出身の日蓮宗僧侶、科学ジャーナリスト。地元の限界集落を復興させ、「スーパー公務員」という異名を持つ。高校卒業後、大学の入学ため上京し、日本テレビなどの放送作家となる。そののち、実家の寺を継ぐために帰郷するが、僧侶の収入だけでは生活できず、羽咋市の公務員として働く。

ＵＦＯを活用したＰＲに力を入れ、ロシアやＮＡＳＡからロケットを購入して町おこしのシンボルに用いるなど、突出したアイデアを次々に現実化させた。さらに、ローマ法王に能登の米を献上して、人気のブランド米に育て上げた。常識の枠にとらわれない破天荒な地方創生が話題を呼び、著書『ローマ法王に米を食べさせた男』を原案とした、TBS系列の連続ドラマ『ナポレオンの村』（主演：唐沢寿明）が放映された。テレビ番組にも多数出演し、現在では、大学客員教授も兼任している。

高橋貞子《たかはしさだこ》

人物

一八六八年〜?。岡山県出身の超能力者。ホラー作品『リング』に登場する「山村貞子」のモデルともいわれる。同時期の女性超能力者、御船千鶴子、長尾郁子と並び称されることが多く、超心理学者の福来友吉の研究に協力したことでも知られる。

能力に気づいたのは一九一〇年のことで、手にした火箸がひとりでに動いたのがきっかけとされる。夫の高橋宮二が透視実験の提案をし、二〇回以上の透視を行い、ことごとく成功させたという。その後、当時住んでいた邸宅の主人の紹介で、超心理学者、福来友吉のもとでさらに実験を行った。それによると、貞子は第二回と第三回目の実験で念写に成功し、福来はこの能力を事実と確信した。この内容は『透視と念写』という書籍として出版されたが、迷信を助長するとして多くの学者からの反発を招いた。

タギー《たぎー》

秘密結社

一六世紀後半のインドに誕生した犯罪組織。英語表記の「thug」は、現在では「凶悪犯」という意味になっている。

タギーはヒンドゥー教の女神・カーリーに対する捧げ物という名目で人々を殺害して金品を奪うことを繰り返していた。メンバーの大半が世襲で、情報を外部に知られないために独自の言語を用いていたという。

タギーの犯罪の手口は、巡礼者を装い密かに旅行者の集団に潜り込んで殺害を行うというもの。人間の血液はカーリーに捧げるものという認識があったため、凶器には刃物を使わず頭に巻いたターバンで絞め殺すというのが常套手段であった。

イギリス統治下の一九世紀、植民地政府はタギーの存在を当初は単なる言い伝えと認識していたが、現地のイギリス人が何度も殺害されたことを機に本格的な掃討作戦を実施する。インド全土で次々とタギーのメンバーが逮捕され、中には九三一名の殺人に関与した者がいたという。

植民地政府によって壊滅するまでのおよそ三〇〇年の間にタギーに殺害されたものは二〇〇万人以上にのぼると推測されている。

滝不動《たきふどう》

心霊スポット（日本）

山形県上山市、県道一〇四号線沿いにある不動尊（寺院）で、正式名称は「滝前不動尊」。建立は文化年間（一九世紀初め）で、当時、大日照りでも涸れないほの滝の水が落ちていたため、この名がつけられたとされる。四国相馬霊場三六番札所であり、草葺きの小堂がある。

心霊スポットとして知られ、「不動明王を怒らせて祟られた」などの話がある。滝不動にある滝には小さな不動明王の像があり、複数の剣が供えられていたが、この剣に触れた者がケガをしたり、原因不明の不調に襲われたりしたと伝えられている。その後、剣にいたずらをする者が現れたために、この剣は片付けられたようだ。

滝不動に行くと赤ん坊の声が聞こえるとか、車で行くと赤ん坊の手形がつくという噂もある。これは、近くの農村で、赤ん坊を背負って農作業をしていた女性が、誤って鎌で赤ん坊を殺してしまい、自分も自殺したという伝承に関係しているようだが、真偽は不明。

昔、テレビの心霊番組で、宜保愛子が不動尊に向かったものの、途中で恐れて引き返したという逸話がある。

竹内文書《たけうちもんじょ》

書物

富山県の農夫、竹内家に代々伝わる古文書。明治七年に生まれ、生後すぐに養子となった竹内巨麿によって公開された。しかし、これは皇国史観に反するとされ、一九三六年に内務省と特高警察の押収を受けたのち、大部分が焼失した。内容は神武天皇以前に七三代のウガヤフキアエズ王朝が続いたことのほか、天皇が乗って世界を旅した「天之浮船」や、一夜で海に沈んだミヨイ国などが記述されている。現在は古代の文書を装った偽書と認定されているが、史実と信じる人々も存在する。

竹内巨麿《たけのうちおおまろ》

人物

一八七四〜一九五五年。富山県出身、皇祖皇太神宮天津教の開祖。生後すぐに同じ村の竹内家の養子となり、養祖父から古文書「竹内文書」やその他の宝物を受け取る。一八歳の時、それらを人力荷車に乗せて上京した後、古書類を知人の家に預けて御嶽教に入信。一八九九年に茨城県磯原に皇祖皇太神宮天津教（天津教）を開いて開祖となる。

しかし、天津教神宝として公開した竹内文書が皇国史観に反するとして、一九三六年に不敬罪で逮捕される。戦後には大日教を創設し、これも解散を命じられたものの、その二年後に教団を再開している。

竹内文書は古史古伝の中でも最も有名

な書物で、今日では竹内巨麿による創作とされているが、真実の歴史であると信奉する人々もいる。

竹本良《たけもとりょう》

人物

一九五七年～。東京都出身のＵＦＯ研究家、超科学現象研究家。大学卒業後からさかんにオカルト研究を行い、サトルエネルギー学会顧問や日本サイ科学会理事などを務めた。また、一九九九年からテレビ朝日の『ビートたけしの超常現象Ｘファイル』にＵＦＯ肯定派として出演している。メディアや著書で様々な主張をしており、特徴的なものでは「宇宙人と付き合うには幕末に日本が『開国』したように『開星』を行うべきだ」という意見や、「ＵＦＯに関する内部情報を政府が開示するべきだ」などがある。

タッシリ・ナジェールの岩絵《たっしり・なじぇーるのいわえ》

遺跡・オーパーツ

タッシリ・ナジェールは、アルジェリアの南東部、サハラ砂漠のほぼ中心に位置する広大な台地状の山脈で、長さ約五〇〇キロメートル、広さ約七万二〇〇〇平方キロメートルに及び、最高点は標高二一五八メートル。山脈といってもほぼ草木のない岩山で、ドームや洞穴状の部分を多く含み、その岩肌には紀元前一万年頃から描かれた一万五〇〇〇点以上の壁画が描かれている。壁画のすばらしさと歴史的価値により、一九八二年に世界遺産に登録された。

壁画は年代によって描かれた場所と内容が異なっており、紀元前一万～六〇〇〇年頃のものでは、ワニ、ゾウ、カバ、バッファロー、キリンといった多くの大型動物と、投げ槍、斧、弓、棍棒などの武器を持つ人間が多い。人の姿は、古いものでは無着衣だが、紀元前八〇〇〇年を過ぎるころから着衣姿となり、数センチ～数メートルのさまざまな大きさで描かれる。

紀元前四〇〇〇～二〇〇〇年ごろには、人間が家畜を飼って牧畜を行う姿が、紀元前二〇〇〇年ごろには、砂漠が広がってラクダで移動するようになった姿などが描かれ、年代とともに変わっていったサハラの様子が表現されている。

タッシリ・ナジェールは現地の言語で「水のある台地」を意味しており、その名の通り、かつては砂漠ではなく川が流れ、緑豊かな地であったとされるが、その様子も岩絵として残っている。そのため、観光名所であるとともに、重要な歴史的資料となっている。

中には謎の巨人や宇宙服のようなものを着た人間型の生物も描かれており、これらについては祭事を行うシャーマンという説や、古代文明で滅亡した生物、ＵＦＯでやってきた宇宙人であるなど、さまざまな説がある。

ダニエル・ダグラス・ヒューム《だにえる・だぐらす・ひゅーむ》

人物

一八三三〜一八八六年。スコットランド生まれの霊媒。最も優れた霊媒といわれ、空中浮遊をするほか、「檻に入れた楽器を外からの遠隔操作で演奏する」「燃えさかる石炭で顔を洗う」といった多彩な超常現象を披露した。中でも有名なのが一八六八年に三階の窓から別の窓に移動した空中浮揚であった。

　その能力に目覚めたのは一三歳の時で、彼の友人エドウィンの幻影を目撃したのがそのきっかけとされる。その後、ポルターガイスト現象を引き起こして学校を退学となり、ヨーロッパ各地で講演を行う。ヒュームは他の霊媒と異なり昼間でも能力を発揮でき、ハプニングで現象が起きないときも平然としていたという。そのため偉大な霊媒と称され、皇帝ナポレオン三世も見物を行った。

多毛人《たもうじん》

UMA

世界各国で出現する類人猿型の未確認生物を指す言葉。代表例はヒマラヤの「イエティ」や北米の「ビッグフット」で、オーストラリアでは「ヨーウィー」と呼ばれる多毛人の伝承がある。また、中国では「イエレン」と呼ばれる多毛人がたびたび目撃されており、本格的な調査も進められている。

　日本で有名なのは「ヒバゴン」や「ガタゴン」だが、近年ではこれらの目撃情報はほぼ途絶えてしまった。その正体は太古のネアンデルタール人や類人猿の生き残りとする説や、逆にまったく新種の生き物とする説などに加えて、銃撃にも全く動じないといわれることから、UFOや心霊現象と紐づけて考える専門家もおり、幅広くオカルト分野に関連しているようだ。

多良崎城跡《たらざきじょうせき》

心霊スポット（日本）

茨城県ひたちなか市足崎にある城趾。多良崎城は、鎌倉末期から南北朝時代にかけて建立されたといわれる。現在、この一帯は「足崎」と表記されるが、鎌倉期の史料では「多良崎」となっている。

　現在は原っぱのようになっているが、「一の木戸」や「本郭」など、そこに何があったかを示す案内板が設置されている。

　心霊スポットとして知られ、以下のような体験談がある。

・多良崎城跡の前の道路を通ると、突然、女性の霊が現れてドライバーの気を引き、事故を起こさせる
・城跡内にある「本郭」という看板から先に足を踏み入れると、女性たちの声が聞こえてくる
・誰もいないのに茂みを数人で歩く音がした

・黒い服を着た男の霊を見た
・鎧を着た落ち武者の幽霊を見た

タリスマン《たりすまん》

オカルト用語

「遂行する」、または「発効させる」という意味で、お守り・護符のこと。ギリシャ語のタリスから派生したと考えられている。神聖なものとして任務を遂行するために身に着けた。例えば、ダビデ王は六つの角を持つ「ダビデの星（六芒星の一種）」を、六方位（北、南、東、西、上下）全てから保護される盾として使用し、戦場に赴いたとされる。

中東のハムサ（ファティマの手）、ユダヤ教カバラの命の木、古代エジプトのスカラベやアンク、キリスト教の十字架や魚など、宗教や地域文化によって様々なタリスマンがある。

一八八九年、R・ドリゴ作曲によるバレエ『タリスマン』が初演された。その後、何度か修正、再編され、一九五五年、楽曲を借りて新しく振りつけられた『タリスマンのパ・ド・ドゥ』は現在でも多くのバレエ団で演じられている。

一九八四年、S・キングとP・ストラウヴ共著のファンタジー小説で、病気の母親を救うためにタリスマンを探す試練の旅を描いた『タリスマン』が出版された。一九九二年、武内直子作の漫画『美少女戦士セーラームーン』では、主役三人のタリスマンが三個そろうと伝説の聖杯が出現するとされる。

だるま女《だるまおんな》

都市伝説

両手両足（より厳密には両腕両脚）がない女性のこと。戦前の見世物小屋での例や、中国の女帝による処刑で四肢を切断された例など、歴史上にも存在するが、ここでは一九八〇年代初頭から流布し始めた都市伝説について述べる。

その内容は、「パッケージツアーで海外を旅行していた女子大生が、ブティックの試着室に入ったまま行方不明になった。数年後に別の国で、両腕両足を切断されただるまのような姿で見世物にされていた彼女を友人が発見する」というかなり残酷なもの。試着室で女性が行方不明になるというストーリーは、一九六九年にフランスで広まった「オルレアンの噂」というデマにあるもので、何らかの影響が考えられる。日本の「だるま女」の話も、もとになった事実はないと考えられている。

この都市伝説が広まったのは、女性の大学進学率や海外旅行が増加し始めた頃であり、警鐘を鳴らす意図から広まったのではないかという説もある。

タロット占い《たろっとうらない》

占い

大アルカナ二二枚と小アルカナ五六枚

からなる「タロットカード」を用いて行う占い。カードにはそれぞれ謎めいたイラストと、それに準ずる意味が込められており、それを「タロットリーダー（占いを行う人）」がランダムに引く。

　その意味は曖昧で、占い師ごとに解釈が異なるため、同じカードでも人によって回答が違ってくるという特徴をもつ。大アルカナは大きな流れを占うのに対して、小アルカナは日常の出来事を予測するとともに大アルカナの結果を補完する役割を担う。

　五六枚の小アルカナはトランプの原型にもなっている。タロットカードの起源は定かではないが、最も古いカードとして一三九二年のものがパリ美術館に保管されており、その歴史の長さがわかる。

丹波哲郎《たんばてつろう》

人物

一九二二〜二〇〇六年。東京都出身の俳優、心霊研究家。新宿区百人町で、薬師の名家の家系に生まれる。中央大学法学部に在籍中、学徒出陣によって入隊し、態度が大きいという理由で他の者の三倍ほどの体罰を受けることもあったという。

　卒業後は公社職員となるが、俳優を目指して一九五一年に新東宝社に入社。多数の舞台、映画で活躍するが、「新東宝社のレベルが落ちている」と発言し、社長と袂を分かち一九五九年に退社。その後、当時、フジテレビのディレクターであった五社英雄とタッグを組み、映画やドラマに出演。多くの作品に出演し、英米合作映画の『００７は二度死ぬ』に出演したことから海外でも認知される存在となる。

　俳優業で活躍する傍ら、心霊学に強い関心を抱き、ロンドンで中国人の霊に遭遇したのをきっかけとして、霊界の存在を確信するようになる。心霊関係の書籍を多く著すようになり、『大霊界―死んだらどうなる』はベストセラーとなって映画化された。一九八六年には丹波のマネージャーを会長とする「来世研究会」を設立。宗教色のない霊界の研究会として活動を行った。

ち

小さいおじさん《ちいさいおじさん》

都市伝説

中年男性姿の小人がいるという都市伝説で、二〇〇九年頃から話題になり始めた。目撃談によれば、その身長は八センチから大きくても二〇センチ程度。「木の上にいた」「窓に貼りついていた」「浴室にいた」「道端で空き缶を運んでいた」「神社での参拝についてきた」など、多様な場所での目撃談が伝えられている。

　二〇一一年には、一九七二年に秋田で撮った写真に小さいおじさんが写っていたとスポーツ新聞で報じられた。その写真には、少女の足元で、はしゃぐような格好をする白っぽい小人らしきものが三体写っている。

芸能人による目撃談が多い都市伝説で、とくに釈由美子は世間で騒がれるようになる一〇年ほど前から、「おじさん姿の小さい妖精を見た」と述べている。

釈によれば、「浴室で泣いていると、小さいおじさんに励まされたが、怖いのでシャワーで流した」「小さいおじさんがパジャマを着て体操していた」「アロマキャンドルの炎で暖をとっていた」など、さまざまな場所で見たという。

ほかにも、俳優の的場浩司や岡田准一、歌手の中島美嘉、タレントの南まりかなど、多くの芸能人が小さいおじさんの目撃談を語っている。

チェイテ城《ちぇいてじょう》

心霊スポット（世界）

スロバキアの首都、ブラチスラヴァから北東へ一〇〇キロメートルほどの山頂（旧ハンガリー王国）に立つ城。一三世紀に建築された城で、現在は一部の城壁が残るのみだが、人気の観光スポットとなっている。

朝日・夕陽に映える美しい城跡は、その姿とは裏腹の血塗られた歴史を持つ。ここは、「血の伯爵夫人」の異名をもつバートリ・エルジェーベト（ドイツ語読みでは「エリザベート・バートリ」）が、残虐の限りを尽くした舞台なのである。

ハンガリーの貴族、バートリ家の娘として生まれたエルジェーベトは、一五歳のときに五歳年上のナーダシュディ・フェレンツ二世と結婚し、チェイテ城に移り住む。戦争で留守がちな夫に代わって城と領地を統治し、やがて夫が亡くなると四〇歳で城の主となった。

夫の生存中から、折檻と称して召使いに対する拷問や殺害を行っていたが（もともとフェレンツも残虐行為を好み、エルジェーベトはそれを夫から教えられたという説もある）、夫の死後はさらにエスカレートした。城の女中だけでなく、領内の農民の娘をさらったり、理由をつけて招いたりし、「皮膚を切り裂く」「指を切り落とす」「性器を焼く、切り取る」「乳房を潰す」「口を左右に裂く」「逃げようとすると足首を切断する」などの行為をくり返したという。

人型の容器の内部に長い鉄のトゲを仕込んだ機械仕掛けの拷問器具、「鉄の処女（アイアン・メイデン）」を職人に作らせ、若い娘を中に入れた。また、内部に鉄のトゲをもつ球形の狭い檻に娘たちを押し込めて吊るし、身動きするたびに体が刺される様子を楽しんだ。また、若い娘の血を浴びることで自分の若さが保てるという妄想に取り憑かれており、娘たちを殺害したのち、血液を集めて浴びたり、バスタブに貯めさせて浸かったりしたといわれる。

　農民の娘だけでは飽き足らず、下級貴族の娘までさらってくるようになると、「血の伯爵夫人」の噂がたち始める。運よく逃げ出した娘からの通報もあり、捜査の手が入った。城内には、損壊された若い女性の遺体が累々と積み重なり、体を切り刻まれた瀕死の娘たちがおり、その様子は凄惨を極めたという。殺された娘の数は六五〇人とされている。

　命じられて残虐行為をした従僕は斬首刑に、女中たちは火刑に処されたが、エルジェーベト本人は高貴な家系ゆえに死刑にはならず、窓や扉を塞いで黒く塗り固めた城の一室に幽閉され、三年半後に死亡。この凄惨な歴史をもつチェイテ城跡には、無残に殺された女性たちの幽霊が出るといわれている。

（⇨エリザベート・バートリの項も参照）

チェシー《ちぇしー》

UMA

アメリカのチェサピーク湾とそこにつながるポトマック川で目撃されているという水棲UMA。体長は七～一〇メートルほどで、蛇のように細長い体を左右にくねらせて泳ぐといわれる。発見は一九七八年で、川で遊んでいた人物がその姿を報告した。

　しかし、実際は遠目で見ただけであるため、詳細な情報は明らかになっていない。外見の特徴や泳ぎ方から、正体は大型の爬虫類ではないかという意見があるものの、最近はその姿が捉えられず、調査はあまり進んでいない。

地球空洞説《ちきゅうくうどうせつ》

説・論

地球の内部は空洞であるとする説。初出は、イギリスの学者エドモンド・ハレーが磁気偏角を調べる中で、地球にはそれぞれに外核と磁場を持つ三つの空洞（層）があり、それが地表の磁場に影響を及ぼすとする一六九二年の論文。

　一七七〇年、スイスの数学者L・オイラーが地球内部に高度文明を照らす一個の太陽があると仮定した。一七七〇年、スコットランドの物理学者J・レスリーが地球内部に二つの太陽があるとして、それぞれに名前をつけた。

　一八一八年、アメリカの陸軍大尉ジョン・C・シムズが、南北両極に穴があり、内部には地下世界が同心球状に存在するとする『同心円と極地の空洞体』を発表。一八二八年、ロシア帝国主催の北極探検隊隊長就任を要請されるが、シムズは翌年死亡し、探検は行われなかった。一八七〇年、アメリカ人医C・R・ティード（コレシュ）が、人類は地殻の裏側で生存しており、天体は地球空洞の内部に浮かんでいると唱えた（コレシャニティ）。

　地球空洞説をベースにした創作物では、

一八六四年、ジュール・ベルヌの小説『地底旅行』、E・R・バローズによる小説『地底世界』シリーズなどが古典といえる。

一九〇〇年、押川春浪が小説『海底軍艦』を発表し、一九六三年、東映映画『海底軍艦』で太古に沈んだムー帝国と地底人、海底竜マンダが登場した。一九九四年公開の映画『ドラえもん　のび太の創生日記』では、地底空間には太陽があり、重力が逆転している。

地底人《ちていじん》

オカルト用語

地底に生息する仮想の生物。作者の設定により、知性や文化程度、人との相似具合が異なる。優れた文明を築いた古代人が地底で独自の進化をとげている場合や、宇宙人や宇宙怪獣が地底に潜む場合もある。

E・R・バローズが一九一四年、『地底世界ペルシダー』を発表。北極にある巨大な穴が地底への入り口となっており、恐竜、翼竜、マンモスなどや石器時代程度の文明を持つペルシダー人がいるとした。

彼は月シリーズ（一九二三年『月の地底王国　月のプリンセス』、一九二五年『月人の地球征服　月からの侵略』、一九二五年『レッド・ホーク』）で未来世界を舞台にし、地底に住む人型の月人のほか、半人半獣のヴァ・ガも登場させた。

一九六六年、石ノ森章太郎の漫画『サイボーグ００９　地下帝国ヨミ編』（二〇〇一年アニメ化）で地底のプワワーク人と爬虫類進化型のザッタンが登場した。一九七九年、いしいひさいちの漫画『地底人』は、地球征服を目指すもののほぼ失敗する姿を描く。さらになさけない最低人という種族も存在する。

二〇一五年、篠塚ひろむ作の少女漫画『プリプリちぃちゃん』（二〇一七年アニメ化）は、四肢がある黄色の卵型地底人が主人公。宇宙人のうっちゃんと一緒に、中学生の少女宅で暮らす。

二〇〇九年、健速作ラノベ『六畳間の侵略者!?』（後に漫画・アニメ化）に登場するキリハは、畳の下から登場して古代文明の地底人の末裔「大地の民」を自称する美少女という設定になっている。

チャールズ・フォート《ちゃーるず・ふぉーと》

人物

一八七四〜一九三二年。アメリカ出身の作家、超常現象研究家。「テレポーテーション（瞬間移動）」という言葉の生みの親としても知られる。ニューヨーク州で厳格な父のもとに生まれ、幼少期から自然現象に強い興味を持っていた。一九歳で世界一周の旅に出るが、二二歳の時にマラリアに感染して帰国する。その時に看病してくれた幼馴染と結婚し、以降は仕事をしながら小説を書き続けた。

三二歳からはニューヨーク公立図書館

で論文や新聞記事を読み漁り、奇妙な現象の記録を詳細に集めていった。フォートはそれらをまとめて神霊現象をテーマにした書籍シリーズ（邦題『呪われしものの本』『新しい土地』『見よ！』など）を出版。それらは現在でも世界各地で増版されているスーパーロングセラーである。そのため、多くのオカルト愛好家に影響を与え、彼の研究を支持するものは「フォーティアン」と呼ばれる。フォートは、著作の中で「私が敵対するのは超常現象にかかわる人間をすぐにインチキと述べる科学者の態度である」と過激な論述をしているが実際には紳士的で優しい人物だとされる。

チャイルド・プレイ《ちゃいるど・ぷれい》

作品（映画）

一九八八年一一月に米国で公開されたホラー映画（日本での公開は一九八九年五月）。監督はトム・ホランド。

刑事に追いつめられてオモチャ屋に逃げ込んだ連続殺人鬼が、撃たれて息絶える瞬間、そばにあった人形を握りしめて呪いの言葉をつぶやく。

数日後、ある女性が息子の六歳の誕生日祝いに与えたのは、殺人鬼の呪いが移ったその人形だった。母子は恐ろしい出来事に次々と襲われ、母は子供を守るために人形との戦いを決意する。

かわいらしい姿で残忍な行動をくり返す恐怖の人形、チャッキーが話題となって大ヒットし、六作の続編が制作された。コミックやゲームなどにも派生し、二〇一九年にはリブート版も作られた。

チャクラ《ちゃくら》

オカルト用語

精神と肉体を司るとされるエネルギー。もともとはサンスクリット語で「円」「車輪」を意味する言葉。

インドや中国に伝わる伝統医学によると、人間の肉体には「心、精神、霊」が憑依しているという。チャクラは心、精神、霊の中枢部位であり、インドの哲学書「ウパニシャッド」には、人間がチャクラを使用することによって、宇宙や自然と一体化して精神的に向上させることが可能だと記されている。

チャクラは人体の中枢部に七つ存在しているとされており、第一～第五のチャクラは肉体、第六のチャクラは精神、第七のチャクラは霊性や宇宙意識と関連しているとされている。現代社会で行われているヨガは、体を動かすことでチャクラの覚醒に必要な「気」を取り入れることを目的としたものである。

森林などの自然環境や俗にパワースポットなどといわれる宗教施設には、良質な気が満ち溢れているとされており、訪れるだけでチャクラが覚醒することがあるという。

チャネリング《ちゃねりんぐ》

オカルト用語

霊や宇宙存在など、物質界を超えた高次元的の存在とコンタクトをとる手法。チャネリングを行う人物はチャネラーと呼ばれる。生まれ持った能力により行う場合や訓練によって身に付く場合、さらにはある日突然、高次元の存在を認識する場合などがあり、先天的な能力によるものだけでなく、後天的にも身に付けることができるとされる。

その交信相手に具体的な法則はなく、霊界の存在やはるか遠くの異星の住人などのほか、時には惑星エネルギーや人形などとのコンタクトが発生する場合もある。そのため懐疑的な意見も多い。

茶碗の中《ちゃわんのなか》

怪談

小泉八雲が日本各地の伝説や怪談を採話した怪奇文学作品集『骨董』（一九〇二年刊）に載っている怪談。この作品集に限らず、小泉八雲の怪談には原話のあるものが多いが、同作もその一つで、最大の特徴は未完で終わっていることである。

内容は、江戸時代、ある従者の若者が茶店でお茶を飲もうとしたところ、茶碗の水面に見たこともない端正な顔立ちの男が映っていた。茶を捨てて入れ替えてもらうが、またも顔が映るので、不思議に思いながら飲み干したところ、次の日、従者の詰め所に、その顔そっくりの男が現れる。男は従者に重傷を負わされたと言い立て、それに対して従者が切りかかると、男は壁をすり抜け、煙のように消えてしまう。

さらに次の日、男の家来と名乗る三人の男が文句を言いに来たので、それに対しても従者が切りかかると、三人は影のように壁を飛び越える。「そして……」というところで、物語は唐突に終わる。

小泉八雲はこの作品に前書きと後書きを付け、「この物語の作者がなぜ、ここで物語を終えねばならなかったのか。途中で絶命したのか、版元と不和が生じたのか、はたまた…」と、その理由とともに、物語の続きを想像することを読者に促している。

張宝勝《ちゃん・ばおしぇん》

人物

一九五七年〜。中国の超能力者。その力は歴史上、最大最強ともいわれ、江沢民元国家主席に「中国の国宝であり、人類の宝である」と言わしめた。幼少期から身の回りに心霊現象が起き、二〇歳で難関とされる気功の国家試験に合格する。その後、気功治療家として鄧小平をはじめとするさまざまな政治家、幹部の治療を行う。

さらに、さまざまな超能力を披露し、ガラス瓶に入った鋼鉄線を見るだけで切断したうえで瓶の外側に移動させたり、細かくちぎった紙を一瞬で再生させたり、素手でレーザーのようなものを照射して物体を貫いたりと、常軌を逸した力を見せている。政府に認められたため、中国で一二枚だけ発行されている「道路交通法を守らなくてよい免許証」を持つ人物ともいわれる。現在は軍人になったともいわれるが、詳細は不明。

チャンプ《ちゃんぷ》

UMA

アメリカのシャンプレーン湖で目撃された水棲UMA。体長は五メートルから五〇メートルで、目撃情報によって大きく異なっており、複数の個体がいると考えられる。外見はネッシーのようなプレシオサウルス型で、背中にはいくつかのこぶがあるという。

その歴史は古く、先住民たちの間では大蛇を意味する「ジーターースコグ」と呼ばれ恐れられていた。その後、一八一九年にクラム大尉という人物が五七メートルほどのヘビのような化け物を目撃し、地元紙に投稿した。これが明確に記録されたチャンプの目撃例としては最初のもので、現在までに三〇〇件に上る報告がある。

二〇〇二年にはアメリカ軍によって捕獲作戦が実行され、いくつかの幼体を捕らえたという噂もある。

中国医学《ちゅうごくいがく》

医学・医術

古来より中国ではさまざまな医学が提案されて実施されてきた。それらを体系化したものが中国医学である。西洋医学が到来する以前の東アジアで行われる医療の基本となった。

病気や怪我を科学的に治療する西洋医学に対して、人間の治癒力を促進させることで回復に導くのが中国医学である。使用される薬品は西洋医学のように化学的に成分を精製したものではなく、動物や植物の一部を加工したものが主に使われる。基本的に外科手術は行わないため、人体に負担をかけないという利点も存在するのだ。

中国医学では、食品と薬品を同一視するため、「薬膳」という薬品に使用する素材で作った料理を食する習慣が中国では誕生した。それを元に普段から栄養のあるものを食べるべきという「医食同源」の思想が日本で誕生したのである。

西洋医学が普及するにつれて非科学的だと見なされるようになった中国医学であるが、薬品として使用される自然物に治癒効果があることが科学的に判明したため、成分を抽出した漢方薬は世界中に普及している。

チュパカブラ《ちゅぱかぶら》

UMA

家畜の血を吸うといわれるUMA。体

長は一〜二メートルで赤い目を持ち、肌は緑色で鋭い爪がある腕を持っている。

非常に有名で誰もが聞いたことのあるUMAだが、その最初のきっかけは一九九五年、プエルトリコで多数のヤギが襲われて血を抜かれる事件が起きたことだった。ヤギたちの体にはいくつかの穴が開いていたが、周りには返り血の痕がなかったことから、全身の血を抜いてしまう謎の生物の噂が急速に広がっていった。

当初は二足歩行といわれていたチュパカブラだが、噂が広がるにつれてその特徴は変化していき、現在では四足歩行で犬のように動くといわれている。その正体は諸説あるが、最も有力なのは疥癬《かいせん》にかかったコヨーテだとするものである。これは一種の皮膚病で、イヌ科の動物が感染すると脱毛や皮膚の弛緩といった症状を引き起こす。

その外見が四足歩行型のチュパカブラによく似ているため、これが正体であるという説が広まった。多くの動物学者はこれに賛同しているが、これでは二足歩行型の種や生き血を吸うことの説明がつかないため、議論は未だに尽きていない。

超越瞑想《ちょうえつめいそう》

超能力・超常現象

インド人哲学者マハリシ・マヘーシュ・ヨーギーが提唱したヒンドゥー教をベースとする瞑想法。サラスバディ聖者のもとで学んだマハリシは、あらゆる人々が実践可能な瞑想法を生み出すためにヒマラヤで修行を行い、「人生とは苦しむものではなく、楽しむもの」という真理を得たという。一九五六年、マハリシは「瞑想アカデミー」を設立して超越瞑想の普及に努めた。

超越瞑想のやり方は、座禅を組んで無心になるという極めてシンプルなものであるが、実践者からは多幸感を味わった、ストレスが解消した、突然空中に浮き上がったという報告が相次ぎ、瞬く間に世界中で流行し始めた。伝説的ロックバンド・ビートルズのメンバー全員も超越瞑想の実践者であり、髭や長髪、メッセージ性の強い楽曲といった後年の方向性の変化は、超越瞑想の影響によるものだという。現在、欧米圏で盛んに行われている「マインドフルネス」というリラックス術も超越瞑想の一種である。

超古代文明《ちょうこだいぶんめい》

オカルト用語

古代の人間が作り出した、現在に匹敵する、あるいはそれ以上に高度な文明や社会。ムー大陸や、宇宙人飛来説もあるレムリア大陸、プラトンが提唱したアトランティスなどが有名。それらは紀元前よりもさらに数千年以上前に存在したとされ、文明のほとんどが海に沈んだといわれる。

その遺物であるオーパーツが、文明存在の根拠といわれることもある。例として、一時期、イースター島のモアイ像が「ムー大陸が存在した痕跡」とされたことは有名である。しかし、のちにこの論拠は否定され、ムー大陸を含めて超古代文明の具体的かつ決定的な証拠とされるものは、厳密な意味では未だ見つかっていない。

超常現象《ちょうじょうげんしょう》

オカルト用語

心霊現象や超能力など、現代の科学を用いても説明がつかない現象。ESPやサイコキネシスによって人間が起こす不可思議な現象を指すことが多いが、UFOの飛来なども含まれる。

超常現象を科学的に解明しようとする専門家も多いが、その内容はほとんどが目撃者による主観的な証言しかないため、この試みには困難が伴う。日本の研究家では、早稲田大学の大槻義彦教授が「UFOプラズマ説」を唱えて、テレビ番組でしばしば超心理主義者たちと論争を展開。オカルトブーム時代の人気コーナーとなっていた。

超心理学《ちょうしんりがく》

オカルト用語

心理的現象や超能力を対象とした研究分野。「サイコトロニクス」「サイロジー」ともよばれる。研究については、一九二七年にアメリカのデューク大学で超心理学研究所が開設され、同大学のジョゼフ・バンクス・ライン教授の手で体系化された。

同研究所では、一般人を被験者とした多数の実験結果を統計的に分析するという手法を中心としたが、それらの実験に対しては各方面からさまざまな不備が指摘されるなど、批判も少なくなかった。

一九六六年には超心理学協会が全米科学振興協会に加盟したことで、科学の一分野とみなされるようになったが、心理学者や物理学者の一部からはいまだに異端とみなされている。

超地球人説《ちょうちきゅうじんせつ》

説・論

UFOは宇宙から飛来したのではなく、人類に知られずに地球に生息している超地球人（人もしくは心霊的な知能存在）によるものとする説。アメリカのUFO超常現象研究家で作家のJ・A・キールが唱えた。

一九七〇年、著書『UFO超地球人説』を発表。妖精や吸血鬼などの伝説やポルターガスト、UMAなどの目撃は欺瞞であり、超地球人がそのように錯覚させた心霊現象の一種だとした。

宇宙のどこかではなく、地球に人間を超越した生物が存在するというオリジナルな発想に共感する人もいる。

提灯お化け《ちょうちんおばけ》

妖怪

日本の妖怪の一種で、提灯の姿をした妖怪。「化け提灯」「お化け提灯」「提灯小僧」などとも呼ばれる。

古い提灯が上下に割れ、そこが口となって長い舌が飛び出しており、一つもしくは二つの目を持つ。提灯全体が顔になっているが、そこから手が生えていることもある。

非常に有名な妖怪である反面、郷土に残る具体的な伝承はほとんど見られない。江戸時代から大正時代に作られたお化けかるたや子供向けの本などに記載されており、子供向けに創作された妖怪とする説もある。

付喪神の一種と見ることもできるが、提灯に魂が宿って生まれたというよりは、破れた古い提灯を見て、お化けと見間違えたり、たくましい想像力から生まれた妖怪かもしれない。

超能力《ちょうのうりょく》

オカルト用語

通常では不可能なことを実現する能力のこと。その力を持つ人が超能力者で、イスラエル出身のユリ・ゲラーやロシアのニーナ・クラギーナが有名。透視やテレパシーなど、さまざまな能力が含まれるが、超心理学においてはＥＳＰ（超感覚的知覚）とサイコキネシスとに大別される。前者は予知夢や透視、後者は手を触れずに物理的影響を与える力を指す。また、動物が持つ超能力を「アンプサイ」とよぶ。古今東西多くの超能力者が存在するが、中にはトリックが発覚したものも少なくない。

チョンチョン《ちょんちょん》

妖怪

パタゴニア地方の先住民・マプチェ族に伝わる妖怪で、人間の頭部に羽が生えた形状をしている。チョンチョンが生まれたのは、ある術の結果とされる。

昔、ある地域の魔術師たちが邪術によって秘密の軟膏を作り出した。これをのどや首に塗ると、頭が胴体から離れ、自由に空を舞うことができるという。

両耳が大きくなって羽となり、首の付け根からはフクロウのような鉤爪が生える。魔術師が、この術で「空飛ぶ頭」と化したことからチョンチョンが生まれ、不運をもたらすものとして、人々から恐れられるようになった。

チョンチョンが活動するのは夜で、「トゥエー、トゥエー」という不気味な声で叫びながら飛び、訪れる民家を探す。病人のいる家を見つけると、部屋に忍び込み、病人の魂を奪う。

このとき、家族が気づいてお祈りを捧げれば、チョンチョンを追い払うことができるが、侵入を見すごすと、ほとんどの病人は助からない。

明け方、空が白みはじめると、チョン

チョンは胴体を求めて帰っていく。胴体を見つけて結合できれば、元の魔術師の姿に戻れる。しかし万一、胴体が見つからないか、何かの理由で結合できない場合、なぜかチョンチョンは地面に激突して自殺するとされる。それを自撃した人の話によれば、現場には、一羽のフクロウの死骸が残されていたという。

チリブロブ《ちりぶろぶ》

UMA

チリのロスムエルモスの海岸で見つかったUMAあるいは物体。グロブスターの一種とも考えられている。二〇〇三年にピヌノビーチに打ちあがっているところが発見されて話題となった。全体的に白っぽくぶよぶよしており、生物の死骸とも謎の物体とも判別がつかない外見をしていた。

　重量は一三トン、体長は一二メートルで、死骸であれば相当に大きい生物のものとされる。発見当初は巨大なタコの死骸ではないかと考えられたが、その後の調査でマッコウクジラと部分的にDNAが一致し、これが有力な答えだと結論付けられた。

つ

東日流外三郡誌《つがるそとさんぐんし》

書物

東北地方のことが記された歴史書。江戸時代末期に、秋《あき》田《た》孝季《たかすえ》と和田長三郎が各地を歩いて伝承を収集したもの。その後、代々和田家に伝わっていたものを和田喜八郎という人物が一九七一年に公開した。現在の青森県や岩手県、秋田県など、東北の中でも北部に関する事柄が重点的に記されているのに加えて、インドや朝鮮半島、樺太などについての記述もある。しかし、学会では偽書とされ、公式には古文書と見なされていない。

月空洞説《つきくうどうせつ》

説・論

月の内部が空洞になっているとする説。地球の平均密度が五・五グラム毎立方センチメートルなのに対して、月の平均密度は三・三四グラム毎立方センチメートルと低い。また、一九六九年にNASAが行った月震（月の地震）調査では、その振動が一時間ほど続き「月は巨大な鐘のように振動した」といわれた。これらの科学的データは、月の中空構造を示すとされた。

　二〇〇九年、日本のJAXA（宇宙航空研究開発機構）が打ち上げた月周回衛星かぐや搭載の地形カメラの画像データにより、「マリウスの丘」と名付けられた区域に、直径・深さともに五〇メートルの穴が発見された。同年、アメリカが打ち上げたLROのカメラによる斜め観測で、その穴の底には数十メートル以上の空間が広がっていることが推測され、月空洞説が現実味を増した。

二〇一七年、かぐや搭載の電波レーダーのデータを解析した結果、月の火山地域の数十～数百メートル地下に、複数の空洞があるとされた。空洞の一つは、二〇〇九年発見の穴を東端に、長さ数十キロメートル、幅数十～一五〇メートルに渡る巨大なものだった。

空洞は溶岩が流れた後にできる溶岩チューブとされている。月の表層よりも地底のほうが施設建造や人の居住がしやすいとされ、今後の開発に期待が集まっている。

付喪神《つくもがみ》

妖怪

長い年月を経た道具などに神、精霊、霊魂などが宿るとする考え、及びその宿ったもの。守り神のようなものもあれば、人をたぶらかす妖怪の類いもあり、後者の代表がからかさ小僧や提灯お化けである。また百年生きた狐や狸などが霊力を得たものを付喪神と称する場合もある。「九十九神」とも表記し、「九十九」は「長い時間や経験」「多種多様なもの」などを表すとされる。

「器物は百年経ると化ける」という俗信から、かつての日本では古い器物を九十九年で捨てることがあり、それらの器物が「あと一年で霊力を得られたのに」と恨んで妖怪に変貌したという説もある。

付喪神は日本特有の考え方であるが、万物に霊が宿るとする信仰や思想は「アニミズム」と呼ばれ、世界各地に存在する。

ツタンカーメンの呪い（王家の呪い）《つたんかーめんののろい(おうけののろい)》

呪い

一九二〇年代、古代エジプト王ツタンカーメンの墓を調査していたメンバーが相次いで急死したとされる出来事に対する総称。

調査隊が墓に侵入した際、入り口には「ファラオの墓に触れる者には、死が翼に乗って素早く訪れる」という碑文が記されてあったという。調査隊のスポンサーであり自らも発掘に立ち会ったカーナヴォン卿は翌年の四月に急死し、その五ヶ月後にはカーナヴォン卿の弟、五年後には調査隊メンバーの一人がこの世を去った。その後立て続けに調査隊メンバーが死去したことから、世間の人々は墓場に宿った古代エジプト人の亡霊が蘇ったとも、ツタンカーメンの棺桶内に繁殖した微生物に感染したとも噂したのである。

実を言うと、上述の碑文はカーナヴォ

ン卿の死去を受けてマスコミが捏造したものであり、調査隊メンバーの大半は六五歳以上まで存命した。そのため、現在ではツタンカーメンの呪いは存在しないという説が主流だが、調査隊メンバーの関係者が不審な死を遂げることは多かったという。

ツチノコ《つちのこ》

UMA

日本では非常に有名なヘビ型のUMA。体長は三〇～八〇センチほどで、胴体の中央部が膨らんでおり、頭部は三角形で平たくなっている。意外にも動きは敏捷で、最大で五メートルのジャンプもできるといわれる。

その歴史は非常に古く、最古の歴史書「古事記」に神として記述されている。一部の地域では、土の守り神として一〇〇〇年以上前から認知されていた。それが有名になったきっかけは、一九五九年にある随筆家がビール瓶のような生き物を見かけ、それを雑誌で公表したことであった。そして一九七〇年代からツチノコは大ブームとなり、多くの法人や自治体が懸賞金をかけるまでに発展した。

全国で目撃情報が相次いだが、実物の捕獲には至らず、ついに懸賞金が億単位になるが、かえって「存在しないからハチャメチャな懸賞金がかけられている」という意見が広がり、ブームは下火となっていった。しかし、現在でも懸賞金がかけられている地域は存在し、ツチノコ探しはひっそりと続いているようだ。

つのだじろう《つのだじろう》

人物

一九三六年～。東京都出身の漫画家、心霊研究家。代表作は『うしろの百太郎』『恐怖新聞』など。床屋を営む家に生まれ、小学二年生の時に福島に疎開し、中学二年生で東京に戻る。高校時代に自宅近くで草野球観戦をしていたところ、チームの監督が漫画家の島田啓三であることに気づき、ベンチに押しかけて指導を仰ぎ、以降、島田に師事するようになる。

一九五五年、『漫画少年』に掲載された『新・桃太郎』でデビュー。同誌に投稿していた若い漫画家達と知り合い、当時、少年漫画の漫画家が結成した「新漫画党」に入り、手塚治虫、藤子不二雄、石ノ森章太郎、赤塚不二夫ら著名な漫画家たちが居住していたトキワ荘に通うようになる。

トキワ荘時代は非常にまじめだったが、それゆえに新漫画党の飲み会など「不真面目な態度」に激怒して一度飛び出した。しかし、藤本弘（藤子・F・不二雄）から取りなしの手紙をもらってトキワ荘に戻り、メンバーの漫画に対する情熱を再確認したという。それ以後、酒やたばこなど遊びの道にのめりこみ、周囲から「クソ真面目から真面目をとったらただのクソだ」と酷評されながらも、継続的にヒット作を生み出し、一九七一年には梶原一騎原作の『空手バカ一代』が大ヒット。さらに、かつてUFOを目撃したことをヒントに描いた『うしろの百太郎』『恐怖新聞』などの奇怪漫画で大ブームを起こし、オカルト漫画の第一人者となった。

翼猫《つばさねこ》

UMA

世界各地で目撃される、翼がついた猫。報告では翼の大きさは一〇～三〇センチとされ、もとは神話や伝説に記述される生き物だが、現実の目撃例が一八〇〇年代からはじまり、写真やビデオで記録されたものも多い。

近年ではロシアのクルスクで発見されたが、信心深い村人に恐れられて殺されてしまったと地元の新聞が報告している。その正体は未だ不明だが、遺伝子疾患によって体の一部が翼状に固まってしまったのではという説がある。

冷たい太陽説《つめたいたいようせつ》

説・論

太陽の表面が熱いという情報はウソで、実は冷たいとする説。電気工学の先駆けともいえる関英雄博士は、太陽の表面は二六度で黒点の表面には植物が生えていると主張。これを太陽常温説という。

一九九三年、医学博士の塩谷信男が著した『健康・長寿と安楽詩　幸福をよぶ正心調息法』で、太陽は光も熱も出さず放射線のみを出していると主張している。一般に太陽の表面温度は約六〇〇〇度であり、黒点は四〇〇〇度くらいというのは、現代では理論的に覆らないとされている。

ツングースカ大爆発《つんぐーすかだいばくはつ》

事件

一九〇八年にロシア帝国で起きた爆発事件。名前は爆発が起きた付近のツングースカ川からつけられている。原因は隕石であり、ツングースカ川の上空五～一〇キロで爆発した。その結果、中心地と目される場所から半径約七〇キロメートルにわたって森林などが炎上し、東京都とほぼ同じ面積である二〇〇〇平方キロメートルに渡って木がなぎ倒された。一〇〇〇キロメートル離れた家の窓ガラスも割れ、爆発によって生じたキノコ雲は数百キロ離れた場所からも目撃されたという。

当時のロシアは、日露戦争の直後、第一次世界大戦の数年前という時期であり、国内が混乱していたため、現地調査は事件から一三年後に行われた。その中でクレーターや隕石の破片が見つからず、一九四六年に宇宙考古学者アレクサンドル・カザンツェフが異星人による核爆弾説を唱えた。また、ブラックホール説や宇宙船爆発説なども唱えられたが、その後の鉱物などの分析によって、現在は原因が隕石だったことが判明している。

て

ディアトロフ峠事件《でぃあとろふとうげじけん》

事件

一九五九年、ソ連のウラル山脈で登山をしていた男女九人（男性七人、女性二人）が不可解な死を遂げた事件。同山脈・ホラート・シャフイル山の東斜面事件で起きた。その峠は事故後、一行のリーダーであったイーゴリ・アレクセーエヴィチ・ディアトロフから名づけられ、これが事件の名称にもなっている。

一行は多くが現在のウラル工科大学の卒業生や学生であり、全員が山岳遠征の経験者だった。事件が起きたのは二月二日の夜で、マイナス三〇度の中、テントを内側から引き裂いて裸足で外へ飛び出して死亡しており、検死の結果、二体に頭蓋骨骨折、別の二体に肋骨の損傷が見られ、舌や眼球を失った遺体もあった。極寒にもかかわらず、多くは薄着で、衣服から高度の放射性物質が検出された者もいた。争った形跡は認められず、直接的な死因は、六人が低体温症、三人は致命的なケガとされた。

発生した場所が山奥で全容解明が難しく、不可解な死に方をしていたため、UFOを含む超常現象説や秘密兵器実験説など、さまざまな推測がされたが、明確な結論は出なかった。

ロシア検察は遺族からの要請を受けて二〇一八年に事件の再調査を開始し、二〇二〇年七月に、被害者の死亡は「雪崩によるもの」との見解を発表した。雪崩に襲われたため、パニックに陥ってテントを引き裂き、雪の圧力でケガをし、矛盾脱衣（寒い環境の中で脱衣する異常行動）などによって薄着であったと結論づけた。しかし、それだけでは説明しきれない部分も多く、未だに細かい点が不明であるため、遺族は今も再捜査を要求している。

ディキストーンボール《でぃきすとーんぼーる》

遺跡・オーパーツ

⇩コスタリカの大石球群

ティム・ディンスデール《てぃむ・でぃんすでーる》

人物

一九六〇年に「ネッシー」というUMA（未確認動物）の映像を撮影したと発表した男性。

スコットランド北部のネス湖の中に怪物が存在するという伝承は、一〇〇〇年以上前から言い伝えられていた。ネス湖周辺に自動車道路が開通した一九三〇年代から目撃談が増加し、怪物は「ネッシー」と呼ばれるようになった。

その後、ネッシーの姿を撮影したという写真が次々と発表されるようになった。特に有名なのが、一九三四年にウィルソンという外科医が撮影した写真で、長い鎌首を浮かべて泳ぐ姿から、ネッシーの正体は中生代の首長竜の生き残りではないかと噂されたのだ。

そして、史上初めてネッシーを撮影したという映像を発表したのがディンスデールであった。映像はネス湖に浮かぶ黒い物体が手前から奥へと移動しているというもので、ディンスデールはネッシーが頭部を突き出して泳いでいる姿と説明したが、当時のビデオカメラは解像度が低く何が写っているか不明瞭である。

物体の速度や波の立ち方から、ディンスデールが撮影したものはモーターボートという説が有力視されている。

ディラリ《でぃらり》

UMA

⇩ディンゴネック

ティワナク《てぃわなく》

遺跡・オーパーツ

南米のボリビア、ラパス県にあるプレ・インカ期（五〇〇〜九〇〇年）の文明、あるいはその遺跡。日本では「ティアワナコ」とも呼ばれる。二〇〇〇年に世界遺産に登録された。後に誕生するインカ文明と同じく、文字を持たない社会そして文化であったため、解明されていない部分が多い。

標高が四〇〇〇メートルに近く、ほとんどの食用植物は育たないと思われたため、調査が進む前は宗教的巡礼地であり、居住地ではないと考えられていた。しかし、近年の研究により、多くの住居跡が存在していることがわかり、また、食糧生産も十分にできていたと考えられるようになった。

特徴的なのは巨石をくみ上げた石造建築で、その代表が「太陽の門」である。アカパナと呼ばれるピラミッド神殿や巨神像、半地下式の広場なども残されている。ピューマなどの動物をモチーフとした土器、多彩な織物などの技術も発達していたといわれる。

ただし、発見当時はひどく破壊されており、現在の遺跡の多くが一九七〇年代に強引に復元されたもので、厳密には本来の姿とはかなり異なるといわれている。

ディンゴネック《でぃんごねっく》

UMA

アフリカのコンゴ共和国やガボンなどで目撃されるＵＭＡでディラリとも呼ばれる。体長は三メートル程度だが、気性が荒く、カバやワニにも平気で襲い掛かるといわれる。ゾウに似た胴体にサイのような頭部がつき、頭には大きな一本角が生えている。さらにしっぽはサソリのようで猛毒があるという話もあり、人間が襲われたらひとたまりもなさそうだ。

そのため、現地の人々には非常に恐れ

られており、ディンゴネックの生息地とされるジャングルの奥には近づかないように気を付けているそうだ。目撃情報は少ないが、一九〇〇年代にはジャングルで複数の足跡が見つかったという。一説には、ジャングルの奥に棲息するトリケラトプスの生き残りといわれる。アフリカの奥地にはいまだに未踏の地も多く、太古の生物の生き残りがいる可能性はゼロではないかもしれない。

デヴォンシャーの悪魔《でゔぉんしゃーのあくま(あくまのていせき)》（悪魔の蹄跡）

事件

一八五五年二月八日に、イギリス・イングランド南西部のデヴォンシャー州で起きた事件あるいは現象。寒波が到来し、雪が積もった朝、人々は雪の上に続く奇妙な足跡を発見した。U字型の馬の蹄のような足跡で、一つの大きさは縦一〇センチ、幅七センチほど、歩幅は二〇センチ程度で、動物が歩いたときのように二列ではなく、一列に並んでいた。

その足跡をたどっていくと、レンガの壁に突き当たり、壁の裏側から、また足跡が続く。干し草の山に突き当たれば、その向こう側へ。さらに家に突き当たると、そのまま屋根に、そして家の向こう側へと続いていた。多くの町や村をまたいで続く足跡の総距離は六〇キロメートル（一〇〇マイル＝一六〇キロメートルという説もある）にも及んだ。

人々は、この足跡を悪魔のものだとして恐れた。「デビルフットプリント」として新聞に載り、イギリス全土を震撼させた。未知の動物の足跡であるとか、気球からロープで下げられていた蹄鉄型の金具の跡であるとか、さまざまな説が出されて検討されたが、どれもこの現象を完全に説明することはできなかった。

この事件から一五〇年以上たった二〇〇九年にも、同州で同じような一直線の足跡が発見された。蹄鉄型ではなかったが、大きさや歩幅、並び具合は一八五五年のものに酷似していた。「鹿かウサギの足跡」という専門家の見解が新聞に載ったが、真相はこちらもわかっていない。

テーブルターニング《てーぶるたーにんぐ》

占い

一九世紀ごろ、西洋で流行した占いあるいは降霊術。一人あるいは複数人がテーブルの周りに座ってテーブルに手を置く。すると、質問に答えるように、テーブルが傾いたり、ガタガタと音を鳴らしたり、動いたりして答えるというもの。

一八五〇年代に西洋各地で「交霊会」とよばれる霊と交信する活動が広がり、その際にテーブルターニングが頻繁に用いられて普及していった。その後、日本にも伝わって「こっくりさん」の原型にもなった。自然にテーブルが動く現象については、マイケル・ファラデーや物理学者ガウスによって研究され、無意識の筋肉運動によるものと結論付けられている。

テーベ《てーべ》

遺跡・オーパーツ

地中海から南に約八〇〇キロメートル、ナイル川の東に位置する古代エジプトの都市遺跡で、当時の言語では「ワセト」と呼ばれた。遺跡は現代のエジプトの都市、ルクソールの中に広がっており、一九七九年に世界遺産に登録された。

新王国時代のエジプトの首都で貴重な鉱物資源と交易ルートを持ち、全盛期にはエジプトで最も豊かな都市であった。太陽神信仰の総本山として栄えた宗教都市でもあり、古代エジプトの宗教的・芸術的な遺跡が多数あることで知られる。

エジプト最大の神殿であるカルナック神殿と副殿のルクソール神殿があり、両神殿はスフィンクスを左右に配した長い参道で結ばれている。さらに、ツタンカーメン王の墓で有名な王家の谷や王妃の谷がある。

テオティワカン《ておてぃわかん》

遺跡・オーパーツ

メキシコの首都、メキシコシティから北東に約五〇キロメートルにある宗教都市遺跡で一九八七年に世界遺産に登録された。紀元前二〜六世紀に繁栄したテオティワカン文明の中心地であり、約二〇平方キロメートルの面積を持ち、当時のアメリカ大陸では最大規模の都市であった。

極めて計画的に作られた都市で、太陽のピラミッド、月のピラミッドがあり、「死者の大通り」と呼ばれる南北五キロの道を基点に各施設が配置され、それらはテオティワカン人の宇宙観、宗教観を表すとされる。

文字を持たない文化であったため、社会についての詳細はわかっていないが、その規模からは神権的な存在と分化した階層があり、統治組織が発達していたと考えられている。最盛期には、一〇万〜二〇万人が生活していたが、七世紀に入ると急激に衰退した。その原因としては、火事の発生、森林破壊、農業の衰退、それらに伴う内乱の発生、狩猟採集民の侵入などが考えられている。

テカムセの呪い《てかむせののろい》

呪い

一八四〇年から発生した、西暦の最後が「〇」の年に当選したアメリカ大統領が在任中に死亡したジンクスのこと。発端は一八〇八年、後に大統領となるウィリアム・ハリソンが軍人だった頃、先住民のショーニー族の領地を征服した際、族長のテカムセから「お前は国の頂点に立つが、任期を全うすることはできないだろう」と呪いの言葉を吐きかけられたという。それから三二年後の一八四〇年にハリソンは大統領に当選したが、それから一年後に肺炎を患い死去した。それから二〇年後の一八六〇年に当選したエイブラハム・リンカーン、一八八〇年に当選したジェームズ・ガーフィールド、一九〇〇年に再選を果たしたウィリアム・マッキンリーはいずれも暗殺、一九二〇年当選のウォレン・ハーディングは心臓発作、一九四〇年三選のフランクリン・ルーズベルトは脳溢血で在任中に急死した。一九六〇年当選のジョン・F・ケネディがパレードを行っている最中に銃殺されたのは有名な話である。一九八〇年当選のロナルド・レーガンは在任中に死亡することはなかったが、就任の年に暗殺を目的に襲撃された経緯を持つ。そして、二〇〇〇年に当選したジョージ・W・ブッシュが何事もなく任期を満了したことで、一六〇年にわたって続いたテカムセの呪いに一応の終止符が打たれたのだ。なお、現職のジョー・バイデンは二〇二〇年当選である。今後何らかのトラブルが発生しないことを願いたい。

出口王仁三郎《でぐちおにさぶろう》

人物

一八七一～一九四八年。新宗教「大本」の二大教祖の一人で「聖師」と呼ばれる。京都府で農業を営む家に生まれ、少年期から気性が荒く、一三歳の時に小学校教師と喧嘩をして退学。その教師は免職となり、王仁三郎は校長に見込まれて代用教員として採用されるが、二年後に辞職する。農業を営みながら獣医を目指したり、事業を起こしたりするがことごとく失敗。一八九八年にヤクザとの喧嘩で重傷を負ったことを機に、高熊山で霊的修行を行い、自らを救世主と自覚する。

その後、大本の開祖、出口なおと出会い、その五女すみ子（「すみ」「すみこ」「澄」とも表記される）と結婚。一時はなおと対立するも、やがて二大教祖としてともに活動するようになる。国家神道と異なる神話解釈をしたとして、不敬罪などに問われて逮捕・起訴される（第一次大本事件）が、大正天皇崩御に伴う恩赦で免訴。この頃、全八一巻八三冊に及ぶ大著『霊界物語』の制作に取りかかり、一九三三年に完成させた。その著述は、王仁三郎が三〇分ほど仮眠したあとのトランス状態で内容を語り、信者が書き取るという手法で行われた。

一九三五年、再び逮捕・起訴され、有罪となって収監されたが、敗戦に伴う大赦令で釈放され、戦後、無罪となって大本を再興した。王仁三郎は強烈な個性とカリスマ性を持っていたとされ、昭和期の大本を日本有数の宗教団体に発展させた。また、予知能力も有しており、「大本神歌」と呼ばれる五七調の歌で、第二次世界大戦や広島への原爆投下を予言していたとされる。

テケテケ《てけてけ》

妖怪

下半身がなく、上半身だけの体をもつとされる日本の妖怪、あるいは都市伝説である。両腕を使って移動するが、その際に「テケテケ」という音がするため、この名がついたとされる。

生まれたいきさつやその後の現れ方には何種類かのストーリーが存在するが、代表的なのは次のようなものである。

冬の北海道の踏み切りで女子高生が列車にはねられ、体が横に切断され、上半身と下半身とに分かれてしまった。あまりの寒さに切断部分が凍結して止血されたため、即死はせずにしばらくの間、生きていたとされる。

この話を聞いた人のもとには、三日以内に上半身だけの女性の妖怪、すなわちテケテケが現れるという。逃げても、時速一〇〇～一五〇キロという高速で追いかけてきて、逃げ切ることはできない。上半身だけで高速移動するというすさまじい状況にもかかわらず、かわいらしい童顔で笑顔を浮かべているため、追われる者の恐怖はさらに増幅するという。

しかし、追い払う呪文をいえば助かるとされ、その文言は「地獄に帰れ」だといわれている。なお、テケテケとカシマさんが同一視されることもあり、その場合はカシマさんに対する呪文が有効とされる場合もある。

手相《てそう》

占い

手の形や皺によって、本人の性格や運勢などを占う方法。手や指の形から判断する手形占いと、手のひらの筋によって占う手筋占いに分類されるが、一般的にはその両方を総合して占う。

手筋占いについては、生命線や頭脳線などさまざまな筋が決められており、それが変化する部分を観察することによって、出来事が起きるおおよその年月が予測できるとされる。起源については諸説あるが、古代インドから仏教とともに中国に伝わり、「易学」を取り入れて発達したとする説が有力である。

デビッド・ラング失踪事件《でびっど・らんぐしっそうじけん》

事件

デビッド・ラングは、テネシー州に農場を構え、妻と一一歳の娘、そして八歳の息子とともに暮らしていた。一八八〇年九月二三日の午後、子供たちが庭先で遊んでいると、家族の親しい知人である判事とラングの弟が乗った馬車が自宅に近づいてきた。子供たちは遊びのてを止め、家の中からは夫人が出てきた。

そのとき、ラングは農場にいたが、馬車に気づくと手を振り、「ちょっと馬を見てから戻る」と言って、馬小屋に向かって歩き出した。その瞬間、ラングは家族と知人の計五人が見ている前で、忽然と姿を消したという。皆が慌ててその地点に駆けつけたが、地面に穴があるわけでもなく、そばに隠れられるところもない。数ヶ月に渡って捜索が行われたが、痕跡一つ見つける事はできなかった。

　謎の失踪から七ヶ月後の一八八一年四月、ラングの消滅した地点に不可解な現象が起きた。周囲と違う黄色い草が、その地点を円形に取り巻き、直径数メートルの黄色い輪ができていたというのだ。さらに不思議なことに、その輪の中から時折、ラングの助けを求めるような声が聞こえたという。しかし、どうすることもできないまま、やがて声は弱くなり、ついには聞こえなくなったとされる。

　本事件は非常に有名で、人間蒸発譚の古典として多くの書籍に取り上げられているが、一九七〇年代にある人物が調査したところ、地元の一八八〇年代の記録に、デビッド・ラングという人物及び、その失踪を目撃したとされる判事の名前は発見できなかったとされる。このことから、近年では捏造説も出ている。

テレゴニー《てれごにー》

説・論

本来は妊娠という意味だが、先夫遺伝という意味で使われる。子どもの形質が、現在の父親だけでなく母親の以前の配偶者由来のものとする説。古くはアリストテレスまで遡る概念とされる。メンデルの法則が一般に知られると、あまり注目されなくなったが、最新の遺伝学では、再び着目されている。

　一九七九年、スタンフォード大学の遺伝学者L・ハーゼンバーグ教授が、胎児のDNAは、出産後も母親の胎内に残ることを証明した。

　二〇一二年、フレッド・ハッチンソンがん研究センターは、胎児のDNAが脳関門を通過して母親の脳内に残る事が珍しくないと発表した。同年、レイデン大学医療センターは以前の妊娠で母親の体に入った胎児のDNAが年下の兄弟の中にも入る事を指摘した。

　二〇一三年、ニューサウスウェールズ大学の研究チームが「ハエの子供の大きさは、父親ではなく母親が最初に交尾した相手によって決まる」と、ヨーロッパ進化生物学会で発表した。

　また、細胞核の染色体由来ではなく、細胞質にある細胞小器官に由来する遺伝があることも知られている（細胞質遺伝）。この場合はメンデルの法則に従わず、独立して遺伝するといわれている。

テレパシー《てれぱしー》

超能力・超常現象

人間が心で考えていることを、言葉を使わずに他人に伝えることができる超能力の総称。

　一九世紀後半、イギリスの科学者フレデリック・ウィリアム・ヘンリー・マイヤースは、テレパシーの存在を提唱して心霊研究学会を設立した。日本では明治時代にテレパシーの概念が伝わり、福来友吉博士らが研究を行った。

　創作物の世界では、テレパシーは高いステージに到達した人間が獲得する能力として描写されることが多く、アニメ『機動戦士ガンダム』（サンライズ）のクライマックスでは、「ニュータイプ」と呼ばれる存在になった主人公のアムロ・レイが、テレパシーを使用して人々を導く場面が描かれている。

　今までは架空の概念と思われていたテレパシーだが、二〇一四年にハーバード大学が行った実験上で、インターネットを経由して人間の脳に直接情報を送信することに成功した。思考とは脳から発する電気信号である。それを増幅する手段が発見されたら、テレパシーを自在に使用することが可能となるだろう。

テレポーテーション《てれぽーてーしょん》

超能力・超常現象

瞬間移動と同義語。物体や自分自身を一瞬で他の場所に移動させる超能力のこと。

　テレポーテーションを行うと、物体は時間や距離を超越した亜空間を経由して移動するとされている。亜空間を移動している際の物体は最小単位である素粒子の状態に分解されて、目的地についた時点で再結合されるという。厳密には異なるが、超高速で瞬時に移動する能力もテレポーテーションの一種として扱われることがある。

　創作物のキャラクターがテレポーテーションを使用することは多々あり、アニメ『伝説巨神イデオン』（サンライズ）では、亜空間内における戦闘描写が描かれている。

　従来は空想の世界の産物と見なされていたテレポーテーションであるが、一九九三年に物理学者チャールズ・ベネットが、物質は量子の状態であるならば物理的障害をすり抜けて転送可能であることを証明した。この能力は「量子テレポーテーション」と呼ばれるもので、新時代の情報伝達手段として世界各国で研究されている。

天気の子《てんきのこ》

作品（映画）

二〇一九年七月に公開された日本のアニメーション映画で配給は東宝。監督・原作・脚本は新海誠。歴史的な大ヒットとなった前作『君の名は。』から三年後の公開となった作品で、新海の劇場用アニメ映画としては七作目。キャッチコピーは「これは、僕と彼女だけが知っている、世界の秘密についての物語」。

　家出して離島から東京に来た少年・帆高と、天気にまつわる特殊能力を持つ少女・陽菜が出会う。異常気象が続くなか、特殊能力を使って人々を喜ばせ、帆高のアイデアで収入にもつなげ、陽菜の弟・凪も交えてたくましく生きる三人だったが、物語は予測のつかない方向へ向かう。

　運命に翻弄されながらも、それぞれが自らの生き方を選びとり貫く物語を、美しい映像と音楽で描く。

　待望された作品とあって、公開から三四日目に興行収入一〇〇億円を突破。年間では一四〇億円を超えて二〇一九年のトップとなった。

天狗《てんぐ》

妖怪

日本で民間信仰の対象にもなっている伝説上の生き物。典型的な姿は、赤ら顔で長く突き出た鼻を持ち、一本歯下駄をはいた山伏の服装をしている。羽扇、もしくはヤツデの葉を持ち、背中には翼があり、超人的な術や体力を備え、空中を飛ぶことができる。「外法様《げほうさま》」という別名で呼ばれることもある。外法とは、仏教以外の宗教の法のことで、魔術や妖術を指すこともある。その異名の通り、怪しい術で人を惑わせたり、天変地異を起こしたりする一方、山で人間を救ってくれたり、不思議な力を授けてくれたりと、山の神としての振る舞いも知られる。

　そのため日本密教では、山での加護や神通力の授与を願って、天狗たちに捧げる真言がある。人間がめったに入らない山奥に生息しているが、少数ながら川にもいるとされる。

　もともと「天狗」は、古代中国では凶事を知らせる流れ星を意味した。隕石が山に落ちるときの轟音を、天から舞い降りた狗《いぬ》の咆哮に見立てたためという。それがいつの間にか、日本では山の神と結びついて現在の天狗を指す言葉になったようだ。

　信仰の対象となる場合には大天狗といわれ、それぞれに名前がある。愛宕山の「太郎坊」、秋葉山の「三尺坊」、鞍馬山の「僧正坊」、比良山の「次郎坊」などが知られる。

天眼通《てんげんつう》

超能力・超常現象

一般人が見ることが不可能な事情や情報を自由に見渡す能力。仏教用語の「天眼」が語源である。

　この場合の見渡すとは、物理的な視覚のことではなく、空間に漂うテレパシー波を自分の心の中で映像化するという意味である。同じく、テレパシー波を音声として聴く能力を「天耳通」という。

　これまで、何人もの宇宙飛行士たちが宇宙空間において不思議な音楽が聞こえたり、機器を使わずに仲間の意思が脳裏に浮かんだといったことを体験したという。アポロ一五号の搭乗員だったジェームズ・アーウィンは、宇宙空間にいった者の多くが宗教に関心を持つようになると証言しており、自らも福音派の牧師に転職した経緯を持つ。

　科学的に実証されていないテレパシー波を仏教における極楽浄土と同一視する説が存在する。人類が宇宙開発を推進するのは天国を求めているからだと見解する研究家も存在する。我々が死後に導かれる世界とは宇宙空間なのだろうか？

天耳通《てんじつう》

超能力・超常現象

⇩天眼通

天中殺《てんちゅうさつ》

占い

中国の算命学における凶運期間。四柱推命では「空亡」、六星占術では「大殺界」ともよばれる。十干十二支では、その数に「二」の差が出ることから、この余った時期は縁起が悪いと考える。

　一二年間で二年間出現する年運天中殺、毎年二ヶ月の月運天中殺、一二日毎に二日現れる日運天中殺が代表的だが、十二支の方角によって決まるものや、一二〇年間で二〇年続くものもある。日本では一九七八年に「算命占星学入門」で紹介されて大ブームとなった。

と

トイレの花子さん《といれのはなこさん》

怪談

学校のトイレにまつわる怪談。全国的に有名で、非常に多くの派生ストーリーや約束事がある。その中でももっともオーソドックスなのは、学校の女子トイレの奥から三番目を三回ノックして「花子さん遊びましょう」というと、「はーい」という声がして引きずり込まれるというもの。

　さらに午後三時という条件が加えられたものや、ノックの回数が異なるもの、「何して遊ぶ？」といわれ、「縄跳び」とこたえると天井から縄が下りてきて絞殺されるというように、返答次第で襲われ方が決まるというもの、といった形で非常にバリエーションに富んでいる。

　花子さんの歴史は古く、一九四八年にはすでに「トイレの花子さん」という怪談が存在している。また、花子さんの死因や生前の状況など周辺のストーリーについてもいろいろな説があり、家族の名前も知られている。アニメなどのフィクション作品も多く制作され、一部の作品では悪霊や悪人から子供たちを守るヒーローとしても描かれており、近年ではむしろ頼れる味方として認識されているようだ。

トゥーレ《とぅーれ》

神話・伝説・叙事詩

古典文学で語られる伝説の地で、通常は島とされる。古代ヨーロッパの地図でははるか北に描かれ、アイスランドやグリーンランドにあると考えられていた。それとは別に、バルト海のサーレマー島を意味するという説もある。ほかにもスカンジナビアであるなどの説もあり、場所は確定していない。

「ウルティマ・トゥーレ」ともいわれ「世界の境界線を越えた最果ての地」を意味することもある。一部には、「ウルティマ・トゥーレ」をグリーンランド、「トゥーレ」をアイスランドの別称とする人もいる。

二〇世紀初めに、ドイツで設立されたオカルト研究団体「トゥーレ協会」の名は、この伝説の島からとったとされる。

トゥーンバ《とぅーんば》

心霊スポット（世界）

オーストラリア・クイーンズランド州の南東部にある都市。多くの美しい公園や景勝地、博物館などがある人気の観光地だが、頻繁に幽霊が現れる場所としても知られる。

「赤いドレスを着た幽霊」「墓地を走り抜ける幽霊」「墓石に座る幽霊」「洞窟の中の顔」「浮かび上がる発光体」など、多くの幽霊らしきものや超常現象が目撃され、写真も撮影されている。誰もいないのに声が聞こえた、足音が鳴ったなどの報告も多い。

赤いドレスを着た幽霊は、昔、市内の駅で電車に轢かれて死亡したエリザベス・パーキンスという女性の霊とされる。住民がエリザベスの名を呼ぶと、自分の前を横切る足音が聞こえたという。

また、ある住民が無人の墓地を歩いていると誰かに背中を押され、あとで見ると背中に手形がついていたという証言もある。

あまりに多くの目撃談があるので、「トゥーンバ・ゴーストチェイサーズ」（幽霊調査隊）というものまで結成されている。彼らが、超常現象が多発するこの町のパブを調べたところ、無数の幽霊が目撃されたという。

トゥーンバに、なぜこのように多くの幽霊が現れるのかは謎だが、ここが周辺地域にいる幽霊たちの避難場所になっているのではないかといわれている。

東京都慰霊堂《とうきょうといれいどう》

心霊スポット（日本）

東京都墨田区横網の横網町公園内にある慰霊施設。関東大震災や東京大空襲で亡くなった約一六万三〇〇〇人の遺骨が祀られている。

もともとは、関東大震災で亡くなった身元不明者約五万八〇〇〇人の遺骨収容と慰霊のため、一九三〇年に建てられた。そのため、当初は「震災記念堂」と呼ばれていた。

その後、東京大空襲などの犠牲者約一〇万五〇〇〇人の遺骨を併せて納めたことをきっかけに、名称を「東京都慰霊堂」と改めた。

多数の人を祀った施設だけに、とくに霊感の強い人が訪ねると、心霊現象が起こりやすいようだ。

「亡くなった人々の亡霊が見えた」「犠牲者の悲しい記憶が乗り移ったようになり、自分の意思と関係なく涙が止まらなくなった」「どこからともなく、聞こえるはずのない半鐘（火事など災害を知らせるために打つ鐘）の音が聴こえてくる」などの体験が伝えられている。

凍結星《とうけつせい》

宇宙・UFO・宇宙人

ブラックホールの別名。内部エネルギーを失った星は自らの重力で超速で収縮し、ブラックホールが出来上がるが、外から観察すると収縮の速度は見かけ上はだんだん遅くなっていき、ついには凍り付いたように動かなくなる。

そのため科学者はこの天体を凍結星と称するのである。この時、光すらも外側に脱出することが不可能になり、すべては超重力によって内側に吸収されていく。そのため光は失われ、（見かけ上）凍結した星は文字通りブラックとなってしまう。

桃源郷《とうげんきょう》

オカルト用語

俗界を離れた他界・仙境（仙人が住むような場所）を指す言葉で、中国の文学者、陶淵明の著作『桃花源記』が出処。本作中では、漁師が舟で川を遡り、桃の華が咲き乱れる林に迷い込む。洞窟を抜けると、戦乱など知らない人々が数百年にわたって平和な別天地、「桃源郷」で生活していた。

桃源郷は、一度迷い込んだ者が再訪しようとしても、また意図的に行こうとしても決して行けない場所として描かれている。理想郷を指す「ユートピア」（イギリスの思想家、トマス・モアの著作『ユートピア』に由来）という言葉と同義とされることが多いが、ユートピアは人々が努力して作り上げる世界とされているのに対し、桃源郷は望んでも行けない場所である点に違いがある。

透視《とうし》

超能力・超常現象

⇨遠隔透視

道了堂跡《どうりょうどうあと》

心霊スポット（日本）

東京都八王子市鑓水、大塚山公園内にある文化財。かつて曹洞宗の別院（永泉寺別院曹洞宗大塚山大岳寺）である道了堂が立っていた場所。現在は「道了堂跡」と刻まれた碑と、お堂の土台だけが残っている。

明治時代の初め、生糸交易が盛んだったころ、「絹の道」と呼ばれた生糸の輸送路の中継点として栄えた。やがて鉄道が開通すると絹の道とともに道了堂も衰退。そんな中、一九六三年に道了堂の堂守を務めていた八一歳の女性行者が殺害されるという事件が起きた。

その後、道了堂は荒廃し、不審火による火災にも見舞われて解体された。

時代は下って一九七四年、道了堂は「もう一つの殺人事件」にまつわる場所となる。前年、大学の助教授が、女子大生を殺害した事件が世間を騒がせていた。

助教授が一家心中で死亡したため、遺体の捜索は困難を極めたが、殺害から二三日後、女子大生の遺体が道了堂跡付近の山林でみつかったのである。

一九九〇年、一帯は大塚山公園として整備され、今は人々の憩いの場となっている。

しかし、道了堂跡は二つの殺人事件にまつわる場所なだけに、夜に訪ねると、「老婆の幽霊が出る」「若い女性のすすり泣く声が聞こえる」などと噂されている。インターネット上では、なぜか後ろ向きにゆっくり歩く老婆の霊が出るといわれている。

なお、道了堂跡には首なし地蔵があり、稲川淳二による首なし地蔵の怪談の舞台ともなっている。

TOCANA《とかな》

メディア（ウェブサイト）

二〇代後半～三〇代の若者層向けに、「見たい・聞きたい・深めたい」をキーワードとして、不思議な話題やカルチャーに特化して紹介するウェブニュースサイト。ＵＦＯ、オカルト、世界遺産、地震予知、不思議な現象や出来事などに関するニュースを配信。角由紀子が編集長を務める。

「驚異の食虫植物」「世界遺産ミステリー」「美人な宇宙人」「空飛ぶ僧侶」など、見ると驚く世界のニュースや、通常のメディアでは報道されない小ネタなどを紹介。

「民俗学・社会学・オカルト・数学・物理学など、さまざまな角度から見ることで、科学的な妥当性だけを重視する一辺倒な報道ではなく、知的好奇心を刺激すること」を目的としている。サイト名は、「ホントカナ？」の「トカナ」に由来している。

徳川埋蔵金《とくがわまいぞうきん》

都市伝説

江戸時代末期の一八六七年、大政奉還に際し、幕府再興のための軍資金として密かに埋蔵されたといわれる金塊あるいは金貨など。

一八六八年四月に江戸城が無血開城となったとき、財政難だった明治新政府は幕府御用金に期待していたが、城内の金蔵は空であった。そのため、幕府が隠匿したと考えてその在りかが探索され始めた。

大政奉還のときに勘定奉行だった小栗忠順が、上野国（群馬県）に隠遁していたことや「利根川を遡って来た船から何かが赤城山中へ運び込まれるのを見た」という証言などから、「幕府の隠し金が赤城山に埋められている」といわれるようになった。

その立案をしたのは大老・井伊直弼で、井伊が暗殺されたのち、軍学者・林靏梁が埋蔵したとされる。埋蔵金の額はおよそ三六〇万〜四〇〇万両といわれている。

しかし、赤城山での発掘をくり返しても埋蔵金が出ないことから、ここは囮の場所で、本当の埋蔵場所はほかにあるといわれ始めた。候補とされた場所は、男体山、中禅寺湖、明智平、日光山内、榛名山、妙義山、足尾銅山の坑道、久能山東照宮、日吉東照宮、上野東照宮、世良田東照宮などだが、どこからも埋蔵金は出なかった。

一九九〇年代初頭には、TBS系のテレビ番組『ギミア・ぶれいく』で、コピーライターの糸井重里をリーダーとする徳川埋蔵金発掘プロジェクトが結成され、現地で親子三代に渡って埋蔵金を探し続ける水野家の協力を得て、赤城山を徹底的に探索。重機を使って広範囲に掘り、七回に渡って放映されたが、埋蔵金は出なかった。

童謡「かごめかごめ」の歌詞が埋蔵金の在りかを示しているという都市伝説も存在する。さらに、それがユダヤ民族の象徴である六芒星のマークに関係するという説もある。一方では、幕末期の江戸幕府は大赤字であったため、埋蔵金などあり得ないという説を唱える者も多い。

トクシー《とくしー》

UMA

鹿児島県徳之島沖で目撃されたというUMA。ネッシーにならってその名前が付けられたが、形状が似ているわけではなく、巨大な魚だといわれている。

その目撃情報は一九六〇年に出ており、ダイバーが海に潜っていると、岩より巨大な魚に遭遇したという。重量は推計三トン以上といわれているが、その後の目撃報告はなく、具体的な情報は皆無に等しい。もしかすると漁師たちが話す間に尾ひれがつき、巨大なモンスターが生み出されたのかもしれない。

特命リサーチ200X《とくめいりさーちにせんえっくす》

メディア（テレビ番組）

一九九六年一〇月から二〇〇二年一月まで日本テレビ系列で放送されていた情報バラエティ番組。毎週日曜日の一九時五六分（一九九八年一〇月一八日からは同五八分）から二〇時五四分まで放映。

毎回のテーマについて調査し、調査結果をまとめた映像をドラマ仕立てのパートも交えて見せた。テーマは超常現象、オーパーツ、UMAなどのオカルト系や奇病などが多かったが、事件・事故の解明や通常の病気や症状、ダイエットなども取り上げた。

調査・報告内容は、架空の民間調査機関「ファー・イースト・リサーチ」（通称：F.E.R.C.）のエージェントたちがクライアントからの依頼で作成した「極秘調査報告ファイル」という設定で紹介した。視聴者からの調査依頼も取り上げ、その投稿者は「個人クライアント」と称していた。

番組終了後も、二〇〇二年二月から二〇〇四年三月まで『特命リサーチ200X－II（セカンド）』と題した続編番組が放映された。

都市伝説《としでんせつ》

オカルト用語

現代で語られる、根拠があいまいな噂話の総称。伝えられる方法は口承に加え、近年においてはインターネットでの拡がりが中心的な役割を果たしている。この用語における「都市」は「都市化以降」、すなわち「現代」を指しており、都会以外の農山村などを舞台とするものも含まれる。

その種類は非常に多く、奇妙な人物や生物に関するものや不思議な出来事、怖い出来事、「トイレの花子さん」や「口裂け女」といった怪談、企業や商品に関わるもの、場所や家、施設に関わるものなど、多岐に渡る。

テレビやインターネットサイト、動画サイトなどで都市伝説がテーマにされることも多く、最近ではインパクトの大きいものは一気に拡散される傾向がある。

ドジャンの書《どじゃんのしょ》

文書

ブラヴァツキー夫人が実在を主張する「世界最古の写本」。日本語では「ジャーンの書」「ドジアンの書」などとも表記される。

もともとはセンザール語という忘れられた言語の象形暗号で書かれたとされる。ブラヴァツキー夫人によれば、中央アジアのある聖地に太古から保存されてきた「アトランティスの叡智を伝える世界最古の書物」であり、彼女の所持している写本はヤシの葉に書かれているという。

彼女の著書『シークレット・ドクトリン』（秘奥教義）は、世界の各聖典からの引用を含むが、ドジャンの書からも多く引用したとしている。その内容については、さまざまな文献からの寄せ集めに過ぎないという批判もある。

また、ドジャンの書はクトゥルフ神話にも登場しており、「ドジャンの書が実在するなら、同じくクトゥルフ神話に登場する『ネクロノミコン』という魔導書の原典ではないか」という推測もされている。

ドッペルゲンガー《どっぺるげんがー》

現象

全く同じ人物が同時に複数の場所に現れる現象。語源はドイツ語で、「重なるもの」を意味する。自分自身の生霊と考えられており、一般的には不吉なイメージを持たれている。そのため「ドッペルゲンガーに出会うと死ぬ」といった都市伝説が語られたり、ホラーコンテンツで題材にされたりすることも多い。

一説には、脳疾患によって幻覚で自分を見ることがあり、これが不吉なイメージとつながっているともいわれる。また、ドッペルゲンガーと同じような意味で「バイロケーション」という言葉が使われることがあるが、こちらは超能力などによって「自分の意思で異なる場所に姿を現す」という意味合いが強い。

翔べ！《とべ！》 必殺うらごろし《ひっさつうらごろし》

作品（テレビドラマ）

一九七八年一二月から一九七九年五月まで、テレビ朝日系列で毎週金曜日の二二時〜二二時五四分に全二三話で放送されたテレビ時代劇。必殺シリーズの第一四作目で、朝日放送と松竹京都映画撮影所（現・松竹撮影所）の共同製作。

一九七二年に始まった『必殺仕掛人』に始まる必殺シリーズは、金銭と引き換えに弱者の恨みを晴らす裏稼業を描いた人気時代劇だが、その中にあって本作は、当時のオカルトブームを色濃く反映した異色の構成となっている。

不思議な力を持つ行者、通称「先生（中村敦夫）」を中心に、記憶喪失の元殺し屋「おばさん（市原悦子）」、巨体と怪力を持つ男装の女性「若（和田アキ子）」、殺しの斡旋業をしていた「正十（火野正平）」らが、旅先で遭遇する怪奇現象を解決する中で、非業の死を遂げた者の霊界からの声を聞き、その恨みを晴らす。

本作の場合、同シリーズの他の作品とは違い、仕事を依頼されるわけではなく、かつ相手は死者であるため、金銭は受け取らない。ただ、周辺の事情で正十が金銭を手にして分配するシーンは随所に見られた。

「先生」が太陽を信仰する行者であり、夜明けとともに死者の声を聞くため、夜ではなく日中に殺しを敢行する点も、他のシリーズ作品にはない特徴。そうしたイレギュラーな点を評価するかどうかでファンの評価が分かれる作品。

なお、本作の撮影中には、主演の中村敦夫が負傷し、市原悦子と和田アキ子が病気になるなどのトラブルが相次いだという。

トマトマン《とまとまん》

宇宙・UFO・宇宙人

一九四八年、アメリカ・テキサス州に墜落したUFOから見つかったヒューマノイド。焼け焦げた姿がトマトに似ていたため、この名前がつけられた。このUFO墜落事件は、その地名からラレド事件と呼ばれるが、当時は「アメリカの戦闘機がUFOを打ち落とし、基地に収容した」という噂があるだけで、明らかなことは公表されていなかった。

それが明るみに出たのは、一九七八年に、研究者・レオナルド・ストリングフィールドが、「軍内部から提供された極秘情報」として発表したためであった。その際、異星人と思われる生物の死体の写真も公開された。それは、身長一四〇センチ程で頭髪のない奇妙な姿で、解析の結果、確かに三〇年以上前のものだと確認された。

しかし、懐疑論者は火災で焼死した人間のパイロットだと主張しており、異星人の存在を否定している。その根拠として、時系列の不自然さや写真に写るパイロットのゴーグルのようなものをあげているが、現在も真相は明らかになっていない。

トヨール《とよーる》

UMA

マレーシアに伝わる人型UMA。トヨールは、マレー語で「小人の悪魔」を意味し、その名の通り体長は小さく、一五〜五〇センチほどとされる。赤ちゃんのように頭部が大きく、黒い皮膚に赤光りする目と緑色の口を持つ。

外見も不気味だが、それ以上に恐ろしい最大の特徴は、人間の精神をコントロールし、その生き血を吸ってしまうことだ。トヨールは、もともと魔女が黒魔術を用いて胎児のミイラを変身させたものだといわれている。胎児のミイラなるものが存在していたのかは疑問だが、二〇〇六年には実際にトヨールによって二七歳の女性が被害を受けた事件が発生している。

ある夜、自宅で寝ていた彼女は、奇妙な音で目を覚ました。すると、そこには赤ん坊のような化け物がいて金銭をあさっていたという。彼女は悲鳴を上げてものを投げつけるなどしたが、その直後意識を失い、翌朝、意識が戻ると足に吸血痕のようなものがあり、近くに空の財布が落ちていたという。吸血されたと考えられるが、命には別状なく、体にも問題は起きなかったったようだ。

さらに同年、ミイラになったトヨールのようなものの瓶詰が海岸に漂着。博物館に寄贈されたが、その対応に当たった関係者が倒れるという事件が起き、再び海に廃棄される事態となった。信じがたい話だが記録にも残っている事実であり、悪魔のミイラは今もどこかの海岸に流れ着いているかもしれない。

豊臣秀吉の黄金《とよとみひでよしのおうごん》

都市伝説

豊臣秀吉が隠したとされる金塊および埋蔵金。

一五九八年、重い病に伏していた豊臣秀吉は、自分の死期が近いことを悟り、幼い息子、秀頼のために大判四億五〇〇〇万両と金塊三万貫（一一二・五トン）を隠すよう、勘定奉行の幡野三郎光照に命じたという。

それらは、大坂から北西二五キロ付近の多田銀銅山に掘られた、二八〇〇本ともいわれる坑道のあちこちに分散して隠されたとされる。

一六一四年、大坂冬の陣で光照は戦死を覚悟し、黄金の隠し場所を記した「埋蔵記録」を残したという。この文書が終戦直後、奇跡的に焼失もせず、ある家に伝わる家財の中からみつかったと新聞で報じられたため、「豊臣秀吉の黄金」の存在が一気に広まった。

以後、多くの人によって探索が続けられてきたが、黄金も埋蔵金もまったく見つかっていない。二〇一一年には、ロボットを使った調査も行われたが発見されなかった。

そのため、「埋蔵記録」は豊臣の権勢を誇張するためのもので、黄金や埋蔵金の実態はないという説や、幕府にほとんど掘り起こされてしまったという説などがある。

ドラキュラ《どらきゅら》（吸血鬼《きゅうけつき》）

怪物

男性吸血鬼の怪物。もともとは、イギリスの小説家、ブラム・ストーカーが執筆したゴシック恐怖小説のタイトル、および登場人物である『ドラキュラ伯爵』を指していたが、それが広まるにつれ、一般的なモンスターの名称として定着した。

『ドラキュラ伯爵』が出版されたのは一八九七年で、一〇〇年以上も続く一大コンテンツといえるが、出版当初の売れ行きは芳しくなかったという。その後、映画や舞台の題材として人気を集めるようになり、世界的に有名なモンスターとなっていった。

原作におけるドラキュラは、「紳士的な服装や態度」「若い女性の生き血を吸う」「十字架やニンニクを忌避する」といった特徴を持ち、これは現在まで引き継がれている。しかし、日光に当たると死んでしまう点や、容姿端麗でセクシーな人物といった特徴は、映画や舞台に取り上げられて有名になる過程で加わっていったものである。

ドラゴン《どらごん》

怪物

おもにヨーロッパ文化圏に伝わる伝説の生き物。トカゲに似た頭部に蛇のような胴体と翼をもち、多くは火を噴く姿でフィクション作品に登場する。その伝説は古くからあり、ギリシャ神話や旧約聖書にはすでにその記述がみられている。古代ギリシャ語では「ドラコーン」という言葉が「蛇」を意味しており、これがドラゴンの名の由来だとされる。日本ではドラゴンの対応語に「龍」や「竜」を当てていたが、現在では「龍」は中国に由来する翼のない伝説の生き物で、いわゆる火を噴く西洋的なドラゴンには「竜」を当てることが多くなっている。

ドラゴントライアングル《どらごんとらいあんぐる》

地名

バミューダトライアングルと同様に、船舶や航空機が突如行方不明になるとされる海域で、日本近海に存在するとアメリカ人などが主張している。古くから日本列島沖には竜が棲むとの伝説があることから、ドラゴントライアングルという名が生まれたとされるが、場所は特定されておらず、ほとんどの日本人は知らない。デビルズシーとも呼ばれる。

一九五二年九月一七日、伊豆諸島の南、須美寿島の北約五〇キロメートルの場所にある海底火山が爆発した。爆発を目撃した漁船・第十一明神丸にちなみ、海底火山は明神礁と呼ばれることになった。九月二四日、正午に異なる二つの海面で同時に大爆発がおこり、噴火を観測していた海上保安庁の測量船・第五海洋丸が消息を絶ち、乗組員三一名が殉職した。危険な明神焦を避けて高根礁(中央火口丘)寄りで観測していたが、同時爆発の直撃で遭難したと推測されている。

爆発力は明神礁よりも高根礁の方が大きかったとみられ、これは世界海底火山観測史上、未曾有の悲劇とされる。この海域の同時火山爆発としては、一九一五年に明神礁、高根礁、ベヨネーズの三火山同時爆発があり、高さ一〇〇メートルほどの水煙が何度も立ち上り、大噴火柱が現れ、火山弾が降りしきったと記録されている。

一九七四年、アメリカの超常現象作家チャールズ・ベルリッツは、著書『バミューダトライアングル』で、「デビルズシー」において、一九五〇年~一九五四年に九隻の船と数百人の乗組員が跡形もなく失われた。一九五五年に日本政府は、船の消失調査のため開陽丸五号を出港させたが、この船は消失した。事件後に日本の当局は海を危険地帯として分類した」と紹介したが、作話や事実誤認が多いとされる。一九八九年、ベルリッツが、再び著書『ドラゴントライアングル』(邦題『魔界のミステリー』)で、日本南方の三角地域を飛行機や船が消える魔の領域としたが、日本の海上保安庁関係者はその内容を疑問視したといわれる。

一九九六年、怪奇現象研究家・並木一郎著『謎の怪事件ファイルX 日本篇』で、野島崎の南沖、伊豆新島の西南西、グァム島の三点を結ぶ海域をドラゴントライアングルと紹介して船舶や航空機の消息不明事件が起こるとしているが、事実に対する検証は不十分とされている。

トランコ《とらんこ》

UMA

南アフリカで見つかった水棲ＵＭＡ。ガラクトとも呼ばれる。目撃されたのは一九二四年で、二頭のシャチと格闘しているところを海岸にいた人が目にしている。海の王者と呼ばれるシャチを二頭も相手にしていることから、トランコは非常に屈強な生物だと考えられる。

その後、トランコの死骸と見られるものが海岸に打ちあげられるという事件があり、写真による記録も残っている。それによると体長は一五メートルを超えており、体は真っ白な毛におおわれ、象の鼻のような長い器官を持っている。トランコという名前はその特徴的な器官に由来し、「trunk（象の鼻）」をもじってつけられている。

興味深い生物だが、当時はその不気味な姿が恐れられ、詳細な調査は行われないまま、波にさらわれてしまったようだ。しかし近年、グロブスター状の巨大生物が世界中の海岸で発見され、トランコとの関係が調査されている。

鳥《とり》

作品（映画）

一九六三年三月に米国で公開されたパニック・ホラー映画（日本での公開は同年七月）。サスペンスの巨匠、アルフレッド・ヒッチコック監督の代表作の一つ。ダフニ・デュ・モーリエによる同名の短編小説を映画化した。

ある港町で、突如、鳥たちが凶暴化して人間を襲い始める。何気ない日常の風景から始まり、鳥たちが徐々に凶暴になっていく様子が、巧みな心理描写とともに描かれる。

やがて鳥たちは、圧倒的な数と破壊力で人間を追いつめていく。怪物でもエイリアンでも悪霊でもなく、日ごろ、見慣れている鳥たちが人を襲うという設定が、観る者を底知れない恐怖に落とし込む。

一九七〇年代に量産された動物パニック映画の原点ともなった歴史的な名作スリラー。

トリアノンの幽霊《とりあのんのゆうれい》

事件

フランスのヴェルサイユ宮殿にマリー・アントワネットの幽霊が出現したとされる現象。遭遇したのはイギリス人のシャーロット・アン・モーバリーとエレノア・ジュールダンというともに名門学校の教師だった二人の女性で、彼女たちは一九〇一年八月一〇日に、ヴェルサイユ宮殿の離宮プチ・トリアノンを訪れた際にタイムスリップを経験したと主張。

この日付は一〇九年前にマリーとルイ一六世が捕らえられた日であるが、タイムスリップしてその事件を目撃したという。二人は一九一一年に、エリザベス・モリソンとフランシス・ラモントというペンネームで、この体験をまとめた『アン・アドベンチャー』という本を出版し、この本は当時ベストセラーとなった。

当時の宮殿の細かい部分まで描写されていることから、超常現象の専門家の中には、タイムスリップというより、この二人をフランス革命時代の人間の生まれ代わりではないかと見るものもいる。一方で、精神医学的な立場から、二人が妄想を共有したという説もあるが、実際に何が起きたのかは不明である。

この事件に限らず、マリー・アントワネットがヴェルサイユ宮殿を歩いている姿を見たという目撃談はたびたび語られている。プチ・トリアノンは、マリー・アントワネットが一人静かに過ごした場所で、宮殿内で最も愛した場所だったとされる。

ドルイド《どるいど》

職種

現在のイギリス、アイルランド、フランスに当たる地域にいた古代ケルト人社会の祭司。「オーク（ブナ科の植物）の賢者」を意味し、ヤドリギの巻きついたオークの木の下で儀式を執り行っていたことから、その名がついたとされる。

同時に、ドルイドは、太陽と大地の神々を信じ、あらゆる生物の中に霊的な存在を見いだす土着の信仰の名称でもある。祭司としてのドルイドは、宗教上の儀式を司り、生贄をささげる慣習があったとされる。

干し草や柳の枝で編んだ人形の中に生きた人間を閉じ込め、火をつけて焼き殺し、その命を神に奉げたという。森林を違法に伐採した者に対し、樹木に与えたものと同等の傷を負わせて木に縛り付け、樹木が許すまで磔にするという刑罰も執行した。このほか、宗教儀式としての食人を行ったともいわれる。

古代ケルト人は文字を持っておらず、ドルイドに関する記録は、すべて外部の者、とくにローマ人によって行われた。そのため、ドルイドについての詳細は、今なお謎に包まれている。

ドレイクの公式《どれいくのこうしき》

宇宙・UFO・宇宙人

銀河系において、ある程度の知的水準に達した文明がいくつあるのか求める公式。一九六〇年に開かれた地球外生命体についての会議で、地球外探査計画最高責任者であったアメリカの天文物理学者、フランク・ドレイクが提唱したためこう呼ばれる。

公式は「Ns（銀河系の恒星の数）」や「fl（その惑星で生命が誕生する確率）」など八つの変数を掛け合わせ、「銀河系の寿命」で割ることで求められる。しかしほとんどの変数の数値が推測に過ぎないため、答えは一〇〇や一〇億など学者によって非常にばらつきがある。

トレパネーション《とれぱねーしょん》

医学・医術

頭皮を切開して頭蓋骨に穴を開ける施術。穿頭術。ギリシャ語で穴を意味するトレパンという器具で頭部穿孔をするためにこの名がついたといわれる。

中石器時代の頭蓋骨に穿孔が見られる場合があるので、病気治療か儀式的なものだったのではないかと推測されている。施術時には、大麻や幻覚キノコなどの自然の麻酔薬を使ったとされる。また中世のヨーロッパでは、病気を患った患者の頭部から悪い鬼を追い出すために頭蓋骨に穴が開けられ、その後も慢性頭痛、髄膜炎や癲癇の治療としてトレパネーションが行われてきたといわれる。現代医学で穿孔手術する場合には、術後頭蓋骨の孔を塞ぐが、旧来の穿孔術では、孔はそのまま放置される。

最も盛んだったのは、一四～一六世紀のインカ帝国で、穴の開いた頭蓋骨が多数発見されている。アフリカ東部では一九九〇年代まで続けられていたとされる。

一九六〇年代の欧米では、穿孔によりリラックス感や幸福感が生まれ、第六感や霊感が高められるとして、スピリチュアル系の人々が自ら穿孔術を施す事例があった。

一九九八年にはトレパネーションを取り上げたドキュメンタリー映画『ア・ホール・イン・ザ・ヘッド』が公開。現代医学による頭蓋骨穴開け手術、アフリカ・キシイ族の原始的な穴開けの方法などのほか、自ら頭蓋骨に穴をあけた実践者たちの証言、脳神経外科医や人類学者たちの医学的・学術的分析などが語られた。

二〇〇三年から漫画家・山本英夫が『ホムンクルス』連載（二〇二一年に映画化）。主人公は穿孔手術後、左目で見た人が異形の姿で見えるようになり、それは深層心理を象徴するホムンクルスの世界とされる。

二〇一八年、フランス国立科学センターの F・R・ロッジ博士が、一九七五～一九八五年にシャンデュラン遺跡で見つかった穿孔痕がある牛の頭蓋骨の二回目の調査を行った。解析結果によれば、紀元前三四〇〇～三〇〇〇年のもので、大人の牛であり、穴のまわりの傷の形状は、穿孔術を施された人間の頭蓋と同様の擦過跡があり、穿孔術を受けた牛とされた。

二〇二〇年、ロシアの考古学チームが、クリミア地方の墓の底から穿孔術の跡がある青銅器時代、約五〇〇〇年前の頭蓋骨を発見した。そばには二つの石の矢尻があり、回復跡がないことから、術後すぐに亡くなったとされる。

トロアノ古写本《とろあのこしゃほん》

文書

ムー大陸の存在を示す記述があるとされた文書。『トロアノ絵文書』ともいう。マヤ文字で書かれており、フランスの聖職者、シャルル＝エティエンヌ・ブラッスール・ド・ブルブールが、マヤ文字とスペイン語のアルファベットを対照させた表（ランダ・アルファベット）を用いて解読したとされる。

その結果、一八六三年、ブラッスール・ド・ブルブールは「トロアノ古写本に『ムーと呼ばれる王国が大災害によって陥没した伝説』が書かれており、アトランティス伝説と類似性がある」と発表。この論文によって「ムー」という単語が生まれた。実際のマヤ文字は表語文字と音節文字が混合した複雑な体系であり、近年の解読によってこの翻訳が誤りであったことが指摘されている。

トワイライトゾーン《とわいらいとぞーん》

メディア（書籍・雑誌）

一九七三年、ＵＦＯ研究家の久保田八郎が設立したコズモ出版社より、当初は『ＵＦＯと宇宙コズモ』という名称で刊行された雑誌。のちに社名を「ユニバース出版社」と改め、雑誌名を『ＵＦＯと宇宙』に改変。一時、休刊ののちＫＫワールドフォトプレスより『ＵＦＯと宇宙トワイライトゾーン』として再刊行された。その後、雑誌名を『トワイライトゾーン』に変更して一九八九年一二月号まで出版された。

編集長は創刊時の久保田八郎に続き、矢沢潔、武田益尚、中村省三などが担当。武田益尚は、『ムー』の編集顧問を務めた武田崇元と同一人物である。ＵＦＯ、宇宙関連のほか、多くのオカルト的な記事を掲載し、この分野で先行していた学研の月刊誌『ムー』のライバル誌を自称していた時期もあったが、一六年目を過ぎたのちに廃刊となった。

トワイライトゾーン《とわいらいとぞーん》

作品（テレビドラマ）

アメリカで一九五九年から一九六四年まで放送されたＳＦテレビドラマシリーズ。日本では、一九六〇年に『未知の世界』と題して日本テレビ系列で第一シーズンが、一九六一年から一九六七年まで『ミステリー・ゾーン』（一部は『ミステリー』）と題してＴＢＳ系列で以降のシーズンが放送された。

得体の知れない怪異現象を描くＳＦドラマとしては草分け的存在であり、同時期にアメリカで制作された『アウターリミッツ』とともに、その後に日本で放映されたＳＦドラマやホラードラマに大きな影響を与えた。

一九八三年六月にアメリカで公開された映画版『トワイライトゾーン／超次元の体験』も有名。スティーヴン・スピルバーグ、ジョン・ランディス、ジョー・ダンテ、ジョージ・ミラーといった著名な監督陣が一話ずつ監督したオムニバス形式の映画で、第一話以外はテレビ作品のリメイクとなっている。

　日本では一九八四年二月に公開され、オムニバス形式のSFホラー作品の代表作として人々の記憶に刻まれた。

トンカラトン《とんからとん》

都市伝説

　妖怪あるいは都市伝説の一種。全身に包帯を巻いた姿で、日本刀を持って自転車に乗り、「トントン、トンカラトン」と歌いながら現れる。にぎやかなところには現れにくく、人通りの少ない裏道などに現れやすいとされる。

　会った人に、いきなり「トンカラトンと言え」と言い、そのとおりにすれば去っていく。しかし、言わなかった人は刀で斬り殺されるという。「トンカラトンと言え」と言われる前に言ってしまった場合も同様に、怒って斬りつけてくるとされる。

　トンカラトンに斬られると、どこからともなく包帯が飛んできて全身に巻かれ、斬られた人もまたトンカラトンになるという。

　命令されたあと、トンカラトンと言っても言わなくても、斬られて同類になってしまうとするバージョンもある。また、集団で現れる場合もあるとされる。

　さらに、トンカラトンの包帯を左手に巻きつけておくと、仲間とみなされて斬られずにすむといわれる。

　テレビアニメ『学校のコワイうわさ 花子さんがきた!!』に登場したことから大きな話題となったが、この作品で創作されたオリジナルの妖怪ではなく、制作者の一人の故郷に伝わる話だという。

　しかし、どの地方の伝承かなど、それ以上の詳細は明らかにされていない。

ドント・ブリーズ《どんと・ぶりーず》

作品（映画）

　二〇一六年に米国で公開されたホラー・スリラー映画。同年三月にサウス・バイ・サウスウエスト（映画祭を含む大規模イベント）で、同年八月に米国で一般公開された（日本での公開は同年一二月）。監督はフェデ・アルバレス。

　米国・デトロイトに、養育放棄した両親と暮らす不良少女ロッキーは、妹とともに街を出る費用欲しさに、ボーイフレンドから持ちかけられた計画に乗る。盲目の老人が一人で住む屋敷に侵入し、隠された大金を奪うという計画だ。

　簡単に思えたその計画は、実際に侵入するときわめて困難で、ロッキーたちは想像を絶する恐怖を体験することになる。

　「Don't breathe＝息をするな」というタイトルは、息を殺して屋敷に潜む主人公たちの状況を表しているが、観客までも息を飲む緊張と恐怖に引き込んで人気作

column 04

オカルト番組はなぜ消えたのか

一九七〇年代の日本で、圧倒的な人気を誇っていたオカルト番組。『ノストラダムスの大予言』や『日本沈没』といった本の内容に戦《おのの》きつつ、人々はお祭り騒ぎに似た熱狂に包まれていた。一九七四年のユリ・ゲラー来日から起こった超能力ブームの中、多くの人がスプーン曲げに挑戦し、超能力少年たちが現れた。

その後も心霊現象、超常現象、超能力、ＵＦＯ、宇宙人、ＵＭＡなどの特集番組が量産されて人々の心をわしづかみにした。

当時の人々は、それらを全て信じていたわけではないだろうが、今ほど番組作りのコンプライアンスが厳しく問われていなかったこともあり、「半信半疑で面白がる」というスタンスで楽しんでいたように思う。

「科学的に徹底検証」などと銘打っていても、結局、真偽や正体の結論は出ず、曖昧なまま終わる番組が多かった。「なんだ。やっぱりか」と思いつつも、引き続きロマンが抱けることにどことなくホッとし、人々はオカルト番組を視聴し続けたのではなかったか。

しかし、時代は移り変わる。三〇年以上も人々を虜にしたオカルト番組は、二〇〇〇年前後を境に減っていった。

二〇〇〇年以降の『奇跡の扉　ＴＶのチカラ』（テレビ朝日系列、二〇〇二〜二〇〇七年）や『ＦＢＩ超能力捜査官』（日本テレビ系列、二〇〇二〜二〇〇八年）、当時のスピリチュアルブームを牽引した『国分太一・美輪明宏・江原啓之のオーラの泉』（テレビ朝日系列、二〇〇五〜二〇〇九年）などまでを含めてオカルトブームと呼ぶ場合もあるが、それでも二〇一〇年代にはオカルト番組はすっかり下火となった。

その原因について、一九九五年に地下鉄サリン事件を起こしたオウム真理教の影響という見方もあるが、当事件以後も、一時期ほどの熱狂度ではないにせよ、しばらくはオカルトブームが続いていた。

オカルト番組が消えた原因は、もっと大きな時代の変化にあったのではないだろうか。二〇〇〇年代に入ると、ノストラダムスの予言で騒がれていた世界の終わりが訪れず、人々はホッとする反面、肩すかしをくったような感情を味わった。

それに加え、デジカメの普及やＣＧ技術の発達により、私たちの見る画像は解像度の高い精密なものになっていった。二〇一〇年代半ば以降、４Ｋのテレビ放送と４Ｋ対応テレビも増えてきた。

４Ｋの時代とオカルトは相性が悪い。ボンヤリした写真や画像だからこそ、「心霊現象？」「ＵＦＯ？」「ＵＭＡ？」と盛り上がれたのに、鮮明だと身も蓋もなく解析できてしまう。逆に偽物の写真や映像が容易にできてしまうことも、ブームの衰退につながっただろう。

真偽の怪しいものを放映することを、視聴者が昔のように許容して面白がるのではなく、ＳＮＳなどで糾弾する傾向が強まったことの影響もあるだろう。

技術の進歩と正しい番組作り。いい時代なのだろうが、オカルト大好きな自分としては一抹の寂しさと、あの時代へのノスタルジーを感じないではいられない。

となり、全米で二週連続一位を記録した。二〇二〇年に続編の制作が発表され、二〇二一年八月に日米同時公開された。

な

長尾郁子《ながおいくこ》

人物

一八七一～一九一一年。山口県出身の超能力者。同時期の女性超能力者、御船千鶴子、高橋貞子と並び称されることが多い。一七歳の時に津軽判事長尾与吉と結婚し、一九〇七年から大火などを次々と言い当てるようになる。その後、御船千鶴子の千里眼に影響されて透視の訓練を行い、その能力を得る。一九一〇年には超心理学者、福来友吉の研究に協力し、世界初の念写実験を行った。

超能力を懐疑的に見る東京大学物理学助教授、山川健次郎立ち合いのもとで行った実験では、乾板がカメラに入っていないことを見抜いたという。長尾が透視を行う際には、写真乾板の変色が見られ、京都帝国大学の学生であった三浦恒助は、彼女の人体から何らかの放射線が出ていると仮定し、これを「京大光線」と呼んだ。また、福来教授も長尾の体から精神線（透視者の脳髄から出ていると福来が仮説を立てたある種の光線）が出ていると主張したが、いずれも確かな根拠は確認されていない。

中岡俊哉《なかおかとしや》

人物

一九二六～二〇〇一年。東京出身のドキュメンタリー作家、超常現象研究家。本名は岡本俊雄。一七歳のとき、馬賊になることを目指して満州に渡り、戦争に巻き込まれたり、風土病に倒れたり、さまざまな苦労をする中で、三回の臨死体験をする。一九五七年に帰国したのち、心霊現象や超常現象に興味を持って探究し始めた。

その後、一九七〇年代のオカルトブームの旗手を務め、心霊番組にも頻繁に出演し、心霊写真のコメンテーターなどとして活躍。心霊関係の書籍も多く、代表作の『恐怖の心霊写真集』シリーズは累計で一五〇万部を売り上げたといわれる。また、一九七三年に出版された『狐狗狸さんの秘密』は、全国の子供たちに大流行したコックリさんブームの火付け役となった。生涯の著書は四〇〇冊以上を数えるという。

中川信夫《なかがわのぶお》

人物

一九〇五～一九八四年。日本の映画監督。キネマ旬報読者寄書欄の素人映画評論家を経てマキノ・プロダクションに入社し映画制作の道へと進む。太平洋戦争以前は剣戟映画や榎本健一主演の喜劇映画を多く手がけた経緯を持つ。一九五七年に初の怪談作品である『怪談かさねが渕』を監督。因果応報を主軸に据えた物語、顔が崩れ落ちた女性霊、ジャズ調のBGMなど、怪談映画における中川の手法が確立したとされている。一九六〇年に公開された『地獄』は、中川自身の企画が発端となって制作されたもので、仏教における地獄の世界観にダンテの「神曲」など、西洋の地獄のイメージを盛り込んだ内容。作中の原色を多用したサイケデリックな地獄のイメージは、国内外で大絶賛された経緯を持つ。監督した『東海道四谷怪談』は怪談映画の最高傑作として知られ、自身が手がけた作品のインパクトから「怪談映画の第一人者」と呼ばれた中川だが、実際の監督作の内容は多岐にわたっていたため、中川は自身の異名に戸惑っていたという。

中山市朗《なかやまいちろう》

人物

一九五九年〜。兵庫県出身の作家、怪異蒐集家、オカルト研究家。大阪芸術大学を卒業後は映画、映像関係に従事するが、一九九〇年に共著で『新・耳・袋〜あなたの隣の怖い話』を出版し、作家デビュー。

その後、『新耳袋』は実話系怪談のパイオニアとして評価され、十夜のシリーズ化となる。その他『怪談狩り』シリーズなどを刊行。

聖徳太子の『未来記』を読み解くためにオカルト研究家となる。CSテレビ番組『京都魔界案内』の製作、出演。著書に『聖徳太子・四天王寺の暗号』など多数。

京極夏彦らと「怪談之怪」を結成したり、座談会やLIVE、配信、放送等での演出、出演なども多い。「霊感と怪談は別」といつも主張している。

ナスカの地上絵《なすかのちじょうえ》

遺跡・オーパーツ

ペルーのナスカ高原、ナスカ川とインヘニオ川に囲まれた盆地状の高原の地表に描かれた幾何学図形や動植物などの絵で、世界遺産に認定されている。上空からしか確認できないほど巨大な絵画で、紀元五〇〇年ごろまでに描かれたと推定されている。ハチドリやシャチなど、動物をモチーフにしたものが有名だが、実際は多くが創作意図の不明な幾何学図形である。

最初は一〇三九年に、考古学者のポール・コソック博士により動植物の地上絵が発見された。その後、ドイツの数学者、マリア・ライヒェが終生この地に住み、彼女を中心に、地上絵の解明作業と保護が行われるようになった。

気球に乗ったときの観賞用説、宇宙人による滑走路説など、その目的についてはさまざまな説があるが、最も有力なのは天文把握のためとする説だ。古代ナスカは乾燥地域であり、雨期を正確に予測するために季節の移り変わりを記したとするもので、多くの学者に支持されている。近年でも、新しい絵や図形が発見されるなど研究が進められているが、一方では、自動車の侵入による破壊が著しく、保護の必要性が叫ばれている。

ナチュロパシー《なちゅろぱしー》

医学・医術

人間の体が本来持っている自然治癒力を活用して健康を維持し、病気や怪我から回復することを目的とした療法のこと。日本では「自然療法」と呼ばれることが一般的。

一九一八年にドイツ人医学者ベネディクト・ラストがニューヨーク市内で開業したナチュロパシー・スクールがその源流とされている。ラストは、自然治癒力を利用した療法がアジアで定着していることを引き合いに出して、「（西洋医学は）いつの時代も疾患の原因に対して注意を払うことなく、単に症状のみを抑えようとしてきた」と揶揄した一方、ナチュロパシーを実践することで疾患の原因を取り除くことが大切だと説いたのだ。現代では当たり前のものとなっている運動療法、食事療法、日光浴といった療法は、ナチュロパシーの普及が要因になっている。

現在、ナチュロパシーはアメリカやオーストラリアを中心に実践されており、専門の医療学校などが設立されている。

ナニャドヤラ《なにゃどやら》

オカルト用語

旧南部領内（青森県八戸、野辺地、戸来、五戸、三戸、岩手県では二戸郡、九戸郡、岩手郡）に伝わる盆踊り、または踊り唄の名。意味や語源については定説がなく、祈祷や鎮魂に使われた呪文、隠し事を伝える符牒、ヘブライ語（『日本ヘブル詩歌の研究』）、方言（『二戸郡史』）、古代の軍歌、農民の哀歌、男女の愛（柳田國男）など諸説ある。集落の男女が掛け合いながら歌い手の唄と太鼓のリズムに合わせて踊る。歌詞やメロディ、踊りの振り付けは、地域で異なる。日本最古の盆踊りとも言われる。

キリストの墓がある青森県新郷村では、六月第一日曜日に行われるキリストの鎮魂祭でナニャドヤラが奉納される。

九戸郡の旧大野村では甚句が四種あり、昔は、旧七日盆～二十日盆の期間、夕食後の午後九時ごろから夜明けの四時ごろまで、寺や神社の境内、大家の庭、本家の家の前、辻、路上などで踊られたという。現在は一日だけ、踊る時間も午前零時ぐらいまでになった。盆以外では、神社の祭典、学校や町民の運動会、祝い事のフィナーレなどで踊られるとされる。

岩手の北奥羽大会では、毎年八月一八日に県域の千人以上の踊り手が集まり、街頭で流し踊りをするほか、特設ステージでも踊られる。田名部おしまこ踊り、盛岡さんさ踊りはナニャドヤラからの派生といわれている。

二〇〇九年、八戸・久慈・二戸三圏域の特性を簡潔に表現し、地域をイメージできる愛称として「北緯40°ナニャトヤラ連邦会議」の名称決定。二〇一一年、ニコニコ動画にボーカロイドが歌うナニャドヤラが投稿された。二〇一五年、青森県三戸郡田子町のナニャドヤラが、新宿神楽坂通りで流し踊りされる。以後二〇一七年、二〇一九年にも公演された。

ナピス《なぴす》

UMA

キプロスのグレコ岬で目撃されるというUMA。アヤナパ海に出現するため「ナピス」とよばれるが、単に「アヤナパ・シー・モンスター」と称されることもある。外見は巨大なワニのような胴体に長い首がついているといわれる。しかし、その姿とは対照的に、地元では友好的な生物だと伝えられている。

ナピスの目撃情報は多くないが、一九七七年には水面から顔を出した写真が撮られている。また二〇〇八年には、キプロスのダムがナピスの生息地になっているという噂も広まった。しかし、その正体は判明していない。ギリシャ神話に登場する「スキュラ（上半身は女性、下半身は魚、腹部から六頭の犬の首が生えた化け物）」と関連付けて語られることもある。そのこととも絡んで、どちらかというと観光用の宣伝要素にとどまっているようだ。

並木伸一郎《なみきしんいちろう》

人物

一九四七年〜。東京都出身の超常現象研究家、作家。少年期に父親からUFOの本を買い与えられ、それがきっかけでオカルト現象に強い興味を抱く。大学卒業後、電電公社で働く傍らUFOの研究を行い、「日本宇宙現象研究会」と「日本フォーティアン協会」を設立した。その後はオカルト研究に専念。UFO以外にも造詣が深く、UMA関連では『未確認動物UMA大全』、怪奇現象関連では『大江戸怪奇事件ファイル』などの書籍があるほか、オカルト雑誌『ムー』のメインライターも務めている。YouTube「並木ミステリーチャンネル」配信中。

南極のニンゲン《なんきょくのにんげん》

都市伝説

南極に現れるというUMAに関する都市伝説。北極にも類似のものが出現するといわれ、南極のものを「ニンゲン」、北極のものを「ヒトガタ」と呼ぶ。

日本の調査捕鯨船の乗組員が目撃したとされ、全身が白く、表皮はつるつるしており、全長数十メートルの巨大な生物で、人間に似た形だという。学習研究社の雑誌『ムー』の二〇〇七年一一月号には、グーグルアースにニンゲンが写っているとする記事がある。

巨大で全貌をとらえにくいものの、形状として以下の三タイプがあるとされる。

・人間同様に両手両足があるもの
・五本指の両手があり足はヒレになっているもの
・人間の上半身が連結したような形のもの

フライング・ヒューマノイド、海坊主と同一視する説もある。

ナンディベア《なんでぃべあ》

UMA

ケニア共和国のナンディ地方で目撃されるというUMA。その名の通りクマに似ており、体長は三・五メートル、体重は二〇〇キログラムほどとされる。前足に対して極端に後ろ足が短いのが特徴で、気性は非常に獰猛だ。

ナンディベアの好物は「脳みそ」とされ、鋭い牙で獲物の頭部を割って捕食する。そのため、先住民族の間では「ゲテイト（脳食い）」と恐れられ、実際に一九一九年、ケニアで七頭の羊が脳を食べられる事件が発生した。ナンディベアの正体については未だ謎に包まれているが、最も有力なのが突然変異によってヒグマのうしろ足が短くなったとする説だ。

アフリカ大陸のヒグマは絶滅したと考えられているが、追い込まれた生き残りが何らかの進化を遂げたとする説で、体格や外見が似ていることを考えると信憑性は高そうだ。しかし、ヒグマが脳を好むという情報はないため、その点については疑問が残る。

ナンマタール《なんまたーる》

遺跡・オーパーツ

ミクロネシアのポンペイ州で紀元五〇〇年頃から作られた人工島群の総称。遺跡の規模はオセアニア最大とされる。人工島は、遠浅のサンゴ礁の上に玄武岩で縁取るための塀を作り、内部を砂やサンゴで埋めて作られており、面積は一六〇平方メートルから一万二七〇〇平方メートルの一〇〇島以上が現存する。

一〇〇〇年頃から建設が活発になり、最盛期の一二〇〇～一六〇〇年頃には人工島の上に巨石を使った建築物が多数作られた。これらは王や司祭の住居、儀式場、墓、工房などの役割をもっていたとされる。

島を取り囲む塀は、玄武岩の柱状節理（玄武岩質のマグマが固まった柱状の岩）を角材のように縦横に組んで構成されており、一本は五～数十トンで全体の総重量は数十万トンに及ぶという。これだけの岩を、離れた石切場からどうやって運び、どのように積み上げたかは解明されていない。

に

新潟ロシア村《にいがたろしあむら》

心霊スポット（日本）

新潟県北蒲原郡笹神村（現・阿賀野市笹岡地区）に、かつて存在したテーマパーク。名前の通りロシアとの文化交流を目的としており、県内初のテーマパークとして一九九三年に開園した。

開園当初は話題になったものの、入場者数は伸び悩み、二〇〇四年四月に閉園。その後の処理が行われず、警備態勢もないまま放置されたため、敷地内への無断侵入者が多く、施設内を荒らす事件が相次いだ。経年と風雪による劣化も進んで廃墟と化した。

二〇〇九年には不審火によってホテル棟が全焼。その後、徐々に施設の撤去・解体が行われたが、ランドマークである「スーズダリ教会」は残っており、周辺にも残骸があるため、廃墟マニアからは依然、人気の高い場所となっている。

写真をとるとオーブや人影が写るといった声もあるが、あくまでも廃墟の雰囲気が満点であるだけで、強い心霊現象の報告は多くないようだ。

なお、現在、新潟ロシア村の跡地内への立ち入りは禁止されている。内部の見学を希望する場合は関係各所に申請し、許可を得る必要がある。

新倉イワオ《にいくらいわお》

人物

一九二四～二〇一二年。神奈川県出身の放送作家、心霊研究家。終戦後からラジオプロデューサーやテレビディレクターなどとしてメディアで活躍する。一九六〇年から放送作家に転向し、日本テレビの長寿番組『笑点』の企画にもかかわった。一九六八年には、自らの心霊体験をもとにオカルト番組を制作する。日本テレビのワイドショー『あなたの知らない世界』で解説を務め、超能力者の宜保愛子をプロデュースした。また、日本心霊科学協会理事を務め、心霊現象をつづった著書を五〇冊以上出版している。

ニーナ・クラギーナ《にーな・くらぎーな》

人物

一九二五～一九九〇年。旧ソ連の超能力者。「超能力の女王」と称された。レニングラードに生まれ、第二次世界大戦中に通信士として活躍し、レーニン勲章を受ける。戦後は通信路線補修士として働き、結婚して二児の母となる。平凡な人生を歩んでいたが、一九六四年に神経症で精神病院に入院した際、目隠しをしてカードの色を当てたり、手を触れずに物体を動かしたりし、これが超能力者として目覚めるきっかけとなった。クラギーナは超能力者として有名になり、レニングラード大学のレオニード・ワシリーエフ教授の実験に参加する。そこでさまざまな超常現象を成功させ、ソ連科学アカデミーもクラギーナを本物と認めている。

NICAP《にかっぷ》

組織・団体

全米空中現象調査委員会。一九五〇年代から八〇年代にかけてアメリカで最大勢力をほこっていたＵＦＯ研究団体のこと。

一九五〇年代からアメリカでＵＦＯの目撃談が相次いだことで設立された組織。会員の中には軍人、科学者、ジャーナリストなど専門職に就いている人物も多数存在したという。一九六〇年には会員数が一万四千人を超えて最盛期を迎える。それまで、得体の知れない存在と見なされていたＵＦＯを異星人の乗り物と断定して科学的に解析しようとした。

当時はアメリカ空軍が主導でＵＦＯの研究を行っていたのだが、民間団体であるＮＩＣＡＰは空軍に対して研究データを開示するよう要求したため、危険思想を持つ団体と認識されるようになる。

六〇年代後半以降、空軍が大学と協力してレーダーや超音波など専門機器を使用したＵＦＯ研究を開始したため、ＮＩＣＡＰの求心力は失墜し、八〇年代後半には事実上の解散状態となったのだ。

肉人《にくじん》

妖怪

日本や中国に伝わる妖怪。ぶよぶよした肉の塊のような体を持ち、子供ほどの背丈で、顔と体の区別はないか、つきにくい。同様に肉の塊で一頭身の妖怪に「ぬっぺふほふ」、あるいは「ぬっぺっぽう」と呼ばれるものがあるが、肉人とほぼ同一と見られている。

肉人については、江戸時代の目撃記録が有名。幕府の公式記録である「徳川実紀」に、そのときの様子が記載されているのである。それによれば、江戸初期の慶長一四年、駿河城内の庭に不思議な生き物がおり、大騒ぎになったという。子どもほどの大きさで、肉の塊のようなその生き物は、指のない手で空を指していたという。

折しも在城していた家康の命で、家来たちが「城から離れた小山まで追い立てた」と記されている。その後の消息は不明である。

中国では、肉人の肉を食べると「万病が治る」「不老不死になる」などの言い伝えがあるという。駿河城の騒ぎを、あとから知った薬学に詳しい者は、「それは、中国の古書に載っている『封《ほう》』というもので、その肉は多力を得る仙薬となる。惜しいことをした」と残念がったと伝えられている。

肉の雨事件《にくのあめじけん》

事件

一八七六年三月三日、アメリカ・ケンタッキー州バス郡の九一×四六メートル四方の範囲に、突如大量の肉片が降り注いだ事件のこと。肉片の大きさは二センチから五センチほど。当初は牛肉を切り刻んだものと見解されていたが、実際に肉を調理して食べた人物の証言では羊肉や鹿肉の味に近かったという。その後、肉片は各研究所に持ち込まれて調査が行われた結果、構造が馬や人間の幼児の肺組織に似ていることが判明した。事件直後は「ネンジュモ」という藻の一種が変容したものという説が有力視されていた。ネンジュモは水分に触れるとゼリー状に変容する性質を持ち、その風貌は動物の脂肪に酷似しているのである。ただ、事件当日は雨が降っておらず地表に生息するネンジュモが空から降ってきた理由も不明である。その後は「ハゲタカが食べた動物の肉が空から落ちてきた」「未知の生物の死体」説などが唱えられたが、真相は今なお不明である。

西浦和也《にしうらわ》

人物

怪異蒐集家、老舗怪談サイト〝コ・ワ・イ・ハ・ナ・シ・ヤ・ミ・ノ・サ・サ・ヤ・キ〟の管理人。以前勤務していた警備会社で怪異を体験したことを発端に怪談の蒐集を始める。

ガチンコホラーシリーズ『北野誠のおまえら行くな。』をはじめとする心霊番組、イベント「圓山町怪談倶楽部」の企画・構成をし、突撃取材で禁忌に触れて生死をさまようこと数度。原因不明の眼底出血と失明の危機、さらには人食いバクテリアに感染するなど命の危機に晒されながらも体を張って取材、執筆活動を続けている。

2時のワイドショー《にじのわいどしょー》

メディア（テレビ番組）

一九七九年三月から一九九二年一〇月まで、月～金曜日の一四時から日本テレビ系列で放映された読売テレビ制作のワイドショー。当初の司会者は上岡龍太郎、横山ノック、上沼恵美子、浜村淳で、その後、奥田博之、高田美和らに引き継がれた。

木曜日は心霊・怪奇現象をテーマに放送され、心霊写真などが取り上げられた。被写体の手足が消えている写真や、赤や白の発光体が写り込んだ写真、人の顔や霊体らしきものが写った写真などが紹介され、京都龍神総宮社祭主で霊能者の辻本源治郎が解説していた。

同じ木曜日に、嫁・姑の家庭内対立を扱う名物コーナー「夫婦１１０番」も放映されており、心霊特集とともに話題となった。

21世紀の森《にじゅういっせいきのもり》

心霊スポット（日本）

山口県萩市佐々並にある観光スポットで、アスレチックやキャンプなどを楽しめる。心霊とは無縁と感じられる場所だが、その中に一箇所だけ、心霊スポットと呼ばれた場所がある。

今はすでになくなっているが、以前あった駐車場の一画だ。特に理由はなさそうに見えるのに、ちょうど一台分の駐車スペースが使用禁止とされ、黄色い斜線が引かれていた。

ここで昔、一人の男性が、駐めた車内で焼身自殺をしたという。以来、「ここに車を駐めると「人の気配を感じる」「車の調子が悪くなる」「事故を起こす」などと噂されるようになり、駐車禁止スペースになったとされる。

ただ、インターネット上には、「確かに三〇年ほど前にここで焼身自殺があった」としながらも、心霊現象について疑義をはさむ書き込みもある。それによると、火だるまになった男性が車から飛び出したとき、たまたま通った自衛官が消火。その後、病院に運ばれたが、数日後に亡くなった。

その男性は、救助に当たった自衛官に対し、「助けてくれてありがとうございました」と述べたという。その自衛官は、心霊現象の噂を聞き、「いろいろあったかもしれないが、あの人はそんなことはしないと思うよ」と語ったそうだ。

いずれにしても、いまは駐車場自体がなくなっているので、確かめようもないが、ただ静かに手を合わせる心霊スポットもあっていいと思わせられるエピソードではないだろうか。

偽汽車《にせきしゃ》

現象

実際には列車が走っていないのに、そのように思える現象が起こること。日本に蒸気機関車が導入され、鉄道が普及し始めた明治時代に、「真夜中、走っているはずのない列車が線路を走っていた」「何もないのに汽笛が聞こえる」などの怪現象が頻繁に報告された。機関士が列車を走らせていると、正面から轟音とともに機関車が突っ込んできて、ぶつかると思った瞬間に姿を消したなどの例もある。

その正体は狸や狐、狢《むじな》が化けたものだとされ、列車に化けているうちに本物の列車に轢かれた動物の死骸が、線路脇に落ちていることもあったという。偽汽車については民俗学者の柳田國男も著書の中で触れており、当時はよく知られた現象だったようだ。

常磐線での伝承として、次のようなものもある。当時、東京都葛飾区亀有など、各地で偽汽車が見られ、あるとき機関士が正面から来る列車を目にし、「こんなものは幻覚に決まっている」とそのまま走らせたところ、衝突しそうになった瞬間に「ギャッ」という叫び声とともに偽汽車が消え去り、翌朝、その場所を見ると狢の死骸が転がっていたという。

人々は、線路の敷設によって棲みかを失った狢の仕業だろうと憐れみ、亀有の見性寺に塚を作ってこの狢を供養した。この塚は現在も、見性寺の境内に「狢塚」として残っている。

二〇一二年人類滅亡説《にせんじゅうにねんじんるいめつぼうせつ》

説・論

古代マヤで使われる長期暦が、二〇一二年一二月二一～二三日に一つの区切りとなるので、これは人類の転換を示唆しており、最悪の場合は人類が滅亡に向かうとする説。

学術的なマヤの研究とは別に、独自に調査や思想を深めたH・アグエイアスが、二〇一二年に人類がより高次元な存在への転換に失敗すれば、ヨハネの黙示録にあるようなハルマゲドンが起こり、大惨事になるとした。彼の信奉者によって、世界中に滅亡説が伝わった。滅亡の原因は、ハルマゲドンや巨大な彗星の衝突など、数種のストーリーがある。

一九八七年、オカルティストに大きな影響力を持つアグエイアスが著した『マヤンファクター』では、暦によるマヤの予言は、二〇一二年に人類にシャングリラが訪れるか、ハルマゲドンに遭遇するかなど、大きな転機が訪れると告げているとした。

二〇〇九年、アメリカ映画『２０１２』は、地球規模の地殻変動により世界の各地で地震や津波が発生するが、事前に大規模なノアの箱舟を作って対処しようとする話。世界中でヒットした。

二〇一〇年、テレビアニメ『世紀末オカルト学院』は、オカルト嫌いの女子高生マヤが主人公で、一九九九年が舞台だが、最終話は二〇一二年の未来世界となる。

二〇一一年、メキシコ国立自治大学のＥ・ベラスケス博士は、二〇一二年に関する予言はないと語った。また、マヤ暦の解読を行っているラトローブ大学のＳ・グロネマイアー博士は、世紀末を迎えるとされている日は、単純に次の時代への移行を示しているだけだとした。

二〇一二年一二月二〇日、ＮＡＳＡが動画サイトのユーチューブに動画をあげて予言を否定した。

日猶同祖論《にちゆどうそろん》

説・論

故国を失ったユダヤ人が日本に来て、祭祀に影響を及ぼし古代日本人に同化したとする説で、日本人はイスラエルの失われた一〇支族の子孫であるとする説。

一八七五年、宣教師ニコラス・マクラウドが『日本古代史の縮図』で神道とユダヤ教を比較して同祖論を唱えた。一九〇八年、言語学者の佐伯好郎は、論文「太秦（禹豆麻佐）を論ず」を発表し、秦氏は景教（キリスト教のネストリウス派）徒のユダヤ人であると考察した。

　大闢大主は、中国の景教の経典においてはダビデの意味であり、秦氏の建立した神社である大避神社（大酒神社）と、また景教の寺は「大秦寺」であり太秦と関係があるとした。

　一九八四年に『大和民族はユダヤ人だった』、二〇〇五年に『日本書紀と日本語のユダヤ起源』などを著したヨセフ・アイデルバーグは、日本古代の伝統、宗教的儀式、歴史的な名前、俳句、また日本語に含まれるヘブル語起源の言葉、ひらがな・カタカナ、また日本の民謡までもが、すべて、古代サマリア王国（北王国イスラエル）とスメラ王国（日本）との間の強いつながりを示すとした。アイデルバーグは言語学者・宗教学者であり、神道や日本語を知るために京都の護王神社の見習い神官となって研究したといわれる。

　一九九九年、『ユダヤと日本　謎の古代史』を著したユダヤ教のラビ（教師）、マーヴィン・トケイヤーは、秦氏はユダヤ人景教徒であるとしている。信州の諏訪大社に古来伝わる御頭祭とモリヤ山でのアブラハムによるイサク奉献、神輿とイスラエルの契約の箱、神主の服装とイスラエル祭司の服装、神主のお祓いの仕草と古代イスラエルの風習、神社とイスラエルの幕屋の構造などの類似性を根拠とした。

　一九五二年、ＧＨＱ総司令部のミルトン・Ｊ・ローゼン（ユダヤ教ラビ）らが淡路島で、文字が書かれた丸石、ダビデの星が刻まれた指輪、ナフタリ族の紋章の鹿が刻まれた指輪などを発掘した。元駐日大使でラビ族直系のユダヤ教司祭エリ・コーヘンは、丸石の文字は古ヘブライ語で「ガル・コディッシュ」と書かれており、「聖なる波」または「聖なる石山（立石）」という意味だと解読した。

　大陸に住むユダヤ人は混血が進んでいるので、遺伝子的に日本人と共通するという決定打はない。しかし文化的な相似はあるので、日猶文化的共通という表現ならば間違いとはいえないとされる。

日曜恐怖シリーズ《にちようきょうふしりーず》

作品（テレビドラマ）

一九七八年八月から九月、及び一九七九年七月から九月に放送された一話完結のホラードラマシリーズ。関西テレビと大映映画によって制作され、フジテレビ系列で毎週日曜日の二一時〜二一時五四分に放送された。

　大人向けのホラー作品で一話完結形式。一九六〇年代から一九七〇年代前半、全盛期であったＳＦホラー特撮ドラマから、ＳＦや特撮の要素を取り除き、日本的な要素の色濃い恐怖ドラマとした。

　男女間や人間同士の情念の絡み合いから起こる殺人などが多く描かれ、その意味でも大人向けの作品であったが、夏休み期間に放映されたことや二一時台の放映であったことから、当時、大人とともに見てトラウマになるほどの恐怖を味わった子供も多かった。

日航《にっこう》ジャンボ機《じゃんぼき》ＵＦＯ《ゆーふぉー》遭遇事件《そうぐうじけん》

事件

一九八六年一一月一七日、日本航空の貨物便である一六二八便がアメリカのアラスカ上空、高度約一万メートルを飛行中に未確認飛行物体と遭遇したとされる事件。同機の機長によると、物体はジャンボ機の三～四倍にも達する巨大なもので、逃れようとして飛行を続けた同機に、一時間ほどついてきたという。事件は、機長がこの出来事を通信社の友人に話したことから広まった。

「ＵＦＯは両端にライトのある巨大な母船型だった」と機長は述べている。ただし、副操縦士は、「光は見たが飛行物体の形は確認できなかった」、航空機関士は「何も見ていない」と証言。さらに機長は、「機内が照らされて熱も感じた」というが、副操縦士・機関士とも、この点も否定している。結局、「ＵＦＯではなく惑星の誤認」という解釈が報道され、機長は地上勤務に異動となった。

当時、アメリカの事故調査部長であったジョン・キャラハンは、機長の証言は正しいものであり、当時のレーガン大統領が圧をかけて明るみに出ないようにしたのではないかとしている。

ニネヴェ《にねゔぇ》定数《じょうすう》

遺跡・オーパーツ

現在のイラクに当たる古代アッシリアの首都、ニネヴェの遺跡から発掘されたとされる数字。粘土板にあった六〇進法と見られる数字を、アメリカの学者ヘルマン・ヒルプレヒトが解読して得られた「一九五兆九五五二億（六〇の七乗の七〇倍）」という数字を指す。フランスの宇宙科学者モーリス・シャトランは、これが太陽系惑星の公転周期の最小公倍数を秒単位で表したものだとした。

この説が事実であれば、ニネヴェ定数は、太陽系のすべての惑星が同一線上に並ぶ周期を表しており、古代シュメール人が、太陽系の各惑星の周期を正確に把握していた証左になる。

現在、そのような見方をしている人も多いが、検証していくと、最小公倍数にはならず、ズレが生じるという意見もある。また、後年の調査で、実際にはこれは古代バビロニアのニップル図書館で出土したもので、ニネヴェから発掘されたものではないことも判明している。

ニビル《にびる》

宇宙・ＵＦＯ・宇宙人

太陽系に存在するとされた仮説上の惑星。大きさは地球の四～五倍、質量は二〇～二五倍で、三六〇〇年周期で太陽の周りを公転している。ニビルが注目されたのは二〇〇五年のことで、ハッブル宇宙望遠鏡がそれと思われる惑星を観測し、当時太陽系の最遠惑星であった冥王星の、さらに外側の一〇番目の惑星ではないかといわれた。

さらに惑星ニビルはシュメール文明の粘土板にも記述があったとされ、古代から予言があったと大きな話題となった。地球に接近すると人類滅亡を招くといううわさもあり、いわくつきの星とも呼ばれる。しかし、NASAはその存在を否定しており、現在は迷信とされている。一部では陰謀という話もあり、真相は闇に包まれている。

日本神話《にほんしんわ》

神話・伝説・叙事詩

古来、日本では山、海、木々、岩、星、人、動物などの自然界に限らず人工物も含むすべてに神が宿り、八百万の神がいるとされてきた。日本神話には琉球神話・アイヌ神話も含まれるが、一般に大和朝廷がまとめた物語が中心とされる。各地の伝承を集め、七一二年『古事記』、七二〇年『日本書紀』、『風土記』などに、神々の系譜や物語が記録された。この時代に神々が体系化されまとめられた書物は、外国には類がない。

「天地開闢」「天津神の誕生と、男神イザナギと女神イザナミによる国生み・神生み」「太陽神アマテラスが隠れる石屋戸」「国津神オオクニヌシの国譲り」の順に語られ、アマテラスの孫神ニニギの「天孫降臨」から歴代天皇の統治へと続く。

一般にアマテラスは女神とされるが、男神という説もある。古い道具が付喪《つくも》神(妖怪)になる民間伝承は、室町時代の絵巻物語などに残されている。

仏教が日本に伝来した六世紀半ば、人々は仏を蕃神《ばんしん》(外国から来て信仰対象とされる神・仏神)ととらえたといわれる。神をまつる社の傍らに寺を建立(神宮寺)し、読経などもされるようになった。

戦国時代には、儒教・仏教と神道が結合し、ひどい行いをすると因果は巡り復讐されて滅びるという「天道思想」となった。同時に諸宗は一つとして、武家から庶民まで神道の宗教観が等しく共有されるようになったとされる。以来「お天道(神)様が見ている」という感覚は、昭和半ば生まれまでの人には引き継がれている。

一九九九年、岸本斉史作・漫画『ナルト』(後にアニメ・映画化)の世界観や術に古事記の神々がモチーフとして使われ、世界的に大ヒットした。二〇〇一年、アニメ『千と千尋の神隠し』では八百万《やおよろず》の神々が登場。二〇〇六年発売のゲーム『大神』は、日本画風のCGで音楽にも和楽器を使用した。二〇〇八年、鈴木ジュリエッタ作・漫画『神様はじめました』(二〇一二年にアニメ化)は、女子高生が日常を過ごしながら土地神になる話。二〇一一年、江口夏美作の漫画『鬼灯の冷徹』

（二〇一四年アニメ化）は、地獄の日常を描き、イザナミは女王として登場。古事記と昔話を取り込んだPRGゲームとして二〇一七年『GOD WARS～時を超えて～』、二〇一八年『GOD WARS　日本神話大戦』が発売されている。

日本《にほん》空《そら》飛《と》ぶ円盤《えんばん》研究会《けんきゅうかい》

組織・団体

一九五五年に発足した日本初のUFO研究団体。

旧日本陸軍でレーダー機器を担当していた荒井欣一が設立した。会員には科学者の糸川英夫、SF小説家の星新一、後に東京都知事を務める石原慎太郎ら各界の著名人が名を連ねていた。会長の荒井は、UFOが地球に到来する理由を「人類を見守るため」と断定しており、当時の在日ソ連大使に月に核兵器を命中させる計画を中止する内容の手紙を渡したことがある。

特に活動に熱心だった会員が小説家の三島由紀夫である。彼が手がけた『美しい星』という小説の内容は、自分たちが異星人であると気づいた一家が核戦争による人類滅亡を計画する他の異星人グループと対立するという内容であった。三島は団体の会合には必ず参加し、双眼鏡を持参してUFOを目視することを熱望したが、その願いは叶わなかったという。

日本沈没《にほんちんぼつ》

作品（小説）

一九七三年に刊行された小松左京による日本のSF小説、及びそれを原作とする映画作品（一九七三年および二〇〇六年公開）。ほかに、テレビドラマ、ラジオドラマ、漫画作品などが存在する。

執筆開始は一九六四年で、九年かけて完成したのち、光文社カッパ・ノベルスより書き下ろしの上下二巻が同時刊行された。初版は三万部ずつであったが、版を重ねるごとに部数が増え、最終的には上巻二〇四万部、下巻一八一万部の計三八五万部の大ベストセラーとなった。一九七四年に第二七回日本推理作家協会賞、及び第五回星雲賞日本長編部門受賞。

ストーリーは、近未来の一九七X年夏、小笠原諸島の北にある無名の小島が一夜にして海底に沈むところから始まる。地球物理学者の田所雄介は、海洋地質学者らとともに現地を調査し、「日本が消える」可能性に気づく。おりしも起こった地震と噴火に関する内閣の会議でその指摘をするも一笑に付される。

しかし、日本各地で異変が続き、田所たちの予測が次第に現実味を帯びていく。差し迫る危機がきわめてリアルに描かれ、読者・観客を震撼させた。

本作に小松がつけたタイトルは、『日本滅亡』——果てしなき流れの果てに…、出発の日」であったが、担当編集者が『滅亡』より『沈没』のほうがユーモラス」だとして『日本沈没』に改題したという。

もともとのテーマは「日本人が国を失って放浪の民になるとどうなるか」であり、舞台設定として日本列島の沈没を描いたとされる。その設定をリアルに描くために、地球の表面が何枚かの固い岩盤で構成されており、それが動くことで地震などの地学現象が起こるとする「プレート理論」を作中で駆使した。

同理論は、当時、認知され始めていた時期であり、本作はそれを広く知らしめる役割も果たした。この分野について作中で披露されたアイデアや解説は、修士論文に相当するともいわれた。

小説の刊行と第一作目の映画から半世紀近くが経とうとしているが、近年の気象状況や世界情勢を背景に、そのテーマは色あせるどころかよりリアルに感じられる。二〇二〇年にはウェブアニメ版が制作され、二〇二一年一〇月からTBS系列でテレビドラマが放映される予定となっている。

日本《にほん》ピラミッド説《ぴらみっどせつ》

説・論

考古学者の酒井勝軍が一九三四年に発表した説で、「広島県の葦嶽山は二万三千年前の世界最古のピラミッドである」というもの。新聞に掲載され、「日本ピラミッド説」として知られるようになった。

日本の山をピラミッドとする説は、これ以外にもあり、葦嶽山を含めた代表的なものは以下の通り。ただし、これらの説に考古学的な裏付けはなされていない。

・葦嶽山（広島）　日本のピラミッド説の代表的な山。標高八一五メートルで、どの方向からみても三角形に見え、中腹から山頂付近にかけて人工的に積み上げたような岩があることなどはピラミッドの証とされる

・八幡山（兵庫）　標高七七五・四メートルで、鋭角の山容から一部では「とんがり山」と呼ばれる。頂上付近に数十個の巨石群があり、東西南北を指し示しているともいわれる

・三輪山（奈良）　標高は四六七・一メートルで、なだらかな円錐形の山。縄文時代からの自然物信仰の対象であったとされる

こうした山のほか、岡山県の仏教遺跡である熊山遺跡（石を三段積み上げたもので全高約三・五メートル）、青森県の大石神（数個の巨石で「大石神ピラミッド」とも呼ばれる）なども日本ピラミッド説に含まれることがある。

ニャミニャミ《にゃみにゃみ》

UMA

アフリカ大陸、ジンバブエとザンビアの国境にあるカリバ湖に出没するとされる水棲UMA。目撃情報はほとんどないが、伝承によると、体長は三〇メートル程度で、海蛇型の体にライオンに似た頭部がついている。

ニャミニャミはもともと地元の部族であるトンガ族で信仰される神様だったが、その存在が認知されるようになったのは一九五七年のある事件がきっかけだ。その数年前、カリバ湖でダムを建設するという話が持ち上がる。トンガ族は反対したが、抵抗むなしく、一九五五年にダムの着工が決定してしまう。

しかしその二年後の一九五七年、カリバ湖につながるザンベジ川上流に激しい嵐が発生し、数百年に一度というレベルの大洪水が起きた。トンガ族と政府との間でダム建設についての話し合いが行われ、その論議がまとまったとき、洪水は瞬く間に引いていったという。

この洪水は、ダム開発に怒ったニャミニャミが引き起こしたものとされ、その存在がカリバ湖を守っていると語られるようになった。目撃情報の乏しさから、実在するかどうかは定かでないが、洪水の一件が不思議な出来事であったことは間違いない。

ニューエイジ《にゅーえいじ》

オカルト用語

一九六〇年代から高まった神秘主義ムーブメント。ベトナム戦争や公害の発生によって、それまでの科学的発展第一の流れに逆らい、真の平和を目指す思想がその始まりとされるが、根底には占星術の影響がある。

その思想によると、地球から見た太陽の経路（黄道）上にある「春分点」は、地球の歳差運動（自転している物体の回転軸が円を描くように振れる現象）によって少しずつずれ、一定の周期で一二の星座を巡って行くが、それまでは魚座にあった春分点が、新たに水瓶座に入り、時代が転換するという。

春分点が魚座にあった期間は二〇〇〇年ほどで、ちょうどキリスト生誕から紀元二〇〇〇年までと重なっている。ニューエイジという言葉には、二〇〇〇年ぶりに新たな時代が訪れるという意味が込められている。具体的には「水瓶座の時代」を意味し、近代の神秘的思想や運動は多くがこの影響を受けている。

ニューエイジムーブメント《にゅーえいじむーぶめんと》

思想・概念

⇩ニューエイジ

ニューネッシー《にゅーねっしー》

UMA

一九七七年、ニュージーランドのクライストチャーチ沖で、日本の漁船が死骸を引きあげた謎の生物。ニュージーランドの国名と、水棲ＵＭＡの代表「ネッシー」を合わせてこの名前が付けられた。

死骸はかなり腐敗が進んでおり、その姿はわかりづらかったが、全長約一〇メートルもある怪物であった。この漁業船は商業用であったため、巨大生物を乗せる容量はなく、死骸は間もなく海へ捨てられたが、姿をおさめた写真とひれの先についていた髭状の物質が持ち帰られ、それが公開されると世界的な大ニュースとなった。

それまでのＵＭＡの写真は不鮮明なものが多かったため、この鮮明な写真に学者たちは色めき立ち、いろいろな説が飛び出した。当初は古代生物「プレシオサウルス」の生き残りという意見もあったが、髭状物質の分析が行われ、結局ウバザメに近いとの結果が出る。しかし、ウバザメはそもそもニュージーランド沖に棲息していないという点や、分析結果で近かったのがアミノ酸の構成のみである点などから、プレシオサウルスである可能性はゼロではないとされ、議論は現在も尽きていない。

ニライカナイ《にらいかない》

思想・概念

沖縄県や鹿児島県奄美群島の各地に伝わる他界概念であり、理想郷の伝承。奄美ではネリヤカナヤとも呼ばれている。遠い東の海の彼方、または海の底、地の底にあるとされる異界。

年初にはニライカナイから神がやってきて豊穣をもたらし、年末にまた帰るとされる。生者の魂もニライカナイから来て、死者の魂はニライカナイに去ると考えられている。

本土の常世国の信仰と似ており、柳田國男は、ニライカナイを日本神話の根の国と同一のものとしている。

一九七五年、西村京太郎による小説『幻奇島』では、ミステリーの現場がニライカナイを信仰する島という設定。

二〇一三年に配信のスマホ用ゲームアプリ『モンスターストライク』でニライカナイがモンスターとして登場。

韮澤潤一郎《にらさわじゅんいちろう》

人物

一九四五年〜。新潟県出身のＵＦＯ研究家、実業家。オカルト系出版社「たま出版」の社長も務めている。小学生の時にＵＦＯを目撃したのがきっかけでＵＦＯに興味を持ち始めたという。その興味は大人になってからも失われることなく、独自の研究を続け、雑誌やテレビで発表。一九八〇年代後半頃からは、テレビ番組でＵＦＯについて独自の発言をくり返すようになる。「異星人はノアの方舟の時代から、地球に関与し続け、地球人に科学や民主主義を与えてきた」などとしている。

早稲田大学の物理学教授、大槻義彦を相手にＵＦＯが存在するか否かの議論を徹底的に行ったのが特に有名だが、一時ＣＭで共演し、「本当は仲がいいのでは」と噂になった。また、一九九五年に「開星論」のＵＦＯ党（開国論ならぬ「開星論」

を掲げ、宇宙人との友好関係を促進する日本の政治団体）から参議院議員通常選挙に出馬。

ニルヴァーナ《にるゔぁーな》

超能力・超常現象

ジャイナ教において「解脱」の状態を表す言葉。後に仏教の「涅槃」と同一視されるようになった。

もともとニルヴァーナとは、燃え盛る火を吹き消した状態を示す言葉であり、それが転じて怒りや恨み、嫉みといった煩悩を知恵によって消滅させて苦難を脱するという意味となった。仏教では、現世は苦行の場と見なされており、繰り返される輪廻転生から逸脱した状態、つまり完全なる「死」こそが涅槃なのである。

仏教の教えによると、完全なる涅槃へと辿り着いたのは開祖である釈迦のみであり、敬虔な仏教徒は涅槃を目指しているのだが、現世には苦しみ迷っている人が数多く存在するが故に、生きて救済を行わなければならないのだという。天国という永遠の楽園を最終到達地点とするキリスト教やイスラム教とは異なり、完全なる「無」を最終目標とするのが仏教なのである。

人魚《にんぎょ》

怪物

水域に生息する伝説の生き物。現代、広く認知される姿は、上半身が人間、下半身が魚類でそのほとんどが若い女性の姿をしている。その起源は一六世紀ごろのイングランド民話だとされ、さらに古いケルト人の伝承では、ヒトと人魚の間には異なる点がなかったと記述されている。人魚伝説は世界各地に存在し、アイルランドの「メロウ」や中国の「鮫人」などが代表例である。また、日本にも人魚は伝わっており、「日本書紀」に「蒲生河に物あり」「其の形、児の如し。魚にも非ず、人にも非ず」と記述されている。

人相《にんそう》

占い

体型、動作、顔の特徴から性格や運勢を占う方法。現在では、一般的に「人相」というと顔を指すが、元々は体全てを指していた。その起源は二〇〇〇年以上前の古代中国にあり、宋の陳博が記した「神相全編」が江戸時代に伝来したとされる。

直接触れずに相手の気質を判断できるため、現在でも人気の占い法となっている。日本では江戸末期の水野南北が有名で、節食が人相を変えて、果ては運命を改善するという「節食開運説」を唱えた。

ぬ

ヌンダ《ぬんだ》

UMA

アフリカ、タンザニアのタンガニーカ湖周辺に出没するというネコに似たUMA。ムングワとも呼ばれる。その姿はライオンよりも大きく、茶褐色で気性は非常に獰猛とされる。決定的な写真や証拠はないが、地元の人々によるいくつかの目撃情報がある。

一九二〇年代には、パトロール中の警官が謎の獣に殺されるという事件が起きた。その際、警官は獣の毛をむしり取っており、それを分析した結果、ライオンやヒョウとは全く異なるものであると判明し、ヌンダではないかと考えられている。

ね

ネクロマンサー《ねくろまんさー》

魔術

死者や霊を用いた術を使う者の総称。日本では屍術師などと訳されることがある。

もともとは、中世ヨーロッパにおいて死者の霊を呼び寄せて知識を得る占い師のことであり、キリスト教教会からは黒魔術の使い手として白眼視されていた。後の漫画や小説、テレビゲームの世界で死者を蘇らせて操る魔術師という描写で描かれるようになり、現在はそちらのイメージが主流になっている。なお、このイメージが誕生したのは、欧米圏でゾンビ映画が流行したことと密接な関係があるという。

創作物の世界でネクロマンサーが登場する場合、禁断の秘術を使う危険人物として描かれることが多い。一例を挙げると、シミュレーションゲーム『タクティクスオウガ』に登場するニバス・オブデロードは、自らの不老不死の夢を実現するために他人を次々と犠牲にした挙句、自らがリッチと呼ばれる怪物に成り果てるマッドサイエンティスト系の人物となっている。

ネッシー《ねっしー》

UMA

イギリス、スコットランドのネス湖に棲んでいるといわれるUMA、「ネス湖の怪獣」の通称。目撃談や写真で捉えられた形状から、絶滅したプレシオサウルス（首長竜）の生き残り説、未知の大型両生類説、水棲哺乳類説、軟体鰭脚類説、巨大魚類説など諸説ある。UMAの代表例として知られ、最古の記録は、紀元五六五年にアダムナンが書いた伝記『聖コロンバ伝』とされる。

世界的騒動の発端は、一九三三年にネス湖に自動車道路が建設され、その翌年、ロンドンの医師R・K・ウィルソンが、湖面から突き出た怪物の首のようなものの写真を撮ったことであった。その写真が英国紙「デイリー・メール」紙に掲載されると大きな話題を呼んだ。

　この写真については一九九四年、関係者によってトリックであったという証言がなされたが、すでに一九三四年以後、ほかにも目撃写真や目撃談が多数寄せられている。

　映像では一九六〇年、著書『ネス湖の怪獣』（大陸書房）で知られるネッシー研究家ティム・ディンスデールにより撮影された、対岸に向かって泳ぐネッシーを捉えたとされるフィルムが知られている。

　近年では探索方法も近代化しており、高速度カメラ、音波探知器、赤外線装置などが使用され、最新の研究ではニュージーランドのオタゴ大学の研究者が二〇一九年九月、ネス湖の水中に残留するDNAの分析によって、未知の生物のDNAは検出されず、ネッシーの正体は大ウナギの可能性があることを発表している。

　しかし、ネッシーが多くの人々の未知の生物への関心を掻き立てた功績は否定できない。二〇世紀最大級のミステリー、そして永遠のロマンであり続けるだろう。

念写《ねんしゃ》

超能力・超常現象

心の中で念じたものを写真乾板（写真術で用いられた感光材料の一種）やフィルムに映し出す特殊能力。精神が物質に影響を及ぼすという認識をもとにしており、超心理学ではサイコキネシスに分類される。

　日本の心理学者である福来友吉が女性超能力者、御船千鶴子と長尾郁子の透視研究中に発見したのが最初とされ、念写について福来が英文で書いた論文が、一九五二年三月にイギリスの「サイキック・オブザーバー」誌に掲載された。しかし、福来は同年三月一二日に他界したため、日本に届いた論文に目を通すことはできなかった。

　念写という言葉は、その論文をきっかけに広まったとされるが、実際には、福来は数多くの実験を行いながらも、念写について明らかな科学的根拠を示すことはできなかった。

念力《ねんりき》

超能力・超常現象

手を触れずに他の存在に物理的影響を与える能力のこと。「サイコキネシス」や「心霊隔動」と呼ばれることもある。ユリ・ゲラーによるスプーン曲げのように、単純に物理的影響を与えるもののほか、念写やポルターガイストなど、精神が物理的反応を呼ぶものは全て念力に含まれる。

もともとの能力を開発することによって、あるいは訓練によって後天的にも行えるようになるといわれている。しかし、昔からトリックが発覚した例も多いことから、科学的に懐疑の目で見る者も少なくない。アメリカでは、一時これを軍事的に利用する研究が進められていたとされるが、実際にどのように応用されたかは不明である。

の

ノーフォーク連隊集団失踪事件《のーふぉーくれんたいしゅうだんしっそうじけん》

事件

第一次世界大戦時に起きた、不可解な集団失踪。この連隊は連合国イギリス陸軍所属の部隊で、重要拠点であるサル・ベイの丘を奪取するために移動していた。その様子をオーストラリアとニュージーランドの連合部隊であるアンザック軍団の隊員が見ていたが、その際、ノーフォーク連隊が歩く山に奇妙な茶色い雲が集まっていったという。

しばらくして、その雲が消えたとき、ノーフォーク連隊は忽然と姿を消していた。当時は敵軍の待ち伏せにあって全滅したとされたが、終戦後の報告ではそのような事実が認められなかった。現在では、実際は存在しない部隊で、失踪の報告も捏造であるという見方や、やはり敵国によって殲滅されて一部は捕虜となったという見方があるが、真相はわかっていない。

ノストラダムスの大予言《のすとらだむすのだいよげん》

予言

一九七三年に祥伝社から発行された作家の故・五島勉の著書名。当時は米ソ冷戦で核に対する恐れや、三島由紀夫の割腹自殺、オイルショック、公害問題の顕在化などによる社会不安があったことを背景に二五〇万部の大ベストセラーとなり、映画化もされた。

ノストラダムスは、ルネサンス期フランスの医師、占星術師、詩人。また料理研究の著作もある。一五五七年『ミシェル・ノストラダムス師の予言集』を出版するが、他に出していた暦の方がよく売れたとされる。改訂版が数回にわたって出版されているが、一〇〇年後には偽版も数回出現した。序文は散文形式だが、予言は四行詩のスタイルで、詩の解釈は世界的事件と結びつけたり、主教的な解釈をされたり、多彩な読み方が可能。肯定派、否定派ともに研究者は多い。

五島の著書にある「一九九九の年、七の月　空から恐怖の大王が降ってくる」というフレーズは、核戦争や大気汚染などの脅威や不安を現実味をもって感じさせ、世間に浸透した。実際には一九九九年に恐怖の大王は訪れなかったが、二〇

○一年九月一一日の同時多発テロが予言の日だったと、のちに五島は語ったともいわれている。

ノスフェラトゥ《のすふぇらとぅ》

怪物

吸血鬼、あるいはより漠然と「不死の怪物」を意味する言葉。ルーマニア語といわれることが多いが、実際のルーマニア語にこの言葉は見当たらず、古代スロヴァキアの言葉であるとか、ギリシャ語の「病気を含んだ」という言葉が語源などといわれているが、明確な根拠は不明である。

この言葉が広まったきっかけは、一九二二年のドイツ映画『吸血鬼ノスフェラトゥ　恐怖の交響曲』であった。この映画は『吸血鬼ドラキュラ』を原作としているが、タイトルには「ノスフェラトゥ」という言葉を使い、吸血鬼はオルロック伯爵という名で、さらに原作のドラキュラ伯爵の高貴な風貌とは異なり、ぎょろ目に禿げ頭という不気味な印象に仕上げられている。これらの変更については、一般に「著作権問題の回避のため」と説明されることが多いが、映画内には『吸血鬼ドラキュラ』を原作としていることが明記されているため、単にドイツ語圏の観客にとってなじみやすくするための変更ともいわれている。

仮に著作権問題の回避が目的であったとすれば、その目的は達せられなかった。すでに亡くなっていた『吸血鬼ドラキュラ』の著者、ブラム・ストーカーの相続人である夫人が、著作権侵害の訴えを起こし、ドイツの法廷はこの作品を盗作として配給停止のみならず、既存のプリントをすべて焼却するよう命じた。

しかし、本作のプリントは既に世界中に配給されており、技術的・芸術的に高い評価を受けた作品であったため、各地で複製されてカルト的なファンを獲得した。一九六二年に著作権が切れ、正式にフィルムが復元された。

のっぺらぼう《のっぺらぼう》

妖怪

目・鼻・口がなく、白くのっぺりした顔を持つ日本の妖怪。全身は人間と同じだが、顔のパーツだけがない。後ろ姿は人間と見分けが付かず、振り向きざまに人間を驚かせる。

昔から落語や講談などにも登場する比較的有名な妖怪で、小泉八雲の『怪談』にも出てくる。典型例は目も鼻も口もないが、中には口だけ存在するパターンも見られる。

のっぺらぼうと遭遇したときのエピソードとして、よく知られるのは以下のようなものである。

ある夜、一人の商人が道端で座り込んで泣いている若い女を見て、心配して声をかけた。すると、振り向いた女の顔には目も鼻も口もない。驚愕した商人は一目散に逃げ、屋台のそば屋に駆け込む。

向こうを向いてそばを作っていた主人が、「どうしましたか」と聞くので、商人が化け物のことを話し始めると、そば屋が振り向く。「こんな顔ですかい」というその顔も、またのっぺらぼうだったため、商人は恐怖のあまり気を失ってしまう。

のっぺらぼうにまつわる話には、ほかにもいろいろなバージョンがあるが、振り向いたのっぺらぼうに驚き、逃げた先で再びのっぺらぼうに遭うという筋書きが多い。

野間トンネル《のまとんねる》

心霊スポット（日本）

大阪府豊能郡豊能町の野間峠を貫くトンネルで、正式名称は「野間隧道」。一九三七年に竣工し、長さは七二メートル。以前は、道路と壁面の経年劣化が激しかったようだが、改修されたらしく、現在はきれいで照明も明るい。

しかし、地元のタクシー運転手が通るのを嫌がるといわれるほど、昔から幽霊の目撃談が多いトンネルのようだ。伝えられている話には、以下のようなものがある。

・白い服を着た女性の霊が出る
・首のない幽霊が出る
・首だけが浮かんでいるのが見えた
・車で走行中に一気に肩と首が重くなり、気分が悪くなる
・車が動かなくなる

野間峠は日蓮宗の霊山とされる妙見山の一部であり、妙見山には江戸時代の刑場、「しおき場」の跡地もある。そのため、野間トンネルにこういった心霊現象が起きやすいのではないかといわれている。

ノロイ《のろい》

作品（映画）

二〇〇五年に公開された日本のホラー映画。監督・脚本は白石晃士。

「フェイク・ドキュメンタリー」、あるいは「モキュメンタリー」と呼ばれるドキュメンタリー風のフィクションで構成されている。同時に、第三者が発見したビデオを公開する設定の「ファウンド・フッテージ作品」にあたる。

主要な登場人物に実在する人物名を用い、現実とリンクさせて物語を多角的に展開するプロモーションが行われた。

ある怪奇実話作家が「呪い」をテーマにしたドキュメンタリー作品を完成させた後、消息を絶つ。自宅は全焼し、妻の焼死体が発見されたが、作家は行方不明のまま、作品だけが残された。それを一年がかりで検証し、映画として完成させたという設定になっている。

残されたフィルムには、隣家の不可思議な怪奇現象を発端とし、次々に起こる超常現象と恐ろしい出来事が記録されていた。

呪みちる《のろいみちる》

人物

ホラー漫画家。幼少期に近隣に住むホラー好きの男の子から「耳なし芳一」の怪談を聞かされたのがホラーとの馴れ初め。中学生の頃、弟が買ってきた日野日出志の『蔵六の奇病』に感銘を受け、自身もこんな作品を描いてみたいと怪奇漫画家への憧れを持ったという。一九八〇年代後半のお笑いブームに影響されて、芸人を目指し友人と漫才コンビを結成し、漫才の台本用に漫画を描き始める。『ヤングマガジン』の新人賞に応募したギャグ漫画が入選し、ギャグ漫画家としてデビューを果たす。一九九八年、『恐怖の館DX』2月号（リイド社）掲載の『時計屋敷の少女』でホラー漫画家に転向。以降、妖しく美しい女性像でファンを魅了し、少女ホラー誌、レディースコミック誌でホラー漫画を発表。二〇一三年、これまで入手困難だった作品を集めた『ライオンの首　呪みちる作品集　1996－2012』が刊行され話題を呼んだ。

は

ハーキンマ《はーきんま》

UMA

アメリカ合衆国モンタナ州のフラットヘッド湖で目撃されるという水棲UMA。体長は六メートルで、海蛇型の体型をしているといわれるが、詳しいことはあまりわかっていない。最初に目撃情報が広がったのは一八八〇年代のことで、蒸気船の発達によって湖を航行できるようになり、船に近づいてくる様子を乗員が目撃するようになる。一九四九年には映像の撮影に成功。謎の大きな影が映っている。さらに一九七二年には日本の児童向け雑誌に写真が投稿され注目されるが、これは合成であり信憑性はないことが判明した。なお、「ハーキンマ」は日本での呼び名であり、海外では「フラッドヘッドレイクモンスター」や「モンタナ・ネッシー」などと呼ばれている。

ハーメルンの笛吹き男《はーめるんのふえふきおとこ》

事件

ドイツの町、ハーメルンで一二八四年に起きたとされる出来事についての伝承。グリム兄弟などの手で記録され、伝えられてきた。

同年、ハーメルンではネズミが異常に繁殖し、町の住人を困らせていた。ある日、カラフルな服を着て笛を持った男が町に現れ、報酬をくれるならネズミを退治してやるというので、人々は報酬を約束した。

男が笛を吹くと、町のあちこちからネズミが出てきて男のもとに集まった。男がそのまま川の方向に歩くと、ネズミたちもついてくる。男は、その不思議な笛の音でネズミを川に誘導し、残らず溺死させた。

ハーメルンの人々はネズミがいなくなって喜んだが、男との約束を破り、報酬を支払わなかった。怒った男は、「代わりにお前たちの大切なものをいただく」と言い残し、いったん町から姿を消す。六月二六日に再び現れ、大人たちが教会にいる間に、笛を吹きながら通りを歩く。すると、家々から子供たちが出てきて男のあとを踊りながらついていった。

一三〇人の少年少女たちが笛吹き男について町から出ていき、山にある洞穴に入った。穴は内側から岩で塞がれ、笛吹き男も子供たちも、二度と戻ってこなかったという。足が不自由で途中からついていけなかった子と、盲目で耳が聞こえない子だけが残されたという伝承もある。

ハーメルンのマルクト教会のステンドグラスには、「一二八四年の聖ヨハネとパウロの記念日に、ハーメルンの一三〇人の子供が笛吹き男に誘い出され、コッペン（当時のドイツ語で「丘」の意）近くの処刑場でいなくなった」と書かれていたという。

この物語は、何世紀にも渡って語り継がれ、さまざまに解釈されているが、実際に何があったのか、何を意味するのかは今もわかっていない。

「ドイツ地方から東ヨーロッパへの移民のことを表すという説」「笛吹き男は政治運動のリーダーで、子供たちは新しい街を作るために自ら親元を離れたという説」「笛吹き男は小児性愛者で、多くの子供がさらわれた悲惨な事件」などの説がある。

バールベック《ばーるべっく》巨石《きょせき》

遺跡・オーパーツ

レバノンの都市バールベックに存在するオーパーツ。ここには名前の通り、太古の巨石がいくつかあり、もっとも有名なのが世界遺産でもある現地のジュピター神殿の土台に使われている「トリリトン（驚異の三石）」だ。これは長さ約一八メートル、高さと幅は約四メートル、重量は六五〇〜九五〇トンと、建設に使われた切石としては世界最大級を誇る。

イギリスのテレビ番組の試算では、これを運搬するには一万五千人以上の人手が必要だとされたが、その人数の人力をまとめて石に作用させるのは不可能と考えられている。クレーン車もない古代に、どのようにしてこの巨石を運んだのかは謎とされている。

また、ジュピター神殿から南西に約一キロ離れた場所には「南方の石」と呼ばれるさらに巨大な石がある。これは、建築物に使われていない切石として世界最大で、長さ約二一・五メートル、高さ約四・二メートル、幅約四・八メートル、重さは約二〇〇〇トンに及ぶ。こちらは動かされた形跡がないというのが定説となっているが、これも動かした形跡があるという説もある。

パイロキネシス《ぱいろきねしす》

超能力・超常現象

道具を使わずに火を発生させる超能力のこと。この言葉の初出はアメリカの小説家スティーヴン・キングが手がけた『ファイアスターター』という作品だとされている。

創作物では頻繁に使用される能力だが、現実世界でも使用可能な者が存在する可能性がある。一九八二年にイタリアのある街で民家が焼失するという事件が立て続けに五回も発生した。出火した家の全てで、とあるベビーシッターの女性が働いていたという事実が発覚したことから、彼女は確固たる証拠がなかったにもかかわらず、パイロキネシスを使ったという罪で有罪判決を受けたのだ。

また、一九八六年にアメリカのカリフォルニア州に住む少年が、見つめたものを何でも燃やすことができるという記事が地方紙に掲載された。ブラジルやウクライナでも同様の事例が報告されている。パイロキネシスは純粋な心を持つ子供の方が発揮しやすいのかもしれない。

バイロケーション《ばいろけーしょん》

超能力・超常現象

超常現象の一つで、同一の人間が同時に複数の場所で目撃される現象、またはその現象を自ら発現させる能力を指す。「自分と同じ人間が出現する」というドッペルゲンガーとよく似た能力であるが、ドッペルゲンガーが本人の意思とは関係なく出現するのに対して、バイロケーションは能力者の意思によって発動するという違いがある。

バイロケーションは、能力者の肉体から意識や霊体が分離することによって形成されるもので、普通の人間に比べると動きがぎこちなく言葉に反応しないといった特徴がある。

一九世紀のフランス人女性教師エミリー・サジェは、生前バイロケーションの使い手として知られた人物で、教え子たちは何度も教室の中で二人のサジェが存在する様子を目撃した。ある時、教室でサジェが授業を行っていると、教室の外でもう一人のサジェが庭の手入れを行っている様子が見えたので、一人の生徒が教室のサジェに手を触れたところ消滅したという。

そのような事情から、サジェは赴任先を何度も解雇されて最後には義妹の家に身を寄せて生活していたのだが、そこでもバイロケーションを発動させたため、近隣の子供たちの人気者になっていたそうだ。

パエトーン《ぱえとーん》

宇宙・UFO・宇宙人

かつて太陽系に存在していたといわれ

る惑星。名前は古代ギリシャの太陽神「アポロン」の息子、「パエトン」が由来となっている。

太陽系の火星と木星の間には無数の小惑星が存在し、その数は、大望遠鏡で明るさが確認できる規模以上のもので七万個、一メートル以上の規模のものでは百億個に達するという。これほどの規模の小惑星群は太陽系内では他に存在しないため、元々一つの惑星が存在したのではないかという意見が広まった。

それが失われた惑星「パエトーン」であり、研究者の中にはパエトーンこそが人類の故郷であり、遥か昔にそこから地球に移住してきたのだと主張するものも現れた。しかし現在では、エネルギー源計算の矛盾などによりパエトーンの存在は否定されている。

バグダッドの古代電池《ばぐだっどのこだいでんち》

遺跡・オーパーツ

イラクのバグダッドでドイツ人学者のウィルヘルム・ヘーリッヒが発見した古代技術、あるいはオーパーツ。「電池」と名がついているものの、見た目は高さ約一五センチの粘土の壺で、紀元前二五〇年ごろから紀元後六五〇年の間に作られたと見られている。ほかにも、いくつか同様のものが見つかっている。

壺の中央にある鉄の棒や、そこに認められた酸によると見られる腐食の跡から、専門家によって「電池ではないか」と推測された。さらに壺の中にクエン酸や酢酸をいれると、微量ながら電気が発生したという。

化け狸《ばけだぬき》

妖怪

日本に伝わる狸の妖怪で、さまざまな術を使って人間をだます。「妖狸」「怪狸」「古狸」とも呼ばれる。日本では古くから、狸は狐と並んで人やものに化けたり、人間に幻覚を見せたり、憑依したりすると信じられ、化け狸にまつわる伝承は、各地に多く存在する。

有名なものに、群馬に伝わる「文福茶釜」があり、これは狸が茶釜に化けたことが発端となる話。「狸囃子」は全国各地で語られる伝承で、夜中にどこからともなく笛や太鼓のお囃子が聞こえてきて、それが狸の仕業であるとするもの。千葉の證誠寺に伝わる「狸囃子」はとくに有名で、童謡にもなっている。

佐渡の団三郎狸や松山の隠神刑部《いぬがみぎょうぶ》など、その名が知られた化け狸もいる。地域によっては、狸のもつ力を称え、祀って守り神とする風習もあった。現在も、その伝承を受け継ぐ寺社仏閣が存在する。

狐と比べて、ユーモラスなイメージのある狸は、人をだましはするものの、どこか憎めないキャラクターとして伝えられることも多い。

信楽焼の狸に見られるように、化け狸は大きな陰嚢を持つ姿で描かれることがある。その皮を広げて、床などの大きなものに化ける場合もあるとされ、これを「狸の金玉八畳敷き」などと称する。

なお、明治期に各地の鉄道に出没した「偽汽車」は、狐や狸の仕業という見方もされていた。

化け猫《ばけねこ》

妖怪

日本の妖怪の一種で、猫が妖怪に変化したもの。化け猫の伝説は日本各地にあるが、佐賀県・鍋島の化け猫騒動はとくに有名。

大きく分けると、山奥に住む野生の化け猫と、飼い猫が何かの事情から妖怪と化した場合があるとされる。いずれも、年老いて強い妖力を持つようになると、尻尾が二本に分かれることから「猫又」と呼ばれる場合もある。

山奥に住む化け猫は、古くから旅人を食い殺す妖怪として知られていた。富山県の猫又山、福島県の猫魔ヶ岳などは、その伝承が地名として残っているケースと考えられる。

飼い猫が化け猫となる伝承も多くみられ、その習性として知られているのが「行灯《あんどん》の油を舐める」というものである。伝承や物語では、夜中に妖怪と化した猫が、後ろ足で立って行灯の油を舐めている様子が描かれる。

一説によると、行灯の油として庶民が使っていた魚油を、猫が摂取していたところから生まれた伝承ではないかともいわれている。

もともと猫は夜行性で、よく眼が光り、条件次第で目の形も変わる。足音を立てずに歩くさまや、大人しくしていたかと思うと、急に野性をむき出しにする様子などが、人間から見ると計り知れない動物と感じられたことが、化け猫伝説の根底にあるとも考えられている。

バシャール《ばしゃーる》

宇宙・UFO・宇宙人

エササニという惑星にいる宇宙存在。チャネラーであるダリル・アンカが名付け、「指導者」や「メッセンジャー」という意味が込められている。ある日、ダリル・アンカが瞑想をしていると、何者かが大量の情報を頭の中に入れてくる感覚に陥り、これがバシャールとの最初のコンタクトだったという。

彼はそこで生前からバシャールのチャネラーになることが義務付けられていたと悟り、その役目を果たそうとする。彼によるとエササニ星人の身長は一・五メートルほどで、皮膚は白っぽく、地球より三〇〇年程度進化しているという。地球はやがてエササニ星の位置に移動し、その役割が入れ替わる。さらにその後、エササニ星はシリウスの位置に移動していくとされている。

バズビーズチェア《ばずびーずちぇあ》

呪い

イギリスのサースク博物館に展示されている椅子。「座った者が死亡する」と言い伝えられている。この椅子の元来の使用者はトーマス・バスビーという男性であった。バズビーは村の有力者の娘と婚約したが、娘の父親はバズビーが素行の悪い人物であったため結婚に反対していたという。ある日、バズビーが自宅に帰ると娘の父親が自分の椅子に座っており、娘を自宅に連れ帰るために来たと告げた。父親の言葉を聞いて激怒したバズビーは、彼を衝動的に絞殺した結果、処刑されたのだ。処刑の間際、バズビーは「あの椅子は俺のものだ！　座った奴は呪ってやる！」と絶叫していたという。その後、椅子は地元のパブに寄贈されたのだが、度胸試しで座った者の大半が数日後に病気や事故で死亡したという。その総数は六五人にのぼるとされている。現在、サースク博物館に展示されているバズビーズチェアは糸で吊るされて誰も座ることができない処置が施されている。

パターソンギムリンフィルム《ぱたーそんぎむりんふぃるむ》

UMA

アメリカでロジャー・パターソンとボブ・ギムリンの二人が類人猿を撮影したフィルム。一九六七年にアメリカのカリフォルニア州ユーレカのシックス・リバーズ国有林で撮られたもので、そのとき彼らは、「謎の生物の巨大な足跡を見た」という報告を受けて現地で調査していた。

類人猿型UMAを収めた映像としては最も有名で、黒い毛並みの生物が振り返りながら森の中に消えていく姿を鮮明にとらえている。この映像は世界中で話題になった一方で、本物かどうかの大論争に発展する。

発見当時のスミソニアン大学の見解は「着ぐるみによるフェイク」だというものだったが、その後、ソ連の科学委員会は筋肉のふくらみや体の動きから、未知の生物の可能性を示唆している。さらにテレビ番組などでも取り上げられ、肯定派と否定派による検証が何度も行われているが、真相はいまだに明らかになっていない。

バタリアン《ばたりあん》

作品（映画）

一九八五年にアメリカで製作されたホラー映画、および一連のシリーズの総称。第一作はゾンビ映画の古典的名作である『ナイト・オブ・ザ・リビングデッド』のパロディ的な内容であり、原題は『The Return of the Living Dead』でコメディ要素が多分に含まれている。日本の配給会社がつけたタイトル『バタリアン』とは

「大群」を意味する日本独自のタイトルで、のちに「オバタリアン」という流行語の語源となった。このシリーズに登場するゾンビはトライオキシン２４５という薬品によって蘇った死体という設定で、高い知能を有して頭を潰しても死なないなど従来のゾンビ映画のセオリーが通用しないことが特徴。ＢＧＭにはロックミュージックが数多く使用されており、作中で惨劇が発生しているにもかかわらず妙に明るい雰囲気を醸し出しているのだ。続編の『バタリアン2』は主人公を小学生男子にするなど明確に子供受けを狙った内容になっており、一九九三年に作成された『バタリアン　リターンズ』は、ホラー要素を強調した作風になっている。二〇〇五年に、一二年ぶりに公開された正当な続編『バタリアン4』は、史上初めてウクライナ・チェルノブイリで撮影が実施された。

ハッシー《はっしー》

UMA

岐阜県羽島市で目撃された水棲ＵＭＡ。目撃されたのは一九八六年で、羽島市の長良川の水面近くに謎の生物が現れたのを地元中学の教頭と教諭が発見した。ネス湖のネッシーをもじって名前が付けられたが、ネッシーのような首長竜タイプとは異なり、体長二メートルほどのエイのような姿だといわれている。

正体については、かつて同川にトドが現れたことから、トドではないかという意見、または大きなカレイが遡上してきたという説、日本ではいまだ存在が確認されていない淡水エイという説もある。しかしそれ以降、ハッシーが姿を現したことはなく、真相は闇の中となっている。

八尺様《はっしゃくさま》

怪物

身長が八尺（約二四〇センチ）ある、女性の姿をした怪物、もしくは都市伝説。インターネット掲示板・2ちゃんねるのスレッド「死ぬ程洒落にならない怖い話を集めてみない？」で書き込まれて話題になった。年齢については、二〇代前半から老婆まで幅広く報告されているが、「頭に何かを乗せている」「『ぽぽぽぽ』という奇妙な声で笑う」などの特徴は共通している。

また、どんな声でも自在に出せるという特技を持ち、被害者の知り合いの声真似などを駆使しておびき寄せるとも言われる。八尺様に狙われることは「魅入られる」と表現され、遭遇すると数日のうちに取り殺されてしまうという。被害を受けるのは未成年の子供であることが多く、これを防ぐには窓を全てふさいだ部屋の四隅に塩をもって数日閉じこもる必要がある。

ハトホル神殿《はとほるしんでん》

遺跡・オーパーツ

エジプト、デンデラに存在するデンデラ神殿複合体の主神殿。古代エジプト神話で愛と美を宿した女神「ハトホル」を祀っており、現存する構造はプトレマイオス朝（紀元前三三二～三〇年）の建造物とされる。

ハトホル神殿はエジプト国内で最も保存状態のよい神殿のひとつとされ、内部には一八本の柱が立つ大列柱室を始めとする二五の部屋がある。神殿にあるレリーフに刻まれた図形については、その解釈を巡って論争が起きている。

主流のエジプト学者は、レリーフは神話の描写であり、ジェド柱（生命の印とされる木柱）と、ヘビを内側に持つハスの花を描いているとする。一方で、非主流科学の研究者は、古代エジプトの電気技術を現す「電球」の描写だと主張している。実際にそのレリーフは、電球そっくりにも見える。そのため、「デンデラの電球」と呼ばれている。

はねたき橋《はねたきばし》

心霊スポット（日本）

群馬県みどり市大間々町にある橋で、渡良瀬川の高津戸峡に架かり、大間々地区と高津戸地区を結ぶ。長さ一二〇メートル、幅三・五メートルの歩行者専用橋（人道橋）。

現在の橋は二代目で、初代の橋は一九五三年に架けられた木床の吊り橋で、長さ五七・三メートル、幅二・二メートルであった。一九九三年より、現在の橋への架け替え工事が始まり、一年余りをかけて完成した。

橋名の由来は、下を流れる渡良瀬川で、岩に水が当たって飛び散る様子が滝のように見えることに由来する。

自殺の名所として知られ、二〇一六年の夏には橋の上から家族が飛び降り、無理心中するという事件も起きている。そのため、自治体では、自殺を防ぐための看板や監視カメラを設置している。

自殺者が多いことから、ここで心霊現象に遭遇したという話も多い。

橋をバックに写真を撮ると、高い確率で煙状のものや色のついた霧状のものなどが写り込むといわれる。また、「橋のたもとでうつむく女性の幽霊を見た」「黒い人影のようなものが落ちていくのが見えた」などの目撃談がある。

女性の幽霊が多いといわれ、その理由は、昔、はねたき橋の近くに高津戸城という城があり、居城していた姫が原因不明の病で死んだため、女性を呼んでいるからという噂もある。

バビロン《ばびろん》

遺跡・オーパーツ

メソポタミア地方の古代都市。現在のイラクの首都バグダッドから、約八五キロメートル南方にあり、二〇一九年に世界遺産に登録された。

古来、バビロニア（現代のイラク南部、チグリス川とユーフラテス川下流領域）の主要都市で、旧約聖書に頻出することや、ハンムラビ法典で知られるハンムラビ王によって統治されたこと、バビロンの空中庭園などで有名。

長い歴史の中で目まぐるしく統治者が代わり、繁栄と衰退をくり返したが、古バニロニアの紀元前一七七〇〜一六七〇年頃と、新バビロニアの紀元前六一二〜三二〇年頃には世界最大の都市であり、現存するのは後者の遺跡である。巨大な建築物、門、像などが多数ある大規模な遺跡群で、発掘された部分は二割に満たないとされる。

その遺跡は、サダム・フセイン政権時に盛んに発掘されたが、新バビロニアの王、ネブカドネザル二世と自分を重ねたかったフセインの命によって強引な修復がなされ、本来の状態と異なる姿になったものも多いといわれている。

バビロンの空中庭園《ばびろんのくうちゅうていえん》

遺跡・オーパーツ

現在のイラクに当たる古代都市バビロンに存在したと考えられている庭園。名前からは空中に浮かぶ庭園がイメージされるが、実際には高台にいくつもの階層がおかれた庭園で、古代土木技術の偉業とされる。世界の七不思議の一つだが、その中では唯一、詳しい位置が確定していない。

その跡地や残骸は見つかっておらず、言い伝えや神話の中にしか記述がないからである。記録によると、バビロニア帝国の王ネブカドネザル二世が妻であるアミュティス王妃のために建設したもので、紀元前六〇五〜五六二年に存在したとされる。いくつかの史料で、その設計や規模が詳細に記述されている。しかし、考古学的な証拠は見つかっておらず、バビロンの空中庭園が本当に実在したか否かについては、未だ論争の的となっている。

蛤女房《はまぐりにょうぼう》

妖怪

日本の昔話に見られる妖怪。その昔話の概要は次の通り。

一人の漁夫がいつものように漁をしていると、ある日、たいへん大きな蛤が獲れた。この大きさになるまで育ったものを、獲るのは忍びないと、漁夫はその蛤を海に返した。

しばらくすると、美しい娘が訪ねてきて、嫁にしてほしいというので、男は妻として迎え入れた。この妻は、非常においしい出汁のきいた料理を作り、中でも汁物は絶品であった。

「どうすれば、こんなにうまい出汁がとれるのか」と男は不思議に思うが、妻は教えない。しかも、「料理を作っているところは、決して見てはいけない」という。しかし、男は好奇心に駆られて料理中の様子をのぞき見る。

すると、あろうことか、妻は鍋の上にまたがって排尿していた。男が激怒して妻を追い出すと、海辺で泣いていた妻は、やがて蛤の姿になった。それは、男がかつて助けた蛤で、海へと帰っていった。

地域によっては、男の獲った蛤から娘が現れ、妻となってきれいな織りものを作ってくれるというバージョンもある。

バミューダ・トライアングル《ばみゅーだ・とらいあんぐる》

地名

フロリダ半島の先端と、大西洋にあるプエルトリコ、バミューダ諸島を結んだ三角形の海域を指し、「魔の三角地帯（または三角海域・三角水域）」とも呼ばれる。

ここでは、一〇〇年以上前から一〇〇を超える船や飛行機、一〇〇〇人以上が消息不明となっているという伝説がある。消息を絶つ直前にコンパスや計器の異常等の兆候があるとされる。この伝説に基づき多くの小説、漫画、映画などが製作されている。

一九七四年、チャールズ・ベルリッツ著『謎のバミューダ海域』が、総発行部数五〇〇万部以上の世界的ベストセラーとなって、世界的に知られるようになった。翌年、アリゾナ州立大学図書館の司書であるR・D・クシュは、『魔の三角海域』を著して、ベルリッツが謎とした三六件中約三分の二は、事実の誤認、歪曲、誇張、創作であり、単なる遭難事故を怪事件に仕立て上げたと批判した。

伝説が広まるにつれ、はるかに離れた場所でおきた遭難事故もこの海域でおきたと関連付けられていき、伝説はさらに本当らしく語られていった。現在では、悪天候で起こった遭難や操縦ミス、計器の確認ミスによる事故であり、船や飛行機などの遭難件数が他の一般的な海域よりも多いという事実はないとされる。

二〇一五年、ロシア、トロフィミウク研究所のイゴール・エリツォフ副所長は、バミューダ・トライアングルは、海底の天然ガスのうちメタンが気化する際に、核反応のように連鎖的に大量のガスを発生させた（メタンハイドレート反応）結果、海水温が急激に上昇し、ガスが大量に混ざった海水によって船が沈められるとした。

二〇一六年、コロラド州立大学の気象学者S・ミラー博士は、レーダー人工衛星でこの地域の雲の下を観測したところ、海面の風速が時速二七〇キロメートルあり、この風が海面に叩きつけられて一四メートルほどの高波が発生し、事故を引き起こす可能性があると発表した。

バミューダブロブ《ばみゅーだぶろぶ》

UMA

バミューダ海域で目撃された巨大な生物。目撃されたのは一九六九年のことで、ダイバーたちが水深三〇～四五メートルのあたりで遭遇した。体長は三〇メートル近くに及び、上部には直径一五メートルほどのカサ状のものがあり、全体は紫色で不気味に光っていた。ダイバーたちの下に出現したその生き物は、彼らを追うかのように浮上してきたという。

その特徴から、正体は巨大なクラゲだとされたが、これほどのサイズのクラゲは見つかっておらず、特に一五メートルというカサのサイズは既存のクラゲではあり得ない大きさである。以後の目撃情報はなく、詳しい正体についてはいまだに判明していない。

薔薇十字団《ばらじゅうじだん》

秘密結社

一七世紀初頭のドイツに現れた友愛組織。クリスチャン・ローゼンクロイツという人物が手がけたとされる『世界の改革』という書籍を出版したことで、その名が知られるようになった。

『世界の改革』の内容によると、薔薇十字団は一五世紀にローゼンクロイツが設立した組織であり、錬金術や魔術を使用して人々を無報酬で救うことを目的としているという。その高貴な理念に当時のヨーロッパ人の多くが共感して薔薇十字団への入会を希望した。その後も薔薇十字団は数々の書籍を発表し続けたのだ。

現在の調査によると、薔薇十字団の思想は、キリスト教やイスラム教、古代エジプトの宗教が混同したものと推測されている。創始者と言われるローゼンクロイツは架空の人物である可能性が高く、実際に『世界の改革』を手がけたのは、ヨハン・ヴァレンティン・アンドレーエという神学者だという説が主流だ。

この説が正しければ、薔薇十字団は一人の神学者の空想の産物に過ぎなかったわけだが、その思想に多くの人物が感化されて欧州の歴史に多大な影響を与えたことになる。

パラレルワールド《ぱられるわーるど》

オカルト用語

現実世界から分岐し、それに並行して存在するとされる別の世界。日本語で「並行世界」と呼ぶこともある。「異世界」と混同されることがあるが、異世界は「今暮らしている世界とはまったく異なる世界」を指すのに対し、パラレルワールドは「この現実世界と同じ環境がもう一つ存在する」（枝分かれしているので、多くの違う点はあるが基本的な環境は同じ）という意味で異なっている。

パラレルワールドは、ＳＦでも主要な

テーマの一つで、「今の現実とは別にほかの現実が並行している」という考えは、作品を構成するうえで都合がよく、タイムトラベルの結果としてもよく用いられる。

　一方で、ただのSF要素だけでなく、物理学の世界でその概念を肯定的にとらえる専門家もいる。さらに、実際にパラレルワールドに行ったことがあるという人、パラレルワールドからやってきたと主張する人物もいるが、いずれも明確な証拠はなく、真相は明らかにされていない。

ハリー・フーディーニ《はりー・ふーでぃーに》

人物

一八七四〜一九二六年。アメリカの奇術師。本名はエーリッヒ・バイス。ハンガリーの首都ブダペストで聖職者の家に生まれ、生後間もなくアメリカに移住する。一三歳の時にダベンポート兄弟の奇術を見てこれに強い興味を抱く。その後、自らも奇術師となり、ミルク缶や刑務所の独房からの脱出芸で名をはせる。自らを「脱出王」「不死身の男」などと喧伝して売り込み、一躍アメリカのトップスターとなった。俳優としても活躍し、数本の映画に出演している。また、一九一三年に最愛の母親が死去し、霊との交信に興味を持つ。しかし、奇術師としてのスキルから霊媒の心霊現象のトリックに気づき、以後はいかさまを暴く活動を精力的に行った。

ハリカルナッソスのマウソロスの墓《はりかるなっそすのまうそろすのはか》

遺跡・オーパーツ

現在のトルコ、ハリカルナッソスにかつて存在した、カリア国の王マウソロスとその妻アルテミシアが安置された霊廟。世界の七不思議のひとつだが、中世に地震で崩壊したため現存はしていない。


マウソロスは紀元前三七七年から紀元前三五三年にかけてカリア国を治めた統治者だった。カリア国はアケメネス朝ペルシャの一州であったが、首都から離れていたことに加えてマウソロスが野心家で、事実上の独立国として周辺諸国も含め支配していた。紀元前三五三年にマウソロスが亡くなると、妻のアルテミシアは最も美しい墓を作ることを決心し、ギリシャから高名な建築家と彫刻家を招いて造営を依頼し、その費用を惜しまなかったという。

　こうして作られた美しく巨大なマウソロスの霊廟は、その後、戦乱が起きても壊れることなくハリカルナッソスの中心地に立っていたが、度重なる地震によって一五世紀初めに崩壊。一四〇四年には土台のみが残っていたという。現在でもその跡地は霊廟遺跡としてボドルム市内に存在しており、その横には博物館があり、かつて霊廟に使われていた一部の遺物を見ることができる。また、一部の彫刻は後世イギリスに渡り、現在は大英博物館の所蔵となっている。

バルバドスの動く棺桶《ばるばどすのうごくかんおけ》

事件

カリブ海の島国、バルバドスのオイスティン村で起きた怪現象。この島の名家・チェイス家の墓（棺に入れた遺体をそのまま納める納骨堂）に、一八〇七年七月、トマシーナ・ゴダード夫人が埋葬された。ここは地下室になっている大きな墓で、棺を納めるたびに入り口のコンクリートをはがし、納めたあとは再びコンクリートで封印するのが習わしであった。

その数ヶ月後、わずか二歳で亡くなったメアリ・アンナ・マリア・チェイスが埋葬される。さらに五年後には、その姉であるドーカス・チェイスの棺が納められることになった。ドーカスは一〇歳であったが、父のトーマスが奴隷たちに非道な仕打ちを続けることに抗議して自殺したという。

その棺を納めに墓に入った村人たちは驚愕した。安置していたトマシーナとメアリ・アンナ・マリアの棺が、奥の壁に投げつけられたように動いていたからだ。棺は大人数人がかりでも容易に動かせないほど重いものにもかかわらず、一つはさかさまになり、ほとんど垂直に立っていたという。奴隷たちの侵入を疑ったトーマスは、いっそう厳重にコンクリートで蓋をするように命じた。

その一ヶ月後、急死したトーマス自身が墓に入ることになった。人々が苦労してコンクリートをはがして中に入ると、前よりもひどく棺が動き、投げつけられたように棺桶が移動していた。その後も、一族の者が亡くなるたびにこの怪現象が見られた。あまりにも不気味な出来事が続くので、その後、全ての棺を別の墓所に移し、今は空になっているという。

ハルマゲドン《はるまげどん》

思想・概念

新約聖書の最後に記された聖典「ヨハネの黙示録」に登場する地名。もともとはギリシャ語で、イスラエルのハイファから南東三〇キロにあるメギドの丘を示している。世界の終末が訪れると、世界中の王がハルマゲドンに集まり、最後の戦争が始まるといわれる。そこから転じて、ハルマゲドンは核戦争や自然の大災害といった、超規模の滅びを表す意味でも用いられる。

バレンチノの指輪《ばれんちののゆびわ》

呪い

バレンチノとはサイレント映画時代のハリウッドで活躍した俳優ルドルフ・バレンチノであり、三一歳で他界した。日本でも「丹頂ポマード」の広告モデルに起用された美貌の大スターだった。彼が購入した指輪は、その所有者が変わるたびに不幸をもたらしたとされる。

一九二〇年、彼はサンフランシスコの店で一つの指輪が気に入った。店員からは、この指輪には良くないジンクスがあるといわれたが、購入し、指輪をはめて次の映画『ヤング・ラジャー』に出演したところ、大失敗。その後の映画の仕事も不調になったため、指輪をはずして隠したという。一九二六年、次の映画で改めて件の指輪を小道具として使いたいと提案し、指にはめていたがホテル・アンバサダーで倒れ、死亡する。

彼の死後、同じく人気を博していた女優のポーラ・ネグリに譲られたが、彼女も直後に病に倒れ、長期間療養に入った。ポーラは、第二のルドルフといわれ、容貌がバレンチノを思わせる歌手のラス・コロンボに指輪を譲る。ラスは指輪を譲渡された数日後に銃の事故で死亡し、ラスの親友ジョー・カジノが指輪を引き継ぐが、ジョーは、指輪をはめてすぐにトラックにはねられ死亡した。

指輪を引き取ったジョーの弟は、いわく付きの指輪を金庫に入れた。すると金庫を盗みに来た強盗が、自分の発砲した弾丸が跳ね返るという事故で変死。その後、伝記映画でルドルフを演じた俳優ジャック・ダンが、指輪をはめた一〇日後に病死した。

これらのことから、指輪は呪われていると見なされ、現在はロサンゼルスの貸し金庫に預けられているとされる。

ハロウィン《はろうぃん》

作品（映画）

一九七八年一〇月に米国で公開されたホラー映画（日本での公開は一九七九年八月）。監督はジョン・カーペンター。

包丁で姉を殺害したマイケルが精神病院を抜け出し、ハロウィンの夜に故郷に戻ってくる。担当医が必死で追跡するも、白いマスクをつけて包丁を手にしたマイケルは街で殺戮をくり返す。

神出鬼没で不死身の殺人鬼、「ブギーマン」ことマイケルのキャラクターが人気となってシリーズ化され、ジョン・カーペンター監督の名前を世界中に知らしめた大ヒット・ホラー。

なお、現在では、代表的なスプラッター映画とされる本シリーズだが、第一作目では人体損壊や流血の描写はそれほど多くない。

二〇〇二年までに、七つの続編や派生作品が制作された。二〇〇七年にリメイク版、二〇〇九年にリメイク版の続編が制作された。

二〇一八年には本作から四〇年後を描いた作品が公開されたが、それは「新ハロウィン三部作」の一作目であり、二〇二一年・二〇二二年に、残る二作品が公開予定とされている（本来は二〇二〇年・二〇二一年に公開予定であったがコロナ禍により延期）。

パワーストーン《ぱわーすとーん》

オカルト用語

特殊な力が宿っているとされる宝石。ただし、科学的な根拠はなく、あくまでそう信じられているだけであるため、お守りやまじないの意味合いが強い。ストーンにはそれぞれ「石言葉」があり、例えばダイヤモンドは「永遠の絆」や「純潔」を象徴している。歴史的にはヒスイやアメシストなどが、古代から呪術や退魔の道具として用いられており、これがパワーストーン信仰の起源になったといわれる。一九五八年には日本において誕生石が定められ、現在ではプレゼントなどの際にも活用されている。

パワーストーン《ぱわーすとーん》

作品（ゲーム）

一九九九年にカプコンから発売された3D対戦アクションゲーム。二〇〇〇年に続編『パワーストーン2』が発売された。一九九九年四月三日から九月二五日まで、TBS系列にて全二六話のテレビアニメも放送された。

手にした者は、すべての願いが叶うと伝えられる魔石「パワーストーン」。その力を求めて、世界中の強者たちが動き出す。

世界一の格闘家になる夢を持つ青年・エドワードの元に、父親からひとつの石が送られてきた。それを手にした日から、彼はさまざまな人物に狙われるようになる。

ハワード・フィリップス・ラヴクラフト《はわーど・ふぃりっぷす・らゔくらふと》

人物

一八九〇～一九三七年。アメリカのSF、怪奇小説家。架空の神話を題材にし、悪と暗黒の力が世界を支配するというホラー小説「クトゥルフ神話」で有名だが、これはラヴクラフトの死後、一連の小説が評判となったのちに体系化された総称である。生前は無名の小説家であった。

幼少期からさまざまな学問に興味を持ち、知的好奇心旺盛であったが、病弱だったため、あまり学校に通えなかった。健康面及び経済面での理由から大学進学は断念し、他作家の文章を添削する仕事で生計をたてていた。生涯、ロードアイランド州プロビデンスに住み、昼もブラインドを下ろして暗い中で物語を書き続けた。

同時に中毒ともいえるほどの「手紙魔」であり、他の作家やファンと大量の文通をしている。そのような同人誌的文通で創られた宇宙史が、「クトゥルフ神話」のもとにもなっている。ラヴクラフトは「宇宙的恐怖」という概念を重視し、これは膨大な宇宙で我々人間の価値観や希望は無意味であるという、不安や孤独感を表したものである。

ラヴクラフトは一九三七年に腸癌で亡くなるが、彼の作品は未発表のものも合わせて、愛読者であったオーガスト・ダーレスによってまとめられ、一九三九年にダーレス自身が創設した出版社「アーカムハウス」より出版された。これによってラヴクラフトの作品は広く知れ渡り、現在では二〇世紀を代表する怪奇作家とされている。

ハワード・メンジャー《はわーど・めんじゃー》

人物

一九二二年〜。アメリカのＵＦＯコンタクティ。高校を卒業して弾薬庫で働いたのち、アメリカ軍機甲部隊に所属する。幼少期よりＵＦＯや異星人を目撃し、兵役中も不思議な異星人たちに助けられて無事生き延びたと述べている。戦後は広告会社を設立・経営していたが、一九五六年に再びＵＦＯと遭遇し、中から出てきた搭乗員に会ったという。彼らは地球人の男女の姿をしており、メンジャーは一九五七年に月にある彼らの基地を訪れたと主張している。また、自らの妻コニーも金星人の生まれ変わりであると述べている。

バンイップ《ばんいっぷ》

UMA

オーストラリアのニューサウスウェールズ州で目撃された半水棲ＵＭＡ。「バニープ」ともいう。外見は諸説あるが、馬のような頭部を持ち、体長二メートルほどで、ヒレが生えていることもあるという。

元々はオーストラリアの先住民アボリジニに伝わる精霊で、人間の夢の中に現れて病や死をもたらす不吉な存在とされていた。それが実在すると考えられるようになったのは、一八四六年の「バニープスカル」の発見がきっかけだ。これはオーストラリアのマランビジー川で見つかった奇妙な生物の頭蓋骨で、目にした人間は夜中に奇妙なうめき声を聞くといわれる。その怪談や奇妙な見た目からバンイップの頭部だと考えられた。

近年では一九七七年に、ニューサウスウェールズ州マクガイア川で、特徴が似ている生物が目撃された。現場では奇妙な足跡と引きさかれた羊の死骸が確認され、バンイップの仕業だと考えられている。

半魚人《はんぎょじん》

怪物

ヒトと魚類の中間的な体を持っている生き物。その存在は世界各地の伝承にみられるが、ヒトと魚の比率はさまざまである。伝承では神の化身として描かれることが多く、古代カナンでは「ダゴン」と呼ばれる魚の頭部を持ったヒトが神として信奉される。

紀元前三世紀の「バビロニア誌」には、

「オアンネス」という魚の下に人間の顔がついた知性を持つ怪物が現れて七日で人間に文化を授けたという記述がみられる。中世ヨーロッパでは「シー・モンク」または「ビショップ・フィッシュ」と名付けられた半魚人が捕獲されている。

ハンドパワー《はんどぱわー》

超能力・超常現象

手のひらをかざしたり、患部にそえたりするだけで病気を治療する能力のこと。ハンドパワーの存在は古来の宗教書にも記載されており、新約聖書のマルコ福音書にはキリストが病人に手を当てて治療する描写が記されている。

大正時代の日本では「接手療法」という呼称で人気を博し、数多くの団体が設立された経緯を持つのだが、医師団体が「接手療法は医療ではなく催眠術の亜流であり、暗示療法に過ぎない」と断定したことから支持率は急落。太平洋戦争直前には接手療法を実施する治療院が街から姿を消してしまったのだ。

現代でも、宗教団体の儀式や民間療法の一種としてハンドパワーが使用されることがある。元会社員の高塚光は母親の心臓に手のひらをかざすことで治療したという実績からセミナーを開始。その半生は映画化されるまでになった。

ひ

ピアスの白い糸《ぴあすのしろいいと》

都市伝説

一九八〇～一九九〇年ごろに広まったピアスに関する都市伝説。

ある女子高生が耳にピアスの穴を開けようと思い、病院に行くとお金がかかるので、自分で開けた。うまく開けることができてピアスをして楽しんでいたが、数週間後、耳がかゆくなり、ピアスを外して鏡を見るとピアスの穴から白い糸が垂れている。

その糸を引っ張ると、いきなり目の前が真っ暗に。白い糸は視神経で、それを引っ張ったために失明してしまったのだ……という都市伝説である。

もちろん視神経は耳たぶを通っていないし、穴を開けたからといってそこから出てくるわけもない。しかし、当時、この都市伝説は、ピアスの穴を開けた女性や開けようとしている女性たちの間に広まり、一定の恐怖や不安を与えたようだ。

ほかにも、ピアスの白い糸を引っ張ったら眼球が反転したというものや、その女子高生は失明したことを怨み、ピアスをしている人の耳をかじる「かじり女」になった、などのバージョンが存在する。

当時の日本では、ピアスの穴を開けることがまだそれほどポピュラーではなかったため、それに対する危惧や不安、とくに自分で開けるという行為の危険性を強調したい思いが生んだ都市伝説ではないかといわれている。

この都市伝説は、漫画『地獄先生ぬ～べ～』、インターネット配信ドラマ『渋谷怪談 サッちゃんの都市伝説』などの作品にも登場している。

ピーター・フルコス《ぴーたー・ふるこす》

人物

一九一一～一九八八年。オランダ出身の超能力者。本名はピエテル・ハン・デル・フルコ。第二次世界大戦中、ペンキ塗り作業をしていたところ、一〇メートルの高さから落下する。一時意識不明の重体となったが回復し、以後、超能力を発揮し始める。

最初は相手の過去を的中させるようになり、徐々にその能力を高めていった。その後、能力を生かして警察の犯罪捜査に協力し、一九五一年にはスクーン石盗難事件の犯人を言い当てた。超心理学者の実験にも参加するが、カリフォルニア大学デービス校で行ったものでは否定的な結果に終わっている。

ビートたけしの禁断の大暴露!!超常現象㊙Ｘファイル《ぴーとたけしのきんだんのだいばくろ!! ちょうじょうげんしょうまるひえっくすふぁいる》

メディア（テレビ番組）

一九九八年から、主に年末にテレビ朝日系列で放送されているビートたけしの冠番組（特別番組）。

同じテレビ朝日系列の『ビートたけしのＴＶタックル』で「超常現象スペシャル」として定期的に行われていた企画を分離・独立させた番組。放映時間は、当初は二一時前後だったが、その後は一八時半、一九時などに変わっている。

当初のタイトルは「ビートたけしの世紀末ノストラダムス大予言」「ビートたけしの地獄の黙示録」などで、二〇〇〇年より「大暴露!! 超常現象㊙Ｘファイル」の文言が使われ始め、二〇〇九～二〇一〇年に同タイトルで放映された。

二〇一八年には『ビートたけしの超常現象Ｘファイル』と改題されて一二月二二日に放映。翌年分は『ビートたけしの知らないニュース』と統合されて正月特番となり、二〇二〇年一月三日に『ビートたけしの知らないニュース超常現象Ｘファイルスペシャル』として放送した。その後、同年一二月二七日にも同じタイトルで年末番組として放映された。

内容は、ＵＦＯ、宇宙人、超能力、予言、心霊現象、ＵＭＡ、超古代文明、人類滅亡説など、さまざまなオカルト的テーマを取り上げ、それにまつわる情報や画像を紹介する。肯定派と否定派のゲストが招かれ、激論を戦わせるのが最大の特徴。たけしや出演者がツッコミを入れるほど怪しい素材もあり、それがまた独特の味わいとなっている。

ビートたけしの超常現象Xファイル《びーとたけしのちょうじょうげんしょうえっくすふぁいる》

メディア（テレビ番組）

⇩ビートたけしの禁断の大暴露!!　超常現象㊙Xファイル

ヒエロニムスマシン《ひえろにむすましん》

技術

アメリカの科学者トーマス・ガレン・ヒエロニムスが発明した装置。物質が放射する特殊なエネルギー「エロプティックエネルギー」を測定、放射することによって遠隔操作でさまざまな影響をもたらすというもの。

ヒエロニムスは、これを用いて五〇〇キロメートル離れたニューヨークの毛虫を数千匹も駆除したといわれる。このマシンは使用者の意識や精神によって作動するため、実際に部品で組み立てなくても回路図だけで効果を発揮するという。しかし、似非《えせ》科学の一種とされ、現在ではその信憑性は否定されている。

ビオディナミ《びおでぃなみ》

技術

人智学のルドルフ・シュタイナーによって提唱された循環型農業で、有機農法・自然農法の一種。

一九二四年、シュタイナーは、神智学または人智学を根拠としてドイツのコーバーヴィッツで講演を八回行った（コーバーヴィッツ農業講座）。彼は、自然界には地球由来の霊的なフォースと宇宙由来の霊的なフォースがあり、生物はこれを互いに放出・吸収しあっていると考えた。人は霊的なフォースに富んだ食料をとることで、霊的な成長や直観力を得やすくなるとした。化学肥料を使った食品は霊的品質が落ちるとし、人間の霊的発展のためにフォースをいかに食料に導くかを教えたとされる。この農法は、西洋近代の農法と区別してバイオダイナミック農法と呼ばれるようになった。

この農法では、宇宙の力を土壌に呼び込み、様々な天体の作用を農作物の生育に生かすために、太陰暦・占星術に基づいた暦にしたがって種まきや収穫、調合剤の攪拌などを行い、また牛の角や水晶粉などの特殊な物質を利用する。

ビオディナミは、究極の自然派ワイン造りに欠かせないといわれ、名だたるワイナリーが取り入れて日本でもブランド化している。

ひきこさん《ひきこさん》

怪談

身長が高く、子供の死体を引きずって歩くという女性の怪談。口角と目じりが吊り上がっており、雨の日に出現するのが特徴。出会った子供は、横歩きながら猛スピードで追いかけてくるひきこさんに捕まえられた後、息絶えるまで引きずり回されるという。

また、最初は道端にたたずんでいるだけで、「私の顔は醜いか」と質問してきて、「はい」や「いいえ」と答えると激高して襲ってくるというパターンもある。

ひきこさんが誕生した経緯については、詳細なストーリーが伝えられている。彼女はもともと「森妃姫子《もりひきこ》」という実在した人間で、活発で可憐な少女だったという。先生たちからもかわいがられていたが、それをよく思わない同級生にいじめられ、最終的に校庭を引きずり回されて顔が傷だらけになってしまう。

そのため家に閉じこもり、恨みを忘れないために自分自身でも顔を傷つけ続けた。その数年後、復讐のために雨の日に子供を求めて徘徊するようになり、「ひきこさん」が誕生したとされている。「もりひきこ」は「ひきこもり」のアナグラムであり、いじめられっ子には手を出さないという話もある。

ビッグフット《びっぐふっと》

UMA

北米で目撃される獣人型UMA。世界的に有名で、ヒマラヤのイエティ、ネス湖のネッシーと並んで「世界三大UMA」と称されることもある。体長は三メートルほどで二足歩行を行い、穏やかな気性をしている。

ビッグフットに関する最初の目撃情報は、一八一〇年、アメリカの外交員がオレゴン州で四〇センチ以上の巨大な足跡を発見したことで、これが名前の由来になっている。今では同様の目撃報告が二四〇〇件以上に上り、その中でも一九六七年にカリフォルニア州で撮影された「パターソンギムリンフィルム」と呼ばれる映像は、ナショナルジオグラフィックと霊長類学者が本物と認めたことで大きな話題を呼んだ。そのため、ビッグフットは「最も実在する可能性が高いUMA」とされており、今後の調査に期待が高まっている。

ヒッチコック劇場《ひっちこっくげきじょう》

作品（テレビドラマ）

一九五五年から放送されたアメリカのテレビ番組で、アルフレッド・ヒッチコックの原作・プロデュースによるモノクローム作品のミステリードラマシリーズ。当初は『アルフレッド・ヒッチコック・プレゼンツ』と題した三〇分番組で、ヒッチコック自らストーリーテラー（語り手・解説役）となり、一部作品の監督も務めた。

一九六二年からは一時間枠に拡大した『ザ・アルフレッド・ヒッチコック・アワー』と題して放送され、一九六五年まで続いた。

一九八五年には、カラーで『アルフレッド・ヒッチコック・プレゼンツ』のリメイクバージョンが制作された。すでに故人となっていたヒッチコックによる語り部分として、コンピュータグラフィックスでカラー処理を施した過去の映像を用い、旧作の構成を忠実に再現しながら作られた。

　これらの作品を、日本では『ヒッチコック劇場』として各局が何度も放映した。一九五七年～一九六二年に日本テレビで放映した『ニッカ　ヒッチコック劇場』（一九六二年はスポンサー名が外れ、『ヒッチコック劇場』として放映）、一九六三年に関西テレビで放映した『ヒッチコック・サスペンス』、一九六五年にフジテレビで放映した『新・ヒッチコックシリーズ』など。

　三〇分～一時間の中に観る者を引き込む起承転結があり、ゾッとする仕掛けやアッと驚くどんでん返しが用意されている魅力たっぷりのホラーサスペンスを、日本中がくり返し楽しんだ。

ピトコス《ぴとこす》

遺跡・オーパーツ

⇩ビルカバンバ遺跡

一つ目小僧《ひとつめこぞう》

妖怪

日本の妖怪で、額、あるいは顔の真ん中に目が一つだけあり、坊主頭の子供の姿をしている。突然現れて驚かすこと以外、危害を加えることはなく、妖怪の中でも、大人しく無害なタイプである。

　そのため、各地の民話に登場するよく知られた妖怪でありながら、「襲われた」とか「祟られた」といったエピソードはほぼ見られない。

　関東地方や東海地方の一部には、事《こと》八日《ようか》（日本の年中行事の一つ）の二月八日と一二月八日の夜に「一つ目小僧がやってくる」という言い伝えがある。

　そこで、玄関にザルやカゴを置いたり、吊したりする風習がある。これは、ザルやカゴにたくさんの目（穴）があるのを見た一つ目小僧が、驚いて逃げて行くとされるため。

　カゴにメザシやヒイラギの葉を入れたり、刺したりする風習もあり、これは鬼を除ける風習とも重なっているようだ。

ひとりかくれんぼ《ひとりかくれんぼ》

都市伝説

二〇〇七年頃からインターネット掲示板でやり方や体験談が書き込まれるようになった都市伝説。降霊術の一種で、自分自身を呪いにかける意味があるので危険性が高いとされている。

　用意するものは、手足があるぬいぐるみ、適量の米、爪切り、縫い針と赤い糸、刃物（包丁かカッターナイフ）、コップ一杯の塩水（天然塩がよいとされる）。基本的に自分一人の家（部屋）で行う。

　ぬいぐるみに名前（自分の名前以外なら

何でもよい）をつけ、中の詰め物を出して代わりに米と、その場で切った自分の爪を入れて赤い糸で縫い合わせる。余った糸は、ぬいぐるみに巻いて結ぶ。米はぬいぐるみの内臓を、赤い糸は血管を表すともいわれる。自分の隠れ場所を決め、そこに塩水を用意しておく。

午前三時に、ぬいぐるみに向かって「最初の鬼は○○（自分の名前）だから」と三回言い、浴室に行って水を張った洗面器にぬいぐるみを入れる。家中の照明を消してテレビをつける（砂嵐の画面）。

目を閉じて一〇秒数えたら、刃物を持って浴室に行き、「△△（ぬいぐるみの名前）見つけた」と言ってぬいぐるみを刺す。「次は△△が鬼だから」（または「次は△△が鬼」）と言い、自分は塩水のある隠れ場所に隠れる。隠れている間、テレビから人の声が聞こえたり、テレビの画面に何かが映り込んだりする、家の中で物音がする、人の気配がする、などの現象が起こる場合があるという。

塩水を少し口に含んで隠れ場所から出ていき、ぬいぐるみを探して（浴室以外のところにいる場合もあるとされる）、コップの残りの塩水、口に含んだ塩水の順にかけ、「私の勝ち」と三回宣言して終了。

この手順で二時間以内に終了させ、使用したぬいぐるみは、最終的に燃やす形で処理しなければならないとされている。

地デジに移行して、テレビに砂嵐が映らないが、その対処法としてはアナログボタンを押すことが提唱されている。塩水は、最初から隠れ場所に用意しておくのではなく、手に持って隠れ場所に向かうとする説もある。

行ったあとは、機械の故障が起きやすくなったり、耳鳴り、悪寒、原因不明の痛みが起こったり、誰もいない場所で声が聞こえ始めたり、霊感がなくても幽霊が見えるようになったりすることがあるという。

もともとは関西や四国で知られる遊びだったともいわれ、ある大学のサークルが都市伝説の伝わり方を研究するため、意図的に流布したともいわれる。二〇〇八年には、最初の投稿者とされる人物が「ある伝承をもとに現代にやりやすい方法に自分が改変した」と書き込んだ。大きな話題になったため、『ひとりかくれんぼ 劇場版』としてホラー映画化もされた。

日野日出志《ひのひでし》

人物

一九四六年〜。旧満州チチハル生まれのホラー漫画家。代表作は『地獄の子守唄』『地獄変』『蔵六の奇病』『毒虫小僧』など。幼少期から杉浦茂などのギャグ漫画が好きでギャグ漫画家を志すも、赤塚不二夫作品を見てかなわないと挫折。

一時は漫画家の道を諦めようかと考えた時期もあったが、レイ・ブラッドベリの『刺青の男』を読み、その怪奇と叙情の世界に魅了され、自身の描きたい世界を見つけた出したという。

一九六七年に漫画雑誌『COM』の月例新人賞に『つめたい汗』が入選してデビューを果たし、翌六八年、青林堂発行の『ガロ』にも入選。

そして、一九七〇年、代表作にして最高傑作との呼び声高いサイケデリック怪奇悲譚『蔵六の奇病』を一年がかりで描き上げ、『少年画報』に発表。のちにひばり書房から単行本化され、子供達に強烈なトラウマを植え付けた。

さらに一九八二年、『地獄変』を描きおろして好評を博し、以後怪奇作品を発表し続け、ホラー漫画界の第一人者としての地位とカルト的な人気を獲得する。

日野作品は世界各国でも翻訳出版され、高い評価を受ける一方で、「ホラーは子供の頃から苦手で、日野日出志というペンネームをつけて怪奇漫画家を演じてきた」とホラー漫画家・伊藤潤二との対談で明かしている。近年では大阪芸術大学芸術学部キャラクター造形学科にて漫画制作の指導を行うかたわら、叙情怪奇作家として絵本を創作するなど精力的に活動を行う。

ヒバゴン《ひばごん》

UMA

広島県比婆郡で目撃が相次いだ獣人型UMA。体長は一・六メートルほどで頭部が大きく、逆三角形をしている。最初に目撃情報が出たのは一九七〇年で、新聞に「中国山脈の奥深く、類人猿が出没！」と掲載されて大きな話題となった。

その後も目撃者が続出してブームは加熱。地元役場では「類人猿係」まで設置され、ヒバゴンは村おこしに大活躍する。全国から報道陣やUMAマニアが押し寄せ、大フィーバーを引き起こしたヒバゴン騒動だが、一九七四年一〇月を最後にパタリと目撃されなくなってしまう。

衰弱死説や移動説がささやかれる中、一九七五年には「ヒバゴン騒動終息宣言」が出され、五年間続いたブームは終わりを告げることとなった。しかし、その後もヒバゴン像が建てられるなど、地元では現在も名物キャラとして親しまれている。

ひばり書房《ひばりしょぼう》

メディア（書籍・雑誌）

一九四七年から二〇〇四年まで東京都に存在した日本の出版社。安藤雄二によって文京区小石川に設立され、一九八〇年代頃、新宿区早稲田に移転した。貸本漫画を中心に刊行し、当時、大ブームとなった怪奇漫画を数多く出版した。同社のコミックでデビューした漫画家は多く、古賀新一もその一人である。

一九五〇年代は時代劇やスパイものの貸本漫画を多数出版しており、看板作家に「子連れ狼」で知られる小島剛夕がいた。

一九六〇年代に入って月刊誌が登場し、

貸本が衰退していく中でも、日野日出志の作品を筆頭に怪奇漫画に強い出版社としての特性は保ち、書き下ろし単行本の出版を続けた。

一九七〇年代に入ると、コミックに加えて『ファミリィブックス』レーベルでなぞなぞや折り紙などの幼児教育関連の書籍や『ヤング・レジャー』レーベルで麻雀や将棋、ボウリング関連の入門書、『Hブックス』レーベルでやや破廉恥なギャグ児童書を出版。その後、一九八〇年以降「スカイラーク社」名義（スカイラークは英語でひばり）で怪奇漫画家いばら美喜が表紙絵を担当したカラオケ本やフォークギターレッスン本などを出版していたが、出版事業を終える一九八八年頃に『ロマンス・comics』レーベルで成人向けマンガを立て続けにリリースした。一九八八年以降は出版業務を行わなくなり、二〇〇四年一一月に閉業した。

ヒヒイロカネ《ひひいろかね》

遺跡・オーパーツ

古代日本に存在したとされ、現在では確認されない伝説の金属。「竹内文書」にその記述があり、太古では現在の鉄のように一般的な金属として、さまざまな用途に使用されていたという。比重は金よりも軽いが、金剛石（ダイヤモンド）よりも硬く、錆びることがなく、常温で驚異的な熱伝導性を持つと伝えられている。漢字では「日緋色金」もしくは「緋緋色金」と書き、その名の通り太陽のように赤く輝く金属で、表面が揺らいで見えたともいわれる。

神武天皇以降の時代には希少な素材となり、神具に使用されていたが、古墳時代の雄略天皇の御世を最後に消滅したとされる。「日本のピラミッド」の発見者である酒井勝軍は、これを古代ギリシャのオリハルコンと同一の物質だとし、「ともに『生きた金属』であり、オーラを発する」と述べた。

酒井は、調査の結果、ヒヒイロカネ製の装飾品を竹内巨麿邸で発見したと、自らが主宰する月刊誌『神秘之日本』で発表している。その後、酒井が「これがヒヒイロカネである」と述べた金属は、岩手県で産出される餅鉄であった。餅鉄は鉄の含有率が高い磁鉄鉱（マグネタイト、酸化鉱物の一種）であるが、酒井によると、餅鉄を特殊な技術で加工することによってヒヒイロカネに仕上げることができるという。

ビブーティー《びぶーてぃー》

超能力・超常現象

かつてインドで絶大な人気を博していた霊能力者サイババは、生前は信者の前で「ビブーティー」（聖なる灰）を手から出すというパフォーマンスを行うことが多く、そこから転じてサイババの能力の総称となった。

サイババが手から出すものは指輪や時計、ネックレスなど多岐にわたっており、サイババ自身は「奇跡」と呼んでいた。

ビブーティーに関する検証は、これまで幾度にもわたって行われており、一九九四年に放送された『スーパーテレビ』（日本テレビ系列）の取材クルーは、サイババが壺の中から白い粉を掻き出す様子を撮影することに成功した。また、サイババの信徒だったスウェーデン人男性は、サイババの叔父がプロのマジシャンで、子供時代のサイババにマジックの技術を仕込んでいたこと、サイババの椅子の下から大量の指輪や時計を発見したことを告白した。

数々の疑惑があったにもかかわらず、サイババ自身はビブーティーがトリックであるとは断固として認めなかった。二〇一一年にサイババが死去したことにより、その疑惑が解消する機会は永遠に失われたのだ。

ビミニロード《びみにろーど》

遺跡・オーパーツ

アメリカ・フロリダ州のマイアミから東に約九〇キロメートル付近のビミニ諸島沖にある海中の石畳。一九六八年に発見され、人工的にみえるその形から、遺跡という見方がされている。

その発見に関しては有名なエピソードがある。予言者として知られるエドガー・ケーシーは、一九三三年と一九四〇年に、「ビミニ沖でアトランティスの遺跡が発見される」と予言していた。ビミニロードは、そのことを全く知らなかったアメリカの地理学者、マンソン・バレンタインによって発見されたのだ。

海底に六〇〇メートルほど続く石畳の道で、自然にできたものか、人工的に作られたものかは、いまだに解明されていない。エドガー・ケイシーの予言の通り、アトランティスの遺跡と考える人たちによれば、アトランティス後期の貿易の道だったともいわれている。

百物語《ひゃくものがたり》

怪談

夜に人が集まって怪談話をしていき、ちょうど一〇〇話目が終わったときに怪奇現象が起きるとされる言い伝え。これを行う部屋には一〇〇本のろうそくを用意しておき、一話終えるたびにそれを一本ずつ消していく。

歴史は古く、一六六六年には浅井了意による仮名草子『伽婢子《おとぎぼうこ》』に詳しいやり方が載っている。本当に怪奇現象を起こすためというよりは、怪談を披露する際の味付けや度胸試しとして実行され、武家でも頻繁に行われていたという。江戸時代の書物には、実際に怪奇現象が起きたという記録も残るが、真相は定かではない。

百匹目の猿現象《ひゃっぴきめのさるげんしょう》

説・論

日本の野生猿の一匹が芋を洗って食べ始めたらその行動が群れに伝わり、一〇〇匹を越したら遠く離れた場所に棲む別の群れにも行動が伝播したという現象をいうが、事実ではない。

一九五三年、京都大学霊長類研究グループが、一匹のメスの子ザルが砂浜に湧き出る浅い水の流れで芋洗いをするという文化的行動を発見した。

一九七九年、イギリスの生物学者ライアル・ワトソンが著書『生命潮流』(Lifetide)で、日本の猿の芋洗い行動を紹介した。この時に、芋洗い行動が群れ全体に広がったばかりか、遠くの猿山の猿もまた芋洗い行動を始めたと創作した。

一九八一年、神秘主義者ケン・キース・ジュニア出版の『百番目のサル』(Hundredth Monkey)が世界的ベストセラーになり、創作が事実として世界中に広まった。

一九九六年、経営コンサルタント船井幸雄の著書『百匹目の猿―思いが世界を変える』で紹介される。ある行動や考えなどが、ある一定数を超えると、これが接触のない同類の仲間にも伝播する現象が人間にも存在するのではないかと唱えて、ニューエイジ界隈で有名になった。

二〇〇四年、宮崎県の石波海岸に石碑「100匹目の猿現象発祥の地」が建てられるが、一〇〇匹目の猿現象が根拠のない創作だと周知されると、撤去された。

ヒューマノイド型《ひゅーまのいどがた》

宇宙・UFO・宇宙人

異星人のうち、外見が地球人に似ているものの総称。定義は研究者によって異なっているが、見た目が地球人にそっくりなタイプから、グレイのようなエイリアンタイプまで幅広く含んでいる。

現在までに報告されている異星人との遭遇は、そのほとんどがヒューマノイド型であり、数にして二〇〇〇件を超えている。その代表例はジョージ・アダムスキーが出会った金星人オーソンやプレアデス星人で、女性の場合は美しい外見をしたものが多い。

平田篤胤《ひらたあつたね》

人物

一七七六～一八四三年。江戸時代中期から末期に活躍した国学者、思想家。出羽国秋田郡の出身だが、一七九五年に脱藩して江戸へ行き、平田家の養子となる。最初は国学に限らず蘭学や解剖などさまざまなことを学んでいたが、本居宣長の著作を読んで国学に目覚める。その後、一八〇四年に国学者として自立し、一八〇六年に白川家より古学の教授を依頼される。

篤胤は生涯で膨大な数の書籍を残しており、代表作は『霊能《たまの》真柱《みはしら》』『古史伝』

など。『古事記』と『日本書紀』の内容をまとめて再構成した『古史成文』は、未完の代表作。また、幽界や超常現象への興味も深く、仙童寅吉との問答を纏めた『仙境異聞』、勝五郎の転生をまとめた『勝五郎再生記聞』などがある。寅吉に対しては神仙界の天狗への書簡を託しており、篤胤自身も死後は神仙界に転生したともいわれている。

ヒラニプラ《ひらにぷら》

超古代文明

⇩ムー大陸

ピラミッド《ぴらみっど》

遺跡・オーパーツ

石やレンガで建造された四角垂状の建築物。日本語では「金字塔」とも。メキシコやスーダンなど世界中で確認されているが、特にエジプトのものが有名で、ギザの三大ピラミッドがその代表である。そのうち最大のものがクフ王の墳墓とされる大ピラミッドで、これは世界の七不思議のうちで唯一現存している。

一方、メキシコなど中央アメリカのピラミッドには、階段状に石を積み重ねられた頂上のとがっていない「階段ピラミッド」と呼ばれる形状が多い。祭壇としての側面が強く、頂上で祭礼ができるようになっている。

クフ王の大ピラミッドは、底辺約二三〇メートル、高さ約一三九メートル（もとは約一四七メートルだったが経年変化などでやや低くなったとされる）、平均二・五トンの石灰岩を二二〇段ほどに渡って、二七〇万〜二八〇万個積み上げたとされ、推定重量は七〇〇万トン。

古代ギリシャの歴史家ヘロドトスによれば、これを作り上げるには一〇万人の奴隷と二〇年以上の年月が必要だという。「どうやって作ったのか」「王の墓以外にも目的があったのではないか」など、現代に至るまで解明が進められているが、まだ多くの謎が残されている。

ピラミッドパワー《ぴらみっどぱわー》

現象

古代遺跡のピラミッド、もしくはピラミッド型の物体に宿っているとされる不思議な力のこと。

エジプトのクフ王のピラミッドを調査していた考古学者が、ピラミッド内に残された動物の死骸が腐敗していたなかったことに疑問を抱いたことで、ピラミッドパワーの存在が取り沙汰されるようになった。日本では一九七〇年代のオカルトブームの際、『ムー』などのオカルト雑誌がこぞって特集したことで知られるようになった。

ピラミッド型の模型の中に刃物を置くと切れ味がよくなるともされ、野菜や果物を置くと腐らないという触れ込みを元に数多くの模型が販売された。また、集中力を増幅させるという効果があるとして、ピラミッド型の帽子をかぶって勉学に励む学生も存在したという。

もちろん、大半の人が実際にピラミッドパワーの恩恵を受けることは叶わなかったが、中には本当に成績が向上したという人も存在した。それがピラミッドパワーによるものかプラシーボ（思い込み）によるものかは定かではない。

ヒラム伝説《ひらむでんせつ》

神話・伝説・叙事詩

旧約聖書に登場する「ヒラム・アビフ」という建築家にまつわる物語のこと。

ヒラムは優れた建築技術を有していたため、古代イスラエル王国に招かれてエルサレム神殿を設計したが、成功をやっかんだ三人の建築家がヒラムから技術を無理やり聞き出そうとした。それをヒラムが断ったため、三人は激怒して彼を殺害した後に逃亡した。ヒラムが消息を絶ったことを心配した国王が兵士たちに調査を命じたところ、三人の建築家が目印に植えたアカシアの花の下からヒラムの遺体が掘り出されたことで事件が発覚し、建築家たちは処刑されたという。

フリーメーソンという秘密結社内では、ヒラムは開祖として神格化されており、会員が昇格を希望する際、ヒラムが殺害された一連の顛末を擬似体験させる儀式を行う必要がある。

死後から一四日後、ヒラムは蘇生したと記述されているが、これは新約聖書のマタイの福音書に記されたキリストの復活と酷似した内容である。ヒラムとキリストに何かしらの関連性が存在するかは定かではない。

ヒランヤ《ひらんや》

オカルト用語

古代サンスクリット語で黄金という意味。日本の瞑想家である山田孝男がピラミッドパワーとともに六本の線分が交差する図形（六芒星、ヘキサグラム）のパワーについて述べたところ、門下生の出羽日出夫が具現化してヒランヤと名付け商品化された。

上向きの三角形は陽のエネルギー、下向きの三角形が陰のエネルギーであり、陰陽のエネルギーと調和を表し、互いに干渉しあうエネルギーから安定したパワーが放たれ、持つものの力を増幅するといわれる。

一九八五年、三宅裕司がパーソナリティを務めるラジオ番組「ヤングパラダイス」でヒランヤを取り上げたのをきっかけにブームが起こった。同年、新書本『これが噂のヒランヤだ　ピラミッドパワーを超えた奇跡の黄金六芒星』が発刊される。一九九二年、ゲーム『真・女神転生』シリーズおよび『ペルソナ』に、回復アイテムとしてヒランヤが用いられた。

ピリ・レイス地図《ぴり・れいすちず》

遺跡・オーパーツ

オスマン帝国の提督ピリ・レイスが一五一三年に作成した世界地図。一九二九年にトルコ、イスタンブールのトプカプ宮殿博物館の写本類から発見された。アレキサンダー大王の時代からの地図やコロンブスの地図などをもとに、当時知られていた最新の地理知識を用いて作られたとされる航海地図。

羊皮紙で作られており、インド洋を描いていたと思われる右半分は失われ、現存するのは大西洋を中心に描いた左半分の断片である。アメリカの研究者チャールズ・ハプグッドによると、南極大陸の一部と南米の海岸線も正確に描かれているという。当時、南極大陸はまだ発見されていないにもかかわらず、それが描写されていたことで、歴史史料であると同時にオーパーツとする見方もある。一方で、ピリ・レイスがいくつもの地図を重ね合わせた結果、南米の一部が重複して記入され、偶然南極のように見えたのではないかという説もある。

地図の作成は、古代エジプトの町シエネを中心に置いた正距方位図法によるとされる。これは、わかりやすくいうなら、シエネのはるか上空から地球を見たときの地形であり、実際に衛生写真と一致するという研究結果もある。一六世紀になぜ、そのような技術で作図できたかも謎であるが、一方では「正確な正距方位図法とはいえず、羊皮紙に描くためにゆがみが生じた結果」とする懐疑的な意見もある。

ビルカバンバ遺跡《びるかばんばいせき》

遺跡・オーパーツ

ビルカバンバはペルーに存在したインカ帝国最後の都市で、一時は首都でもあった。エスピリトゥ・パンパとも呼ばれ、これは「インカの魂が宿る平原」を意味する。その姿を今に伝えるのがビルカバンバ遺跡である。

ビルカバンバ山脈の奥地、インカ帝国の首都クスコから数百キロメートル付近にあり、スペイン軍によってクスコを追われたインカ軍が、抵抗運動を繰り広げた拠点とされる。巨大な奇岩群や精巧な石造りの要塞などが、大自然と一体となって立ち並ぶ。

伝承によれば、ビルカバンバ峡谷には、インカ帝国の人々が最後まで立てこもった秘密都市（出入りや情報の開示が厳格に制限される都市）・ピトコスがあり、そこにはインカ皇帝の莫大な黄金が隠されているとされるが、その場所は確定されていない。

探検家ハイラム・ビンガム三世は、ビルカバンバを探して探検を続け、一九一一年にマチュ・ピチュを発見したとき、これこそがビルカバンバに違いないと確信した。しかし、彼の死後、両者は別の都市であることが明らかになった。ビルカバンバの位置は、マチュ・ピチュから約八〇キロメートル西のジャングルの中であった。

ビル・ハーマン事件《びる・はーまんじけん》

事件

一九七八年にアメリカ、ノースカロライナ州の青年、ビル・ハーマンがUFOに連れら去られた事件。ハーマンによると、一九七七年からUFOを目撃し始め、そのUFOは超スピードの移動と急停止を繰り返していた。さらに、翌年になるとUFOが頻繁に姿を現すようになり、ついに一九七八年三月一八日、巨大な円盤が頭上に現れ、青い光に包まれて吸収されたという。

気づくと彼は、赤い部屋に寝かされており、小さな体に丸い顔と、猫に似た目とただ一直線に切れたような口がついた異星人がいた。その後、怪しげな検査をいくつか受け、気が付くとサマーヴィルという町近くの畑に寝ていたという。

ヒル夫妻誘拐事件《ひるふさいゆうかいじけん》

事件

アメリカのヒル夫妻（バーニー・ヒルとベティ・ヒル）がUFOに連れこまれ、身体検査を受けたとされる事件。宇宙人によるアブダクションの中では人類初とされる非常に有名な事件で、代表例とされる。

一九六一年九月一九日の午後一一時頃、カナダから自宅へと車で移動していた二人は、ニューハンプシャー州グローブトンの南部で、空に明るく輝く光を見た。初めは飛行機か人工衛星かと思ったが、それが次第に近づいて来たので、車を止めて双眼鏡で観察したところ、その物体は地上三〇メートルほどの上空で停止。円形の物体に窓が二列に並んでおり、窓から数人の異様な人影が見下ろしていたという。プロペラやジェット音、エンジン音などは聞こえなかった。

二人は驚愕し、恐怖に駆られて車を急発進させ、自宅に急いだ。途中、車の後ろから大きな機械音や発信音がして、迫ってくるように感じたが、夢中で車を走らせて帰宅。ところが、通常なら四時間程度の道のりに、七時間ほどかかっていることに気づいた。

さらに重い疲労感や耳鳴りがし、ベティの着ていた服の一部が避けてピンクの粉末とシミが付いていたこと、バーニーの使っていた双眼鏡のストラップがちぎれていたことなど、覚えのない奇妙な痕跡があった。夫妻は一連の体験をアメリカ空軍に報告し、さまざまな検証が行われたが、夫妻の記憶は断片的で、とくに「失われた二時間」に何が起きたのかは不明であった。

そこで、催眠治療を行ったところ、夫妻の口から、異星人によってUFOに連れ込まれ、あらゆる身体検査をされたという驚くべき体験が語られた。それによると、異星人は今日でいうグレイ型であったが、目はよく語られるアーモンド型ではなく、大きな釣り目で白目もあった。彼らに裸にされて体をくまなく検査され、髪や爪、バーニーは精液を採取されたという。事件は大きな反響を呼び、関連する創作物も多く作られている。

ふ

ファティマの奇跡《ふぁてぃまのきせき》

事件

ポルトガルの小さな町、ファティマに聖母マリアが出現したとされる事件もしくは現象。第一次世界大戦の最中の一九一七年五月一三日、貧しい羊飼いの子供三人、一〇歳の女児ルチア、その従弟である九歳の男児フランシスコ、その妹である七歳のジャシンタが、羊たちとともにファティマの丘の上にいると、突然、閃光が走り、木の上に光輝く聖母マリアが立っていたという。マリアは子供たちに、六ヶ月間、毎月一三日にそこに来るように告げ、その言葉に従った子供たちは、さまざまなメッセージを受け取ったとされる。

三度目の邂逅となった七月一三日には、マリアは三人に一瞬、火の海となった地獄の光景を見せるとともに、三つの予言を授けた。六ヶ月目にマリアは自ら「ロザリオの聖母」と名乗ったという。三つの予言は「ファティマの予言」と呼ばれ、一つ目は第一次世界大戦がまもなく終結すること、二つ目は第二次世界大戦の発生であった。三つ目は公表されておらず、ファティマ第三の秘密としてルチアからローマ法王に渡されたという。一九六〇年に公開される予定であったが突如中止され、これを読んだローマ法王ヨハネ一三世は恐怖におののいて失神したともいわれている。

ファティマの奇跡は、カトリック教会が公認する聖母の出現の一つであり、ローマ教皇庁は奇跡として公に認めている。

ファフロッキーズ現象《ふぁふろっきーずげんしょう》

現象

空からおかしなものが降ってくる現象。名前は「falls from the skies」の略「fafrotskies」で、本来は「ファフロットスカイズ」だが、最初の読み間違えがそのまま広まったとされる。日本語では「怪雨《かいう》」と呼ばれ、古くから報告される現象でもある。

降ってくる物体のうち代表的なのが水棲生物で、特に魚が大量に降ってくることが多い。その原因は、鳥が咥えた魚が落ちたとするものや、飛行機の貨物室が開いてしまったなどさまざまな説があるが、最も有力なのが竜巻説である。竜巻に巻き込まれて強力に上昇した物体が、その後、上空へ放り出されて降り注ぐとされる。また、竜巻で巻き上げられた物体が雲の上昇気流に乗ると、遠方まで運ばれることがあり、このことによってもファフロツキーズ現象が起こるのではないかと考えられている。

ファヤナーガ《ふぁやなーが》

UMA

東南アジアでその存在が言い伝えられている大蛇。とくに国際河川であるメコン川が生息地とされ、夜に不思議な火の玉をはくといわれる。見た目は蛇のような胴体に、竜に似た背びれや頭部がついているという。

タイのイサン地方では川や湖が不自然に波を起こす現象があり、その原因がファヤナーガだといわれている。しかし、こうしたことが伝えられてはいるものの、詳細な目撃情報は乏しく、民間伝承の域を出ていない。大学の研究者は、地元で伝えられていた存在が、ネッシーやカナダのオゴポゴのような同種の水棲ＵＭＡの話題を受けて、さらに広まっていったのだろうと分析している。

フィラデルフィア計画《ふぃらでるふぃあけいかく》

事件

一九四三年、アメリカ海軍が戦艦エルドリッジの透明化を図ったとされる実験計画。バージニア州のフィラデルフィアで行われたためこう呼ばれる。実験では、強力な磁力を発生させることで時空をゆがませようとした。その結果、エルドリッジは消滅して九〇〇キロ離れた場所に出現したり、時間を飛んで一九八三年に現れたりしたといわれる。また、同時に船に乗っていた乗組員一六人が、壁にめり込んだり、無残に焼けたりという異常な死を遂げたとされる。

この実験について知られるようになったのは、一九五五年、天文学者モーリス・ジェサップがカール・アレンという人物から報告を受けたことが端緒とされるが、その後、ジェサップは謎の自殺をしている。後年、アレンはＵＦＯ研究家のジャック・バレーとも接触したが、バレーは調査の結果、当時は磁気魚雷を防御する実験が行われており、フィラデルフィア計画はそれをもとにしたアレンの捏造だと考えた。

アメリカ海軍も完全に否定しており、公式見解ではあくまでも都市伝説の範疇であるが、一部には、多くの犠牲が出たことへの責任追及を避けるとともに、兵器開発の機密保持のために実験そのものが隠蔽されたという見方もある。

風水《ふうすい》

占い

自然環境を基に、地形や方位を考察して、より良い気の流れを読み取る方法。これを用いて気の流れを把握する者は「風水師」と呼ばれ、資格試験も存在する。

風水では、運は生まれ持った運命ではなく、後天的に得られるものだとされる。そのため、より良い結果のためには、具体的に行動することが必要となる。元々は古代中国で墓所を設置する際に、五つの条件によって吉凶が判断されたのが起源とされ、それが衣食住全てに影響を与えるように発展していった。

フーチ《ふーち》

技術

「気」や「運」の測定をする方法。「ペンジュラム」とも。方式はいくつかあるが、振り子を使ったものが代表例で、紐や鎖の先に何らかのオブジェクトがついている。オブジェクトは金属あるいは天然石でできており、「イエス」か「ノー」で答えられる質問が基本になる。そのうえで縦か横にフーチを動かして時計回りなら「イエス」反時計回りなら「ノー」などで判別される。その歴史は古く、四〇〇〇年以上前から水脈の発見などに用いられていたといわれる。

フーファイター《ふーふぁいたー》

宇宙・UFO・宇宙人

第二次世界大戦時に目撃された正体不明の飛行物体。主に連合国側で目撃されたが、ドイツや日本兵からも目撃情報が上がっている。当時はUFOの概念がなかったため、敵国の秘密兵器だと互いに恐れていたといわれる。

語源は諸説あるが、大戦時にアメリカ軍が破天荒な飛行をする日本軍のパイロットを「フー」と揶揄しており、それが由来という説が知られている。外見は直径数インチから数フィートの光の玉で、二個以上のグループで出現するという。攻撃を受けると当時の技術では不可能なスピードで飛び去るという。現在では、プラズマ説や異星人の技術説が唱えられている。また、ナチスによる秘密兵器だったのではないかという噂もある。

フェニックス《ふぇにっくす》

怪物

死んでも蘇ることができる伝説上の鳥。日本では「不死鳥」ともよばれる。もとはエジプト神話に登場する聖なる鳥「ベンヌ」だとされ、これは太陽神ラーの炎に毎晩飛び込んで絶命し、次の日にその炎から生まれるため、太陽と不死の象徴とされた。

その話を聞いたギリシャの歴史家ヘロドトスが、著作『歴史』で紹介したのがフェニックスである。現在では、何度でも蘇るという特性からさまざまな紋章に用いられ、特に火災保険にかかわるものが代表的である。また、手塚治虫の漫画「火の鳥」の中心的存在としても有名。

フォーティアン現象《ふぉーてぃあんげんしょう》

現象

科学的に説明のつかない現象や事象を総称した言葉。名称はアメリカ出身の超常現象研究者チャールズ・フォートに由来しており、彼は科学現象では説明がつかない事象を「幻象」ととらえて生涯研究をつづけた。彼の死後、一九七三年に超常現象専門雑誌「フォーティアン・タイムズ」誌が刊行されている。

その影響を受けた人物は「フォーティアン」と呼ばれ、日本にも支持者は多い。一九八一年には超常現象研究家の並木伸一郎が、オカルト雑誌『ムー』の援助によって「日本フォーティアン協会」を設立し、四〇年以上活動が続いている。

フォックス姉妹《ふぉっくすしまい》

人物

霊との交流でラップ音を自在に起こせるとして、一九世紀のアメリカで交霊ブームを巻き起こした姉妹。フォックス家の三姉妹のうち、次女マーガレット（一八三八～一八九三年）と三女キャサリン（一八四一～一八九二年）を指す。

ことの発端は、一八四八年に姉妹が寝ていると、家の中で音が鳴っているのに気づいたことであった。そのとき、姉妹は霊との交信に成功し、音の主は五年前に殺された行商人の男だとわかったという。交霊内容に基づいて地下室を発掘したところ、実際に少量の骨と毛髪が発見された。

この事件は瞬く間に全米に広まり、「ラップ現象」という名称もこの時つけられたとされる。その後、ニューヨークを拠点に一家は交霊パフォーマンスを何度も行い、莫大な富を得た。さらにフォックス姉妹には熱心な信者も増え、カリスマ的存在となる。しかし、これをトリックだとする勢力や姉妹の霊能力を懐疑的に見る学術的団体も現れ、フォックス姉妹の交霊術は論争を巻き起こすことになる。その後、マーガレットが反スピリチュアル団体から金銭を受け取って、実際は「足の関節をならしていただけ」と暴露するが、その一年半後には暴露した内容を否定した。

福島女性教員宅便槽内怪死事件《ふくしまじょせいきょういんたくべんそうないかいしじけん》

事件

一九八九年に起きた怪事件。その名の通り、教員を務めていた女性の自宅トイレ内で男性が亡くなっているのが見つかった事件。男性がなぜその中にいたのか、どうやって侵入したのかがわかっておらず、謎だらけのまま警察が「事故死」と断定することになった。

便槽はU字型の特殊な作りで、侵入口は二〇センチメートルと三六センチメートルの二ヶ所しかなく、さらに男性は一二五×四七センチメートルという非常に狭いスペースに押し込められるようにして死んでいた。死因は「凍えと胸部循環障害」とされ、「のぞき目的で入った結果、出られなくなった」という結論に達している。

しかし、死亡男性は社交的で人望も厚く、地元で選挙活動に参加している人物だったため、この結論に違和感を抱く人が多く、再捜査を求める嘆願書に四千人分もの署名が集まった。しかし、警察は判断には誤りがないとして却下し、そのまま「事故死」となった。そのためインターネット上では、現在もさまざまな説が飛び交う事件となった。

福来友吉《ふくらいともきち》

人物

一八六九〜一九五二年。超心理学者。「念写」の名付け親として知られる。岐阜県の商人の家に生まれ奉公に出されるが、商人になることを嫌い、少年期から猛勉強をする。一八九九年に東京帝国大学哲学科を卒業し、催眠術の研究を行う。

その後、東京帝国大学助教授となり、御船千鶴子の透視実験や長尾郁子の念写実験などを行うが、一九二五年に強制退官処分を受ける。翌年からは高野山大学教授となるも、戦後に公職追放となる。

しかし、一九四六年に「東北心霊科学研究会」を設立して研究を続ける。日本における心霊研究や超心理学の先駆けであるが、透視用の乾板を被験者の手元に残してしまうなど、実験手法の不手際も指摘されている。

不幸の手紙《ふこうのてがみ》

オカルト用語

人から人へと不幸が連鎖するという噂の流行。もとは幸福の手紙として、郵便で受け取った手紙を一字一句写して知人に送ると幸福が訪れ、実行しないと不幸が訪れるというものだった。英語圏の人が日本の知人に差し出したことで日本に持ち込まれたとされる。一九二二年に爆発的に流行し、四年後に再流行した。

戦後も何度か小流行はあったとされ、対象年齢も大人から青少年、子供へと少しずつ下がっていった。

一九七〇年、幸運が訪れる文言が削られ、決められた時間内に一定の人数に手紙を送らないと不幸が訪れるという内容の手紙に変わっていった。これに関する相談が新聞に掲載されるなどし、小・中学生にまで流行が広まったとされる。

一九七七年、漫画『ドラえもん』で、「不幸の手紙同好会」としてメインテーマとなった。

インターネットの発達で、郵便物からメールへと伝達手段が変化し、内容も多様化した。

二〇〇一年と二〇〇五年には、架空の女性の暴行事件の犯人探しとしてチェーンメールを送ることが流行した。

二〇一八年頃以降、ｍｉｘｉや

LINEなどのSNSを通じてデマの拡散やメールの強要などが行われるようになっている。

藤子不二雄Ⓐ《ふじこふじおえー》

人物

一九三四年〜。富山県出身の漫画家。本名は安孫子素雄。藤子・F・不二雄（藤本弘）とコンビを組み、数多くのヒット作を世に生み出した。富山県氷見市の曹洞宗住職の息子として生まれ、小学生の時から漫画家を志す。高校在学中の一九五一年に毎日小学生新聞でデビュー。藤本弘と出会ったのもこの頃であった。

高校卒業後は、伯父が専務を務める富山新聞社に勤めるが、一九五四年に藤本に誘われて漫画家を目指し上京する。初期はシリアスな作品が多かったが、一九六四年に『オバケのQ太郎』が大ヒットしてからはギャグ漫画家として広く認知されるようになる。しかし、安孫子は徐々にブラックユーモアを取り入れた大人向けの漫画に取り組むようになり、一九八七年に出版関係者へコンビ解散を報告する。

不仲によるものではなく、互いの作風の違いや藤本の体調不良によるものであったため、解消後も二人の交流は続いていた。また、安孫子は作風が異なっていいた理由として、「自分は酒やゴルフを覚えて少年心が薄れていく一方、藤本君はそのようなことは一切やらず、子供心を持ち続けた結果だ」と語っている。実際に安孫子は怪奇的なものや、ギャンブル、ゴルフなど興味の赴くままに多くの経験をしたため『忍者ハットリくん』『怪物くん』『プロゴルファー猿』『魔太郎がくる!!』『笑ゥせぇるすまん』『ブラック商会変奇郎』『黒ベエ』など、代表作のジャンルも多岐にわたっている。座右の銘は「明日にのばせることを今日するな」。

富士山大爆発《ふじさんだいばくはつ》

説・論

富士山が一九八三年に大爆発をおこして、近郊の町ばかりでなく東京や名古屋にまで火山弾が達し、火山灰は成層圏を覆って世界的な寒冷化を招くとする説。

一九八二年、元・気象庁勤務の相楽正俊が著書『富士山大爆発　運命の１９８３年９月Ｘ日』で噴火を予測し、大規模な被害を具体的に記述した。しかし噴火はなかった。相楽は一九八七年刊行の著書『危機迫る！　富士山大爆発　第２関東大地震　経済大恐慌』で、富士山火山帯の同族である三宅島で八三年に噴火がおこってエネルギーが放出されたことにより、富士山は一時的に爆発をまぬがれたとした。

火山学、地球変動学を専門とする京都大学の鎌田浩毅教授は、二〇一九年、『富士山噴火と南海トラフ』で南海トラフ地震が富士山の噴火の引き金になる恐れがあるとしている。

内閣府は、富士山噴火を二兆五千億円規模の激甚災害になると予測している。加えて、山が変形するほど崩壊し、膨大な岩石や土砂が高速で流れ落ちる山体崩壊が起きると、四〇万人が被災するともいわれる。

東日本大震災で富士山頂上のマグマだまりに大きな圧力がかかってひび割れが起きており、多くの専門家が、いつ噴火がおきても不思議ではないと警告している。

不食《ふしょく》

オカルト用語

食物を摂取しないで生活すること。宗教的あるいは医療的理由で行われる「断食」や「絶食」と異なり、食物をとらないこと自体を目的とする行為を指す。「ブレス（呼吸）」だけで生きるという意味で「ブレサリアン」とも呼ばれる。その場合は水分すらとらず、呼吸とプラーナと呼ばれる宇宙エネルギー、太陽光のエネルギーなどを摂取して活動する。

「不食」という言葉は、もともとは実践思想家である山田鷹夫による造語。不食の長期的な実践者として、海外ではオーストラリアのジャスムヒーン、国内では弁護士の秋山佳胤、鍼灸師の森美智代などが有名。

森は、難病である脊髄小脳変性症を治療するため、断食や生菜食による難病治療を行っていた医師・甲田光雄の指導を受けてそれらを実践するうち、一日に丼一杯の青汁で健康を保てるようになり、病も克服した。青汁をとっているため、厳密な意味の不食ではないが、固形物はとっていない。現代栄養学の常識からいえば、この量の青汁のエネルギーや栄養素だけでは、やせて衰弱することが必至であるが、森はむしろふくよかな体型を保ち続けている。

腸内細菌の研究者である辨野義己が腸内環境を調査したところ、パプアニューギニアの高地の人々に似た細菌構成となっており、繊維を分解して栄養としたり、本来は排出されるアンモニアをアミノ酸に変えたりしている可能性があるという。

二〇一五年には俳優の榎木孝明が、テレビカメラの監視下で一ヶ月の不食を実行して話題になった。

不食者によれば、不食の実践で精神的な充実が得られ、頭の回転も早くなるという（また、逆に精神的な充足なしには不食は実践し得ないとされる）。しかし、海外では不食を目指した人が餓死するなどの事件も起こっており、条件が整わない状態での不食の実践は非常に危険だと警鐘を鳴らす人も多い。

二股トンネル《ふたまたとんねる》

心霊スポット（日本）

岐阜県加茂郡八百津町の国道四一八号線（廃道区間）にあるトンネルで、正式名称は「二股隧道」。長さは四〇〇メートルほどで、照明はなく、トンネル内で大きくカーブしており、場所により幅や高さも変化する。

　このトンネルの前後は国道四一八号の廃道で通行禁止区間のため、行くのは困難かつ危険である。木曽川下流に建設中の新丸山ダムの完成（二〇二九年の予定）に伴い水没する区間に含まれる。

「二股」の名から、インターネット上では「内部でY字路になっている」との記載もあるが、これは誤りで地名からついたもの（木曽川の分岐点の意）。

「朝鮮トンネル」という別名でも知られており、これはトンネル工事の際に朝鮮人労働者が多く働いていたためとされる。その労働者を人柱としてトンネルの壁面に埋めたという噂もあるが真偽は不明。

　暗く危険なトンネルであるうえ、このような噂もあることから、心霊スポットとして有名で、このトンネルに入ると「うめき声や叫び声が聞こえる」「後ろから誰かに体を掴まれる」「壁から人影が這いだしてきた」「壁から上半身だけの影が出てきて腕を伸ばしていた」などの話がある。

船井幸雄《ふないゆきお》

人物

一九三三～二〇一四年。大阪府出身の実業家、経営コンサルタント。株式会社船井総合研究所の創業者。一九八八年にコンサルティング業界初とされる株式上場を果たし、それまでの常識を覆した。個人としても精力的な講演、執筆を続け、その著書は四〇〇冊を超えている。特にそのプラス思考や自己改革、成功哲学は数多くの経営者やビジネスマンに支持され、逝去したのちもファンが多数存在する。

　また、「アセンション」や「宇宙エネルギー」「カルマの法則」などのニューエイジ思想、スピリチュアル分野での活動や書籍も多い。現世利益を追求する成功哲学と「真実に気付き、世界を変革しよう」といったスピリチュアルな啓蒙思想を同時に唱えているのが特徴。また、進化した一部の人々に意識変革が起こると、地球全体の精神レベルが上がると説いた（『百匹目の猿』）。一方で本人は自身について、「誤解されているが、スピリチュアルとは無関係な人間であり、どんな現実も客観的に判断する」と述べている。

プラーナ《ぷらーな》

オカルト用語

　もともとはインド哲学やヨガなどにおける用語で、宇宙に充満しているとされるエネルギーを指す言葉。名称はサンスクリット語で「呼吸」や「息吹」を意味する。古代インド哲学においては、人間が存在するために必要な五大要素を「空、風、火、水、地」とするが、そのうちの一つ「風」を司るのがプラーナである。食物をとらないか、ごくわずかだけとって生きる「不食」を実践している人は、プラーナを取り込んでいるとされる。

プラーナは、通常は目に見えないが、訓練すると見えるようになるといわれている。太陽の方向を向いて、一点を凝視するのではなく、ぼんやり全体を見ることをくり返すと、プラーナを見たり感じたりできるようになるという。

なお、プラーナは、リラックスしてゆっくりと深呼吸を行うことや、新鮮な野菜・果物、未精白の穀類、木の実などを食べることによって体内に取り入れることができるとされている。

フライト19事件《ふらいとないんてぃーんじけん》

事件

一九四五年にアメリカ海軍第一九飛行小隊（通称：フライト19）が行方不明になった事件。フライト19は、同年一二月五日、TBMアヴェンジャー五機の編隊で基地から飛び立ったが、五機のコンパスが全て誤作動を起こしてバミューダ海域で行方不明となった。その後、乗員一三名を乗せたマーチン・マリナー飛行艇が捜索に向かったが、それも離陸数分後に消息を絶ってしまう。アヴェンジャー機の残骸や乗員たちは発見されていない。

この一連の事件はバミューダ海域における遭難事件の発端とされ、最も多く語られている。一九六四年には雑誌記事で紹介され、そこで「バミューダトライアングル」という呼称が用いられた。その後も多くの船舶や航空機が事故に遭うこの海域特有の超常的な作用による事故ではないかとする推測記事や書籍が多く出て話題となった。原因について現在では、当日の悪天候及び、指揮系統の不備などによる遭難事件だと考えられているが、一部では今なお、超常現象説、宇宙人説、ブラックホール説なども語られている。なお、事件の起こった一二月五日は「バミューダトライアングルの日」とされている。

フライングダッチマン《ふらいんぐだっちまん》

現象

イギリスを始め、ヨーロッパ各地で語られる幽霊船、もしくはその船長とされるオランダ人。「さまよえるオランダ船」、または「さまよえるオランダ人」ともいわれる。国や個々の伝承によって細かい内容は異なるが、オランダ人の船長が「神の怒りを買った」「悪魔との賭けに負けた」「亡霊に呪われた」など超常的存在の影響を受けて、永遠に海をさまようことになったと言い伝えられている。

アフリカ大陸南端の喜望峰付近で目撃されたという話が多く、一九二三年には四人の船員によって船上から、一九三九年には海岸から数十名の人によって、それらしき船が目撃されたといわれている。リヒャルト・ワーグナーのオペラ『さまよえるオランダ人』の題材としても有名で、その作中では、永遠にさまよう運命にある船長は、七年に一度だけ上陸でき、そのときに船長を愛する女性に出会うことができれば、呪いからの解放を果たせるとされている。

フライングヒューマノイド《ふらいんぐひゅーまのいど》

UMA

世界各地で目撃される、空飛ぶ人間のような未確認生物。見た目は普通の人間のような姿をしており、空中を歩いて動くタイプやムササビのように滑空飛行するタイプが存在する。初期の発見は一九九〇年代で、特にメキシコでの報告例が多い。メキシコはUFOや宇宙人に関連した事象が非常に多い「UFO大国」であるため、UFOとフライングヒューマノイドのつながりも指摘されている。

懐疑派は凧や気球などが角度によって人間のように見えているだけだとしているが、未確認生物だと主張する人たちは、世界中で数多の目撃例があることを根拠としている。

インターネット上にはフライングヒューマノイドを収めた動画も数多くアップされており、二〇〇四年にはメキシコの警官がそれと思しき生物に襲われたという情報もある。さらに、軍や企業の秘密兵器という意見もあり、正体についての議論は未だ尽きていない。

プラズマ《ぷらずま》

オカルト用語

高度に電離し、イオンと電子が一様に分布し、荷電粒子を含む物体。摂氏数万度を超えるとすべての物体はプラズマになり、個体・液体・気体に次ぐ物体の第四体といわれる。直径数キロサイズのものまで存在可能で、非常に早く動くことができるうえ、壁をすり抜けて見えることもある。

我々にとって馴染み深いものでは火、雷、太陽もプラズマの一種である。さらに宇宙を構成する物質（ダークマター以外）の九九パーセント以上はプラズマだとされており、これがUFOの正体だと考える科学者もいる。日本における「UFOプラズマ説」の提唱者としては早稲田大学名誉教授の大槻義彦が有名で、一九八〇年代から主張していた。大槻はそれに先立って「火の玉プラズマ説」も提唱し、再現実験に成功している。

ブラックメン《ぶらっくめん》

宇宙・UFO・宇宙人

UFO墜落や異星人遭遇などの宇宙人関連の事件の後に現れて、目撃者に警告を与える謎の存在。文字通り全身黒ずくめの男であり、「メン・イン・ブラック」とも呼ばれる。目撃者によると、その言葉遣いは丁寧だが、発音が文章を丸暗記したようで抑揚がなく、それがかえって恐怖を駆り立てるようだ。

その報告は一九五〇～六〇年代に多く、最初のものは一九四七年にアメリカ・ワシントン州で起きた「モーリー島事件」とされる。ブラックメンが特に有名になったきっかけは、発展的なUFO調査団体「IFSB」を立ち上げたアルバート・K・ベンダーが、それに関わる以下のような体験を明らかにしたことだった。

一九五二年、ベンダーは立ち上げから間もなかったUFO調査団体を、突如として解散した。その時点では曖昧にされていた解散の理由は、七年後、ベンダー自身によって明らかにされた。団体を発足してからというもの、彼はたびたびテレパシーで「活動を停止しろ」というメッセージを受けていた。さらに自宅に謎の異臭がするようになり、ある日突然、黒ずくめの男が現れ、彼らの地球での活動のために団体を解散するよう迫ったのだという。ベンダーはその場で団体の解散を約束したが、特殊な光線を浴びせられ、「約束を反故にした場合、この光線の力によって体がバラバラになる」との脅しを受けたとされる。

この出来事は、のちにベンダーによって書籍にまとめられた。「真実であるなら、そのような形で発表すれば報復を受けるのではないか」ということから、懐疑的な意見も多かったが、このとき以降、ブラックメンに関する報告が世界各地でなされるようになった。「宇宙人説」「政府工作員説」など、その正体についての意見はさまざまあり、ブラックメンの正体は謎のままである。

プラックリー村《ぷらっくりーむら》

心霊スポット（世界）

イギリス・イングランドの南東部にある村。一見、のどかで牧歌的な村だが、意外な一面も持つ。幽霊出現率の高い村として知られているのだ。村の案内板には、「認定された一二の幽霊と、その他の多くの幽霊がいます」と記されている。

一二というのは、ギネスに認定された幽霊の数。この村は、「イギリス一幽霊の出る村」として認定されているのだ。次のような幽霊たちが、たびたび目撃されているという。

・死産した我が子を探して礼拝堂に現れる「赤い服の女性」
・年若くして亡くなり、当時の姿で図書館に現れる「白い服の女性と幽霊犬」
・亡くなった煉瓦工事現場に現れて「悲鳴をあげる男」
・村はずれの木に亡くなったときの姿で現れる「首つり自殺した先生」
・許されぬ恋に絶望して服毒自殺した「僧侶の幽霊」
・鍛冶屋の喫茶室（現在はパブ）に現れる「紳士とメイド」
・パブに現れ、ポルターガイストでいたずらをする「少女の幽霊」
・橋で物売りをしていて、事故で焼け死んだ「老女の幽霊」

・四輪馬車を引く「馬の幽霊」
・大きな樫の木に隠れていて刺し殺された「追い剥ぎの霊」
・ピストル自殺した「農場主の幽霊」

この農場主は、妻の耳元で「俺はやるよ」とささやいてからピストル自殺。その農場の跡地にできたホテルでは、従業員や客が、耳元で「俺はやるよ」というささやき声をよく聞くという。

現在は、ゴーストツアーが多く企画され、ギネス認定の幽霊たちに会ってみたいという観光客が大勢訪れている。

ブラフマン《ぶらふまん》

思想・概念

ヒンドゥー教やインド哲学における宇宙の真理。語源はサンスクリット語で「力」を意味する言葉で、特に儀式や犠牲の力を表す。これは自らの意識の最も深層部にある個の根源であり、すべての存在が潜在的に持っているものとされる。

ブラフマンはヴェーダの書物「ウパニシャッド」に記述があり、それによればすべての神々はブラフマンから発生したという。また、インドやヒンドゥーのカースト制度において最高階級は「ブラフミン」であるが、それはブラフマンという言葉に由来するといわれている。

フランケンシュタイン《ふらんけんしゅたいん》

怪物

イギリスの小説家、メアリー・シェリーが一八一八年に出版したゴシックホラー小説のタイトル、あるいは登場人物の名前。一般的には人造人間の怪物のことだと思われがちだが、実際はその製作者である青年科学者の名前である。怪物自体に名前はなく、「フランケンシュタインの怪物」や「フランケンシュタインズモンスター」などとよばれる。

フランケンシュタインは生命を操ろうという野心から人造の怪物を生み出すことに成功する。しかし、その醜さから怪物を見捨ててしまい、人間に拒否され続けた怪物が生みの親に復讐するという物語となっている。これは単純なホラー小説にとどまらず、「自らが科学的に生み出したものに身を滅ぼされる」というSF的要素も含んでいる。この潮流は現代まで続いており、系統的には「アンドロイドを酷使しすぎて人間との戦争になる」といった作品などにつながっている。フランケンシュタインはその先駆けといえる小説であり、だからこそ映画や舞台などの題材にも多く使われ、現在でも人気が高い。

フランツ・アントン・メスメル《ふらんつ・あんとん・めすめる》

人物

一七三四～一八一五年。オーストリアの医者。「メスメリズム」を唱えたことで知られる。インゴルシュタット大学で進学を学んだ後、ウィーン大学医学部で学ぶ。博士号をとってからは磁石を用いた治療を行うが、これはメスメル自身が帯びている力が治療を発生させていると考えるようになる。動物の体内には磁力が存在するとして、これを「動物磁気(メスメリズム)」と名付ける。その後、盲目患者の治療に失敗してウィーンを追われ、パリに向かうが、そこでも科学委員会でによって、「メスメリズム単に暗示によるもの」と結論付けられた。メスメリズムは後の催眠治療の先駆けともなり、現代においては変成意識を刺激するものとも考えられている。

フリーメイソン《ふりーめいそん》

秘密結社

一七世紀初頭に設立されたと推測される結社。二〇二一年現在、世界中に六〇〇万人以上の会員が存在すると言われている。

起源は一四世紀のイギリスの石工たちのコミュニティというのが有力視されている。フリーメイソンのマークには、神を表す「全能の目」と石工が仕事の道具として使うコンパスと定規が記されている。

一七世紀後半からヨーロッパで勢力を拡大したが、特定の宗教を信じてさえいれば会員になることを認めていたため、当時のカトリック教会から危険視されて徹底的な弾圧を受けることとなった。弾圧を受けたフリーメイソン会員の多くが開拓時のアメリカに渡った経緯を持ち、一ドル紙幣に描かれる全能の目はフリーメイソンのマークを流用したものという説がある。

知名度が高く、多くの著名人が在籍した経緯を持つことから世界を影から支配する秘密結社と見なされることが多いフリーメイソンだが、実際は会員たちによる社交団体と言えるものだ。欧米では地位の高い人物が会員になることが多いため、入会していると一種のステータスになるのだ。

そのため、危険性が高いわけではないが、現在もなお入会資格は特定の宗教を信仰する成人男性に限定されており、組織の目的を外部に流出させることを厳禁とするなど秘密主義的な面が存在する。だからこそ、現在もなお、人々の好奇の対象となることが多いのだろう。

ブループ《ぶるーぷ》

UMA

チリ沖合の海底に棲息するといわれる超巨大UMA。「ブループ」というのは、もともとは海底から聞こえた謎の音を指しており、それが鳴き声だと考えられたことから、発している謎の生物を表すようになった。

ことの発端は一九九七年に、チリ沖でアメリカ軍の海洋気象庁による海底断層の大規模調査が行われていた際、水深約四〇〇〇メートルから発せられた謎の異音を観測したことだった。それは既存のどんな音にも属さず、何らかの生物が発したものと考えられた。

分析した結果、地球最大の生物であるシロナガスクジラの発する音によく似たものであったが、それよりもさらに大きく、音から導き出されたブループの大きさは二〇〇メートルを超えていた。これはシロナガスクジラのおよそ六倍以上であり、とんでもない怪物ということになる。非常にロマンあふれる話だが、その正体については未だよくわかっておらず、真相は謎に包まれている。

フルカネルリ《ふるかねるり》

人物

フランスに伝わる謎の錬金術師。鉛を黄金に変える能力を持っていたとされ、彼が作った特殊な粉を用いれば、弟子たちも同じことができたといわれる。一般的にはヘルメス学者であり、一九七六年に『大聖堂の秘密』、一九三〇年に『賢者の住居』という書籍を発表して自身の研究をまとめている。しかしその正体については明確にされておらず、バロア王朝の子孫という噂もある。

パリでオカルトサークルを主宰していたジャン・ジュリアン・シャンパーニュとユージェーヌ・カンセリエは現実にフルカネルリに会ったと主張しており、実は彼らがその正体なのではないかという意見もある。

古川益三《ふるかわますぞう》

人物

一九五〇年～。滋賀県生まれの漫画家、実業家。漫画家を志したきっかけは、中学生時代に『石ノ森章太郎のマンガ家入門』（秋田書店）を読んだこと。一九六九年に『ガロ』（青林堂）に読み切り漫画が掲載されたことでプロデビューし、その後は水木しげるのアシスタントとして活動するようになる。漫画家としての収入が低くさまざまなアルバイトを行っていたが、一九八〇年にアルバイト先の貸本店をオーナーから引き継ぐ形で古書チェーン「まんだらけ」を設立した。生粋のオカルティストという一面を持っており、オウム真理教の前身団体である「オウム神仙の会」に一時期所属していたが、信用できないとして麻原彰晃と喧嘩してすぐに脱会したという。古川のオカルト趣味は自身が経営する企業にも反映されており、「まんだらけ」のホームページには、ハルマゲドン（最終戦争）の勃発や人類の大規模な削減など、スピリチュアルなメッセージが定期的に記載されている。

ブレア・ウィッチ・プロジェクト《ぶれあ・うぃっち・ぷろじぇくと》

作品（映画）

一九九九年七月に米国で公開されたホ

ラー映画（日本での公開は同年一二月）。監督・脚本ともにダニエル・マイリックとエドゥアルド・サンチェス。

ドキュメンタリー風に構成・宣伝を行う「フェイク・ドキュメンタリー」もしくは「モキュメンタリー」と呼ばれるジャンルの作品。

また、製作者が失踪などをした後に発見されたフィルムを再構成したという設定の「ファウンド・フッテージ作品」でもある。

三人の大学生が、映画学科の課題のために、ある森の魔女伝説をテーマとするドキュメンタリー・フィルムの撮影を始めるが、森に入ったまま消息を絶つ。警察による捜索が行われるも見つからないまま、一年後、彼らの撮影したフィルムが発見される。そこには、想像を絶する恐怖が記録されていた。

「大学生たちの遺族が、広く当事件が知られて謎が解明されることを望んだため、そのフィルムを再構成して映画化した」という設定になっている。

六万ドルという超低予算、少人数で制作しながらも、インパクトの強いプロモーションも功を奏して全世界で二億四八〇〇万ドルもの興行収入を叩き出した。

主演の三人（ヘザー・ドナヒュー、ジョシュア・レナード、マイケル・C・ウィリアムズ）が受け取った報酬は一〇〇〇ドルで、ヘザーによると「予想外の大ヒットで追加の支払いを期待していたが代わりにフルーツバスケットが送られてきた」という。

二〇一六年、本作から二〇年後を描いた続編『ブレア・ウィッチ』が公開された。

プレアデス星団《ぷれあですせいだん》

宇宙・UFO・宇宙人

冬を中心に観測できるおうし座の散開星団（恒星の集団の一種）で、地球からの距離は約四〇〇光年。日本では「スバル」とも呼ばれる。「プレアデス」という名前はギリシャ神話に由来しており、巨人アトラスと精霊プレイオネの間に生まれたプレイアデス七人姉妹を指している。

いわゆるスピリチュアルの分野では、プレアデスは地球と深い関係のある星団とされ、「じつは地球上には多くのプレアデス星人がいる（カムフラージュして、あるいは顕在意識では気づかないまま地球人として暮らしている）」「魂の転生によってプレアデス星人が地球人に生まれ変わったケースも多い」「それらの人たちは地球上に平和をもたらすことを目的として生活している」などとされる。スイスのコンタクティ、ビリー・マイヤーはプレアデスから来た異星人との遭遇を主張している。

ただし、実際にはプレアデスの星々は、多くができてから一億年以下であり、知的生命体はおろか単純な生物が存在するにも歴史が浅すぎるという見方もある。

プレートテクトニクス《ぷれーとてくとにくす》

説・論

地球の全表面は、厚さ数十キロメートルほどの岩盤（プレート）十数枚で覆われており、このプレートの運動で境界部にさまざまな変動が生じて、地震や噴火などの地学現象が起きるという学説。

大陸移動、マントル対流、海洋底拡大などがこの理論で説明できる。

一九一二年、ドイツの気象学者Ａ・ヴェーゲナーが大陸移動説を発表したが、注目されなかった。一九四四年、イギリスの地質学者Ａ・ホームズが、大陸移動の原動力としてマントル対流説を唱えた。一九六一〜一九六二年、海洋地質学者Ｈ・Ｈ・ヘス博士とＲ・Ｓ・ディーツ博士が海洋底拡大説を発表した。

一九六五年、理学博士Ｊ・Ｔ・ウィルソンが、地球表面を覆う硬い外層である地殻と上部マントルをあわせたリソスフェアがより軟らかい層であるアセノスフェアの上を覆う十数枚に及ぶプレートとして動いているという、プレート理論を完成させた。複数の学者がこれに賛成し、理論の肉付けも行われて、一九七〇年までには西側諸国に普及した。

一九七三年、日本では高校の地学の教科書に導入された。一九七三年、小松左京のＳＦ小説『日本沈没』がヒットしてプレート理論が周知されるようになった。

プレコグニション《ぷれこぐにしょん》

超能力・超常現象

将来起こり得ることを知ること。いわゆる「予知」と同義語である。

これまでに多くの人物がプレゴクニションの能力を所有していると自称している。ダイアン・ラザルスというイギリス人女性は一〇歳の時に亡くなった祖父の声を聞いたことがきっかけでプレゴクニションに目覚めたという。一九九九年にイギリスの人気女性キャスターが殺害された際、ダイアンは容疑者として逮捕された男性が犯人ではないと証言したところ、数ヶ月後にそれが事実であったことが発覚した。

また、証拠が少なくて迷宮入りしていたひき逃げ事件に対して、ダイアンが次々と事件に関する正確な情報を言い当てたことで、結果的に犯人逮捕にいたったのである。

テレビ番組の企画で日本の将来を予知したダイアンは、今後三つの大事件が発生すると発言した。一つはテロ事件、もう一つは脱線事故、そして最後の一つは「ＹＡＴＩＴ」という言葉に関連する事件である。この言葉がなにを示すかはダイアン自身にもわからないという。

プレスター・ジョン《ぷれすたー・じょん》

人物

現在のアジアまたはエチオピア付近に存在するとされた伝説のキリスト教国の

王。一一六五年に東ローマ皇帝やフランス王、ポルトガル王などヨーロッパ諸国の首長宛にプレスター・ジョンを名乗る者からの書簡が届けられ、これが伝説のきっかけとなっている。その内容は、六二の国を従えた彼の王国の栄華や、インドに棲む怪物についてなどで、一一七七年にローマ法王アレキサンダー三世はこれに返事を送ったという。ヨーロッパでは、プレスター・ジョンと連絡を取ってイスラム勢力を挟み撃ちにするという計画もあったが、歴史的には実現していない。

プレスター・ジョン伝説《ぷれすたー・じょんでんせつ》

神話・伝説・叙事詩

アジアまたはアフリカに存在するとされた伝説上のキリスト教国の国王にまつわる伝説。伝説によれば、「遠く離れた東方の地に王国を作ったキリスト教の司祭が、十字軍を助けてイスラム教徒からエルサレムを奪回する」とされ、その司祭がプレスター・ジョンである（「プレスター」は聖職者、司祭の意味）。

一二世紀にドイツの歴史家、オットー・フォン・フライジングが著した『年代記』で、プレスター・ジョンに関して触れられているのが最古の記録とされる。そこには、「東方に存在する広大な国の王プレスター・ジョンが、メディア王国（古代イランの王国）の首都エクバタナを占領した」さらに、「プレスター・ジョンは聖地エルサレム奪回のため西進したが、目標を達することなく帰還した」とある。

目標を達せられなかった理由は、道中でチグリス川に行く手を阻まれたためとされる。川の北方では水が凍結して渡ることができると聞いたプレスター・ジョンは北進したが、川は凍結しておらず、やむをえず戻ったと伝えられている。

へ

ベイカーホテル《べいかーほてる》

心霊スポット（世界）

アメリカ・テキサス州にあるホテルの建物。一九二九年に建てられ、今は廃墟となっているが、訪れる人が後を絶たない。違法と知りつつ、侵入して内部に隠れ、警察官に強制退去されられる人もいる。幽霊が頻繁に出現するホテルとして知られているため、マニアや好奇心に駆られた人たちが集まってくるのだ。

このホテルは第二次世界大戦前まで、多くの宿泊客でにぎわっていたが、その後は客足が遠のき、一九六三年に閉鎖された。二年後に営業を再開するも、また一九七二年に閉鎖されて現在にいたる。

客足が遠のいたこととの関連は不明だが、営業していた時代から、幽霊の目撃情報があった。それはおもに二種類あり、よく目撃されているのは、ホテル内を歩きまわる女性の幽霊。ホテルの支配人の愛人で、ホテルの屋上から飛び降り自殺をしたといわれている。

かつて愛人が滞在していた七階の部屋では、誰も泊まっていないのに、赤い口紅がついたメガネがみつかったことがあるという。また、彼女が愛用していたラベンダーの香水の匂いがしたという証言もある。

もう一種類は男性の幽霊。ホテルの地下に、男性の頭や上半身だけの幽霊が出るという。エレベーターのオペレーターとして働いていた男性の霊で、彼はエレベーターの事故により、体が真っ二つに切断されて死亡したという。

現在、ホテルのメインエントランスは、内部に侵入できないように板が打ち付けられている。

ベイチモ号《べいちもごう》

事件

一九一四年にスウェーデンで製造された貨物船にまつわる怪事件。後に船は「幽霊船」と呼ばれるようになった。

ベイチモ号はアラスカ沖に住むイヌイットが採取した毛皮の運搬用に使用されていたのだが、一九三一年に激しい吹雪に見舞われた挙句巨大な氷に阻まれた。乗組員たちは船を動かすことを諦めて近くにテントを張ったところ、再び吹雪が吹き荒れたという。吹雪が明けた翌日の朝、乗組員たちがテントを出たところベイチモ号の姿は跡形もなく消え去っていた。乗組員たちは吹雪によって瓦解した後に沈没したと解釈したのだ。

それから一ヶ月ほどが経過した頃、一人のイヌイットからベイチモ号が海を漂っているという報告が寄せられた。すぐさま数十機の飛行機を使用した捜査が実施されたが発見されなかった。しかし、その後もベイチモ号を目撃したという報告が相次いでいるのだ。

ベイチモ号は、現在もなお極寒の海を彷徨い続けているのだろうか？

平和の滝《へいわのたき》

心霊スポット（日本）

北海道札幌市西区平和の琴似発寒川《ことにはっさむがわ》の上流にある滝。上流区域が以前、右股と呼ばれていたことから、「右股の滝」という別名もある。落差は約一〇メートルで二段になっている。

滝の名称は周辺の地名である「平和」に由来する。開拓時代、非常に困難な開墾を行ったことから、願望をこめてつけられた地名だという。

北海道屈指の観光名所である一方、心霊スポットとしても知られる。過去に、滝壺への投身自殺やそばにある駐車場トイレでの焼身自殺などがあったといわれており、そうした人々の霊が現れるのではないかとされる。

　夜間に行くと、滝をじっとみつめて動かない人影が目撃されるとか、うめき声やささやき声、「来るな」という声などが聞こえるという噂がある。

ペガサス《ぺがさす》

怪物

　ギリシャ神話に登場する幻獣。白く輝く体毛と翼をもった馬。英雄ペルセウスがメデューサの首を切り落とした際に、その血から誕生したとされる。外見は美しいが気性が荒く、プライドの高さゆえに自分が認めた相手でなければその背に乗せることはない。

　神話では英雄ベレロフォンの騎馬となってキマイラ退治を助けるが、その後、慢心して神の国に昇ろうとしたベレロフォンを、ゼウスの命を受けてけり落とした。ペガサスはそのまま天に昇っていき、ペガサス座になったとされる。

ベナンダンティ《べなんだんてぃ》

職種

　一六世紀から一七世紀、イタリア北東部のフリウーリ地方で農民たちの幻視伝統にかかわった人々。彼らは睡眠中に自身の体を抜け出し、作物が実るのを妨害する魔女と戦うとされた。ベナンダンティは「善き歩行者」という意味で、この地方の習慣では先天的な能力だと考えられていた。その証明として、彼らは羊膜をまとったまま生まれてくるという。これは現在でいう一種の異常分娩だが、当時のヨーロッパでは幸福なことと考えられていた。

　呪術による病気治療なども行っていたが、一五七五年から一六七五年、魔女裁判が盛んに行われるようになると。異端審問を受けて告発され、その信仰は悪魔崇拝の一種として迫害された。

ヘミシンク《へみしんく》

技術

　左右の耳に異なる周波数の音を聞かせることで脳波を刺激し、人の意識をさまざまな状態に誘導する技術。リラックス、瞑想、睡眠、集中、知覚の拡大、至福体験などであるが、さらに体外離脱や臨死体験を意図的に起こすこともできるとしている。

　アメリカ人のロバート・モンローが開発し、モンロー研究所が特許を取得している。もともとはモンローが研究していた睡眠学習法であり、それが音を用いた変性意識の誘導法に進化したものである。日本におけるヘミシンク研究では、世界に三〇数名しかいないモンロー研究所公認レジデンシャル・トレーナーであるという坂本政道が有名。ヘミシンク用のCDも発売されている。

　効果がない似非《えせ》科学だという見方がある一方、意識の変性を起こす有効な方法と評価する人も多い。ただ、ヘミシンクは瞑想などによって得られる変性意識状態に入るのを助けるものであり、支持者は繰り返しの訓練が必要だと述べている。

ヘルハウス《へるはうす》

作品（映画）

一九七三年、英国で制作されたホラー映画。配給は米国の20世紀フォックス（現・20世紀スタジオ）で、同年六月に米国で公開された（日本での公開は一九七四年九月）。リチャード・マシスン原作のホラー小説『地獄の家』を映画化した作品で、マシスンは脚本も担当した。

　悪行を重ねた末、二七人もの親類縁者を惨殺した殺人鬼ダニエル・ベラスコは、彼らの死体を屋敷に残したまま消息を絶った。心霊現象が起きると噂されるその屋敷に、大富豪から高額の報酬で調査を依頼された物理学者とその妻、男女の霊媒師の計四人がやってくる。調査を進める彼らを次々と奇怪な出来事が襲い、屋敷に潜む恐ろしい存在が牙をむく。霊魂の存在を信じない物理学者と霊媒師との対立もからむストーリーが話題となった人気作で、幽霊屋敷ものの古典的名作として知られる。

ヘレナ・ペトロヴナ・ブラヴァツキー《へれな・ぺとろゔな・ぶらゔぁつきー》

人物

一八三一～一八九一年。ロシアの女性神秘主義者。神智学協会を創設したことで知られる。幼少期から念力やチャネリングなど特別な能力があったとされる。一七歳でニキフォル・ブラヴァツキー将軍と結婚し、その後、世界中を旅して霊媒やピアノ教師などの職を転々とする。

　一八七五年にアメリカでヘンリー・スティール・ウォルコット、ウィリアム・ジャッジとともに神智学協会を設立する。一八七八年にはインドを訪問して仏教徒となったため、インドのヒンドゥー教改革運動団体「アーリア・サマージ」と合体。本拠地をインドに移す。ブラヴァツキーは一九世紀最大の神秘主義者とされ、その後のニューエイジ運動に大きな影響を残したが、何度かトリックを暴かれる場面も報告されている。

ペンジュラムパワー《ぺんじゅらむぱわー》

現象

ペンジュラム（振り子）に宿ると言われる神秘的な力の総称。

四〇〇〇年以上前のエジプトでペンジュラムを使用した占いが考案されて、その技術は他の地域へと伝わった。中世ヨーロッパではペンジュラム占いは秘術として僧侶たちの間で用いられたのである。

　一九世紀になるとペンジュラムの効果が科学的に検証されるようになり、ドイツ人科学者ヨハン・ヴィルヘルム・リターは、ペンジュラムの作動原理は宇宙空間のエネルギーである「星気」の作用であると結論づけた。

現在では、ペンジュラムの動力源となる無意識下の筋肉の働きは、直感や予感といった人間の第六感を投影したものという説が主流になっている。多くの人間は第六感を自由に発揮することが不可能だが、ペンジュラムという媒介を使用すれば、それが容易になるという。

実際に殺人事件の行方を追っていたライターがペンジュラム占いを実施したところ、一つの証拠も存在しなかったにもかかわらず犠牲者の遺体を発見したという事例も存在する。

ペンタクル《ぺんたくる》

魔術

西洋魔術や占いで使われる物品の総称。ペンタクルには大きく分けて三つの意味合いが存在する。一つは魔術書に頻出する魔法円が記された護符や金属辺のこと。日本のお守りのようなものである。

もう一つはタロットカードのマークのひとつのことで「硬貨」を象徴しているとされている。タロット占いにおいて、ペンタクルのカードは仕事や仕事環境、金銭や社会的な人間関係を表すとされており、とくにペンタクル一〇のカードは裕福さや家族の団結を象徴しているため、非常に人気が高い。

最後の一つは、黄金の夜明け団の流れを組む魔術儀式に使用される魔法円のこと。黄金の夜明け団の創始者の一人であるアーサー・エドワード・ウェイトがデザインしたタロットカードにはペンタクルの魔法円が描かれているのだ。ちなみに、現在のイギリスではウェイト版のタロットカードが主流になっている。

ベントラ、ベントラ《べんとら、べんとら》

宇宙・UFO・宇宙人

UFOや宇宙人を呼ぶときの掛け声、あるいは呪文。もともとは、コンタクティであるジョージ・タッセルが目撃したという宇宙船の名前とされ、彼は「ベントラベントラスペースピープル」という呪文を異星人から教わったという。

これはUFOを召喚するための呪文とされるが、日本では短縮されて「ベントラ、ベントラ」となった。二〇二〇年には、料理研究家の平野レミが、新型コロナウイルスによって家で過ごす子供たちに宇宙人を呼ぶための呪文としてNHKの番組で紹介し、話題となった。

ベンベン石《べんべんいし》

遺跡・オーパーツ

古代エジプトにおいて太陽神の象徴として崇拝されていた聖石。円錐、三角錐、四角錐のいずれかであり、大きいもので高さ一メートルほど。「ベン」は「何度も生まれる」という意味で、「ベンベン」と繰り返すことで「永遠」を表している。

もともとベンベンは、エジプトで信仰された太陽神ラーが最初に降り立ったとされる高原の名前で、それを模したものがペンペン石とされ、ヘリオポリス（現在のカイロ周辺の街）の神殿に安置されていた。

　ベンベン石をモデルとしてピラミッドが作られたともいわれ、ピラミッドの建設が進むとその頂上にベンベン石を置くようになったとされる。一方では、のちに巨大ピラミッドの建設をやめたファラオ達が、ピラミッドの代わりとしてベンベン石を神殿に置くようになったという説もある。

ほ

ボアス事件《ぼあすじけん》

事件

一九五七年にブラジルの農夫、アントニオ・ビラス・ボアスがUFOに連れ去られて異星人との性行為を強要されたという事件。当時二三歳だったボアスが昼頃に一人で農作業をしていたところ、卵型の光る物体を目撃する。物体からは成人男性と同じくらいの背丈で灰色の服とヘルメットを身に着けた搭乗員が現れ、UFO内に彼を引き込んだという。

　UFO内でボアスは身体検査を受けたのち部屋で一人にされ、彼が今まで見たどんな人物よりも美しい女性が裸のまま現れ、性行為を要求されたという。そしてボアスは宇宙観光に連れていかれたのち、元の農園に解放されたと述べている。本人の体験談しか検証要素がないため、懐疑的に見る意見もある。

ボイニッチ手稿《ぼいにっちしゅこう》

文書

一九一二年にイタリアで発見された古文書の写本。未解読の文字が記され、多数の奇妙な絵が描かれているのが特徴。名称は発見者であるポーランド系アメリカ人で古書収集家のウィルフリッド・ヴォイニッチにちなんでつけられた。

　大きさは二三・五×一六・二×五センチメートルで、左から右に読む。羊皮紙でできており、現存するのは約二四〇ページ（少なくとも二八ページが欠落）。

　未解読の文字による文章が書かれ、ほぼ全ページに彩色された多様な絵が大きく描かれている。絵は植物に関すると思われるものが多く、ほかに銀河や星雲などの天体に見える絵や、精子のように見える絵、複雑な配水管のような絵、その管でつながった浴槽やプールのようなものに女性が浸かっている絵など、不可思議な絵が描かれている。

　書かれた文字を多くの歴史家や言語学者が解読しようと試みてきたが、いまだに解読できていない。

ポヴェリア島《ぽゔぇりあとう》

心霊スポット（世界）

「水の都」として知られるイタリアのヴェネチア近くにある島。五世紀に開拓されて人が住み始め、流通の要所として栄えていたが、一四世紀に島に要塞を設置すると、やがて無人島となった。

　一八世紀のペスト大流行の際に、隔離収容所として使われ、ここで多くの患者が命を落としたという。その後、軍の収容所や、検疫所となったのち、一九二二年に精神病院が建てられた。

　その精神病院では人体実験として脳の手術が頻繁に行われ、また、患者への拷問も行われていたとされる。もともと精神を病んでいた患者たちは、さらに追いつめられ、自殺者が続出した。異常な出来事が続く閉鎖空間で、医師たちも自殺し始め、結果的におびただしい自殺者が出たといわれている。

　その遺体は、外部からの手が入らないまま、放置されているという。周辺の島の住民の間では、「ポヴェリア島の土壌の五〇パーセント以上は人骨」という噂もある。

　現在は、ポヴェリア島への上陸は禁止されている。ビジネスや開発といった理由がある場合のみ、イタリア政府の許可を得て上陸することができる。

ホープダイヤモンド《ほーぷだいやもんど》

呪い

　スミソニアン博物館群のひとつである国立自然史博物館に所蔵されている四五・五二カラットのブルー・ダイヤモンド。紫外線を当てると、一分以上に渡って赤い燐光を発する。ロンドンの大銀行家ホープ家が所有していたことから、ホープダイヤモンドと呼ばれるようになったとされる。

　九世紀にインド南部のデカン高原にあるコーラルという町の川、またはキストナ川のゴルコンダ鉱山で農夫が発見した。一七世紀にインドからヨーロッパに渡り、ルイ一四世が所持し、六九・〇三カラットのハートシェイプにカット、その後六三カラットのフレンチカットになり、一七九二年のフランス革命で行方不明になる。

　文献によれば、次に一八一二年にロンドンのダイヤ商ダニエル・エリアソンが所有し、一八三〇年以降に銀行家で宝石コレクターでもあったヘンリー・フィリップ・ホープに所有が移った。彼の死に際して、遺産を相続する条件としてホープダイヤモンドと名付け、孫のフランシス・ホープが受け継ぎ、ホープダイヤモンドの名称が定まった。

一九〇二年、ロンドンの宝石商アドルフ・ウィルからアメリカのダイヤ商であるサイモン・フランケルに、一九一〇年にはカルティエに所有が変わり、ワシントン・ポスト紙のオーナー一族を経て、一九五八年にハリー・ウィンストンが寄贈してルース（裸石）の状態でワシントンD.C.のスミソニアン博物館に保管されている。

一説では呪いのダイヤとされ、所有者に不幸を招くという次のような都市伝説がある。

ホープダイヤモンドを発見したインド人農民は、ペルシア軍に腕を切断されて殺され、ダイヤを強奪された。ダイヤを奪った軍の隊長は、原因不明の自殺を遂げる。一七世紀、インドのベーガンにある寺院の仏像に埋め込まれたダイヤを見つけたフランスの商人が、くり抜いて盗み取り、フランスに持ち帰って、ルイ一四世に売却したが、その商人はロシアで野犬に食い殺される。

ルイ一四世は、ハート型にリカットしたこのダイヤを愛用したが、天然痘で死亡する。一七九二年、ダイヤはフランス革命時の王室宝物庫襲撃で盗まれるが、その後もダイヤの所有者となった人は、憤死、発狂による自殺、窒息死、落馬で死亡などをしたという。名前のもとになったホープが所有してからも数々の不幸に見舞われ、彼は破産して失意のうちに死亡し、ホープ家は没落した。次の所有者はダイヤを入手後に息子が交通事故死して、夫婦生活は破綻し、離婚。夫は、精神病院で狂死し、妻も肺炎が悪化して死亡したとされる。ただし、以上の経緯には話の根拠が薄いものも多い。

一九九七年、アメリカ映画『タイタニック』でヒロインの胸を飾る宝石、ハート・オブ・ジ・オーシャンのモデルはホープダイヤモンドとされる。一九九二年から連載された星野不二彦作・漫画『ギャラリーフェイク（第六話・翡翠の店）』で、スミソニアン博物館のホープダイヤモンドが日本で展示されることになり、偽物とすり替えられるというストーリーがあった。二〇一九年発売のゲーム『ペルソナ５ザ・ロイヤル』では、「死神」の性質を持つ敵キャラクターの名前が「ブルーダイヤ」であった。

ポールシフト理論《ぽーるしふとりろん》

説・論

自転軸や磁極など、天体の自転に伴う極が、何らかの要因で移動するという説。二〇〇九年には、中心核の磁性変動により、磁北が一年に約六四キロメートルの速さで東へ向かって移動していると発表されている。

自転軸に関しては、二〇〇四年に発生したマグニチュード九・一のスマトラ島沖地震により、最大で約二キロメートル程度移動した（ポールシフト極運動がおきた）可能性があるとする考察がある。

一九七八年、アニメ『未来少年コナン』

（原作／アメリカのA・ケイのSF小説『残された人々』）は、核兵器よりも強力な超磁力兵器によりポールシフトがおこり、地軸が捻じ曲げられて起きた大地殻変動後の世界に生きる少年コナンが主人公。

一九九五年、作家G・ハンコックは、自著『神々の指紋』で、かつて温帯だった南極がアトランティスだったと主張した。

一九八六年、田中芳樹によるSF小説『七都市物語』（一九九四年アニメ化）は、二〇八八年に地軸が九〇度転倒するポールシフトがおこり、地球上の人類に壊滅的な被害が出るという世界を描いた。

二〇一九年、パリ地球物理学研究所のI・ガレ博士は、五億年前には、一〇〇万年あたり二六回のペースで地球のN極とS極が逆転していたとする論文を発表した。

北欧神話《ほくおうしんわ》

神話・伝説・叙事詩

ゲルマン人の故地であるスカンジナビアで、キリスト教以前に生まれた宗教話。ゲルマン神話の多くの部分を占める。長らく口伝され一三世紀にスノッリによって書かれた詩編『エッダ』、ラテン語で書かれた歴史書『デンマーク人の事績』などが伝えられる。ゲルマン民の主神オーディン、魔術王ギュルヴィなどが登場して世界創生、人間の創造、世界の終末ラグナロクなどが語られる。優れた人物伝として鍛冶屋ウェーランド、竜殺しの英雄ジークフリートなどの物語が知られている。またアイスランドやノルウェーでおきた出来事を題材にしたサーガ（物語）も含まれる。

詩・散文記録のほかに、ルーン文字石碑や絵画石碑などにも古代の神が描かれている。

ゲルマン民は、一年の収穫を祝い、もみの木に飾り付けをして古代の神に感謝するユールという祭りを一二月半ばから年明けまで行っていた。樅（元は樫）に飾り付けをし、柊など常緑樹を飾り、豚肉料理やケーキなど御馳走を作る。御馳走を食べに訪れた森の妖精ノームが、良い子供におもちゃをくれると伝えられる。これがクリスマスやサンタのプレゼントの起源といわれている。

栗本薫による一九七九年のファンタジー小説、『グイン・サーガ』など、ファンタジー系創作物の題名にサーガがよく用いられる。

諫山創による二〇〇九年の連載漫画『進撃の巨人』（後にラノベ、アニメ、映画化）の世界観は北欧神話によるといわれる。

二〇二一年二月、北欧神話とヴァイキングがテーマの冒険ゲーム『Valheim』が配信された。

ホセ・サナルディ《ほせ・さなるでぃ》

人物

一九六八年～。南米の妖怪研究家。アルゼンチン共和国ブエノスアイレス市に生まれる。幼少期より日本の文化に関心を持ち、デザイナー兼イラストレーターの弟セーサルの影響で水木しげるや歌川国芳による妖怪の世界と出会う。ブエノスアイレス工科大学を卒業後、一九九六年に日本に留学。埼玉大学大学院博士課程修了後も、未知の世界を探る科学技術の研究に没頭し、日本に永住。精密機器のエンジニアとして働く傍ら文化人類学にも関心を持ち、言語、音楽、美術、自然史、神話などの分野でも独自の研究を続ける。

牡丹灯籠《ぼたんどうろう》

怪談

中国が明のころに再構成された小説に基づき、三遊亭圓朝によって落語として編成された怪談噺。「四谷怪談」や「番町皿屋敷」と並び、日本三大怪談とされている。

牡丹灯籠を下げた「お露」という女性が、萩原新三郎という男に恋い焦がれ、彼のもとに足しげく通うが、やがて彼女が幽霊であることが判明する。そのため、新三郎は幽霊封じの札を貼ったうえ、金の仏像を身につけ、お露が屋敷に入れないようにする。困ったお露は新三郎の下男の伴蔵に札はがしを頼み、伴蔵は妻、お峰にそそのかされ、百両でそれを請け負う。伴蔵によって仏像が盗まれ、お札もはがされたため、お露は屋敷に入ることができ、新三郎との再開を果たす。結局、新三郎はお露とともにあの世へ旅立ってしまう。

ここまでが牡丹灯籠としてもっとも有名な一節だが、話はさらに続く。伴蔵はお露にもらった百両をもとでに成功を収めるが、さまざまな悪事がばれて召し取られる。ほかにもいろいろな因縁が絡み合う長編落語として仕立てられており、歌舞伎にも取り入られるほど人気の演目となっている。

ホット・リーディング《ほっと・りーでぃんぐ》

占い

占い、カウンセリングに際して、事前に得た情報を利用すること。占いの場合は相談者の情報を事前に調査し、あたかも超常的な方法で読み取ったかのように披露し、奇跡を演出する。一種のトリックであり、本来は行うべきではない詐欺的なテクニックとして知られる。

これとは別に、優秀な営業マンなどが事前に相手の趣味や好きなものなどを調べ、交渉をスムーズに進めることも広義のホット・リーディングと呼ばれることがある。

なお、ホット・リーディングとは反対に、誰にでも当てはまる質問をして同意を得る方法を「コールド・リーディング」という。

秀真伝《ほつまつたゑ》

書物

かつて日本で使われていたとされる神代文字「ヲシテ」を用いた文献。五七調で記され、構成は全四〇章、一万七〇〇〇行にも及んでいる。「秀真」は漢語で「まことの中のまこと」、伝は「言い伝え」であり、「まことの中のまことの言い伝え」を意味する史料とされるが、学会では偽書と認定されている。一方で肯定派は、「古事記」や「日本書紀」の原書だと主張しており、写本の出現時期から、その二書以後の文献であるとしている。

なお、ヲシテを用いて書かれた他の書物に、秀真伝と同じく五七調の長歌体で記された「ミカサフミ」と、占術と関わりの深い歌集「フトマニ」がある。

ホテルニュージャパン跡地《ほてるにゅーじゃぱんあとち》

心霊スポット（日本）

ホテルニュージャパンは、かつて東京都千代田区永田町にあったホテル。地上一〇階、地下二階の都市型多機能ホテルで、一九六〇年にオープンしたが、一九八二年、大規模な火災に見舞われて閉鎖され、その後は廃墟となった。

火災は九階に宿泊していた外国人客の寝タバコが原因で、午前三時二四分に発生。瞬く間に燃え広がり、多数の消防車や救急車が出動するも鎮火に九時間以上を要し、死者三三名、負傷者三四名を出す大惨事となった。多くは焼死や一酸化炭素中毒死であるが、煙から逃れようと高層階から飛び降りて亡くなった人もいた。

火災後の検証で、ホテル側のずさんな防災対策が明らかとなり、人災としての要素が強いとして厳しく糾弾された。

その後、ホテルニュージャパンの建物は、長く放置されて廃墟となり、幽霊が出るという噂が立った。跡地に行くと「『助けて!』という女性の声が聞こえた」「背中がずっしり重くなった」「誰もいないはずの窓に人が見えた」などの話が伝えられている。

一九九六年になって、ようやく解体され、現在は「プルデンシャルタワー」という高層ビルが立っている。二度と悲惨な火災をくり返さないよう、同ビルでは火災その他の災害に対する万全の防備体制を整えているという。

ホピ族《ほぴぞく》

予言

ホピ族は最古のアメリカの先住民であり、かつて滅びたマヤの子孫とされる。ホピ語でホピとは、「秩序を守り、平和的で礼儀正しい者」であり、ホピ族は平和の民と呼ばれる。数千年前にホピは「神の声が聞こえる者」に導かれ、他部族との戦いを避けて不毛の土地に移動してきたと言われる。偉大なる精霊であるホピの神の声は、過去におこった歴史と未来の予言であり、住居近くの岩に刻まれているほか、口伝されている。部族だけに伝えられてきたが、ホピの土地からウラン鉱が採取されてからは、英語で部族外にも伝えて警告されるようになった。

一九五八年、メソジスト派のデヴィッド・ヤング牧師が、ヒッチハイクをしている老人を自分の車に乗せた。老人はホピ族の長老であり、一族に伝わる以下の九つの予言を語った。翌年、ヤングはそれをパンフレットにした。

①白人が来る（ヨーロッパ人のアメリカ大陸進出）
②満ち溢れる車輪の回転音（最初は馬車、後に自動車が走り回る様子）
③バッファローに似た角のある獣が来る（牧畜用にヨーロッパ産の牛が持ち込まれた）
④鉄のヘビが大地を横切る（鉄道敷設）
⑤巨大なクモの巣が大地に張りめぐらされる（電線・電話線）
⑥石の川が大地に交錯する（舗装道路・高速道路）
⑦海が黒く変色し、多くの生物が死滅する（タンカーによる原油の海洋流失事故）
⑧長髪の若者がやってきて部族の生活と知恵を学ぶ（ヒッピー・ムーブメント）
⑨天上にある天国の居住施設が地球に落下し衝突する。その時には青い星が現れて、その後ホピ族の儀式は幕引きとなる

一九八六年、宮田雪監督によるドキュメンタリー映画『ホピの予言』公開。現在、第九の予言が成就されていない。太陽フレアの爆発やオリオン座のベテルギウスの爆発の可能性を示唆する説があるといわれる。

ホプキンスビル事件《ほぷきんすびるじけん》

事件

一九五八年にアメリカのケンタッキー州、ホプキンスビルにあるサットン農場の住民が謎の生物に襲われた事件。発端は農場主サットンの友人テイラーが夜七時ごろにＵＦＯを目撃したことで、その後、奇妙な光が近づいてくるのを確認した。さらにその光の中から一・五メートルほどの全身銀色の生物が、宙に浮いたままサットンとテイラーに近づいてきたという。

二人が銃を発砲したところ、生物は翻って逃げ出したが、その後、何度も姿を現し、窓から不気味な顔をのぞかせる。二人が警察に向かい、警官とともに現場に戻ると、生物は姿を消していた。

二人は二〇〇発以上の銃弾を打ったと証言しており、その錯乱の程度がうかがえる。また、ＵＦＯ搭乗員の襲撃と銃による応戦というその衝撃的な内容から、広く知れ渡る事件となった。一方で、二人の証言と近隣住人や警察の体験に一部食い違いがあり、一説には極度の飲酒状態による幻覚ではないかともいわれてい

る。

ポポバワ《ぽぽばわ》

UMA

タンザニアのザンジバル諸島に伝わるUMA。ポポバワはスワヒリ語で「コウモリと翼」を意味している。その名の通り、コウモリのような翼に、尖った耳とかぎづめを持ち、体長は二〇センチほどで、頭部の真ん中に大きな目が一つだけあるという不気味な姿とされる。

ザンジバル諸島では、ポポバワは生物というよりは妖怪のように認識されており、その理由として、夜な夜な男性だけを狙って襲ってくるという特徴がある。

特に活発に活動するのが、なぜか選挙期間で、昼間投票に行った男性のもとに刺激臭とともに現れ、大きな生殖器で襲ってくるのだという。何とも奇妙かつ恐ろしい話だが、ポポバワを防ぐための対処法もあり、コーランを唱えるとよいそうだ。ザンジバル諸島はほぼ一〇〇パーセントがイスラム教徒であるため、悪魔的存在に立ち向かうには、やはりイスラム教の聖典が重要なのだろう。

ホメオパシー《ほめおぱしー》

医学・医術

一八世紀のドイツ人医学者ザムエル・ハーネマンが提唱した、疾患の原因となる薬物や物質をあえて使用することで疾患を治療しようとする療法のこと。

ハーネマンが当時マラリアを治療する薬品として用いられていたキニーネという薬物を患者に対して大量に使用したところ、患者がマラリアを発症したことを受けてホメオパシーを発想した。

疾患を発症した際、その症状に対抗するための医薬品を投与するのが通常の医学であるが、ホメオパシーの場合、「レメディ」と呼ばれる症状を促進させる成分を含んだ砂糖玉を投与して免疫力を高めようとするのだ。

ナチス政権下のドイツでは、ホメオパシーは新時代の医療として普及が推進され、第二次世界大戦後に世界中に広まったという経緯を持つ。

現在でもホメオパシーを推進する医療機関が存在するが、回復したというのはプラシーボ（思い込み）効果にすぎず、レメディを飲んで逆に重症化したという報告が頻発しているため、実施することは絶対におすすめできない。

ホラー映画《ほらーえいが》

オカルト用語

映画のジャンルの一つで、観客に恐怖を与えることを目的としたもの。その恐怖の与え方はさまざまで、殺人鬼などによる凶行を描くスプラッターもの、怪物やゾンビに襲われるモンスターもの、あるいはパニックもの、心霊現象を扱う怪談もの、心理描写を重んじるサイコホラーものなどがある。

　モンスターや殺人鬼、超常現象など、見知らぬ存在から恐怖が与えられる場合をホラー、そうした特殊な存在ではなく、身近な人間やある種の設定によって観客の緊張感や不安感を煽ることを狙いの一つにしている場合をスリラーと呼ぶ場合もあるが、両者の区別は明らかではない。

　洋画ではスプラッターやモンスターものが多く、邦画では心霊現象を扱う怪談ものが多い傾向がある。ホラー映画の草分け的存在はドイツで一九二〇年に制作された「カリガリ博士」とされる。精神異常を持つ医者とその僕《しもべ》である夢遊病患者が引き起こす連続殺人を描く作品で、モノクロのサイレント映画であるが、のちのホラー映画全般に大きな影響を与えた。

ホラディラ《ほらでぃら》

UMA

　ブラジルのアマゾン川支流で目撃された水棲ＵＭＡ。その名は現地の言葉で「地獄の牙」を表している。発見されたのは一九九三年で、イギリスの生物学者ジェレミー・ウェイドがアマゾンカワイルカの調査をしていた際、水面からギザギザの背ビレを出した謎の生物を目撃した。それはまるでノコギリのように鋭く、今まで見たことのない生物だったという。

　そのため、地元の人々に聞き込みを行い、それは伝説として知られる「ホラディラ」ではないかという話を耳にする。この事実にウェイドの期待は高まり、調査を続けた結果、ついに再び遭遇し、二枚の写真の撮影に成功する。しかし、その後は目撃することができず、現在では、遺伝子変異で背ビレが変形したアマゾンカワイルカではないかといわれている。

ポリビアス《ぽりびあす》

都市伝説

　かつてアメリカ国内に実在したことが噂されるアーケードゲームとそれを稼働させる筐体の総称。噂によると、ポリビアスは一九八一年にオレゴン州ポートランド市内のゲームセンターに数台設置されていたという。ゲームの内容は非常に中毒性が高いもので、稼働時には筐体の前に大行列が発生したという。しかし、稼働してから一、二ヶ月経過すると黒服を着た男性たちがやってきて筐体を回収するというのがお決まりだったそうだ。一説によると、ポリビアスはＣＩＡが行っていたマインドコントロール研究を実証するために開発されたゲームで、プレイヤーに特定の映像や音楽を体験させることで意のままに操る効果があったという。ポリビアスには強い中毒性があり、稼働時には遊ぶ順番を巡って人々が争う様子が頻繁に目撃されたとされている。

また、長時間プレイすると幻覚や不眠、健忘症の効果が発生するのだという。これらの話の真偽は定かではないが、二〇〇七年、一三年、一七年には噂をもとにして製作された同名のコンシュマーゲームが発売された。

ポルターガイスト《ぽるたーがいすと》

作品（映画）

一九八二年六月に米国で公開されたホラー映画（日本での公開は同年七月）。監督はトビー・フーパー。製作はスティーヴン・スピルバーグ。

夫婦と一男二女の五人家族が、新興住宅地に越してきて暮らし始める。

ある夜、次女が放送終了後のテレビ画面に向かって何者かと話すようになる。それをきっかけに、一家は次々と超常現象に見舞われ、恐怖の体験をすることになる。

スピルバーグが製作したホラーシリーズの第一作目として話題になった。続編として一九八六年に第二作、一九八八年に第三作が公開された。

二〇一五年には、『死霊のはらわた』を監督したサム・ライミが制作に携わったリメイク版（テレビシリーズ）が制作された。

ポルターガイスト現象《ぽるたーがいすとげんしょう》

現象

実体が目に見えないのに、棚がガタガタと揺れる、食器が宙に浮くなどの物理的影響が起きる心霊現象。「ポルターガイスト」はドイツ語で「騒々しい霊」を表す。古くから世界中で報告される現象で、はじめはラップ音だけだったのが、だんだんエスカレートしていくパターンがほとんどである。

多くの例で思春期の少年少女が関与しており、これは彼らの不安定な精神が無意識のサイコキネシスを引き起こしているという説がある。アメリカの超心理学者ウィリアム・ロールはこれを「再起性偶発的サイコキネシス」と名付けた。

ポワ《ぽわ》

オカルト用語

チベット密教で「輪廻転生」を表す言葉。チベット密教では、すべての生物に仏陀の因子が宿っているという思想が存在し、ポワを繰り返すとされている。最高指導者であるダライ・ラマは死期が近づくと、来世に生まれ落ちる場所を周囲の人物に伝える。そして、生前のダライ・ラマが言い残した場所で暮らす非凡な能力を持つ子供がポワしたダライ・ラマとして向かえ入れられるのだ。

一九九五年に地下鉄サリン事件を引き起こしたオウム真理教の教祖だった麻原彰晃（松本智津夫）は、教団にとって問題となる人物を殺害する際の隠語として「ポア」という言葉を使用していた。麻原は、信者に対してポアを実行することは、人間を地獄に堕とすのではなく高い世界に転生させるための行為であると説明して正当化していた。本来のポワ（ポア）には殺害という意味は存在しない。

本当は怖いグリム童話《ほんとうはこわいぐりむどうわ》

メディア（ウェブサイト）

二〇二一年現在、動画投稿サイト・ニコニコ動画の「怪奇調査部」による動画シリーズの名前、またはグリムＣＬＵＢというサイトの項目名である。

ドイツのグリム兄弟が民話を集めて『子どもと家庭のメルヒェン集』を編集・出版したのは、一八一二年のことだ。一八五八年までに七度改訂しており、各国で翻訳本が出て売れた。初版は残酷な描写や性的な部分が含まれていたが、版を重ねるごとに表現がマイルドになり、子供向けに改定されていった部分と、刑罰の場面ではより残虐性が増した場合があるといわれる。日本では明治時代後期から翻訳・紹介されている。

一九八四年、芥川賞作家・吉井由吉がグリム童話に登場する大人の女たちの心の動きに着目した『グリム幻想～女たちの15の伝説』もラジオドラマ化され、評価されている。

一九九八年、グリム童話の残酷性に焦点をあてた桐生操『本当は恐ろしいグリム童話』がベストセラーとなる。以後、大人向けの残虐表現や性的表現を含むグリム童話が流行した。

ほんとにあった怖い話《ほんとにあったこわいはなし》

メディア（テレビ番組）

「本当にあった」とされている怖い話を集めた朝日新聞出版刊のホラーコミック、及び、それをもとにして制作されたオリジナルビデオ、さらにそれから制作されたフジテレビ系列のテレビドラマ。「ほん怖」という略称でも呼ばれる。テレビ番組としては、もともと一九九九年夏に『金曜エンタテイメント』枠で『真夏の恐怖ミステリー　ほんとにあった怖い話』として放送されたのが最初であった。

この番組は、フジテレビの後藤博幸プロデューサーが、ビデオ版『ほんとにあった怖い話』を高く評価して制作。ホラー好きの視聴者の間でも、タイトル通りリアルな怖さが味わえると話題になった。

二〇〇四年一～三月には、三～五話のオムニバスショートドラマとして、小学生中心の六名から成る「ほん怖クラブ」のメンバーが館主の稲垣吾郎と話の内容を分析するという構成で放映された。

二〇〇四年、「第九回アジア・テレビジョン・アワード」のドキュメンタリー・ドラマ部門最優秀賞受賞。二〇〇九年に佐藤健主演で放映された『顔の道』は怖すぎるトラウマ回として知られる。

二〇一一年以降は年一回、夏の『土曜プレミアム』枠で放送されている。二〇

column 05

コロナを予言した漫画作品

誰も予測できなかった新型コロナ感染症の世界的パンデミック。しかし、それを予言していたのではないかと話題になっている漫画作品が二つある。

一つは大友克洋作のＳＦ漫画『ＡＫＩＲＡ』だ。一九八二～一九九〇年に『週刊ヤングマガジン』(講談社)に連載された作品で、最強の超能力少年アキラを巡る物語を綿密なタッチとスピーディーな展開で描いて読者を魅了。一九八八年には、作者の大友克洋が監督した劇場版アニメ作品が公開され、海外でも高い評価を受けた。

その舞台は二〇一九年の「ネオ東京」。作中では、一九八二年に新型爆弾によって東京は崩壊し、それをきっかけに第三次世界大戦が勃発。戦後、大半が水没した従来の東京に代わり、東京湾上につくられた新たな都市がネオ東京だ。

急ピッチで復興を進めるネオ東京では、二〇二〇年のオリンピック開催が控えていた。つまり、この作品は約四〇年も前に、現実世界の「ＴＯＫＹＯ２０２０」を予見していたことになる。

それだけではない。「大規模な伝染病の蔓延」や「日本の感染対策の不備が非難される」など、現在の日本とそっくりな状況が描かれ、感染拡大への不安からオリンピックの中止を叫ぶ人々も登場する。そのためＳＮＳでは、「恐いほど当たっている」「ＡＫＩＲＡの予言」と騒がれている。

もう一つは、日野日出志作のホラー漫画「あしたの地獄—地球発２０２０—」だ。二〇〇〇年に発表された作品で、舞台はまさに二〇二〇年。隕石の衝突で文明が崩壊したあとの世界を描く。その世界で、わずかに生き残った人類に謎の奇病が襲いかかる。

作中には「新種のウイルス」「原因不明の高熱で人々は次々と倒れた」など、現在の新型コロナ感染症を思わせる言葉が出てくる。二〇二〇年という時代設定といい、現在の状況を予見していたのではないかと思わずにはいられない。

じつは、この作品は二〇〇〇年に創刊された月刊ホラー雑誌『スーパーホラー』(蒼馬社)で、一話読み切りとして連載が始まったもので、創刊号では巻頭を飾る話題作であった。

ところが、『スーパーホラー』がわずか二号で廃刊。以来、その存在は長く忘れられ、幻の作品となっていたが、奇しくも二〇二〇年、本作を収録した作品集が刊行された(『日野日出志 トラウマ! 怪奇漫画集』イカロス出版)。

二〇年前の作中の予言めいた奇病の描写について、作者自身は「漫画ではよくある設定。たまたまですよ」と語っているが、果たして偶然だろうか。

漫画に限らず、すぐれた表現者の脳には、ときとして物語が「降ってくる」といわれる。その時点で人知を超越しているのだから、これらが漫画という手法を用いた予言であっても不思議はないと思うのだがどうだろうか。

周年を迎えた二〇一九年は秋に放映され、一〇年ぶりに佐藤健が出演。二〇二〇年には初めてハロウィーンの日に放送された。

ほんとに呪われた死ノ動画《ほんとにのろわれたしのどうが》

作品（映像）

二〇一八年九月から発売された心霊映像を集めたホラードキュメンタリーシリーズ。『呪いの投稿映像』の後継作品で、二〇二〇年四月五日からは『ほんとに映った！　死のビデオ』のタイトルでリリースされている。

心霊現象が発生していると思われる映像が、視聴者や一般人から投稿されてきたという設定で、内容を検証する形をとる疑似ノンフィクション作品。映像のみを収録したものもあれば、投稿者へのインタビューや、スタッフが現場を訪れて調査するドキュメンタリータッチの映像が加えられているものもある。

不鮮明な映像や手ブレした映像などが効果をもたらし、リアルな恐怖を味わえるとして根強い人気を誇る。

ま

マーク・ボラン《まーく・ぼらん》

人物

一九四七〜一九七七年。ロックバンド「T・レックス」のボーカルを務めた男性。一九七〇年代にイギリスで流行した「グラムロック」の第一人者と言われている。一八歳時からプロのミュージシャンとして活動を開始するが、当初は全くヒットせず貧困に苦しむ毎日を過ごしていた。そのうちに薬物とオカルトに傾倒するようになり、魔術書や占星術の本を読み耽るようになる。後にミュージシャンとして成功を納めたボランであるが、周囲の人物に「魔女と同棲したことがある」としきりに語っていたそうだ。ボランによると、彼がフランスのパリに在住していたころ、魔女と出会ったという。彼は魔女に対して、長く生きられなくてもいいので自身が成功することを懇願したというのだ。そのため、「自分は三〇歳まで生きられないだろう」という言葉が生前の口癖であったという。この証言が事実であったかは定かではないが、一九七七年九月、恋人が運転する車に乗っていたボランは、事故に遭い二九年の生涯を終えたのだ。

マーホース《まーほーす》

UMA

⇩キャディ

マーリン《まーりん》

人物

イギリスの偽史書「ブリタニア列王史」に記述されるアンブローズ・マーリンの通称。ちなみにアンブローズは別名であり、フルネームは存在しない。

ブリタニア列王史によると、マーリンはウェールズ地方に存在した王国の王女がインキュバスにそそのかされたことで生誕したという。

成人したマーリンは歴代ブリテン王直属の魔術師として仕えた。優れた予言能力を持ち、歴代の王たちに数々の助言を行った。

もっとも有名な逸話はアーサー王の軍勢がサクソン人の侵略を迎え撃つ際、数々のアドバイスを行ったというもので、それによってアーサー王は勝利を掴むことに成功したという。そして、アーサー王の実子モードレッドが将来反乱を起こすと予言し、彼が生まれる予定の五月一日生まれの男児を皆殺しにするべきという過激な提案を行ったこともあるのだ。

「ブリタニア列王史」内では有能な魔術師として描写されるマーリンであるが、末路は自分が恋焦がれたヴィヴィアンという女性に接近したことで、魔法で岩の下に生き埋めにされるという、いささか間抜けなものである。

マエロ《まえろ》

UMA

ニュージーランドの民族に伝わる類人猿型のUMAでモーハウとも呼ばれる。名前は現地の言葉で「恐ろしい生き物」を表しており、その名の通り非常に獰猛だといわれる。最初の発見は一八八二年で、マーサ鉱山で見たこともないゴリラのような生き物が目撃される。さらにその近くで女性の遺体が発見され、彼女は自宅の小屋から引きずり出されていたことが判明し、マエロの仕業と考えられた。

マエロの体長は人間の成人男性よりもやや高いくらいだが、爪が鋭く動作が素早いため、大きな獲物も狩ることができるとされる。一九七〇年や一九七二年にも約二メートルの人獣型の生物が目撃されており、マエロではないかと推測されたが、それ以降の目撃情報はなく、正体についてはわかっていない。

魔術《まじゅつ》

オカルト用語

ある一定の呪文や儀式を用いて特殊な現象を引き起こす術。中世ヨーロッパのカトリック主義の世界では、キリストの教えに従うものが起こす超自然現象であれば「奇跡」と称され、キリスト教を信仰しない人物によるものが同様の現象を示せば、邪悪な魔術と認識された。

つまり、それが実際に邪悪かどうかよりも、行う者がカトリックを信仰しているか否かという視点が重要で、歴史的にはこのことが魔女狩りやガリレオ追放ともつながっているとされる。魔術は黒魔術と白魔術に分類され、前者は利己的な理由のために悪魔と契約して行われる行為で、後者は天使や聖なる存在の力を借りて善なる目的を果たすためのものとされる。ただし、白魔術は、魔術が邪悪だという前述のカトリック主義的立場に対して、魔術師側が弁護のために主張したニュアンスも含まれる。魔術の方法を記したものは「魔術書」と呼ばれ、一五世紀から一八世紀にかけて「グリモア」と総称される文書が数多く登場した。

魔女《まじょ》

魔術

もともとは、ヨーロッパに存在したとされる魔術を使う女性の総称。そこから転じて様々な意味合いを持つ言葉となった。

中世ヨーロッパでは村外れに住む人々が医学や薬学に精通していることが多かった。それらは生活を送る上で身についた知識であったが、キリスト教に基づく思想の影響で話が歪曲化して、悪魔の術を使う女性というイメージが定着したのだ。なお、英語で魔女を示す「witch」という言葉は、もともとは女性だけを示すものではなく、男性の魔術師を表す言葉でもあった。

中世ヨーロッパでは黒いローブを羽織った醜悪な姿で描かれていた魔女だが、一九六〇年代のアメリカのテレビドラマ『奥様は魔女』の大ヒットをきっかけに、「魔術を自在に操る若い女性」というイメージも定着する。欧米圏では魔女に憧れる女性が一定数存在するようで、「ウィッカ」という魔女を崇拝する宗教が若年層を中心に人気を博している。

多数の創作物が作成される現代の日本では、醜悪な老婆のイメージで描かれる魔女と若い女性のイメージが混在している。なお、現代では男性を誘惑するなど恐ろしい性格の女性を魔女と揶揄することもある。

魔女狩《まじょがり》り

魔術

魔女と見なされた人物を処刑したり処罰を加えることで迫害すること。一五世紀から一七世紀前半のヨーロッパでは、魔女狩りが大々的に行われた。

魔女狩りの根拠となった思想は、旧約聖書出エジプト記の「女呪術師を生かしておいてはならない」という記述が根源にあるとされている。以前はキリスト教教会主導で実施されていたと考えられていたが、近年では民衆の熱狂的な支持によるものという説が有力視されている。魔女狩りが流行した経緯は、異教徒を炙り出すためとも処刑された者の金銭が奪えるためとも推測されているが、詳しい理由は不明である。

人々は自然災害や疫病など不吉なこと

が発生するたびに、魔女が行ったと決めつけて魔女を血眼になって探した。人間を魔女と定義する条件とは、「高齢」「一人暮らし」「猫を飼っている」など、完全なこじつけであった。

　魔女の疑いをかけられた者に対しては、拷問に近い裁判が実施された後、自白すると処罰が開始された。内容は頭蓋骨を粉砕する、生きたまま腸を引き摺り出す、針のついた椅子で全身を突き刺すといったもので、処罰を受けた者のほぼ全員が死亡した。なお、魔女と見なされた人物の大半は男性であったという。

　二〇〇年以上にわたってヨーロッパの人々を熱狂させた魔女狩りであるが、一七世紀後半以降、科学の発展などを理由に迷信的な行為と見なされるようになったことで急速に衰退したのだ。

マチュ・ピチュ《まちゅ・ぴちゅ》

遺跡・オーパーツ

一五世紀のインカ帝国の遺跡で、ペルーのアンデス山脈、首都クスコから北西約七〇キロメートルに位置し、標高二四三〇メートルの高地に存在する。一九八三年にクスコとともに世界遺産に登録され、世界的に人気の高いスポットとなった。遺跡名は、「老いた峰」を意味するケチュア語に由来する。

　標高が高く、麓から遺跡の存在が確認できないことから、「空中都市」「空中の楼閣」などと称される。インカ文明の主要な都市だったことから、「インカの失われた都市」とも呼ばれる。

　遺跡の面積は約一三平方キロメートルで、石の建築物の総数は約二〇〇戸。遺跡内には三メートルずつ高くなる段々畑が四〇段あり、三〇〇〇段の階段で結ばれている。熱帯山岳樹林帯の中央に位置し、植生は多様性に富む。

　インカ帝国は一五三三年にスペイン人に征服されて滅亡したが、文字を持たない文明であったため、マチュ・ピチュの遺跡が何のために作られたのか、首都クスコとどんな関係にあったかなどは、まだ完全には解明されていない。

マックセルキー《まっくせるきー》

UMA

⇩モラグ

松原タニシ《まつばらたにし》

人物

一九八二年〜。兵庫県神戸市生まれ。龍谷大学中退。二〇〇三年からお笑い芸人としての活動を開始する。バラエティ番組やネタ見せ番組に定期的に出演するも、なかなか知名度が上がらない日々を過ごしていたが、二〇一二年に北野誠が司会をつとめるテレビ番組の企画によって事故物件で暮らすようになってから、心霊タレントとして認知度が上昇した。番組の企画が終了した現在もなお事故物件を移り住んで生活しており、現在では「事故物件住みます芸人」という通称が定着している。これまで住んだ事故物件では数多くの怪奇現象を体験しており、その様子をまとめた内容の書籍『事故物件怪談 恐い間取り』シリーズ（二見書房）は、心霊をテーマにした書籍としては記録的な大ヒットとなった。二〇二〇年には同書籍を原作とした同名のホラー映画（中田秀夫監督）が公開。松原をモデルとした主人公・山野ヤマメ役は亀梨和也（KAT-TUN）が担当した。

マニポゴ《まにぽご》

UMA

カナダのマニトバ湖で目撃されたという水棲ＵＭＡ。体長は最大で一二メートルほどで、小さく平たい顔を持ち、蛇のような細長い胴体をくねらせて泳ぐ。一九六二年に水面で泳ぐ影が写真に撮られ、同じくカナダのオカナガン湖にいる「オゴポゴ」にならって名前が付けられた。

地元では神聖なモンスターとして扱われており、気性は非常に穏やかであるといわれる。目撃情報が少ないため、その実態はよくわかっていないが、一九三六年には地元漁師がマニポゴのものと思われる奇妙な骨を発見している。実物は鑑定前に火事によって焼失してしまったため、木でその模型を作ってマニトバ大学の研究者による鑑定を受けたところ、首長竜のものである可能性が高いとされたという。

マハーバーラタ《まはーばーらた》

神話・伝説・叙事詩

古代インドの叙事詩。「ラーマーヤナ」と並ぶインド二大叙事詩の一つで、ヒンドゥー教の聖典である。クル族とパーンドゥ族の一八日間の戦闘がそのメインストーリーであるが、ヴィマーナと呼ばれる空飛ぶ機械や火矢が束になってミサイルに似た兵器になるなど、近代戦争を思わせる要素がある。

作成者は紀元前五〇〇年ごろの賢者ヴィヤーサ仙だとされ、専門家によれば古代において勃発したバーラタ戦争とよばれる核戦争がもとだとされる。実際にマハーバーラタの中に、「太陽が一万個集まったほど明るく、攻撃すると髪や爪がぬけてしまう」という核兵器を思わせる武器が登場している。

幻のヒッチハイカー《まぼろしのひっちはいかー》

怪談

アメリカを中心に世界中で言い伝えられている有名な怪談、もしくは怪奇現象。ある夜にヒッチハイカーを車に乗せると、いつの間にかその姿が消えているというもので、「消えるヒッチハイカー」とも言われる。ヒッチハイカーは女性であることが多く、「ここまで送って欲しい」と指定された場所の周辺が、あとから「女性の死の原因となった事件が起きた場所」や、「本人の墓がある場所」だとわかるというパターンが多い。

　日本でも、古いものでは一七世紀の怪談に同じような話があるが、この時代は駕籠に乗った女性が消滅するという形をとっていた。また、現代では車、とくにタクシーがあとで消える女性客を乗せる「タクシー幽霊」の話が広まっている。文化や時代に合わせて設定が変わりながらも、基本のストーリーは長年受け継がれている息の長い怪談である。

マムランボ《まむらんぼ》

UMA

　南アフリカで原住民の間に古くから伝わる爬虫類型UMA。体長は約二〇メートルで、蛇のような胴体と馬に似た頭をもち、その体は青白く光っている。マムランボは地元の人々からは畏怖の対象としてあがめられており、伝説では美人に化けて男を殺すともいわれている。

　近年までは空想上の生き物であったが、一九九七年に南アフリカで相次いで目撃情報が出たため、実在するのではないかと考えられるようになった。さらに、目撃だけにはとどまらず、相次いで犠牲者も出たと現地から報告されている。だが、専門家はこの報告に懐疑的で、怪物の仕業であることを否定している。

　というのもマムランボは、人を襲った後に皮をはいで脳を吸い取るといわれ、海外では「ブレインサッカー」と呼ばれるが、発見された遺体は頭部の損傷はあったものの、脳を吸った痕などは見当たらなかったからだ。そのため、雨期の大雨で川が増水し、それによって溺死した人々をカニや魚が捕食したと結論付けられた。また、目撃された怪物の正体に関しては、古代生物「エラスモサウルス」の生き残りとする説があるが、こちらはまだ確かなことはわかっていない。

マヤ《まや》

遺跡・オーパーツ

　メキシコ南東部のグアテマラ、ベリーズなど、いわゆるマヤ地域を中心として、紀元前一〇〇〇年頃から一六世紀頃まで栄えた文明（紀元前四〇〇年頃からという説もある）。

　総数四万から五万字の高度に発達した「マヤ文字」を持ち、すぐれた天文学や暦を用いていた。最盛期の八世紀頃には、一つの都市に六万～一〇万人もの人々が住み、いくつもの王国を形成していたとされる。

　洗練された石材加工技術でピラミッドや都市の建築物を築き、同時にジャングルやサバンナ、針葉樹林といった多彩な自然環境の中でも発展した。二〇〇〇年以上に渡る存続が可能だったのは、マヤ文明にそれぞれの王国の多様性を認め、維持するしくみがあったためではないかとされる。

一五世紀末から、マヤ地域はスペイン人による侵略を受けるが、さらに約二〇〇年、一六九七年に最後の王国がスペインに併合されるまで、マヤ文明は存続した。

マヤ暦《まやれき》

オカルト用語

マヤ文明で用いられていた暦。占いに用いられることが多い。マヤ文明は紀元前から一六世紀までメキシコなどの中米で栄えた高度な文明で、天文学や象形文字などが発達していた。

マヤ文明では二〇種類以上もの暦が使われており、特に祭事に利用された神聖暦が、現在の占いの世界ではよく知られている。これはマヤ文明において神官を務める「ツォルキン」にのみ取り扱いが許されていたもので、ツォルキン暦ともよばれる。一三の銀河の音と、二〇の太陽の紋章で構成されており、掛け合わせて二六〇個の異なるエネルギーがある。マヤ暦占いではこれを現在の誕生日に対応させて診断する。

マリーセレスト号事件《まりーせれすとごうじけん》

事件

一八七二年、乗員が謎の失踪をとげ、無人で見つかった二本マストの帆走船の事件。この船が作られたのは一八六〇年で、当初はアマゾンと名付けられていた。船長が病死、中央部から謎の出火、衝突や座礁の連続といった不幸な出来事が相次いでいた中、ベンジャミン・スプーナー・ブリッグスが船長となり、一八七二年一一月に一七〇〇樽のアルコールを積んでニューヨークから出航した。

ベンジャミンのほか、乗員七人と彼の妻、二歳の一人娘が乗ったマリーセレスト号は、出航から一ヶ月後、状態良好で食料と水が残ったまま、無人で海を漂っているところを発見された。その後、一二年間で一七回持ち主が変わったマリーセレスト号は、最後の船長、ギルマン・C・パーカーによって保険金詐取の目的で故意に座礁事故を起こされて廃船となった。

マンテル大尉事件《まんてるたいいじけん》

事件

一九四八年にアメリカ空軍のトーマス・マンテル大尉が、飛行機でUFOを追ったとされる事件。大尉の乗っていた飛行機は、追跡中に空中分解した。

同年一月八日、ケンタッキー州ゴッドマン空軍基地上空に、直径八〇～九〇メートルの巨大なUFOが現れ、その近くを飛行中であったマンデル大尉に物体確認の指令が下された。その後、UFOは時速四七〇キロメートルで急上昇したため、マンテル大尉はこれを追跡したが、高度三〇〇〇メートルで飛行機が空中分解したとされる。UFO関連事件で被害者が出たのはこれが初めてだったこともあり、大きな話題となった。

　その後の調査の結果、実際に彼が追跡したものは、大型気球のスカイフック（アメリカ海軍による大気の研究、とくに高高度における気象観測に使用された無人気球）であったとされている。大尉は追跡の任務を果たそうとするあまり、酸素マスクを付けないまま高高度に上昇してしまい、意識を失って急降下し、空中分解を招いたとする説がある。事件当時、スカイフック気球はアメリカ海軍の機密事項であり、空軍には存在が知らされていなかったという。

み

ミーム《みーむ》

説・論

脳内に保存される習慣や技能、物語などの社会的、文化的な情報で、他の脳へ複製可能な基本単位を指す。ミームの定義は論者により複数あるが、最初の定義は、動物行動学者でありミームという言葉を生み出したリチャード・ドーキンスによる。

　一九七六年、ドーキンスは自著『利己的な遺伝子』で、gene（遺伝子）の綴りに似たmemeという用語を創り、遺伝子が複製するように、文化にもまた複製がおこると主張した。以後、「情報の単位」を表す用語をさまざまな科学者がそれぞれに定義するようになった。

　一九九六年、マイクロソフトのワードを開発したプログラマーであるR・ブロディが自著『ミーム　心を操るウイルス』で、ミームを社会システムの中で動き回るウイルスとした。テレビ番組、宗教、ジャーナリズムは、ミームを多くの人に感染させる文化要素だと説明した。同年、数学者で哲学者のA・リンチは、アイデアや信念などのミームがどのように広がるかを考察した。

　インターネットを通じて人から人へと、通常は模倣として拡がっていく行動やコンセプト、メディアなどをインターネット・ミームという。インターネット・ミームはイメージ、ハイパーリンク、動画、画像、ウェブサイト、ハッシュタグの形をとって拡散される。ミームを広告やマーケティングに利用する手法をミームマーケティングという。

見返り橋《みかえりばし》

心霊スポット（日本）

高知県香美市土佐山田町西又にある橋。

民家もほとんど見当たらないような山道にある小さな橋で、錆びた赤い橋げたが特徴的。

「見返り橋」という名称の由来ははっきりしないが、名前に反して、「この橋を通っているときには絶対に振り返ってはいけない」といわれている。とくに夜、振り返ってしまうと、茂みから和服姿の女性の幽霊が現れ、体をひきずるようにして追いかけてくるという。

逃げようとすると、今度は橋の下から白い手が出てきてつかまれてしまうといわれる。長い髪の女性の幽霊が出るという話もある。

一九七二年、この近隣地域で「繁藤災害」と呼ばれる大規模な土砂災害が起こり、六〇名が亡くなる大惨事となった。その死者の霊が見返り橋に現れるのではないかという説がある。しかし、災害現場とは数キロメートル以上離れているため、関連づけるのは無理があるという見方もある。

三上丈晴《みかみたけはる》

人物

一九六八年〜。青森県出身の編集者。自称「謎学研究家」で、学習研究社の月刊『ムー』の五代目編集長を務める。筑波大学を卒業後、学習研究社に入社、ムー編集部に配属される。その知識を生かして多数のテレビ番組やネット配信番組にも出演するほか、「三神たける」というペンネームで執筆活動も行っている。趣味は家庭菜園。

三木大雲《みきだいうん》

人物

一九七二年〜。京都の寺院の次男として生誕する。幼少期に金縛りに遭った際、「脚が欲しいなあ」という声を聞いた後に脚を何者かに引っ張られ、その夜にトイレの前で巨大な怪猫を目撃して以降、超常現象にたびたび遭遇するようになったと語る。立正大学仏教学部卒業後、各地の寺院で修行を積んだのちに京都・蓮久寺の住職となる。自ら「怪談和尚」を名乗り、怪談と法華経の説法を絡めた「怪談説法」を動画サイト上で配信している。自身の体験談をベースにした怪談を語る技術に秀でており、「怪談グランプリ」においては優勝一回、準優勝二回という実績を持つ。自身が大学生だった一九九三年、あるペットショップで飼われていた犬を写真撮影していたところ、ショップの経営者と意気投合。店でアルバイトを行うことを持ちかけられたが都合により断った。そして数年後、ペットショップの経営者が連続殺人事件の犯人であることが発覚した。取調べの際犯人は、三木大雲に毒入りのコーヒーを振る舞ったがそれを飲まなかった、と自供したという。

水からの伝言《みずからのでんごん》

説・論

水の結晶である氷から言葉や音楽への反応が読みとれるとする江本勝の写真集で、シリーズ本のタイトル。水に文字を見せる、または言葉や音楽を聴かせてから氷結させて、融解の過程で生じた結晶を顕微鏡越しに撮影した写真集となっている。

一九九九年、会社経営者で波動を研究する江本勝が、自分で設立した波動教育社から『水からの伝言』を出版した。最初は自費出版だったが、海外でも紹介されてブームになり、増刷されてシリーズ化し全四巻発行された。

江本は、「水に『ありがとう』などのポジティブな言葉を聞かせる、あるいは文字で見せると、きれいな結晶ができる。逆に、ネガティブな言葉によって、汚い結晶ができる」という説を唱えた。本書はその説を写真で示すという趣旨の本で、テレビで取りあげられたり、小学校の道徳の教材として使用されたりした。

本には、実験の結果としての結晶写真が紹介されているが、科学者や物理学者からは同一環境で試されたとはいえず、実験とはいえないという批判もある。

水木しげる《みずきしげる》

人物

一九二二～二〇一五年。鳥取県出身の漫画家。『ゲゲゲの鬼太郎』を始めとする妖怪マンガと自身の過酷な体験に基づいた戦記物で特に有名。本名は武《む》良茂《らしげる》で、ペンネームはかつて兵庫県で水木通り沿いに経営したアパート「水木荘」から名付けられている。

生来奔放でマイペース、大食漢。幼少期に家政婦の「のんのんばあ」から昔話や死後の世界の話を聞いて育ち、妖怪に興味を抱く。水木の家系は代々豪族で、高学歴も多かったが、本人は絵画と体育の成績以外は「からっきし」だったという。性格がマイペースであったゆえに、一九四三年に軍隊に召集された後は、古参兵から毎日虐められる。さらに派兵先のパプアニューギニアで、マラリアに感染しながら爆撃によって左腕を失う重傷を負い、絶体絶命となるが持ち前の食欲と生命力で生き延びた

現地で出会ったトライ族と仲良くなり、後に酋長となるトペトロは生涯の友だと語っている。日本へ復員後は紙芝居作家や貸本漫画家を経験するが、極貧状態が続いた。一九六〇年には『ゲゲゲの鬼太郎』のもととなる『墓場鬼太郎』を発表するが、当時はデザインがグロテスクであり、今一つ人気が出なかった。しかし、一九六五年に『テレビくん』が講談社児童まんが賞を受賞したのに加えて、貸本時代に打ち切りになった『悪魔くん』がリメイクされて実写ドラマ化される。さらに『墓場～』から改題された『ゲゲゲの鬼太郎』が『週刊少年マガジン』『週

刊少年サンデー』に掲載されて大ヒット。妖怪漫画家としての地位を確立する。

　私生活では一九六一年に飯塚布枝と見合い結婚。布枝は水木の極貧時代を支え、当時の生活を描いたドラマ『ゲゲゲの女房』は後に大ヒット作となる。水木は妖怪について「存在する」としており、自身も派兵中に「ぬりかべ」に命を救われたという。また、歯に衣着せぬ物言いが有名で、晩年に新たな鬼太郎作品について述べる中で、「水木サンを何年たっても（鬼太郎は）金儲けさせてくれる」とストレートに表現している。本来こういった金銭についての言及は敬遠されやすいが、極貧時代のエピソードとその人柄もあり、魅力的な一面として語られている。

ミステリー・サークル《みすてりー・さーくる》

現象

田畑の植物が円形、もしくは模様のようになぎ倒される現象のこと。

　世界で初めてミステリー・サークルが出現したのは、一九六六年のオーストラリア・クイーンズランド州の畑とされている。一九七〇年代以降、イギリスを中心にミステリー・サークルが世界中で確認されるようになった。当初は穀物が円形に倒されるだけというものであったが、時代が経過するとともに複数の円が連なったり、紋章のような複雑な図式のものが出現するようになった。

　日本では、一九九〇年九月に福岡県内の稲田で二つのミステリー・サークルが出現したことで、多くの見物客が殺到する事態となり、オカルト雑誌やテレビ局がこぞって特集を行ったのだ。

　ミステリー・サークルの発生理由については、UFOの着陸跡やメッセージという説が主流であったが、早稲田大学教授の大槻義彦は、プラズマによる自然現象説を唱えていた。一九九一年に二人のイギリス人芸術家が、自分たちがミステリー・サークルを作成していたことを告白し、テレビカメラの前で作成の実演を披露したことでブームは急速に沈静化したのだが、人為的には作成不可能なミステリー・サークルも存在するという。

ミズパホテル《みずぱほてる》

心霊スポット（世界）

アメリカ・ネバダ州にあるホテル。一九〇七年に開業し、ネバダ州で最も高いビルとして知られていた。一九九九年に閉鎖し、それ以降、しばらくは廃墟となっていた。

　営業していた時代から、「レディ・イン・レッド（赤い服の女）」と呼ばれる幽霊が出るという噂が絶えない。このホテルの五階で恋人に殺害された女性が、レディ・イン・レッドとなって現れるとされる。

　彼女は売春婦をしており、嫉妬深い恋人に殴り殺されたのだという。赤い服を着ているのではなく、血まみれで赤くみえるのだという説もある。

もとは大きなスウィートルームだった五階は、その後、五〇二・五〇三・五〇四号室に分割された。その五〇四号室に、レディ・イン・レッドが頻繁に出るといわれる。

ミズパホテルは二〇一一年に改修され、再び営業を開始している。営業再開後、レディ・イン・レッドの目撃情報は出ていないようだ。

ミッシングリンク《みっしんぐりんく》

オカルト用語

生命の進化において語られる場合と、ミステリーで語られる場合がある。前者においては、生物の進化過程を連なる鎖とした場合に、連続性が欠けた部分（間隙）を指す。Ａという動物からＢ→Ｃへと進化したとして、Ｂが化石として見つかっていないときに、ＢをＡとＣのミッシングリンクと呼ぶ。

ミステリーでは、連続殺人事件などで犠牲になった被害者たちの見えない共通点のことをいう。一九三六年に発表された、アガサ・クリスティの長編推理小説『ＡＢＣ殺人事件』は、ミッシングリンクの代名詞といわれるミステリー。二〇二〇年に公開されたスタジオライカによる映画『ミッシング・リンク　英国紳士と秘密の相棒』では、生きた化石＝ミッシングリンクと遭遇した英国紳士がシャングリラを目指す。

ミニョコン《みにょこん》

UMA

ブラジルの奥地に生きるとされる超巨大ミミズ。全長約四五メートル、身幅約四メートル、体重約二五トンといわれるとんでもないサイズで、陸上のＵＭＡとしては最大クラスを誇る。

見た目は普通のミミズをそのまま巨大化させた姿で、家畜に巻き付いて絞め殺すこともあるという。写真や映像などの証拠はないが、地元ではその姿や痕跡が昔からたびたび目撃されているらしく、約一キロメートルにわたる幅四メートルほどの溝が一晩で出現したり、森の木々が引き抜かれて大きく移動していたりするなど、ミニョコンの仕業としか考えられない現象も起きている。

その正体は不明だが、ミミズは環形動物（環状の柔らかい体節に分かれた細長い体の蠕動《ぜんどう》により移動する虫あるいは小動物）であり、ここまでの大きさになると自重でつぶれてしまうため、ほかの大型動物が誇張されて伝わったという説がある。その候補としては大アナコンダという大蛇や太古の生物「グリプトドン」などが考えられているが、有力な根拠を持つ説は未だなく、真相は解明されていない。

ミネソタ・アイスマン《みねそた・あいすまん》

UMA

一九六七年から、アメリカの祭りやイベントなどで公開されていた類人猿型ＵＭＡ。体長は一・八メートルほどで全身は茶色の毛でおおわれており、後頭部には銃痕がある。「氷河期から来た男」という触れ込みで、氷漬けのまま一般公開されて大きな話題を呼んだが、当初は作り物ではないかという懐疑的な見方が強かった。

しかし、動物学者であるアイヴァン・サンダースンがこの生物に興味を持ち、他の学者たちと研究を進め、「本物の獣人である」という結論を出した。さらに調査が行われ、いわく、ミネソタ・アイスマンはベトナム戦争中に射殺された類人猿であるという驚きの説も唱えられた。この報告にＵＭＡファンは沸き立ち、遂に類人猿生物の発見かと思われたが、その矢先に残念ながらアイスマンは行方不明となってしまった。

ミノア文字《みのあもじ》

文字

紀元前二千年の青銅器時代のエーゲ海、クレタ島を中心とするエーゲ文明で使用された文字。一九〇〇年、イギリスの考古学者アーサー・エヴァンズがクノッソス遺跡を発掘、文字を刻んだ粘土板を発見して、線文字Ａ・線文字Ｂと命名した。ミノア文字とは、線文字ＡＢとは違うタイプのクレタ聖刻文字（ミノア象形文字）、キュプロス・ミノア文字なども含めた総称。

線文字Ａの資料はミノア時代の王宮の財政的記録と見られる粘土板のほかに、封印用に使われた一〜二文字を刻んだ小さな粘土盤、粘土塊および押印、主として宗教的な奉納物である金属、石などに記された刻文や壺の記名などがある。しかし、文字が刻まれた粘土板の品質や数の少なさ、一定の法則がないことなどから、解読には至っていない。線文字Ｂはギリシャ語とされるが、クレタ聖刻文字には線文字Ａに対応する文字が見られ、こちらも解読されていない。

ミノタウロス《みのたうろす》

怪物

ギリシャ神話に登場する怪物で、頭部が牛の姿をした巨人。クレタ島の王ミノスが海神ポセイドンを怒らせたため、その妃パシパエが呪いをかけられて乱心し、牛と番ったことで誕生したとされる。

非常に凶暴で人の肉を好んだため、ミノスは建築家ダイダロスに「迷宮ラビュリントス」と呼ばれる巨大な迷路を作らせ、そこにミノタウロスを閉じ込める。その後、属国のアテナイから、九年ごとに七人ずつの少年少女を生贄として献上させ、ミノタウロスの餌としたため、アテナイでは市民が嘆き悲しんでいた。それを見かねたアテナイの王子、テセウスが生贄の一行に加わってミノタウロスのもとへ行き、見事にミノタウロスを退治した。

現在、クレタ島に遺跡として残るクノッソス宮殿は、複雑に入り組んでいるため、神話でいう「迷宮ラビュリントス」ではないかともいわれている。

御船千鶴子《みふねちづこ》

人物

一八八六～一九一一年。明治期の女性超能力者。同時期の女性超能力者である長尾郁子、高橋貞子と並び称されることが多い。熊本県で漢方医の家に生まれ、宗教心の強い人物であったとされる。生まれつき右耳が聞こえづらく、催眠術に凝っていた義兄の被験者となっていた際、透視能力に目覚めた。

その後、京都帝国大学教授の今村新吉と超心理学者の福来友吉が共同で行った実験に参加し、その結果が大阪朝日新聞に掲載されたことで話題となる。しかし、その後、物理学の権威で東京帝国大学元総長の山川健次郎が立ち会った実験では、鉛管の中の文字を透視したものの、山川の用意した文字ではなく、福来の与えた練習用のものであったことから不審を抱かれるようになる。そのほかの実験でも疑わしい部分が目につき始め、新聞は批判の論調を強めていった。

そんな中、一九一一年に千鶴子は服毒自殺。世間に強く批判されたことや、山川と福来との不和を招いたことなどから、悩んだ末の自殺と見られたが、地元では父親との金銭的なトラブルが原因と見る者もいた。

耳なし芳一《みみなしほういち》

怪談

山口県の阿弥陀寺を舞台とした怪談。同寺には安徳天皇と平家一門が祀られており、物語は以下の内容となっている。

阿弥陀寺に住む盲目の琵琶法師「芳一」のもとに、ある夜一人の武士が現れる。芳一は彼に頼まれて、ある高貴な方のお屋敷に琵琶を弾きに行く。そして壇ノ浦の戦いのくだりを所望され、それを弾き語ると、そこに集った一同がすすり泣いて聞き入る様子であった。

その後、七日七晩の演奏を頼まれて夜ごと出かけるが、それを不審に思った寺の和尚が寺男に後をつけさせる。すると芳一は、誰もいない平家の墓地の安徳天皇の墓前で、いくつもの鬼火に囲まれて、琵琶を弾いていた。驚いた寺男は芳一を連れ帰る。

それが平家の怨霊と確信した和尚は、このままでは芳一が黄泉の世界に連れていかれると考えて守ろうとするが、その夜は法事で出かけなければならなかったため、芳一の全身に般若心経を書き記した。怨霊は「お経が書かれている部分を視認できない」ことを知っていたからである。

和尚は、「何が起きても動いたり音を立てたりしてはいけない」と芳一に厳命して出かけるが、耳だけはお経を書くのを忘れていた。その夜、芳一を探しに来た怨霊である武士は、芳一の姿をとらえられなかったが、耳だけは見え、「できる限り上様の命令を聞いた証としてこの耳を持って帰ろう」と耳をもぎとってしまう。それでも芳一は一言も発さずに耐え、翌朝、和尚が発見したときには気絶していた。目覚めた芳一に、和尚はお経を書き忘れた非を詫びた。

以後、怨霊は現れなくなり、芳一は耳介は失ったものの聴力は失われず、「耳なし芳一」と呼ばれて琵琶の腕前で有名になったという。この話は小泉八雲の怪奇文学作品集『怪談』に載ったことから広く知られるようになった。

む

ムー《むー》

メディア（書籍・雑誌）

一九七九年に学習研究社（現・学研ホールディングス）から創刊されたオカルト系雑誌。学研のグループ再編に伴い、二〇〇九年一〇月から二〇一五年九月までは学研パブリッシング、二〇二〇年六月までは学研プラスより刊行され、同年七月、学研プラスと日本創発グループが共同出資した出版社、ワン・パブリッシングが設立されたのちは同社から刊行されている。

雑誌名は、かつて太平洋に存在したとされるムー大陸に由来するが、「裏にはいろんな意味がある」と、現・編集長（五代目）の三上丈晴は述べている。

もともとは学研が刊行していた『コース』シリーズで、ＵＦＯなどのオカルト系記事が好評だったことから、この種のテーマに特化した中高生向けの雑誌として創刊された。

しかし、思うように売り上げが伸びず、初年のうちに廃刊が取り沙汰されるも、もう一年様子を見ることとなり、方針をオカルトマニア向けに変更。これが功を奏して売り上げが安定し、刊行の継続が可能となった。

創刊号（一九七九年一一月号）から創刊二周年記念号の一三号（一九八一年一一月号）までは隔月刊だった。また、一三号から本の判型がＡ４判から現行のＢ５判に変更となった。

テーマはＵＦＯ、宇宙人、超古代文明、オーパーツ、怪奇現象、超常現象、超能力、ＵＭＡ、超科学など、オカルト系全般で、根強いファン層を獲得している。

その号のテーマに応じたイラストが表紙となるが、毎号、必ず「人の目」が描かれる。「最初に目を見る」という人間の習性を利用して、書店で目に付きやすくするためだが、恐怖感を抱かせないよう女性の目や顔にしているという。

二〇一九年一一月号は、「創刊四〇周年記念号」として刊行された。

ムーシー《むーしー》

UMA

カナダ・オンタリオ州のマスクラット湖にいるとされる水棲UMA。体長は七メートル程度で、二本の足を持ち、口には大きな歯が一つだけあり、目と耳は三つあるという非常に珍しい姿をしている。

最初に目撃されたのは一九一六年のことで、大きな背ビレを出して湖の中を泳いでいたという。その後、調査が進められ、動物学者がソナーを駆使して、同様の生物の影をとらえることに成功した。そのため、大きな話題を呼ぶようになり、「ムーシー捕獲イベント」なるものが開催され、賞金一〇〇万ドルが用意された。日本のツチノコ騒動にも似ているが、結局、捕獲者は現れなかった。しかし、このイベントは現在でもたびたび開催されており、「ムーシー」は町おこしに有効利用されている。

ムー大陸《むーたいりく》

超古代文明

かつて太平洋の南中央部に存在し、天変地異により水没したとされる伝説の大陸。

もともとは古代マヤ族の書いた「トロアノ古写本」という文書に、ムー大陸に関する記述があるとされ、それをフランスの神父が解読したのち、イギリスの作家、ジェームズ・チャーチワードが、一九三一年にニューヨークで出版した著作『失われたムー大陸』で紹介したことによって広く知られるようになった。

チャーチワードはその後も、数冊のムー大陸関連書籍を出している。それらの著作によると、ムー大陸は東西七〇〇〇キロメートル、南北五〇〇〇キロメートルに及ぶ大陸で、約一万二〇〇〇年前まで太平洋上に存在し、現在のハワイ諸島、マリアナ諸島、イースター島などと陸続きだった。世界でも類を見ない高度な文明を誇り、首都ヒラニプラを中心に、七つの大都市が大きな道路で結ばれていたという。

しかし、約一万二〇〇〇年前に巨大地震などの天変地異により、一夜にして水没したとされる。一連の情報は世界中で注目され、大きな話題となった。

しかし、チャーチワードの経歴詐称（「イギリス陸軍大佐を退役」としていたが軍に所属した事実がなかった）が発覚したのに続き、ムー大陸に関する一次資料にも疑義が持たれるようになった。イースター島などに、滅亡を逃れたムー大陸の遺跡が移されたとする説もあったが、研究が進むにつれ、それらの島にはムー大陸が存在したという決定的な証拠となる遺跡や遺物などは存在しないことがわかってきた。

そうした証拠は、現在までに海底にも見つかっていない。現在、多くの考古学者はその存在を否定しているが、その存在を信じる人たちも少なくない。

MUFON《むーふぉん》

組織・団体

一九六七年にアメリカ・イリノイ州で発足した民間ＵＦＯ研究団体。二〇二一年現在、アメリカ五〇州と世界四三カ国に支部を持つ世界最大規模のＵＦＯ研究団体となっている。

現在のＭＵＦＯＮは、ＵＦＯは異星人の実在を科学的に証明するために五〇〇人以上の研究チームを設立して調査を行っている。研究の結果、現在の地球では異星人による人間の誘拐がひんぱんに行われており、異星人と地球人の間に子供が誕生している。異星人と交わった人物は記憶を消去されているが、催眠療法によって記憶が蘇ると結論づけている。それに対して科学ジャーナリストのシャロン・Ａ・ヒルは、ＭＵＦＯＮ内で行われている研究は総じて非科学的であると反論している。

また、メンバーが移民やイスラム教徒、性的マイノリティを批判する声明をたびたび発表しているため、現在のアメリカ当局はＭＵＦＯＮを極右思想団体と見なしているという。

ムラサキカガミ《むらさきかがみ》

都市伝説

一九六〇年代から存在する都市伝説で、全国的に見られて多くのバージョンがあるが、基本的なものは以下の通り。

病気で療養中だった一九歳の女の子が、ある日、両親に貰った手鏡をなぜか紫色の絵の具で塗りつぶす。後日、彼女は絵の具を塗ったことを後悔し、鏡を拭いたり洗ったりしたが、紫の絵の具は落ちなかった。

その日から彼女の容態は悪化し、二〇歳の誕生日に帰らぬ人となったという。紫に塗ってしまった鏡が心残りだったらしく、彼女は最期まで「紫の鏡、紫の鏡……」とつぶやいていたという。

「紫の鏡」という言葉には彼女の無念が宿っているので、この話を聞いたあと、「紫の鏡」「紫鏡」「パープルミラー」などの言葉を二〇歳まで覚えている人には不幸が訪れるとされる。不幸の内容は、「呪われる」「結婚できない」「鏡の破片に全身を刺されて死ぬ」など。

女の子の死因が病気でなく交通事故というバージョンや、彼女の持っていた紫鏡が部屋から消え、次に呪われる人のもとに現れるなどのバージョンもある。

各種の防御策も伝えられており、「水色の鏡」といえば解除される、「白い水晶」「ピンクの鏡」「ホワイトパワー」などの言葉を覚えておくと不幸にならず、幸せになれるなどといわれる。

一説によれば、かつて恐れられたハンセン病の症状として「ただれた肌が紫色に見える」ところから、死への恐怖を込めて紫鏡の話が流布されたともいう。二〇一〇年には、この都市伝説を題材にしたホラー映画『ムラサキカガミ』が制作された。

紫ババア《むらさきばばあ》

怪談

学校のトイレにかかわる怪談。文字通り紫色の服をまとった老婆が、鏡や便器の中から突然出現して子供を異世界にさらっていくというもの。これを避けるためには、「紫色のものを身にまとう」ことや「ムラサキ、ムラサキ」と唱えてトイレに入ることなどが有効とされる。

紫ババアは全国的に有名で、「じつはこの人が花子さんの祖母である」「もとは貧しい生まれで、ぼろぼろの着物しか持っていないため、周りの人から『泥棒をする』と言いがかりを受けて死んでいった」というようなサイドストーリーも豊富に語られている。

村田らむ《むらたらむ》

人物

一九七二年〜。愛知県名古屋市生まれ。ペンネームの「らむ」は名字と回文にするためのもの。ルポライターとしてホームレス、新興宗教、ゴミ屋敷、自殺の名所などを長年取材した経歴を持つ。二〇〇一年に発刊した『こじき大百科―にっぽん全国ホームレス大調査』（データハウス）は、日本全国のホームレスを徹底的に取材して彼らの実情を詳細に記した内容であったが、労働団体から内容が差別的と指摘されたことで絶版となった。二〇一五年に手がけた書籍『禁断の現場に行ってきた!!』（鹿砦社）は、富士の樹海やゴミ屋敷、北朝鮮など、世間から危険視されている場所に突撃レポートを行うという内容で、富士の樹海では実際に自殺したと思わしき遺体を発見したことが記述されている。なお、精神病棟に入院するために精神疾患者と偽ったところ、本物と診断されて入院して薬物治療を施された。今後も世間のタブーに対して積極的に切り込んでいくのだろうか。

ムングワ《むんぐわ》

UMA

⇩ヌンダ

め

迷信《めいしん》

オカルト用語

「迷妄的信仰」の略語で、合理的根拠のない俗信のこと。「黒猫に出会うと不幸が訪れる」のような世界的に有名なものもあるが、多くがその文化圏に特有の、何らかの理由を持つものである。

例えば、「夜に口笛をふくと蛇が来る」という迷信は日本で有名だが、これはかつて泥棒が隠語で「蛇」と呼ばれており、さらに泥棒同士が口笛を用いてやり取りしていたことに由来するとされる。また、「夜、爪を切ると親の死に目に会えない」という迷信については、昔は小刀などで爪を切っており、夜の暗がりで爪を切ると危険だったからといわれている(ほかに、戦国時代には「短命」を意味する「世詰め」という言葉があり、これを「夜爪」にかけ、「自分が先に死ぬと親の死に目にも会えない」という意味だったという説などもある)。

このように、迷信の中には、かつての風習や行動による一定の結果が繰り返された結果、信じられるようになったものも多い。そのため、日常の危険やトラブル回避などに役立つ面もあるが、中には信じることで弊害をもたらすものもある。

例えば、「丙午《ひのえうま》年まれの女性は気性が激しく、夫を不幸にする」という迷信ゆえに、この年の出産を避けたり、堕胎したり、丙午年生まれの女性が差別されたりする事例が、かつては実際にあり、社会的実害が大きかった。迷信に振り回され、自分や人を不幸にするようなことは、現代人として避ける必要があるだろう。

瞑想《めいそう》

オカルト用語

心を静め、雑念を払って深く思いをめぐらすこと。「メディテーション」ともいう。仏教の僧侶が行う座禅など、宗教的なものがその始まりだが、最近ではヨガの一環やストレス解消法としても注目されている。また、スポーツ選手やビジネスの成功者にも取り入れている人が多く、瞑想のやり方を詳しく述べる本やインターネットサイトも数多くある。

座位で目を閉じて無心になる、あるいは祈りを行うのが代表的なスタイルであるが、呼吸に集中する瞑想、歩きながら行う瞑想、音楽を聴きながら行う瞑想、声を出しながら行う瞑想、横たわって行う瞑想などもある。近年では「今この瞬間」に意識を集中させることを主眼とする「マインドフルネス瞑想」が、ストレス軽減やリラクゼーション効果を持つとして人気を集めている。

メネフン《めねふん》

UMA

アメリカのハワイに住むといわれる小人族。「メネフネ」とも呼ばれる。子供ほどの背丈(成人の半分程度)で赤い顔をしており、全身が濃い毛におおわれて、筋肉が盛り上がっている。非常に友好的で、バナナや魚を好物とし、それを与えると人間の仕事を手伝ってくれるといわれる。

民族学では、彼らはもともとタヒチ島

から移住してきた民族だとされ、現在でも生き残りがいるかは不明だが、非常にシャイで人前には姿を現さないという。また、とても働き者で建築技術に秀でており、その特徴や地形的要素と相まって、伝説のムー大陸の住民ではないかとする説もある。

メヘル・バーバー《めへる・ばーばー》

人物

一八九四〜一九六九年。インドの神秘家、グル。本名はメルワン・シュリアル・イラン。神の化身としてクリシュナやイエス・キリストの姿で過去の世に現れたと主張した。ゾロアスター教徒の両親のもとに生まれたのち、インドへ移住し、一九歳の時にスーフィーの老婆から額にキスをされたことがきっかけで霊的存在を自覚する。その後、サイババの弟子であったウパシュに師事し、一九二二年から自身の弟子を集めはじめた。一九二五年、自らに沈黙を課し、アルファベット盤や彼独自のジェスチャーで意思疎通を図るようになり、これは亡くなるまで続いた。

一九四〇年代からは西洋諸国を訪問し、多くの人間を魅了する。その後は「マスト」と呼ばれる霊的求道者との交流や、自ら「ニューライフ」と呼んだインドでのさらなる修行期間を過ごした。バーバーは人生哲学について数多くの講話を行っているが、中でも繰り返し用いたのは「Don't worry be happy」(心配しないで幸せでいなさい)という言葉で、それに影響を受けたアカペラ歌手のボビー・マクファーリンが、後に同タイトルの曲を発表して大ヒットした。

メリーさんの電話《めりーさんのでんわ》

怪談

全国的に非常に有名な怪談。内容は「メリーさん」と名乗る人物から電話がかかって来て、「私メリーさん。今○○にいるの」という文言が伝えられることから始まる。「○○」は、初めは電話を受けた人から見て遠い場所だが、何度も電話がくり返されてだんだん近い場所になっていく。

やがて、「今あなたの家の前にいるの」と伝えられる。インターホンの画面やドアスコープで恐る恐る家の前を確認すると誰もいない。ホッとしたところで再び電話がかかり、「今、あなたの後ろにいるの」と告げられる。その後を語らず、あえてゾッとする余韻を残すのが定型であるが、「振り向くと殺される」「電話を受けた人は刺し殺された」などの結末がつく場合もある。

メリーさんの正体に関する説は大きく二パターンあり、一つ目は「捨てられた人形」、二つ目は「ひき逃げに遭い、放置された被害者」というものである。前者は人形を捨てた人間(少女が多い)が、後者はひき逃げを起こした犯人（若い男性が多い）がターゲットとされ、メリーさんから恨みをかっている相手が狙われるという構成となっている。

「メリーさん」を「リカちゃん（人形）」とするバリエーションも存在する。逆に「リカちゃん」のほうが先にあり、商標を気にする人によってメリーさんバージョンが生まれたという説もある。

メロン・ヘッド《めろん・へっど》

UMA

アメリカ・オハイオ州で目撃される人型のモンスター。一見すると痩せた子供のようだが、頭部が不自然なほど膨れ上がり、口の中にはギザギザの細かい歯が生えている。

非常に不気味な外見だが、その誕生にまつわる話も狂気じみており、ドクタークロウと呼ばれる人物が関わっている。彼はもともと水頭症になった子供たちの治療を行う医師であったが、いつしか子供たちを利用した人体実験に取り憑かれるようになる。その結果、薬や手術の繰り返しによって凶暴化した子供たちがドクタークロウを殺害。収容所を脱出し、夜中に道端に現れて人々を襲うようになったという。

ＵＭＡというよりも都市伝説や妖怪の類に近いかもしれないが、いくつか実際の目撃例もある。森の中や夜の道路で遭遇したという若者の報告が主で、信憑性は高くなさそうだが、目撃情報がかなり多いことから、その正体を調査する専門家も存在する。そのため、一般的な都市伝説とは一線を画す存在といえそうだ。

メンフレ《めんふれ》

UMA

アメリカとカナダの境目にあるメンフレマゴッグ湖に現れた水棲ＵＭＡで、湖の名前がそのまま名の由来になっている。体長は六〜一五メートルほどで、馬に似た頭部とヘビのような胴体を持つ。

さらに、背中にいくつか大きなこぶがあり、足が一〇本生えているとも言われる。目撃情報は古くからあり、一八〇〇年代には既に公的な記録もされたという。メンフレは先住民たちの間では怪物として恐れられ、湖に入ること自体がタブーとされており、その話がかえって信憑性の高さを示している。

一九九七年には、その姿を映像でとらえることに成功し、湖で謎の生物が泳ぐ姿が映っている。ほかにも多数の目撃情報があり、メンフレは実在する可能性が高いＵＭＡといえる。

もう半分《もうはんぶん》

怪談

三遊亭圓朝作の怪談噺で古典落語の一つ。「五勺酒」ともよばれ、以下のような内容である。江戸の町で、ある屋台を営む男のもとに一人の老人が客として毎晩来るようになる。彼は酒を一合頼まず、いちいち半分の五勺だけ飲み、それを飲み終えると「もう半分」といってまた五勺飲むという変わった飲み方をする。

気になった男が理由を尋ねると、「一気に頼まずに半分ずつ頼むと倍飲んで得な気がするんです」と答え、男はそういうものかと納得する。そんなある日、老人は屋台に大金が入った財布を置き忘れ、妻にそそのかされた男はそれをネコババする。それは老人の娘が身売りをして蓄えた大切なもので、あとから気づいて取りに戻るが、男は知らぬ存ぜぬで押し通す。ついには老人はつまみ出され、失意のうちに入水自殺をしてしまう。

そして数年後、男の屋台は繁盛して息子も生まれるが、その息子は赤ん坊でありながら、なぜか髪は白髪だらけで、顔は年寄りのように皺だらけだった。不気味な姿なので、乳母を雇ってもすぐに逃げ出してしまう。ある夜、男が赤ん坊をの世話をしていると、急に起き上がり、行灯の油をぺちゃぺちゃとうまそうに飲んだ。男が悲鳴を上げると、赤ん坊は男を見ながら一言、「もう半分」とつぶやいた。

男を恨んだ老人が、生まれ変わってその息子として現れたという内容だが、場合によっては男が恐怖のあまりショック死したり、不気味な赤ん坊の噂が広まり、家が没落したりという後日談まで語られたりするパターンもある。

モーハウ《もーはう》

UMA

⇩マエロ

モーリー島事件《もーりーとうじけん》

事件

一九四七年六月二一日、アメリカ・ワシントン州、モーリー島付近で起きたUFO飛来事件。巡視員であるハロルド・ダールが二人の乗組員と息子とともに巡視船に乗っていたところ、六機のドーナツ型の飛行物体を目撃した。そのうち一機が故障していたのか不安定な動きをしており、その機体から白い金属片や溶岩に似た黒い物体が放出されたという。

彼らは危険を感じて海岸に避難したのち、落ちていた金属片や黒い物体を採集した。その後、この金属片を輸送していたB25型爆撃機が原因不明の墜落事故を起こし、採取した金属片などが失われた。

ダールの元には全身黒ずくめの男（ブラックメン）が現れ、このことは誰にも言ってはいけないと警告をして立ち去ったという。そのためか、この事件は有名なケネス・アーノルド事件より三日前に起きているが、最初のUFO目撃事件としてそれほど広くは知られていない。

木曜スペシャル《もくようすぺしゃる》

メディア（テレビ番組）

一九七三年四月から一九九四年三月まで、日本テレビ系列で放映された単発特別番組。番組開始時は二〇時から二〇時五五分に放送されていたが、同年一〇月からは一九時半から二〇時五四分に拡大（二〇一四年四月から二〇一五年九月までBS日テレが同名の単発特番を放映したが、ここでは日本テレビ版について述べる）。

担当ディレクターの矢追純一が、超常現象などをテーマとした番組を制作・放送したことで知られる。一九七四年にはユリ・ゲラーの特番を放送し、スプーン曲げなどで視聴者を驚かせて社会現象ともなった。矢追は、その後もUFOシリーズやオリバーくんを扱った番組を担当した。

矢追自身が、宇宙人が地球に来ていた証拠を求めて各地を取材し、数々のUFO関連情報を公開した回や、南米の巨大な縦穴に入って探索した回などもあった。

木曜スペシャルではほかにも、引田天功の大脱出シリーズや一九八〇年代以降は「アメリカ横断ウルトラクイズ」などが話題となった。

モケーレ・ムベンベ《もけーれ・むべんべ》

UMA

アフリカ中央部で目撃例のある巨大な水棲UMA。目撃例は古くからあり、最初のものは一八世紀だが、一九八〇年代以降、頻繁に報告されるようになった。体長は一〇メートルほどで、蛇のような胴体に四本足、ドラゴンに似た頭部がついているという。

名前は現地の言葉で「川をせき止めるもの」や「虹」を表しており、その巨大さや荘厳さを示している。その一方で、詳細な目撃情報は乏しく、映像や写真にもほとんど収められていない。

昔の記録では、狩って食べ物にしようとしたが、口にしたものはことごとく死亡したという。そのため、神聖なイメージや毒性を有しているという考えもある。

正体については諸説あるが、太古の恐竜の生き残りだとするものが有力だ。

モスマン《もすまん》

UMA

一九六六年ごろ、アメリカ・バージニア州を起点に噂が広まった謎の生物。モスマンとは「蛾人間」という意味で、その名の通り腕の代わりに大きな翼を持つ体長二メートルほどの生物で、自動車より高速で飛行するとされる。

目撃者によって外見は多少異なるが、目が赤く光り、「キーキー」と鳴くことが一致している。初めの目撃者によると、車で時速一六〇キロメートルで逃走したにもかかわらず、悠々と追跡してきたようだ。話題の大きさに反して目撃期間は短く、一九六七年にオハイオ州のシルバーブリッジで報告されたのを最後に、半世紀以上も新規の目撃情報は出ていない。

その頃、シルバーブリッジは大崩落を起こして多くの犠牲者を出したが、そのこととモスマンに、何らかの関連性があるのではないかとささやかれた。また、モスマンの目撃情報が減少するにつれて、ＵＦＯの目撃数も減少したことから、モスマンは宇宙人のペット、もしくは地球での実験のための動物がモスマンではないか、といった説もある。

モッシー《もっしー》

UMA

一九七〇年代、山梨県の富士五湖の一つ、本栖湖で目撃されたという巨大な未確認生物。体長三〇メートルで、湖面から現れたところを観光客が目撃して話題となった。ネス湖の怪獣「ネッシー」をもじってその名が付けられたが、外見は首長竜というよりもワニのような姿だといわれる。

皮膚もワニに似てゴツゴツとしており、背中に硬いこぶを持つともいわれている。一九七〇年代は、日本中がオカルトブームやツチノコをはじめとしたＵＭＡブームに沸いた時代だが、その中にあってモッシーは写真撮影にも成功しており、単に村おこしのためだけのシンボルとは言えない存在だ。しかし、その正体はよくわかっておらず、本栖湖にかつて放流されたチョウザメが突然変異で巨大化した説などが唱えられている。

モノス《ものす》

UMA

ベネズエラで目撃されたという類人猿型ＵＭＡ。体長は一・五メートルほどだが、手足が非常に長く、人間を見つけると奇声をあげて襲ってくるという荒々しい気性をもつ。

最初の発見は一九二〇年で、フランソワ・ド・ロワ率いるスイスの調査隊が遭遇し、二頭のモノスが威嚇しながら物をなげつけてきたとされる。調査隊はライフルで応戦し、一頭を射殺した。また、一九五四年にはイギリス人ハンターが同じく二頭のモノスらしき生物を目撃している。

モノスの記録は、最初のスイス調査隊が撮影した写真が残っているが、正体について詳しいことはわかっていない。というのも、調査隊は当時、モノスを食料にしてしまったため、死体そのものは持ち帰られず、残った頭蓋骨もアクシデントによって破棄されてしまったからだ。

さらに、大量にとった写真も船が転覆したため紛失し、一枚しか残っていないという。不幸な出来事が重なってしまったが、残った写真を研究した類人猿学者モンタンドンによると、モノスは新種の類人猿とされ、パリ科学アカデミーでも紹介された。そうなると、他の記録がなくなってしまったことがますます残念だが、考え方によっては、太古の生物の不思議な力がそうさせたのかもしれない。

モノリス《ものりす》

オカルト用語

建築物や遺跡の内に置かれた単一の大きな岩や、山々にみられる一枚岩をいう。一九六八年に公開されたＳＦ映画『２００１年宇宙の旅』では、宇宙に浮かぶ金属的なモノリスが人類進化に深く関与しているとされた。

一九九五年に登場したアニメ『新世紀エヴァンゲリオン』（以後二〇二一年まで数度映画化）では、秘密結社ゼーレのメンバーがモノリスとして描かれる。二〇二〇年一一月中旬にアメリカ・ユタ州南東部の砂漠やカリフォルニア州、ルーマニア、イギリス、オランダなどで金属柱モノリスが次々と出現・消滅して話題となったが、大部分はアメリカのアーティストによる芸術活動といわれている。

モラグ《もらぐ》

ＵＭＡ

スコットランドのモラー湖にいるとされる水棲ＵＭＡ。マックセルキーとも呼ばれる。「モラグ」は「湖の精霊」を意味している。体長一二〜一五メートルで首長竜のような姿をしたＵＭＡで、色は黒褐色で背中に大きなこぶを持つという。その見た目や、モラー湖がネス湖に近いという点からネッシーと同種のＵＭＡではないかという見方もある。

目撃例は多く、その一つに「湖上で釣りを楽しんでいたところ、湖が膨らんで巨大な怪物が現れ、ショットガンで撃退した」という記述もある。正体については、太古の水棲生物「タリモンストラムグレガリウム」ではないかという説が最有力である。これは恐竜時代の海洋生物だったが、地殻変動で湖と隔てられたところに生き残って巨大化したといわれている。目撃情報、正体に関する説ともに信憑性が高く、モラグは非常にロマンのあるＵＭＡの一つといえるだろう。

森のしずく公園《もりのしずくこうえん》（旧《きゅう》：雫石《しずくいし》・慰霊の森《いれいのもり》）

心霊スポット（日本）

岩手県岩手郡雫石町にある慰霊施設。一九七一年、全日空旅客機と航空自衛隊の戦闘機とが空中衝突事故を起こして墜落した現場。

事故の際、自衛隊機の乗組員は全員が

脱出したが、旅客機は空中分解し、乗客一五五名、乗員七名の計一六二名が犠牲になった。その後、犠牲者を供養するため、現場は公園施設として整備され、「雫石・慰霊の森」となった。

多数の犠牲者が出た現場なだけに、ここでさまざまな心霊現象を体験したという話が伝えられている。とくに、事故から年数がたっていない時期の話が多く、次のようなものがある。

・夜、輪郭がぼんやりして影のように見える人に「ここはどこだ」と話しかけられた
・影のような人たちが、タクシーを拾うような動作をしていた
・数人で遊んでいたら、いつのまにか知らないメンバーが加わっていた
・「熱い」などのささやきが聞こえた
・車から離れてから戻ると、多数の手形がついていた
・車に乗っているとき、多数の手に囲まれた

年数がたつにつれ、こうした目撃談は減っていったようだ。

三十三回忌に当たる二〇〇三年まで、同所で毎年慰霊祭が開かれ、以後も遺族らの組織や地元住民、全日空社員によって丁重に維持されてきた。

五十回忌の前年となる二〇一九年に大幅な改修を行い、新たに「航空安全祈念の塔」が建てられた。犠牲者の多くが静岡県富士市の出身だったことから、訪問者が塔を仰いだとき、富士山の方角を向くように設置してあるという。

二〇二〇年五月、名称が「雫石・慰霊の森」から「森のしずく公園」に変更された。

諸星大二郎《もろぼしだいじろう》

人物

一九四九年〜。東京都出身の漫画家。代表作は『妖怪ハンター』『西遊妖猿伝』『暗黒神話』など。東京都の高校を卒業後、三年間公務員を務めたのち、一九七四年に『生物都市』で手塚賞入選を果たす。『生物都市』は当時、そのあまりの面白さに無名の作品とは思えないとして、既存作品の盗用ではないかという問い合わせが殺到したという。

その後、『週刊少年ジャンプ』で『妖怪ハンター』の連載を始め、本格的に作家活動をスタートする。一九八三年には『月刊スーパーアクション』で『西遊妖猿伝』の連載を開始。人気作となり、手塚治虫文化賞マンガ大賞を受賞した。非常に独創的で、アシスタントに「どこをどうアシすればいいのかわからない」といわれたというエピソードを持つ諸星の画風は、多くの作品に影響を与えたとされる。

矢追純一《やおいじゅんいち》

人物

一九三五年〜。テレビタレント、超常現象研究家、ディレクター。満州国新京の生まれで、大学卒業後、一九六〇年に日本テレビに入局する。UFO、宇宙人、超常現象などに関するドキュメンタリー風のオカルト番組を手がけ、自らも番組に出演して「怪奇ディレクター」や「UFOディレクター」と称された。仕掛けの達人として知られ、ユリ・ゲラーやオリバーくん来日特集など、大きな話題を呼んだテレビ番組を生み出し、七〇年代のオカルトブームを牽引した。

超常現象に関する数多くの経験をした結果、最近では手を触れずに人の心や体を癒せる能力にも目覚めたと語っている。そんな能力を多くの人に開花させて欲しいと願い、一九九五年から『宇宙塾』というセミナーを開催。石川県羽咋市にある宇宙科学博物館「コスモアイル羽咋」の名誉館長も務めている。同時にさまざまな会社を設立し、実業家としても活躍している。

柳田國男《やなぎたくにお》

人物

一八七五〜一九六二年。兵庫出身の民俗学者。東京大学卒業後、農商務省に入省。貴族院書記官を務めたのち、一九二〇年から東京朝日新聞社客員となり、多くの社説を執筆。この間、「日本人とは何か」という問いの答えを探すべく、日本中を旅して民俗や伝承を調査して回った。

多数の書籍を執筆し、特に有名なのが岩手県遠野のさまざまな伝承や逸話をまとめた『遠野物語』で、本書は当時欧米で流行していた神秘学の影響を受けているとされる。代表作としてほかに、『蝸牛考』『桃太郎の誕生』『海上の道』などがあり、今日も重版を続け、多くの人に読み継がれている。一九五一年に文化勲章受賞、晩年に出身地の名誉町民認定を受けており、自身の生家を「自らの民俗学の原点」と述べている。

山姥《やまんば》

妖怪

女性の姿をした山の妖怪で、日本各地の多数の民間伝承に登場する。「やまうば」や「おにばば」と呼ばれることもある。

典型的な姿は、大柄で、バサバサとした長い髪と鋭い目を持つ。白髪の老女であることが多いが、若い女の山姥も存在する。とがった爪や牙を持つこともある。

山奥に住み、人を捕らえて食うと考えられている。山の中で迷ったり、日暮れまでに帰ることができずに困ったりしている旅人に、宿を提供するという話が多い。初めはきれいな女性の姿で、親切に食事を出したり、寝床を用意したりするが、夜、旅人が寝ると豹変して山姥の本性をあらわにし、襲ってくるというもの。

人間に対して凶悪な山姥だけではなく、中には人間を守り、恵みを施す山姥の伝承もある。凶悪さとやさしさを併せ持つ存在とされることもある。

山姥の起源については、山の神や巫女が、長い時を経て妖怪化したものという見方がある。山の神は、人に多くの恵みをもたらす一方で、自然災害も起こす。その姿が山姥に反映されているのではないかとも考えられている。

また、人々が飢餓で苦しんでいた時代に、山に捨てられた老婆が起源であり、いわゆる姥捨て伝説の副産物という見方もある（ただし、姥捨て伝説自体を否定する専門家も多い）。

ゆ

遊星《ゆうせい》からの物体《ぶったい》X《えっくす》

作品（映画）

一九八二年六月に米国で公開されたSFホラー映画（日本での公開は同年一一月）。監督はジョン・カーペンター。原作は、ジョン・W・キャンベルが一九三八年に発表したSF短編小説『影が行く』。同小説からは一九五一年に、映画『遊星よりの物体X』が制作されているが、本作はそのリメイク版というより、原作小説をより忠実に映像化したものとなっている。

極寒の南極観測基地で、隊員たちが謎の生命体に襲われる。一〇万年前に宇宙から飛来し、氷の下で凍結状態にあった生命体が甦ってしまったのだ。接触した生物と同化するという生命体の特殊能力により、誰が本当の人間で、誰がすでに同化しているのか、わからないことが恐怖と緊張を増大させる。

万一、基地の外に出してしまえば、全人類が同化されてしまうという危機感の中、生き残った隊員たちは生命体に立ち向かう。奇想天外な設定と疑心暗鬼に包まれた中でのスリリングな展開を描いた人気作。

二〇一一年に、関連作品である『遊星からの物体X　ファーストコンタクト』が公開された。一九五一年の作品及び本作のリメイク版や続編ではなく、本作より三日前から始まり、生命体が蘇生する顛末を描く前日譚となっている。

幽体離脱《ゆうたいりだつ》

オカルト用語

アストラル体（幽体）が肉体から分離することによって、意識が体外に存在し、自由に動けるようになる現象。広義ではアストラル体に限らず、意識が肉体外に飛ぶ場合は体外離脱と称される。

　多くは臨死体験に伴って発生し、その場合は幽体離脱中に、意識が上方に移動し、自分の肉体を上から見ている感覚になるという事例が多い。部屋の中であれば、「天井の一角から自分を見下ろす」と表現される。

　神秘学によれば睡眠中にも起きることがあるとされ、その多くは「夢」として認識される。また、訓練によって意図的に行えるようになるともいわれるが、それには危険も伴い、イギリスの秘密結社「暁の星」では精神状態が不安定になる人も現れたという。

ＵＦＯ《ゆーふぉー》

オカルト用語

「Unidentified Flying Object」の略で、「未確認飛行物体」を意味する。一九四七年のケネス・アーノルド事件以降に定着した言葉で、それ以前は「空飛ぶ円盤」という言葉が用いられていた。ＵＦＯの目撃情報では円盤形以外のものも多いので、ＵＦＯという言葉の定着により、形態を限定せずに表現できるようになった。

　ＵＦＯは、目撃者によってその正体が判明できない「主観的なもの」と、専門家の知識や科学的知見をもってしても、不可解な動きをするような「客観的なもの」が存在し、専門機関などの研究対象となるのは主に後者である。

　ＵＦＯの正体については、現在の科学では解明し得ないものという前提の説明と、現在の人類が把握している科学的知見の範囲内での説明に大別できる。

　前者の代表が「宇宙人の乗り物説」で、とくに異星人が地球や人間を始めとする地球上の生物を調査するために送り込んだ探査機ではないかとする説が最も信じられている。ほかに、変性意識状態に入った者が異次元でＵＦＯと遭遇するという「神秘体験説」、未来の人類が時間異動して来ているとする「タイムマシン説」、地球上で秘密裏に開発された未知の機能をもつ兵器類ではないかとする「秘密兵器説」などがある。

　後者としては、さまざまなものをＵＦＯと誤認しているという説が主で、その正体としてプラズマ、球電、その他の自然現象による発光体、人工衛星などがある。

　日本では、一九七〇年代のオカルトブームやそれを背景として作られたＵＦＯを題材とする多数の番組によって、その存在が多数の人々の関心を惹きつけると同時に、「どこか怪しいイメージ」を伴うようになったが、国内外で真剣に研究されている分野である。

ＵＦＯ裁判《ゆーふぉーさいばん》

事件

一九七五年に、アメリカの民間ＵＦＯ団体であるＧＳＷ（円盤地上監視機構）がＣＩＡを相手に、ＵＦＯ文書の公開を求めて裁判を起こした出来事。「CIAがUFO関連の文書を隠している」として訴えを起こしたもので、ワシントン連邦地裁でCIAは敗訴した。

　その結果、一九七八年に九三五ページの文書が公開され、GSWに引き渡されることとなったが、塗りつぶされている箇所が数多く存在し、未だ隠されている資料が多くあるのではといわれている。

UFO生物説《ゆーふぉーせいぶつせつ》

説・論

UFOは、宇宙人による製作物ではなく、生命体であるとする説。UFOではなくUMAに分類されることもあるが、空を飛ぶ未確認の物体UFOと定義は一致する。その生命体としては、スペース・クリッター、アロモスフェリック・ビースト（大気圏の野獣）、宇宙ホタル、プラズモイド、フライングヒューマノイドなどと呼ばれるものが相当する。

　大きさは多様で直径数センチ〜三〇メートル程度。発光し、膨張と収縮を繰り返しながら、飛行機の追跡など意思的な行動をとるものも存在する。通常は成層圏より高空に棲息し、人の目に触れないが、時折、成層圏より低空に降りてくる時に限って見えるといわれる。クリッターは死ぬと地上に落ちるが、死骸は瞬く間に気化し消失するといわれる。

　一九五八年、UFO研究家T・J・コンスタブルが、初めてこの説を唱えた。コンスタブルは、宇宙飛行士のJ・ウッドと協力して、カリフォルニアのモハーベ砂漠で撮影に成功した。

　一九六九年、宇宙船フレンドシップ七号の乗務員（宇宙飛行士）のJ・グレンは、スペース・クリッターに人類で一番近づいたと言われている。スペース・クリッターは宇宙船には近づいてきたが、悪さをせずにただ光っているだけだったとグレンは語っている。動画も撮影しており、「宇宙ホタル」と名付けた。

　二〇〇四年、メキシコの警察官がパトロール中に、真っ黒な何者かが木の上からもの凄い速さで飛んできて、パトカーのボンネットの上に乗り、フロントガラスを何度も殴った。Uターンしてアクセルを踏み、本部に緊急援助要請を求め、仲間に救助された。精密検査を受けたが異常は無かったという。メキシコでは、その他にも複数の目撃事例があり、写真や動画もいくつか存在するといわれる。

UFO地球外起源説《ゆーふぉーちきゅうがいきげんせつ》

説・論

民間でいわれるUFOは、地球人よりもはるかに進んだ文明をもつ異星人の建造物とする説。一九五九年に学術誌『Nature』に、地球外生命に関する論文が掲載された。

　一九六〇年、アメリカ国立電波天文台で、地球外知的生命体探査（SETI《セチ》）が始まる。

二〇一四年、ＵＦＯ研究家／並木伸一郎監修による『ＵＦＯと地球外文明の謎』発刊。

二〇一七年、ハワイ天文台が太陽系外から飛来した天体を発見した。天体観測史上初めての恒星間天体であり、ハワイ語で遠方からの最初の使者を意味するオウムアムアと名付けられた。国際研究チームは、天然起源の天体だとした。

二〇一八年、ハーバード大学の天文学者Ａ・ローブ博士は、ソーラーセイルを推進力とする宇宙船かもしれず、さらに地球外文明（エイリアン）の探査機である可能性があると唱えた。

望遠鏡で見ると、明るい色の金属で作られていると思えるほど明るさが強いうえに、明るさが変化する。また、太陽の周辺で急に軌道を変えて加速するなど、通常の天体には見られない動きをした。これらを説明するには、オウムアムアは、意図的に作られたものと考えることが合理的であると主張する。

二〇二一年『地球外生命　地球以外の知的生命の初兆候』を出版。この説に批判もあるが、ローブは、「人類が唯一無二の特異的な存在だと考えるのは傲慢。ほかにもたくさんの地球外文明がある」と語っている。

二〇二〇年、アメリカ国防省がＵＦＯ未確認飛行物体の映像を三本公開したが、その正体は不明のままだ。アメリカのサッカー代表Ｊ・アルティドールは「どう考えればいいか分からないが、あれらのビデオは何かがいることを認めるもののように思える」と公表したとされる。

ＵＦＯの街《ゆーふぉーのまち》

地名

石川県羽咋郡にある宝達山は、竹内文書によればシナイ山から天浮舟に乗ったモーゼが来て余生を過ごした場所とされ、三つ子山古墳の入り口にある公園はモーゼパークという。その隣に羽咋市があり、「ＵＦＯの町」とされる。市内にはＵＦＯにちなんだ看板、食事、土産物やオブジェなどが散見される。

垂仁天皇の頃、羽咋一帯では、疫病や盗賊の横行に加えて、毎夜滝崎の森に大毒鳥が飛来して住民を苦しめたので、第十皇子である石衝別命が派遣され賊や毒鳥を退治した。悪鳥を射落とした際に、三匹の忠犬が悪鳥の羽に喰らいつきとどめを刺した。羽を喰らう、後に咋《くらう》の字を当てて羽咋という地名になったとされる。

気多神社隣の正覚院に伝わる典籍・気多古縁起には、「成山飛行虚空神力自在厥而（神の力により自在に空を飛ぶ）」という記述がある。羽咋市の北、眉丈山周辺には、鍋が空から降ってきて人をさらってゆくという神隠し伝説が残っている。また秋の夜は、光の群れが眉丈山の中腹あたりで東から西に移動するといわれる。

アダムスキー型円盤のような形状をした寺院の打楽器銅鈸子（銅拍子・妙鉢）のことを、能登方言で「そうはちぼん」という。浮遊するそうはちぼん伝説は、羽咋市の各地に伝わっているとされる。一九九〇年一一月、宇宙とUFO国際シンポジウム開催。羽咋体育館と文化会館で、宇宙開発機器や月の石、宇宙服などの展示および米ソUFO研究者、アポロ宇宙飛行士などによる講演会やシンポジウム開催。九日間で全国から四万五千人集客したとされる。

一九九六年七月　円盤型の宇宙科学博物館コスモアイル羽咋開館。JR西日本が作る『ブルーシグナル』二〇一三年一一月号で、羽咋市のUFO目撃情報は年間一〇〇件、千里浜での目撃情報が多いとされた。二〇一九年一一月一五日の朝日新聞に、羽咋市職員の中田昌弘（当時三三歳）が、中学二年生の時、部活の帰りに空に円盤状のものが浮かんで遠方に消えていったと証言した話が、「いいね！　探訪記」に紹介された。

UMA《ゆーま》

オカルト用語

「Unidentified Mysterious Animal」の略で、噂や目撃例はあるが実在が確認されていない「未確認動物」または「未確認生物」のこと。これは「UFO」を参考にして作られた日本の造語であり、英語ではCryptid（クリプティッド）といわれる。

UMAを研究する学問は、「クリプトズーロジー」あるいは「隠棲動物学」という。代表的なのはネス湖のネッシーやヒマラヤのイエティで、日本ではツチノコが有名である。ちなみに、絶滅したはずなのに未だに目撃情報があるものを「EMA（未確認絶滅動物）」というが、こちらはあまり浸透していない。

幽霊《ゆうれい》

オカルト用語

亡くなった人間の魂が現世にとどまったもの。特定の相手への恨みや愛情など、この世への未練によって成仏できなかったもので、姿かたちはおおむね生前と同じであることが多い。

その未練の内容が土地や家などの場所にかかわっていて、それに執着して動けない場合を特に「地縛霊」という。幽霊を描いたフィクション作品は古くから非常に多く、かつては『四谷怪談』の「お岩さん」、近年では『リング』の「貞子」など、その時代ごとにブームとなった作品に登場するキャラクターが多くの人々の幽霊のイメージにつながることが多い。なお、「足がない」という幽霊のイメージ（あるいは定義づけ）は、円山応挙が描いた「幽霊図」がもとになっているとされる。

幽霊船《ゆうれいせん》

オカルト用語

海や湖で見られる幻影のような船。無

人か、あるいは死者が乗っており、沈まずに水上をふらふらと漂い続けているとされる。世界各地に目撃談があり、夜間に穏やかな海で発見されることが多い。

具体例としては、フライングダッチマンやアメリカ五大湖のグリフィン号が有名。

幽霊船が海上や湖上を漂い続けている理由については、仲間割れで殺し合った海賊の船や、その海域で遭難した船とその乗員たちの怨念がとどまり続けているためとされ、幽霊船に出会った船は事故に遭うともいわれる。

幽霊船《ゆうれいせん》クイーン・メリー《くいーん・めりー》

心霊スポット（世界）

クイーン・メリー号は、北大西洋を横断する定期便として運航されていた豪華客船。引退後はロング・ビーチに係留されてホテルとなっているが、大勢の幽霊が出ることで知られる。それには、以下のような背景があるという。

第二次大戦中、クイーン・メリー号は軍の輸送船として使われていたが、一九三九年、護衛の巡洋艦と衝突。巡洋艦は真っ二つに折れて沈没し、乗組員が海に投げ出された。

クイーン・メリー号は、攻撃の危険があるため、いかなる理由があろうとも停船は禁じられており、救助を駆逐艦に任せてその場を去った。この事故で巡洋艦の乗組員三三八名が死亡。クイーン・メリー号の船上でも、五〇名以上が死亡したという。

以来、クイーン・メリー号では、次のような幽霊が現れるようになったとされる。ただし、現れる幽霊は、この事故による死者の霊に限らない。

・ファーストクラス用プールに現れる「溺死した二人の女性の霊」
・クイーンズサロンに現れる「白いイブニングドレス姿の美女の霊」
・ファーストクラスのスイートルームに現れる「スーツ姿の男性の霊」
・三等船室に現れる「パーサーの霊」
・調理場に現れる「コックの霊」
・死体安置所に現れる「船員の霊」（クイーン・メリー号は、戦時中に輸送船として使われていたため、内部に死体安置所がある）

このほかにも、さまざまなところで多数のオーブが確認されたり、ポルターガイスト現象が見られたりするという。

現在のクイーン・メリー号では、これらの霊現象を一つのアトラクションとして宿泊客に紹介し、船内の心霊スポットを案内してくれる。

幽霊電車《ゆうれいでんしゃ》

怪談

電車にまつわる怪談、あるいは都市伝説。同一の名称でさまざまな話があるが、夜中に幻のような電車が走る点は共通している。最も有名なのは、かつて東京都で運行していた玉川電車にまつわるもので、とっくに終電車も走り終えた深夜に、謎の女性を一人だけ乗せた路面電車が運行していたという怪談である。その電車は停留所の安全地帯についたとたん、跡形もなく消えてしまったという。

近藤雅樹・常光徹ほか著『魔女の伝言板』には、これから死にゆく人々を乗せて線路がない場所を走る幽霊電車について書かれており、これを見ると一週間後に死んでしまうとされている。

雪男《ゆきおとこ》

UMA

山間部に棲息するとされる類人猿型ＵＭＡの総称。世界にはさまざまなタイプのＵＭＡが目撃されているが、中でも世界各地で報告があり、実在する可能性が最も高いといわれているのが、この雪男だ。

多くは二足歩行で全身毛むくじゃらという特徴を持ち、生息地は特に雪山に限らないが、代表例である「イエティ」のイメージから名付けられた。ロッキー山脈のビッグフットも雪男の一種という見方が強い。日本では広島県のヒバゴンが有名で、一九七〇年代に大ブームを巻き起こし、雪男という名称が一気に広まった。

二〇一一年には、ロシアで「雪男会議」なるものが行われ、学者たちがさまざまな検証を行った結果、雪男がロシアに実在する可能性が九五パーセントあるという驚きの数字が算出された。「幻の生物、遂に発見！」といった文を新聞で見る日も近いかもしれない。

雪割橋《ゆきわりばし》

心霊スポット（日本）

福島県西白河郡西郷村にある道路橋。阿武隈川の源流部を渡り、西郷村道、川谷由井ヶ原線を通す。長さ八一メートル、高さ約五〇メートル、幅四・六メートル、道路の幅は三メートル。深くえぐられた雪割渓谷をまたぐこの橋は、一年を通じて景観が楽しめ、とくに紅葉の名所として名高い。

一方では、心霊スポットとしても知られ、ここで写真を撮ると、心霊写真が撮れることが多いといわれる。夜に通って「真っ白な着物を来た女性の幽霊」や「旧日本軍の姿をした幽霊」などを目撃した人もいるという。また、「どこからか叫び声が聞こえた」「車のエンジンが止まってしまう」という話もある。

この橋は、過去に多くの人が投身自殺をしており、近年では、ＳＮＳでリアルタイムの中継をしながら飛び降りた若い男性もいたとされる。その人たちの霊が現れるのではないかといわれている。

ユタ《ゆた》

職種

沖縄県と鹿児島県奄美大島にいる巫女あるいは霊媒師。現世と霊界との間に立ってメッセージを伝える役割を持つ。巫女としての除霊や供養も行うが、占いの能力を活かした人々の相談役としての役割も大きい。ユタの起源は諸説あるが、琉球王朝時代に王に仕えた女司祭「ノロ」の元に霊能力者が集まって修業した者たちという説が有力とされる。

現在は「ユタ＝ほぼ占い師」であり、観光客をターゲットにして恋愛や仕事のアドバイスを行うのを専門とする人々もいる。ユタになるには「カミダーリ」とよばれる、原因不明の体調不良や幻覚を経験して乗り越える必要がある。これは何の前触れもなく起き、本人の意思とは関係がない。そのため、ユタになるには修行や霊能力だけではなく、先天的な素養を持っている必要がある。

ユナニ医学《ゆなにいがく》

医学・医術

古代ギリシア発祥の医学がエジプトやペルシャ（現在のイラン）に伝わるうちに独特のアレンジが施されて体系化した伝統医学。現在ではイスラム教国で主に実施されている。

自然界は土・空気・火・水の四元素によって構成されており、人間の健康は四元素のバランスによって成り立っているという思想を基本理念とする。主な治療法は食事療法と生薬投与であり、日本で常食されるゴボウやザクロが薬品として使用されることがある。

最も特徴的なのは、針や刃物で体に小さな傷を作り、血液を抜くことで崩れた体のバランスを取り戻そうとする「瀉血療法」で、現在でもイスラム教国では生活習慣病の治療法として実施されている。

古くから音楽を使用した精神疾患の治療やデンキウナギを使用したショック療法、大便や尿による健康診断を実施した歴史が存在し、近代医学に多大なる影響を与えたと言われている。

ユニコーン《ゆにこーん》

怪物

ヨーロッパに伝わる伝説の生き物。馬に似た胴体とライオンのしっぽを持ち、額には螺旋状の筋が入った大きな角が生えている。

非常に獰猛で力強い一方、処女を目の前にするとおとなしくなるという。その存在の初出は、古代ギリシャの医師、クテシアスの書籍『インド誌』とされ、そこには現在の認識とほぼ変わらない姿が描写されている。

あくまでも伝説上の生き物でありながら、中世ヨーロッパでは「ユニコーンの角に体を治癒させる力がある」とされ、実際に高値で取引されていた。これは北海に生息するクジラ「イッカク」の牙だったといわれている。現代では、創業一〇年以内で、評価額一〇億ドル以上の非上場ベンチャー企業を「ユニコーン企業」というが、これはユニコーンのように珍しい存在であることに由来している。

夢占い《ゆめうらない》

占い

夢に見た現象を解釈して未来の出来事を予測する占い。夢予知と混同されやすいが、夢予知が未来の景色をそのまま夢で見るのに対して、夢占いでは一見脈絡がない結果を導き出す点が異なっている。

例えば「物置を掃除する夢」が「お金を使うとよい」を表すなど、心理テスト的な側面が強い。夢に関する占いは、ヨセフの夢説きなど旧約聖書にも記されており、その歴史は長い。また、同じ夢でも地域によってその解釈が異なることが特徴で、日本では「一富士二鷹三茄子」が有名で、これらの夢を新年の初夢として見ると縁起がよいとされる。

ユリ・ゲラー《ゆり・げらー》

人物

一九四七年〜。イスラエル出身の超能力者。スプーン曲げがとくに有名。世界でもっとも有名な超能力者と称される一方で、ビデオ解析などによってトリックだと主張する勢力も多い。幼年期より特別な力を発揮し、一九六八年からテレパシー術者として知られるようになる。しかし、ナイトクラブで行った奇術が稚拙であったため、その支配人から訴えられ、裁判で「今後、国内で超能力という言葉を冠したショーを行ってはいけない」裁定された。

その後、アメリカの医師、アンドリア・プハリッチに見いだされて渡米。スタンフォード研究所で調査を受け、初歩的な試験で成功するが、より厳密なテストは受けないままだったとされる。その後、各国のテレビ番組に出演し、特に日本ではユリ・ゲラーの真似をしてスプーンを握る子供たちが続出し、超能力ブームの火付け役となった。

よ

妖怪《ようかい》

オカルト用語

人知を超えた特殊な能力や、怪現象を引き起こす力を持った超自然的な存在。「妖《あやかし》」や「物《もの》の怪《け》」とも言い、日本の伝承に関連することが多い。その歴史は非常に古く、古事記や日本書紀でも化け物による怪奇現象が記述されている。

古代から平安時代にかけては妖怪の姿を描いたものはなかったが、中世以降になると「百鬼夜行絵巻」に見られるように、さまざまな形をした妖怪が登場するようになる。しかし、この時代では人間よりも弱い存在として描かれ、人社会の陰で生きるかわいらしい妖精のような扱いであった。それが畏怖の対象となったのは江戸時代からで、「百物語」などの怪談や、浮世絵のモチーフとしておどろおどろしい姿が描写され、その存在感を大きく増していくことになる。

　そして現在では妖怪にかかわる物語やキャラクターが無数に登場し、一つのコンテンツとして親しまれ、あるいは恐れられている。妖怪は神道とも関連が深く、八百万《やおよろず》の神や九十九神《つくもがみ》など、あらゆるものに命が宿るとされていた。さらに、かまいたちや蜃気楼など、かつて科学技術では判別不可能だった現象は妖怪の仕業とされており、そのような歴史の積み重ねが、現代における妖怪の存在感の大きさにつながっているといえる。

妖怪人間ベム《ようかいにんげんべむ》

作品（テレビアニメ）

一九六八年一〇月から一九六九三月まで、フジテレビ系列で毎週月曜日一九時三〇分～二〇時に放送されたテレビアニメ。全二六話で、人間になることを切望する妖怪人間三人の戦いや哀しみを描いた。

　ある科学者が、悪がはびこる世の中を嘆き、人間を造る実験を行うが失敗し、研究を中断したまま死亡する。放置された細胞が培養液の中で生き延びて繁殖し、三人の妖怪人間が生まれた。

　最初は自分たちを人間だと思い込み、妖怪の姿で人前に出たが、受け入れられずに洞窟で暮らし始める。やがて人間に近い姿に変身できるようになり、その仮の姿で世の中に出て、正義のために悪い妖怪や悪人と戦うようになる。

　普段は手の指が三本であることと、血液が緑色であること以外はほぼ人の姿であるが、強い相手と戦うときは爬虫類や甲殻類に近い本来の姿となって超能力を発揮する。

　本作の妖怪人間は、仮の姿が五〇歳くらいの男性であるベム、二七～二八歳くらいの女性であるベラ、八歳くらいの男児であるベロの三人で、タイトルはベムの名前になっているが、実質的な主人公はほとんどベロである。

　「早く人間になりたい」という主題歌中の台詞とともに、本当の姿になったときの迫力や強さ、彼らの正義感や人間になれない悲哀などが、子供たちの心に深く染みこんだアニメ作品であった。

　二〇二〇年九月には、ベラの仮の姿を女子高生とし、主人公の人間を狂気へ走らせるという新しい設定の実写版、日本映画『妖怪人間ベラ』が、かつてのアニメ作品のセリフとは真逆の「人間になんかなりたくない」というキャッチコピーとともに公開された。

妖精《ようせい》

オカルト用語

人知を超えた力を宿した神霊の一種で、

主に自然とのつながりが強いもの。ヨーロッパの伝承で語られることが多く、キリスト教によって追放された神々の零落した姿ともとらえられている。そのためかつては悪霊と認識されることもあったが、現在では人間を導く善なる存在として描かれることがほとんどである。シェークスピアの『夏の世の夢』がそのきっかけだと考えられており、この作品では妖精が慈悲深い神的存在として描写された。

　羽の生えた非常に小さな小人として描かれることが多いが、これはコティングリー妖精事件以降に強まった傾向で、事件の影響が大きいと考えられる。しかし、欧米で知られるグレムリンや日本ではアイヌに伝わるコロポックルなど、それ以外の姿で「妖精」といわれるものもあり、外見上の定まった定義があるわけではない。

ヨーウィー《よーうぃー》

UMA

オーストラリアの類人猿型UMA。オーストラリアでは非常に有名で、商品名にも用いられている。体長は二〜三メートルほどで全身が茶色い毛におおわれている。ヨーウィーとは、もともとはオーストラリアの先住民アボリジニの伝承に現れる架空の生物を指し、伝承では昆虫のような六本の足とトカゲの体を持つとされるが、UMAとしては類人猿型とされる。

　目撃の歴史は古く、最初は一七九五年にヨーロッパ移民によって報告されている。一九七〇年以降は目撃情報が増加し、一九七五年には南部のタイレムベンドでUFOの目撃とヨーウィーの目撃が重なり、その正体は異星人のペットではないかという説も飛び出した。専門家はその正体について、古代のジャワの巨人「メガントロプス」の生き残りではないかとしているが、真偽は定かではない。

ヨーガ《よーが》

オカルト用語

インドで古来より行われていた瞑想術、もしくはそれをベースに欧米圏で誕生したエクササイズ法のこと。

　ヨーガとはサンスクリット語で「調和」という意味であり、数千年前から実行されてきたと言われている。太古のインドでは、神に祈りを捧げるための儀式である「バクティ・ヨーガ」や解脱を目指す「ラージャ・ヨーガ」が主に行われていたが、一八世紀以降、心身を鍛錬することを目的とした「ハタ・ヨーガ」が主流となっていった。二〇世紀以降、インド国内の宗教家たちがハタ・ヨーガの実用性と太古のヨーガの高度な精神性をミックスした新しいヨーガを考案した結果、一般にも認知されるようになったのだ。

　一九七〇年代以降、ニューエイジ思想

やカウンターカルチャーの浸透を背景に、アメリカを発信源としてヨーガが世界各地で実行されるようになった。日本では、二〇〇〇年代以降にフィットネスクラブが各地に増加したことを要因にヨーガの人気が高まった。

現在では科学的なエクササイズ法と化したヨーガであるが、体験者が宇宙空間に浮かぶような不思議な感覚を受けることがあるという。

予言《よげん》

オカルト用語

未来の物事をあらかじめ予測していうこと、あるいはその言葉。この定義によれば科学的知見を用いて現象を予測した場合も含まれることになるが、実際には占星術や予知夢、その他の超常能力を用いて予測する場合に使われることが多く、スピリチュアル的な意味合いが強い。予言を行う者を予言者といい、「ノストラダムス」「エドガー・ケイシー」「ジーン・ディクソン」は世界三大予言者と呼ばれる。

しばしば「預言」と混同されるが、これは神から授かった言葉のことであり、「預言者」はその代弁者である。ユダヤ教・キリスト教のモーセ、イスラム教のムハンマドなどは代表的な預言者であり、ほかにもこれらも宗教では多くの預言者が現れて神の言葉を伝えたとされる。

予言獣《よげんじゅう》

妖怪

人々の前に突如現れ、豊作や疫病の流行などについて予言するといわれる妖怪や伝説上の生き物。アマビエ、アマビコ、件《くだん》などが知られる。多くの場合、災厄について予言したときは、それを避ける方法についても告げるとされ、「自分の姿を描き写して人に見せよ」というものが多い。

江戸末期に予言獣のブームがあり、その時代には外国船の来港や地震、飢饉などが相次ぎ、伝染病の流行もあった。対処しようのない災厄に見舞われて人々の不安が増大するときに、予言獣の人気が高まるようだ。新型コロナウイルスの感染拡大でも、疫病よけのご利益があるとされるアマビエの人気が一気に高まった。

横溝正史《よこみぞせいし》

人物

一九〇二〜一九八一年。神戸市出身の日本の探偵小説家。古き日本の因習が残る地方や終戦前後の東京近郊を舞台に名探偵金田一耕助が活躍する推理サスペンスシリーズを生み出した。デビュー二五年目にあたる一九四八年、『本陣殺人事件』で第一回探偵作家クラブ賞(後の日本推理作家協会賞)長編賞を受賞後、次々と作品を発表し、乱歩以後の日本探偵小説界のエース的存在となった。一九六〇年代に社会派ミステリーの台頭により執筆量が減ったが、以前に発表した作品を改編加筆して長編に仕立てるなど、七〇代になっても長編を発表した。江戸が舞台で岡っ引きが主人公の『人形佐七捕物帳』などの時代小説も人気だった。

一九六八年、『八つ墓村』が連載漫画になり、再び注目が集まる。一九七〇年代には作品の文庫化、全集の刊行や映画化・テレビドラマ化により、推理小説ファン以外にも広く知られるようになる。血縁や因習などからくるおどろおどろしさや耽美的要素もあり、インパクトのある映像作品はレトロでキッチュともいえる独特の魅力がある。

一九七六年、勲三等瑞宝章受章。

一九八〇年、角川書店の主催による長編推理小説新人賞「横溝正史賞」が開始された（のちに「横溝正史ミステリ大賞」、「横溝正史ミステリ＆ホラー大賞」と改称）。

四次元《よじげん》

オカルト用語

次元が四であること、またはその空間を示す。線によって表現する空間である「一次元」、一次元の組み合わせで前後左右を移動する面の空間である「二次元」、二次元の組み合わせで前後左右上下を移動する立体の空間である「三次元」に次ぐ次元が「四次元」である。

しかし、我々が存在する現実世界は三次元であるため、四次元を現実世界で図示することはできない。そのため、この解釈は様々であり、オカルト思考や創作作品では三次元の「前後左右上下」に「時間」の概念を加えることが多い一方、「ドラえもん」の「四次元ポケット」に代表されるように、「無限の広がり」としてとらえられることもある。また、四次元は数学や物理の世界でも用いられ、アインシュタインの「特殊相対性理論」でも重要な意味を持っている。

吉田悠軌《よしだゆうき》

人物

一九八〇年〜。日本の編集者、作家、随筆家、怪談・オカルト研究家。怪談サークル「とうもろこしの会」会長。オカルトスポット探訪マガジン『怪処』編集長　東京都八王子市出身。早稲田大学文学部演劇映像コースに進学、卒業後、二〇〇五年に怪談サークル「とうもろこしの会」を結成する。その後、雑誌のライターや、クレイジージャーニー出演など、主に怪談・オカルトの分野で活動を行っている。怪談の収集や国内外の怪奇スポット巡りをライフワークとする。

二〇一七年刊行の『一行怪談』は、一ページにつき一行（一文）の怪談が収録された本で、「日本のどこかの子供にひっそりトラウマ与えられたらうれしい」と語った。

怪談は本来、「誰かから聞いたこういう話がある」というところが怖さのキモ。

そこへタイトルを付けると作品になってしまうので、なるべくタイトルは付けないとされる。

ヨジババ《よじばば》

怪談

学校にまつわる怪談。午後四時に学校のトイレのドアを四回たたくとお婆さんが出現し、異世界に連れていかれるというもの。さらに日付を四月四日に指定したものや、四時四四分四四秒ちょうどと定めたものなど、より多くの条件がつく例も存在する。

また、単純に連れ去られるだけではなく、「五問のクイズを提示され、それを二問以上誤答すると四時ババアに一生付きまとわれる」という重い罰が科せられる話もある。似た怪談に「三時ババア」もあり、そちらもローカルルールが非常に多く、「ババア」と「学校のトイレ」との親和性の強さが伺える。

義経＝ジンギスカン説《よしつね＝じんぎすかんせつ》

説・論

源九郎義経は、モンゴル帝国の創始者ジンギスカンと同一人物であるという仮説・伝説。史実では、義経は奥州で自刃したとされる。しかし古くから義経は落ち延びたという説がある。室町時代の御伽草子『御曹子島渡』では、蝦夷に逃げたとする。

一六七〇年、林羅山が幕府の命で編纂した『本朝通鑑』で、義経は蝦夷に渡って子孫を残したという説があると紹介している。朱子学者の新井白石も、『史余論』や『蝦夷志』などで義経北行説を唱えている。水戸藩主の徳川光圀は、蝦夷に調査団を派遣し、『大日本史』で義経北行説を唱えた。

明治中期、シーボルトが著した『日本』で義経はジンギスカンだと論じた。一八七九年、末松謙澄がケンブリッジ大学留学中に、義経とジンギスカンは同一人物とする論文『義経再興記』を英文で発表し日本で評判となる。一九二四年、小谷部全一郎著『成吉思汗ハ源義経也』が出版されるとヒットし、重版になった。

一九五八年、推理作家高木彬光が推理小説『成吉思汗の秘密』を著した。奥州藤原氏三代は樺太、シベリアの黄金を入手して中尊寺の黄金の仏像などを建立し、義経は軍資金のためシベリアまで黄金探しに行ったとした。一九七三年、宝塚歌劇団が歌劇『この恋は雲の涯まで』上演(九二年再演)。主人公義経は、蝦夷から宋へと落ち延び、モンゴル人の王となる。

二〇一八年、瀬下猛作の漫画『ハーン―草と鉄と羊―』は、義経が大陸に渡りテムジンとして生き戦い抜いていく話である。

予知《よち》

超能力・超常現象

⇩プレコグニション

予知夢《よちむ》

超能力・超常現象

未来の出来事を前もって夢の中で見聞き、あるいは体験すること。広義には予知（プレコグニション）の一種として定義される。

予知夢には大きく分けて三種類存在すると言われている。一つは「正夢」。未来の出来事と全く同じ体験を行うというもの。二つ目は「象徴夢」。受験を間近に控えた学生の夢に学問の神である菅原道真が現れたなど、未来の出来事を象徴するようなキーワードが出現する夢のこと。三つ目が他人と同じ内容の夢を見る「共有夢」だ。

共有夢を扱った、とある怪談をご存知だろうか。ある女性が刃物を持った暴漢に執拗に追いかけ回された挙句、切り刻まれるという夢を見た。その夜、コンビニエンスストアで買い物を終えて店から出ようとすると、外の駐車場には、昨晩見た夢の中の暴漢とよく似た男が立っていた。不安を感じた女性は恋人の携帯電話に連絡して迎えに来ることを依頼した。やがて、恋人が運転する車が到着して女性が車に乗り込もうとドアを開けた瞬間、男はこう言った。

「夢と違うじゃないか……」

四谷怪談《よつやかいだん》

怪談

元禄時代の事件をもとに作られたとされる日本の怪談で、正式名称は「東海道四谷怪談」。舞台は江戸の雑司ヶ谷四谷町（現・豊島区雑司が谷）で、「岩という女性が夫である伊右衛門に身勝手な理由で惨殺され、幽霊となって復讐を果たす」というストーリーになっており、鶴屋南北の歌舞伎や三遊亭圓朝の落語が有名である。怪談の定番とされ、「皿屋敷」「牡丹灯籠」と並んで、日本三大怪談と称される。何度も舞台演劇や映画、テレビドラマ化されてきたため、様々なバリエーションが存在する。

例えば、岩の妹、袖に関しても、痴情のもつれによって袖やその横恋慕の相手が自殺するストーリーもある。これらは南北の創作ではなく、四谷にある伝承を基にしている。

当時の歌舞伎では昼に「忠臣蔵」、夜に「四谷怪談」を公演していたが、その途中、謎の事故が相次ぎ、「お岩さんの祟り」と呼ばれた。そのため、四谷怪談にかかわる際には、四谷にある「於岩稲荷」に詣でて無事を祈るという習慣が誕生し、これは現在も続いている。ただ、実際には事故の原因は祟りではなく、四谷怪談特有の複雑な仕掛けであったとも言われている。

世《よにもふしぎなものがたり》にも不思議な物語

作品（テレビドラマ）

アメリカで一九五九年一月から一九六一年七月まで、三シーズン放送されたモノクローム作品のミステリードラマ（現代は『One Step Beyond』）。すべて実話に基づくとされる超常現象や降霊現象、超能力、憑依現象、ポルターガイストなどを再現ドラマとして描いたホラー・オムニバス・シリーズ。

日本でも同時期に、当初は『ワンステップ・ビヨンド』と題して放送されたのち、『世にも不思議な物語』と改題された。その後、さらに『これは実話？です』と改題している。

同時期に制作されたアメリカのミステリードラマ『トワイライトゾーン』や『アウターリミッツ』に対し、実話をもとにしているというところが特徴で、その後の日本のホラー・ミステリー作品にも大きな影響を与えた。

一九八二年には、心霊現象を中心に扱った『新・世にも不思議な物語』（原題：Next Step Beyond）がビデオ発売された。

ヨハネの黙示録《よはねのもくしろく》

予言

一般的に黙示（啓示）は、不明なことを明らかにする、または秘密が明らかにされることをいうが、キリスト教では「神が人に指し示す」という意味になる。

紀元前二世紀〜紀元二世紀頃、宗教的迫害や政治的・社会的苦難の状況の中で、未来の出来事や世界の終末・救済について、預言する書物が多く書かれた（黙示文学）。紀元九八年、ヨハネはエーゲ海に浮かぶパトモス島の洞窟で、キリストによる最後の審判やそのあとに訪れる千年王国、悪魔の破滅などの黙示を受けたとされる。

三九七年のカルタゴ会議で、ヨハネの黙示録が新約聖書に編入された。六三二年のトレド会議では、復活祭から聖霊降臨祭の間は教会で読むことが決められたとされる。

七七六年頃、スペインの修道士ベアトゥスが、悪魔や天使、苦しむ人々などを色鮮やかな挿絵で恐ろしげに描いたヨハネの黙示録の注釈本（ベアトゥス本）を出版した。これに表現された悪魔の姿や世界観は、一〇世紀以降のロマネスク美術に大きな影響を与え、その後もキリスト教美術に影響を与え続けたとされる。

一九七九年、アメリカ映画『地獄の黙示録』で、ベトナム戦争が災いと地獄として映像化された。一九八七年、高橋美由紀作・漫画『悪魔の黙示録』連載開始（一六年間連載、後にドラマCD化およびイメージアルバム化）。一五歳の主人公は、救世主であり、一二使徒の一人として悪魔と戦う。一九九六年、神学者・小河陽名誉教授訳『ヨハネの黙示録』刊行。

ヨハン・ゲオルク・ファウスト《よはん・げおるく・ふぁうすと》

人物

一五～一六世紀のドイツに実在したとされる占星術師、錬金術師。民衆本『実伝ファウスト博士』や人形劇などを土台に、後世様々な創作が作られた。中でも特にゲーテの戯曲『ファウスト』が著名。ヴュルテンベルクのクニットリンゲンまたはハイデルベルクで一四六六年（もしくは一四八〇年）に生まれたとされる。

一五〇九年、ハイデルベルク大学で神学博士号を授与された記録があるが、別人説もある。生前は各地を放浪し、一五三八年には、フォン・シュタオフェン男爵に雇われた。錬金術の実験中に爆発が起こり、五体ばらばらの最期となったといわれる。この事件が後世、魔術に通じており悪魔（メフィストフェレス）と契約した人物という伝説を生み、人形芝居、バレエ、オペラ、文学などの主人公となった。

夜のミステリー《よるのみすてりー》

メディア（ラジオ番組）

一九七六年からＴＢＳラジオで制作され、全国ネットで放送されていたラジオ番組で、ミステリー・ＳＦ・ホラーなどを取り上げて人気となった。当初は平日夜の一〇分程度の帯番組（ＴＢＳラジオでは、『夜はともだち』に内包）だったが、一九七九年からは日曜深夜帯の三〇分番組となった。

番組のオリジナル作品のほか、短編小説のラジオドラマ化やリスナーから寄せられた心霊体験や恐怖体験などで構成されていた。

番組終了後、一九八六年に『ミステリーゾーン』というタイトルで復活。また、二〇二〇年には『令和版・夜のミステリー』としてポッドキャスト配信された。

ら

ラーマーヤナ《らーまーやな》

神話・伝説・叙事詩

古代インドの叙事詩。「マハーバーラタ」と並ぶインド二大叙事詩の一つで、ヒンドゥー教の聖典。成立は紀元三世紀ごろで、詩人ヴァールミキがヒンドゥー神話をもとに、コーサラ国のラーマ王子を主人公として描いたストーリーである。

内容は、誘拐された妻シーターを取り戻すために、王子が大軍を率いて戦う姿を描いている。非常に大長編であり、総字数は聖書にも匹敵する。ラーマーヤナは現在でも絵画や音楽など多くの分野に影響を与えており、インド以外のサンスクリット圏でも人気の高い物語である。

ラスプーチン《らすぷーちん》

人物

一八六九〜一九一六年。シベリア・トボリスク県出身、帝政ロシア末期のロシア正教会の僧。一九〇三年（一九〇四年とも一九〇五年ともいわれる）、教会建設の寄付金を集めるために、ラスプーチンがサンクトペテルブルクに出て、人々に病気治療を施して信者を増やし「神の人」と称され人気を得た。当時のロシア貴族の間では神秘主義が広く浸透しており、一九〇五年、大公妃姉妹の紹介でロシア皇帝ニコライ二世とアレクサンドラ皇后に謁見した。以後、血友病だったアレクセイ皇太子の治療に当たった。

やがてラスプーチンは宮中の貴婦人や、宮廷貴族の子女から熱烈な信仰を集めるようになるが、女性たちの支持は、彼の巨根と超人的な精力によるという噂が当時から流布していたとされる。やがて徐々に貴族たちの反感を買い、一九一二年には聖務会院もラスプーチンを「不道徳者」「異端者」「エロトマニア」などと非難し、ラスプーチンはロシアで最も嫌われる人物の一人となっていた。一九一四年、暗殺されそうになり怪我を負う。

バルカン戦争や第一次世界大戦がおこり、ニコライ二世は士気を維持するため親征を行い、ドイツ出身の皇后が内政を預かるにあたって、ラスプーチンが政治的相談役となった。しかし、これを議員や議会が批判し、貴族もこれに同調した。一九一六年、ロシア有数の大貴族だったユスポフや皇族のドミトリー大公たちによって食事に青酸カリを盛られたうえで銃殺された。この際、毒に反応しなかった、銃弾が肺や心臓を貫通しても死ななかったなど、怪僧・怪物などと形容される逸話がある。

遺体の検視結果によると、胃からはアルコールが検出されたのみで毒物は検出されず、遺体の傷の大半は死後に傷付けられたものであり、右目は殴られ陥没し、橋から投げ捨てられた際に欄干にぶつかり右の頬骨が砕けていた。サンクトペテルブルクの博物館に約三三センチの男性器のアルコール漬標本が、暗殺者たちに切り取られた「ラスプーチンの男根」として保存されている。

ラスプーチン暗殺に関する捜査資料の大半は現存しておらず、ユスポフ、ドミトリー大公、プリシケヴィチの回顧録や証言に基いているが、それぞれ証言の食い違いや変更があり信憑性について疑問が残る。非戦派のラスプーチンを危険視していたイギリス情報部の関与があったとする説もある。

ランガム・ロンドン３３３号室《らんがむ・ろんどんさんびゃくさんじゅうさんごうしつ》

心霊スポット（世界）

ランガム・ロンドンは、イギリスの首都、ロンドンにあるホテル。一八六四年に開業し、歴史上の高名な作家や作曲家も宿泊した。現在も高級ホテルとして営業しているが、三三三号室に幽霊が出るといわれている。

それを最初に目撃したのは、ＢＢＣ（英国放送協会）のスタッフだったという。当時、ランガム・ロンドンの三階は、ＢＢＣスタッフの宿泊施設として利用されていた。

一九七三年に、あるアナウンサーが三三三号室に宿泊し、夜中に目を覚ますと、部屋の空中に人魂らしきものが漂っていた。驚愕して凝視していると、次第に人魂は人の形に変わっていき、ビクトリア調の衣服をまとった男性が現れたという。

翌朝、起きたことを同僚に話したところ、「自分もその部屋で見た」という者がおり、以後も目撃者が増えていった。

三階がＢＢＣの宿泊施設でなくなり、一般客用に戻ってからも目撃情報がある。二〇〇三年に三三三号室に泊まったある女性が、宿泊後、幽霊の目撃談を書いた手紙をホテルに送ったのだ。

それによると、ＢＢＣスタッフが目撃した内容とまったく同じで、夜中に人魂が現れ、やがてそれがビクトリア調の衣服をまとった男性の形に変貌したという。理由は不明だが、この幽霊は長年、このホテルの三三三号室に棲み着いているようだ。

り

リトル・ペブル《りとる・ぺぶる》

人物

一九五〇年〜。ウィリアム・カムが本名であり、リトル・ペブルは自称・通称。ドイツ・ケルン出身であり、一八歳で神の啓示を受けたと主張。ニューヨークで神秘主義的活動に従事した後、一九八五年頃にオーストラリアのニューサウスウェールズ州に聖シャーベル修道会を結成。終末論と聖母マリアの幻視の神秘体験を基にした無数の終末論的予言の布教活動を行い、自らをヨハネ・パウロ二世に次ぐ次期教皇と称した。修道会の幹部と信者は、共同生活を送る。信者はステップアップのために全財産を共同体に寄付するか、家族・知人に譲る会則がある。

一九八〇年代後半、リトル・ペブルが来日し、当時著名なカトリック司祭を感化した。その結果、四名のカトリックの現職司祭が、職務中にカトリック信者向けに聖シャーベル修道会の伝道をするなどカトリックの中に多数の信者を作った。

日本のカトリック教会は、一九九二年から名指しで注意を呼びかけ、参加を禁止する声明を出した。

二〇〇二年、教祖カムが一五歳の少女への性的暴行容疑で逮捕、二〇〇五年に懲役五年の有罪判決が確定、オーストラリアのシルバーウォーター刑務所に服役した。

ローマ・カトリック教会は、二〇〇二

年に異端・カルトと認定し、司教声明を通じて公に解散を要求した。

リング《りんぐ》

作品（小説）

一九九一年に刊行された鈴木光司による日本のホラー・ミステリー小説、また、それを原作とする一九九八年公開の映画作品。ほかに、本作から複数のテレビドラマ、ラジオドラマ、映画、漫画、ゲームなどが作られている。

ストーリーは、見ると一週間後に呪い殺されるという恐怖のビデオを中心に展開。呪いから逃れるため、ビデオの秘密を探り、懸命に方策を追う主人公を描く。小説と映画は、主人公が男性から女性に変わるなどの相違はあるが、大きな筋立ては共通している。映画は大ヒットし、その後に続くジャパニーズホラーブームの火付け役となった。

呪いをかけた主である「貞子」のキャラクターは、読者・観客に強烈なインパクトを与え、以後、日本のホラー作品の典型的なイメージとなり、幾多のパロディーを生んだ。

なお、作中に登場する貞子の両親については、明治時代の末に起きた「千里眼事件」に関わった研究者とその研究対象になった女性がモデルとされている。

ビデオの由来に迫る過程は推理ものの要素も加わったサスペンスタッチで描かれ、ホラーとミステリーが融合した作品となっている。

本作は、小説家としてデビュー前であった鈴木が子育てをしながら執筆した作品で、一九八九年に横溝正史賞に応募。現在は「横溝正史ミステリ＆ホラー大賞」となっている同賞は、当時は推理小説を対象としていたため、最終選考に残ったものの、狭義のミステリーには該当しないとして賞を逃した。

その後、同賞を主催する角川書店（現・ＫＡＤＯＫＡＷＡ）から出版されると売れ行きを伸ばし、のちにシリーズ化、映画化へとつながった。続編の『らせん』『ループ』『バースデイ』を合わせた四部作は累計八〇〇万部を売り上げる大ベストセラーとなった。この四作に、二〇一二年からの新シリーズ『エス』『タイド』を加えた六作が「リングシリーズ」と呼ばれる。

映画は本作と続編の『らせん』とが一九九八年に二本立てで同時公開され、『らせん』とパラレルワールドの続編を描いた『リング２』が一九九九年、貞子の若き日を描いた『リング０　バースデイ』が二〇〇一年に公開された。海外でもリメイク版が作られ、韓国で一九九九年に『リング・ウィルス』、アメリカで二〇〇二年に『ザ・リング』、二〇〇五年に『ザ・リング２』が公開された。

臨死体験《りんしたいけん》

オカルト用語

病気やけがによって死を目前にしたときのある種の体験。英語では「Near Death Experience」でこれを略して「ニアデス」とも称される。臨死体験研究は、欧米では地質学者アルベルト・ハイムの登山事故がきっかけとなり、現在までの調査を総合すると、心停止の状態から蘇生した人の四～一八パーセントが臨死体験を報告するとされる。

その内容はさまざまだが、代表的なのは「体外離脱」「光を放つ神のような生命に出会う」「亡くなった親族や関係のある人物が現れる」「長いトンネルを歩く」などで、これらの経験が組み合わせられることもある。その後、「引き返せと警告を受ける」など何らかのきっかけで蘇生することが多い。また、日本人の場合はこれに加えて「三途の川」が現れることもあり、その国や地域に根差した文化の影響が考えられる。

臨死体験の起こるメカニズムについては諸説あるが、代表的なものに「脳内現象説」と「現実体験説」がある。前者は、「脳に何らかの変化が起きて誘発される幻覚」とするもので、危篤状態の睡眠障害や酸素欠乏、脳内で分泌されるエンドルフィン（神経伝達物質の一種でモルヒネ様作用を示す）など、さまざまなものが幻覚の誘因として提唱されている。

後者は、文字通りの幽体離脱によって霊魂が体から離れてその体験をしたと考えるもの。多くの臨死体験者は、自分の体験を「肉体から魂が離れて死後の世界を垣間見た」と解釈しているが、これをそのまま受け入れる説である。一部の研究者は、脳内現象説だけでは解明しきれない部分があることや、古今東西の臨死体験に共通性があることなどから、この説を支持して調査・研究を続けている。

輪廻転生《りんねてんしょう》

オカルト用語

生命がつきたあと、人だけでなく動物も含めた生類として何度も生まれ変わることをいう。サンスクリット語のサンサーラに由来する用語で、輪廻は終わりのない生まれ変わりであり、来世の意味でもある。信心と業によって次の生の宿命が定まるとされる。ヒンドゥー教、ジャイナ教、仏教などがこの系譜といえる。

一八五七年、霊媒師A・カルデックは著書『霊の書』で、キリスト教の復活とは輪廻転生であり、輪廻転生は罪の償いと進歩のためにあるとした。ベストセラーになったこの本は、生まれ変わり（リインカーネーション）思想を生み出し、現代のスピリチュアル文化にも影響を及ぼしている。

一九九八年に発売されたゲーム『ゼノギアス』の登場人物フェイは、転生を繰り返す設定。二〇一九年に発売された

RPGゲーム『鬼ノ哭ク邦』の舞台は、輪廻転生が当たり前として認識された世界である。

る

ルドルフ・シュタイナー《るどるふ・しゅたいなー》

人物

一八六一～一九二五年。現クロアチアのクラリェヴェクで生まれ、オーストリアやドイツで活動した神秘思想家、哲学者、教育者である。ロストック大学で哲学の博士号を取得、二〇代でゲーテ研究者として世間の注目を浴びる。一九〇〇年頃からドイツの神智学サークルで講演を行い、一九〇二年に神智学協会の正会員となり、神智学協会ドイツ支部の事務総長に選ばれた。一九一二年に同協会を脱退、友人らが設立した人智学協会（アントロポゾフィー協会）の指導にあたった。一九二三年、一般人智学協会（普遍アントロポゾフィー協会）を創設、各地で公演活動を行った。

多くの書物を著し、物質世界を超えた超感覚的世界に関する事柄を語った。教育、芸術（オイリュトミーと呼ばれる舞踊など）、医学、農業、建築、経済など、多方面にわたる講演が行われ、分析心理を創唱したユングや物理学者シュバイツアーらにも影響を与えたとされる。シュタイナーの著作や講演集は現在も継続してドイツ語で出版され、版を重ね、外国語にも翻訳されている。

教育面では、ヴァルドルフ教育・学校（シュタイナー教育・学校）が広く普及し、日本でも、ヴァルドルフ学校の教員養成で学んだ者を中心にシュタイナー教育が実践されている。また、障害を持つ子供たちの治療には薬以外にも、音楽、絵画、彫塑、オイリュトミーなどの芸術や宗教による特別の教育を示し、イギリスでは治療教育は、シュタイナー教育の代名詞と言われるほど評価が高い。

シュタイナーが理論づけた農法は、西洋近代の農法と区別するために「バイオダイナミック農法（ビオダイナミック、ビオディナミ）」と呼ばれ、世界各国で研究・実践されている。日本では最近、ビオディナミワインが注目されている。

ルルドの奇跡《るるどのきせき》

現象

フランス、ルルドで聖母マリアが出現したとされる現象。発見者は一四歳の少女ベルナデッタ・スビルーで、当初は聖母のことを「あれ」とよんでいた。その後、名前を尋ねると「無原罪の御宿り」、ルルドの言葉で「ケ・ソイ・エラ・インマクラダ・クンセプシウ」と述べた。これは聖母マリアを指す言葉として、一八五四年にカトリックの教義に公認されたものである。ルルドの奇跡は、それから四年後に起きた。

ベルナデッタの家は非常に貧しく、ラテン語どころか標準のフランス語も満足に読み書きできなかったが、そのような少女が知りうる言葉ではなかったため、この出来事によって教会関係者は聖母の出現を認めることとなった。以後、聖母はベルナデッタの前に一八回現れ、九回目の出現では「泉に言って顔を洗いなさい」と告げて聖母が指をさした。その方向には洞窟があり、その岩の下から水が湧くのを発見する。これがルルドの泉の始まりであり、今日ではカトリック最大の巡礼地となっている。ベルナデッタは一八七九年に肺結核で亡くなるまで修道院でシスターとして従事し、一九三三年に列聖された。

れ

霊界通信機《れいかいつうしんき》

技術

エジソンが晩年に開発していた機械。エジソンはかねてから、「人間の魂もエネルギーのひとつ」「発明は自分のアイデアではなく宇宙からやってくる」という神秘主義的思想を持っていた。

さらに、「魂がエネルギーであれば死後も存在し、これと交信することは可能である」としていた。これは霊が発しているラジオのような信号を捉え、それと交流するものだったが、結局完成することはなかった。グラハムベルやヘンリーフォードなど、名だたる発明家、実業家がエジソンのサポートをする中で行われた研究で、あくまで科学的に霊界とつながろうとしたと考えられる。

霊媒《れいばい》

オカルト用語

霊と交信、あるいはその仲介を行う能力を持つ人物。文化人類学においては「シャーマン」と表現される。基本的には変性意識状態とも称されるトランス状態に陥って超常現象を引き起こしたり、霊と交信して何らかのメッセージを伝えたりするとされる。

日本では故人の霊を自分に憑依させて言葉を伝える「イタコ」が有名である。洋の東西を問わず、古来、多くの霊媒が現れており、とくに一九世紀末の心霊主義の台頭によって多数の人物が自称しているが、トリックであることが発覚した者も少なくない。

レイライン《れいらいん》

説・論

イギリスの巨石遺跡群など、直線的に

並ぶように建造された古代の遺跡がある場合、その遺跡群が描く直線をさす。一八七〇年、ウィリアム・H・ブラックがイギリス考古学協会に提出した『Boundaries and Landmarks（大地に引かれた境界と名所旧跡）』で、西ヨーロッパの名所旧跡は、全域に巨大な地理的な線を描く位置にあると主張した。

一九二一年、イギリスのアマチュア考古学者A・ワトキンスの著書『The Old Straight Track』（古い直線路）によって遺跡の直線的配置性が周知された。ワトキンスは、古代ブリトン人の手によって作られた目印となる石や塚、人造池などの名は～leyとされていることが多く、繋がりをレイ（妖精の鎖）と名付けた。leyには聖地の意味もあるとされる。

一九六一年、イギリスの発明家T・ウェッドは「UFOはエネルギーの渦が発生するスポットを目印にしている」という説をもとにUFO現象とレイ説を結びつけ、レイラインという名称を作り出し世に広めた。一九七五年、ジョン・B・カールソンがサイエンス誌に「磁鉄鉱のコンパス　中華文明やオルメカ文明の卓越した技術か？」を発表。一九九〇年、イギリスの作家ポール・デブルーが『Places of Power（力ある場所）』を著す。両者は、レイラインが通る地点では、地磁気の影響が強いとしている。レイラインは、スピリチュアル系のパワースポットや風水的な意味付けで語られる場合がある一方で、逆に偶然として無視される場合もある。

レムリア《れむりあ》

超古代文明

かつて太平洋に存在したとされる伝説の大陸。存在したとされる時期は五〇万年前から二億年前まで諸説ある。神智学協会創設者の一人、ブラヴァツキー夫人の著作によって広く知られるようになった。

イギリスの動物学者、フィリップ・スクレーターは、一八七四年にインド洋に同名の大陸が存在したという仮説を立てたが、これは動物学上の疑問点を解決する学説として提唱したもの。ここでは太平洋に存在したとされる前者のレムリア大陸について述べる。

レムリア大陸に関する最初の記述は、一八八八年にブラヴァツキー夫人が出版した『シークレット・ドクトリン』に登場した。それによると、最大時には太平洋をまたいで赤道を半周するほどで、現在のユーラシア大陸と同等の面積があったが、約七万五〇〇〇年に渡る地殻変動によって大半が海に沈んでいき、最後は日本の東方にオーストラリア程度の大陸が二つ残ったが、一万二〇〇〇年前に全てが沈没したという。

最初の巨大大陸時をムー大陸と呼ぶほか、沈没期の二つの大陸をムー大陸とレムリア大陸とに分ける説もある。ジェームズ・チャーチワードは、ムー大陸の起源をレムリア大陸であるとした。「レムリアには巨人族が住んでいた」「宇宙の他の星と行き来していた」などともいわれる。

ムー大陸同様、証拠となる痕跡は見つかっていないが、他の超古代文明やオーパーツなどと関連づけてその存在を信じる人も多い。

錬金術《れんきんじゅつ》

オカルト用語

空気中に放置すると酸化しやすい「卑金属」を「貴金属」に変換する技術。もとは古代中国の練丹術にあるとされ、当時は変質しない「金」が「不老」の象徴であり、これを生成しようとする試みが盛んであった。その後、西洋に伝わってさらに発展した。

錬金術の基本には、すべての存在は四大元素から構成され、その組成を作り変えることで別の物質に変えられるという考えがある。伝承では卑金属から貴金属の生成に成功したという話もあるが、確認はされていない。一方で中世ヨーロッパの錬金術の研究は、硫酸や塩酸など、その後の化学物質の発見にもつながったとされる。

現在では「錬金術」という言葉が、金属に限らないさまざまな物質の錬成や、人間の魂が浄化する過程、さらに端的に物と物とを交換する様子などを表すことも多い。

ろ

ローズマリーの赤ちゃん《ろーずまりーのあかちゃん》

作品（映画）

一九六八年六月に米国で公開されたホラー映画（日本での公開は一九六九年一月）。原作はアイラ・レヴィンの同名小説。監督・脚本はロマン・ポランスキー。

売れない俳優である夫とともに、マンハッタンの古いアパートに引っ越してきたローズマリー。隣人夫妻とも交流しながら新しい生活をスタートさせ、やがて彼女は身ごもる。そこから想像を絶する数々の恐怖に襲われることになる。

表立って悪霊や化け物が出てくるわけでもなく、淡々とした日常の中でおぞましい展開が描かれるだけに、観る者に底知れない恐怖を感じさせる。オカルトホラーの先駆的作品として有名。

本作が映画初主演だったローズマリー役のミア・ファローを、トップ女優に押し上げた作品でもある。

一九七六年に、本作から八年後を描くテレビ映画、『続・ローズマリーの赤ちゃん／悪魔の子が生まれて8年が経った…』が放映された。

六星占術《ろくせいせんじゅつ》

占い

占い師の細木数子が、陰陽五行説や四柱推命を基にして、独自に考案した占い。一九八五年に出版した『運命を読む六星占術入門』がベストセラーとなり、以降、細木は「六星占術」に関する著作を次々に発表。「六星占術」ブームを巻き起こした。

当時、数多くのテレビ番組に出演した細木は、「地獄に落ちるわよ」などの鋭いフレーズで話題となり、それによってもブームを加熱させた。

占いの内容は、個々人が生まれ持った運命を土星、金星、火星、天王星、木星、水星の六つの運命星に分け、それぞれを持った人を「土星人」のように呼ぶ。これは生年月日によって算出されており、占星術をより簡略化しているともいえる。六星占術は現在、細木かおりに継承されている。

ろくろ首

妖怪

日本に伝わる妖怪の一種。首が非常に長く伸び、頭が空中を移動する。普段は、首の伸びていない状態を保つこともでき、その場合は人間と区別がつかない。

このように首の伸びるろくろ首がよく知られているが、もう一つ、首が抜けて頭部が自由に飛行するタイプもある。

ろくろとは、漢字では「轆轤」で、回転する機能をもつ装置を意味する。ろくろ首の語源は、「長く伸びた首が井戸のろくろ（滑車）に似ているため」とか、「傘のろくろ（傘を開閉させる仕掛け）を上げたときの長い柄に似ているため」、「陶器を作るろくろを回す感触から」など諸説ある。

江戸後期には、客と添い寝していた遊女が、じつはろくろ首であり、夜中になると首を蛇のように伸ばして頭部を移動させるという怪談が流行した。また、同時期の見世物小屋には、ろくろ首と称する者が登場して話題を呼んだ。

明治時代には、ある商人夫婦が、娘の首が夜な夜な伸びることに気づき、神仏にすがったが、よくならなかったという話が伝えられている。

ろくろ首の伝承は、いわゆる幽体離脱を起こした状態が起源になっているという説がある。また、首の伸びる奇病を起源とする見方もある。

ロズウェル事件《ろずうぇるじけん》

事件

一九四七年七月、アメリカ・ニューメキシコ州ロズウェルの北約一一〇キロメートルにある牧場と、その西方二〇〇キロメートルのサンアーグスティン平原にUFOが墜落したとされる事件。発見者は牧場の管理者であったウィリアム・ブレーゼルで、彼は夜一〇時ごろに爆音を聞き、翌朝、放牧地帯に見知らぬ物体が散乱してるのを発見した。

その後、ロズウェル陸軍飛行場（のちのウォーカー空軍基地／一九六七年に閉鎖）が発表したプレスリリースで「軍によって潰れた円盤が回収された」と報告された。しかし、その数時間後に空軍司令官ラメイ大将はプレスリリースの内容を否定し、「職員が回収したものは気象観測用気球だった」と述べた。以後、当局によるUFOの隠蔽であり、軍が秘密裏に研究を進めていると噂されるようになったが、公式には否定された状態であった。

この事件は、三〇年以上後に再び、突如注目を浴びることになった。一九七八年に、当時の残骸の回収に関わったジェシー・マーセル少佐が、「軍は異星人の乗り物を極秘裏に回収した」と発表したからだ。大きな話題になったが、一九九七年には、再び当局によって否定され、人形による降下実験や航空機事故の後処理だったと説明された。

ロックフェラー失踪事件《ろっくふぇらーしっそうじけん》

事件

一九六一年にアメリカの民俗学者、マイケル・ロックフェラーが失踪した事件。マイケルは世界的財閥であるロックフェラー家の一員であり、ハーバード大学で民俗学を専攻した。ニューギニアの部族であるダニ族とアスマット族に強い興味を持ち、彼らの美しい美術品を収集していた。アスマット族は、首狩りの風習が残ることで知られる部族であった。

一九六一年一一月一七日、仲間の学者とともに行った現地調査からの帰路、乗っていた小舟が風にあおられて転覆し、「助けを呼んでくる」と岸へと泳いだあと消息を絶ってしまう。その後、大規模な捜索を行うも発見できず、一部では首狩り族に狩られてしまったという噂も流れた。真相は現在もわかっていないが、現地入りしたジャーナリストが人食い族とこの事件の関連を詳細に報告するなど、広く話題となった。

ロドス島の巨像《ろどすとうのきょぞう》

遺跡・オーパーツ

ギリシャのドデカネス諸島最大の島、ロードス島にあった像で、世界七不思議のひとつとされるが、地震で倒壊したため現存していない。全長は三四メートル、台座まで含めると約五〇メートルになり、現代でいうとニューヨークの自由の女神像ほどの大きさで、太陽神ヘリオスを象徴した姿をしていたとされる。

巨像建設のきっかけは、紀元前三〇四年のマケドニア軍撃退で、これを神に感謝するために建造されたという。完成までに一二年かかったとされ、一年に少しずつ高くしていったといわれている。しかし紀元前二二八年にロードス島を襲った大地震によって、巨像は倒壊してしまった。住民は地震を神の怒りだと考えたため、再建はされなかった。

以後、約八〇〇年間放置され、その残骸を見物しようと多くの人が訪れたが、六五四年にエデッサの商人に誤って残骸が売却されたという。そのため、現在は残骸すら消滅し、巨像が確認できるのは記録と伝承の中だけとなってしまった。

ロンドン塔《ろんどんとう》

心霊スポット（世界）

イギリスの首都、ロンドンにそびえ立つ有名な観光名所。中世時代に建てられた城塞であり、現在はイギリス王室が所有する。長い歴史をもち、世界遺産にも登録されている。

ロンドン塔は、さまざまな用途に使われてきたが、その中には牢獄や処刑場としての役割もある。ここでは、犯罪者や反逆者とされた身分の高い人物の多くが、幽閉や処刑をされてきたのだ。

薔薇戦争の中心的人物であったヘンリー六世や、エリザベス一世の母親、アン・ブーリンを始め、多くの貴族たちがロンドン塔で処刑されている。それだけに、ここで命を落とした者の霊が現れるという。

目撃情報のうち、群を抜いて多いのは、アン・ブーリンの幽霊である。ヘンリー八世の二番目の妻だったアン・ブーリンは、男子を出産できなかったため、次の妻をめとりたいヘンリー八世によって罪を着せられ、投獄、処刑された。

斬首刑であったため、その幽霊は首のない姿で現れることが多いという。首のない姿で、回廊を歩いているところや、礼拝堂の通路で行列を導いているところなどが目撃されている。

ほかにも、イングランド初の女王として即位したものの、わずか九日間で廃位となり、ロンドン塔に幽閉されて斬首刑となったジェーン・グレイの霊が、命日の二月一二日に白い服を着て現れるとされる。

また、一二歳で王位を継いだのち、ロンドン塔に幽閉されて死亡したエドワード五世と、その弟、ヨーク公リチャードの幽霊が身を寄せ合うところなどが目撃されている。

わ

ワシントン上空ＵＦＯ事件《わしんとんじょうくうゆーふぉーじけん》

事件

一九五二年にアメリカ、ワシントンで起きたＵＦＯ事件。出現は七月一九日と二六日の二度あり、一度目はワシントン国際空港の管制官がレーダーで七つの不審な飛行物体を観測した。その物体は光を放ちながら不規則な動きを繰り返し、三時間後に飛び去って消えたという。

二六日も突然に飛行物体が出現したのち、同様の動きを繰り返した。軍が迎撃機を送り出したところ、それと同時に消えてしまったという。正体は謎のままだが、パイロットでこの物体を目撃したものは一人しかいなかったため、天体や航空機の光が反射したという見方もある。

を

ヲシテ《をして》

文字

江戸時代中期には存在した五七調の長歌体の書『ホツマツタヱ』『ミカサフミ』『カクのミハタ（フトマニなど）』を記した文字で、一一万字におよぶ古文書（ヲシテ文献）が確認されるが、これらはヲシテで記述された偽書だとされている。その一方で、『古事記』『日本書紀』との比較研究がすすみ、記紀原書の可能性を秘めており、縄文時代から用いられたとする説もある。

一音一字の文字で、母音要素と子音要素の組み合わせで成り立つ。五十音の原点となる四八文字の基本文字があり、変体文字を含めると一九七文字が確認されている。書体の形式は、決められた図象を組み合わせることによって作られ、母音となる五つの図象は、宇宙を構成するとされる。宇宙と人間の体は相関し、アは頭、イは肩、ウはみずおち、エは小腸、オは骨盤を象徴するという説がある。

一九六六年、編集者の故・松本善之助が神田古書店で『ホツマツタヱ』三アヤ（章）文を発見する。翌年、四国小笠原家で『ホツマツタヱ』と『フトマニ』を、一九七三年には滋賀県で『ミカサフミ』と『フトマニ異本』を発見する。松本は、一九六六年から二八年間ホツマ報告会（研究会）を主宰。一九八〇年、『秘められた日本古代史　ホツマツタヘ』など、一般向けの入門書や解説書も出版した。

松本善之助に師事した池田満は、『古事記』『日本書紀』との比較研究で系図、年表などの作成、語彙の当時の意味解釈を行い、一九九九年『ホツマ辞典』（展望社）を出版した。二〇〇六年には『記紀原書ヲシテ』上下巻刊行。

東洋大学観光学部や拓殖大学で当時、一糸恭良客員教授は、ホツマツタヱやヲシテなどの講義を行った。

オカルト界隈で話題の「コリアタウン殺人事件」

『コリアタウン殺人事件』という映画をご存じだろうか。二〇二〇年に制作されたアメリカ映画で、アマゾンプライムで配信されていた。「いた」というのは、現在は視聴できなくなっているからだ。

監督も出演者も一切不明という謎の作品で、今も残っているアマゾンプライムのサイトにも「監督　わからない」「出演　わからない」と記されている。

ファウンド・フッテージ、つまり、撮影者が失踪などをしたあと、発見されたフィルムを再構成したという設定の作品で、登場人物の持ったカメラの視点で描く「ＰＯＶ（一人称視点）作品」でもある。

主人公の男は、ロサンゼルスのコリアタウンで起こった韓国系夫婦をめぐる殺人事件に興味を持ち、その謎を追うことを決意。ビデオカメラを回しながら、さまざまな調査やインタビューを重ねていく。

この設定自体には、私は最初、ある種の懐かしさも感じた。子供の頃、公園で拾ったごみを手掛かりに「これは何か事件の物的証拠に違いない」などと探偵ごっこをして遊んだ記憶が蘇ったのだ。

しかし、本作の「探偵ごっこ」はそんな無邪気なものとはほど遠く、男は次第にのっぴきならない状況に追い込まれていく。調査を進めるうち、自分が狂気に飲み込まれ始め、やがて恐ろしい事実にたどり着く。

この殺人事件は、二〇一七年七月三〇日に実際に起こっている。ロサンゼルスのコリアタウンで、二六歳の妻が三一歳の夫を殺害した事件だ。そのことだけなら、「実際の事件を匂わせる制作手法はいくらでもある」という話にしかならないだろう。

しかし、本作ではあまりにも稚拙な撮影技術と粗い映像が、奇妙なリアリティーを生んでいる。私は、まだアマゾンプライムで配信されていたときに観たが、撮影者の手ブレがひどいため、観ていて酔ってしまったほどだ。

監督や出演者が明かされていないことも相まって、どこまでが演出なのかが非常に曖昧で、「もしかしたら本物の映像では？」と思わせる不気味さがある。

実際にオカルト的なことが起こっているのか、主人公が精神に異常をきたしているだけなのか、観ているほうもわけがわからなくなる。内容もショッキングであるため、鑑賞後の胸糞悪さがすさまじい。

「フィクションであって欲しい」と願う気持ちと、「もし本当だったら……」と変に期待してしまう自分がいて、この映画を観る行為そのものがまさにオカルトだと思った。現在はオンラインで視聴できなくなっているのも何だか怖い。

そんなわけで、オカルト界隈では、目下『コリアタウン殺人事件』が大きな話題となっている。今後、再び視聴できるようになったら、この作品は果たしてフィクションかノンフィクションか、演出とリアルの境目はどこにあるのか、ぜひあなたも自分の目で確かめて欲しい。

カテゴリー別索引

この索引は、本書収録の全項目をカテゴリー別に配列したものである。

医学・医術

遺跡・オーパーツ

宇宙・UFO・宇宙人

占い

オカルト用語

索引

怪談

怪物

技術

現象

索引

作品（映画）

作品（映像）

作品（ゲーム）

作品（小説）

作品（書籍）

作品（テレビアニメ）

作品（テレビドラマ）

作品（漫画）

事件

思想・概念

職種

書物

人物

心霊スポット（世界）

心霊スポット（日本）

神話・伝説・叙事詩

説・論

組織・団体

地名

超古代文明

超能力・超常現象

都市伝説

呪い

秘密結社

文書

魔術

メディア（ウェブサイト）

メディア（書籍・雑誌）

メディア（テレビ番組）

メディア（ラジオ番組）

文字

UMA

索引

妖怪

予言

おわりに

縁あって笠間書院様から『日本現代怪異事典（二〇一八年、笠間書院刊）』のオカルト版のような事典を作らないかとのお話をいただきました。『日本現代怪異事典』はもちろん、『世界現代怪異事典（二〇二〇年、同）』も所有し、愛読しておりましたので、喜んでお受けしました。

幼少期から私は、オカルトや妖怪が大好きでした。私が子供時代を過ごした昭和の終わりから平成の初期は、多数のオカルト番組が放送された時代でした。

テレビ番組『あなたの知らない世界』を録画し、日野日出志の怪奇漫画に熱中し、給食の時間にはスプーンを一生懸命、曲げようとしました。小学校の修学旅行には、当時の子供たちのバイブルともいうべき『恐怖の心霊写真集』を持参して盛り上がり、みんなで撮った集合写真の中に霊が写り込んでいないかドキドキしながら探したものです。

今でこそオカルトはサブカルチャー扱いですが、当時はメインストリーム。終末論や心霊番組、超能力、UFO特集など、怪しい番組企画が当たり前のように放送されていました。第一次オカルトブームは一九七〇年代、第二次オカルトブームが一九九〇年代とされていますが、私はその中間に生まれ、小中学校時代は後者のピークでした。

今思うと、オカルトブームの背景には、公害問題や核戦争危機、平成になってからは阪神・淡路大震災や地下鉄サリン事件など、深刻な社会不安があったのかもしれません。

「ノストラダムスの大予言」が世間を騒がせ、「本当に世界が終わってしまうのでは……」という終末感が漂っていました。「人類滅亡」などと言われると、ショックな反面、なぜか妙にワクワクするところもありました。
　オカルトと呼ばれる事象は、九九パーセント怪しい、嘘だと思うことでも、一%どうしても信じたくなる部分があります。その一パーセントの真実味に無性に惹かれてしまいます。実在するかどうかわからない現象を探す心こそ、オカルトの正体ではないでしょうか。それを信じられるのはとても素敵なことだと思います。あの時代だから、みんな信じられたのでしょう。

　本書の執筆・制作にあたり、笠間書院の山口晶広様、ご寄稿いただいた辛酸なめ子様、大槻ケンヂ様、カバーイラストを手掛けてくださったリサ様、編集協力いただいた松崎千佐登様、制作アドバイスをいただいた亀谷哲弘様、羽沢洋樹様、本書を手に取ってくださった皆様に、心より感謝申し上げます。また、ご著書を参考にさせていただいた先輩方にもこの場をお借りして厚く御礼申し述べたいと思います。ありがとうございました。

　成長期にテレビや漫画、映画などから大量に浴びたオカルト体験のワクワク感を、「読む人に届けたい」というのは、本書を書くときの一つの大きなテーマでした。二〇一〇年代頃には、すっかり衰退したといわれるオカルトブームですが、人々の心の奥底では生き続けているはずです。あの時の何とも言えない高揚感のほんの数パーセントでも、本書を通じて体験していただけたら、それほど嬉しいことはありません。

二〇二一（令和三）年九月　**寺井広樹**

●新倉イワオ『あなたの知らない世界〈19〉』1991年、日本テレビ放送網

●新倉イワオ『新倉イワオの心霊体験 霊と語る』1991年、勁文社

●韮沢潤一郎・山梨賢一・寺本安男『超科学のなぞエスパー大行進』1977年、集英社

●初見健一『ぼくらの昭和オカルト大百科』2012年、大空出版

●羽仁礼『超常現象大事典〔永久保存版〕』2001年、成甲書房

●日笠雅子編『超能力野郎―清田益章の本当本』1988年、扶桑社

●平田篤胤『仙境異聞 勝五郎再生記聞』2000年、岩波文庫

●深野一幸『超科学書「カタカムナ」の謎 神代文字に秘められた〈宇宙と生命〉、驚愕の真相』1993年、廣済堂出版

●古川益三『まんだらけ風雲録―幻のマンガを求めて』1995年、太田出版

●『文藝春秋デラックス UFOと宇宙船』1978年、文藝春秋

●『別冊宝島 このビデオを見ろ！ 第４集 ファンタジー・ＳＦ・ホラー篇』1989年、JICC出版局

●ヘレナ・P・ブラヴァツキー著、東條真人訳『シークレット・ドクトリンを読む』2001年、出帆新社

●ホセ・サナルディ文、セーサル・サナルディ画、寺井広樹企画『南米妖怪図鑑』2019年、ロクリン社

●本間正夫『少年マンガ大戦争「少年画報」編集長金子一雄の築いた王国』2000年、蒼馬社

●前田亮一『今を生き抜くための70年代オカルト』2016年、光文社新書

●松本善之助『秘められた日本古代史 ホツマツタヘ』1980年、毎日新聞社

●水木しげる『図説 日本妖怪大全』1994年、講談社＋α文庫

●光瀬龍『百億の昼と千億の夜』2010年、早川書房

●南山宏『驚異のUFO！ 宇宙人ミステリー』2009年、双葉社

●『ムー』1〜4、6〜10、12、14〜18、21〜24、26〜34、36〜45、47〜50、63、65、67〜70、72、74、77、79、81、93、94号、学習研究社

●メアリー・ベネット、デヴィッド・S・パーシー著、五十嵐友子訳『アポロは月に行ったのか？―Dark Moon 月の告発者たち』2002年、雷韻出版

●森田健『生まれ変わりの村①』2008年、河出書房新社

●矢追純一監修『最新版UFO・エイリアン極秘事件ファイル』2014年、竹書房

●柳田國男『妖怪談義』1977年、講談社学術文庫

●山内重昭『世界怪奇スリラー全集2 世界のモンスター』1984年、秋田書店

●『UFOと宇宙』7〜8月号、1973年、コズモ出版社

●ユリ・ゲラー著、中山善之訳『ユリ・ゲラーわが超能力 それでもスプーンは曲がる！』1975年、講談社

●吉田悠軌『怪談現場 東京23区』2016年、イカロス出版

●ライアル・ワトソン著、木幡和枝・村田恵子・中野恵津子訳『生命潮流 来たるべきものの予感』1981年、工作舎

●リチャード ブロディ著、森弘之訳『ミーム 心を操るウイルス』1998年、講談社

●ロッセル・ホープ・ロビンズ著、松田和也訳『悪魔学大全』1997年、青土社

●和巻耿介『小学館入門百科シリーズ34 世界ミステリーゾーン』1983年、小学館

●中岡俊哉『狐狗狸さんの秘密 君にも心霊能力を開発できる』1984年、二見書房
●中岡俊哉『世界怪奇スリラー全集1 世界の魔術・妖術』1984年、秋田書店
●中岡俊哉『ふしぎ面白大事典 超能力、宇宙・UFO、古代遺跡、怪物・怪獣、心霊現象…の謎をとく』1985年、紀元社
●中岡俊哉『決定版 恐怖の心霊写真集』1986年、二見書房
●中岡俊哉『テレパシー入門 あなたが忘れているこの不思議な力』1990年、祥伝社
●中岡俊哉編著『恐怖の心霊写真集』1974年、二見書房
●中岡俊哉編著『恐怖の心霊写真集〈続〉』1975年、二見書房
●中沢新一『三万年の死の教え チベット「死者の書」の世界』1996年、角川ソフィア文庫
●中村希明『怪談の科学 幽霊はなぜ現れる』1988年、講談社
●ナショナル ジオグラフィック編『ナショナル ジオグラフィック別冊 オカルト伝説 人を魅了する世界の不思議な話』2020年、日経ナショナルジオグラフィック社
●成瀬雅春『ヨーガ奥義書 第一巻 空中浮揚』1992年、出帆新社
●並木伸一郎『最新 禁断の異次元事件』2014年、学研パブリッシング
●並木伸一郎『真・怪奇心霊事件FILE』2014年、学研パブリッシング
●並木伸一郎『眠れないほど面白い都市伝説 驚愕篇』2014年、三笠書房
●並木伸一郎『真・怪奇超常現象FILE』2015年、学研パブリッシング
●並木伸一郎監修『ほんとうにあった!? 世界の超ミステリー7 UFOと地球外文明の謎』2014年、ポプラ社
●並木伸一郎監修『ほんとうにあった!? 世界の超ミステリー8 超能力と予言の謎』2014年、ポプラ社
●新倉イワオ『あなたの知らない世界』1980年、日本テレビ放送網
●新倉イワオ『続・あなたの知らない世界』1981年、日本テレビ放送網
●新倉イワオ『続々・あなたの知らない世界』1981年、日本テレビ放送網
●新倉イワオ『新・あなたの知らない世界』1982年、日本テレビ放送網
●新倉イワオ『あなたの知らない世界〈6〉』1983年、日本テレビ放送網
●新倉イワオ『新々・あなたの知らない世界』1983年、日本テレビ放送網
●新倉イワオ『あなたの知らない世界〈7〉』1983年、日本テレビ放送網
●新倉イワオ『あなたの知らない世界〈8〉』1984年、日本テレビ放送網
●新倉イワオ『あなたの知らない世界〈9〉』1985年、日本テレビ放送網
●新倉イワオ『あなたの知らない世界〈10〉』1985年、日本テレビ放送網
●新倉イワオ『あなたの知らない世界〈11〉』1986年、日本テレビ放送網
●新倉イワオ『あなたの知らない世界〈12〉』1987年、日本テレビ放送網
●新倉イワオ『あなたの知らない世界〈13〉』1987年、日本テレビ放送網
●新倉イワオ『あなたの知らない世界〈14〉』1988年、日本テレビ放送網
●新倉イワオ『あなたの知らない世界〈15〉』1988年、日本テレビ放送網
●新倉イワオ『あなたの知らない世界〈16〉』1989年、日本テレビ放送網
●新倉イワオ『あなたの知らない世界〈17〉』1989年、日本テレビ放送網
●新倉イワオ『あなたの知らない世界〈18〉』1990年、日本テレビ放送網

- ●相楽正俊『富士山大爆発 運命の1983年9月Ｘ日』1982年、徳間書店
- ●サクソ・グラマティクス著、谷口幸男訳『デンマーク人の事績』1993年、東海大学出版会
- ●佐藤有文『日本妖怪図鑑 復刻版（ジャガーバックス）』2016年、復刊ドットコム
- ●佐藤有文『世界妖怪図鑑 復刻版（ジャガーバックス）』2016年、復刊ドットコム
- ●佐藤有文『悪魔全書 復刻版（ドラゴンブックス）』2018年、復刊ドットコム
- ●サラ・リトヴィノア編、荒俣宏監修、風間賢二訳『世界オカルト事典』1988年、講談社
- ●Ｊ・Ｓ・Ｍ・ワード著、浅野和三郎訳『死後の世界 見えない壁の向こうに』2006年、潮文社
- ●島田裕巳『人は死んだらどこに行くのか 世界の宗教の死生観』2017年、青春出版社
- ●ジャン・ハロルド・ブルンヴァン著、大月隆寛・重信幸彦・菅谷裕子訳『消えるヒッチハイカー──都市の想像力のアメリカ』1988年、新宿書房
- ●庄司浅水『七つの世界の七不思議─なぞ驚異（ジュニアチャンピオンコース）』1982年、学研プラス
- ●『昭和40年男 2016年6月号 オカルトブーム再検証』2016年、クレタパブリッシング
- ●ジョン・Ａ・キール著、巻正平訳『ＵＦＯ超地球人説』1976年、早川書房
- ●辛酸なめ子・竹田恒泰『皇室へのソボクなギモン』2007年、扶桑社
- ●辛酸なめ子・寺井広樹『辛酸なめ子と寺井広樹の「あの世の歩き方」』2017年、マキノ出版
- ●辛酸なめ子・寺井広樹『辛酸なめ子と寺井広樹の「あの世の歩き方」裏道マップ』2018年、マキノ出版
- ●ゼカリア・シッチン著、竹内慧訳『神々との遭遇』上・下、1997年、徳間書店
- ●副島隆彦『人類の月面着陸は無かったろう論』2004年、徳間書店
- ●高野誠鮮『ローマ法王に米を食べさせた男 過疎の村を救ったスーパー公務員は何をしたか？』2012年、講談社
- ●高橋昌一郎『反オカルト論』2016年、光文社新書
- ●谷川健一『日本人の魂のゆくえ─古代日本と琉球の死生観』2012年、冨山房インターナショナル
- ●タムシン・バートン著、豊田彰訳『古代占星術 その歴史と社会的機能』2004年、法政大学出版局
- ●丹波哲郎『大霊界─死んだらどうなる』1987年、学習研究社
- ●チャールズ・バーリッツ著、南山宏訳『謎のバミューダ海域 完全版』1997年、徳間文庫
- ●テッド・ニールド著、松浦俊輔訳『超大陸─100億年の地球史』2008年、青土社
- ●デボラ・ブラム著、鈴木恵訳『幽霊を捕まえようとした科学者たち』2010年、文春文庫
- ●寺井広樹・白神じゅりこ著、並木伸一郎監修『日本懐かしオカルト大全』2017年、辰巳出版
- ●東京サザエさん学会『磯野家の危機』2018年、宝島社
- ●TOCANA編集部監修『マンガ 実録！ UFO・宇宙人衝撃の新説』2017年、宝島社
- ●『トワイライトゾーン 1983年11月号』1983年、KKワールドフォトプレス
- ●中岡俊哉『小学館入門百科シリーズ42 空とぶ円盤と宇宙人』1975年、小学館
- ●中岡俊哉『超能力 世界の七巨人 予知、分身、透視…この驚異と戦慄の事実』1976年、祥伝社
- ●中岡俊哉『ピラミッド・パワー』1978年、二見書房
- ●中岡俊哉『恐怖の心霊写真集 地縛霊篇』1982年、二見書房
- ●中岡俊哉『心霊医療の秘密 この事実を否定できるか！』1983年、二見書房

参考資料

- アーサー・コナン・ドイル著、近藤千雄訳『コナン・ドイルの心霊学』1992年、新潮社
- 青木一平著、日野日出志監修・絵『これだけは知っておきたい（13）妖怪の大常識』2004年、ポプラ社
- 秋山眞人『日本のオカルト150年史 日本人はどんな超常世界を目撃してきたか』2020年、河出書房新社
- 秋山佳胤・森美智代・山田鷹夫『食べない人たち 不食が人を健康にする』2014年、マキノ出版
- 朝里樹『日本現代怪異事典』2018年、笠間書院
- 朝里樹『世界現代怪異事典』2020年、笠間書院
- ASIOS編著『昭和・平成オカルト研究読本』2019年、サイゾー
- 網野徹哉『興亡の世界史 インカとスペイン 帝国の交錯』2008年、講談社
- アラン・カーデック著、桑原啓善訳『霊の書（上）』、2006年、潮文社
- アンブローズ・ビアス著、西川正身編訳『新編 悪魔の辞典』1983年、岩波書店
- 石川幹人『「超常現象」を本気で科学する』2014年、新潮新書
- 植田睦子『マクモニーグルが語るリモート・ヴューイングの世界』2007年、ハート出版
- 海野弘『秘密結社の世界史』2006年、平凡社新書
- エーリッヒ・フォン・デニケン著、松谷健二訳『未来の記憶』1997年、角川書店
- エマヌエル・スウェーデンボルグ著、高橋和夫訳『スウェーデンボルグの霊界日記 死後の世界の詳細報告書』1992年、たま出版
- 江本勝『水からの伝言 世界初!!水の氷結結晶写真集』1999年、波動教育社
- エリファス・レヴィ著、生田耕作訳『高等魔術の教理と祭儀 教理篇』1982年、人文書院
- 大城道則『ツタンカーメン『悲劇の少年王』の知られざる実像』2013年、中央公論新社
- 大槻ケンヂ『ボクはこんなことを考えている』2001年、角川文庫
- 岡本和明・辻堂真理『コックリさんの父 中岡俊哉のオカルト人生』2017年、新潮社
- オカルト雑学探究倶楽部編『戦後日本オカルト事件FILE』2015年、学研パブリッシング
- オカルト雑学探究倶楽部編『決定版 超能力大全』2016年、学研プラス
- 小河陽訳『ヨハネの黙示録』2018年、講談社学術文庫
- カール・セーガン著、青木薫訳『カール・セーガン 科学と悪霊を語る』1997年、新潮社
- 唐沢俊一『新・UFO入門―日本人は、なぜUFOを見なくなったのか』2007年、幻冬舎新書
- 河邑厚徳・林由香里・NHK「神話」プロジェクト『NHKスペシャル チベット死者の書 仏典に秘められた死と転生』1993年、日本放送出版協会
- 木庭次守編著、木庭元晴監修『霊界物語ガイドブック』2010年、八幡書店
- 木原浩勝・中山市朗『新耳袋 第一夜 現代百物語』2002年、角川文庫
- 宜保愛子『宜保愛子の心霊教室』1992年、学習研究社
- 桐生操『本当は恐ろしいグリム童話』1998年、KKベストセラーズ
- グラハム・ハンコック著、大地舜訳『神々の指紋』上・下、2016年、角川文庫
- 小隅黎『宇宙怪物図鑑 復刻版（ジャガーバックス）』2015年、復刊ドットコム
- 五島勉『ノストラダムスの大予言 迫りくる1999年7の月人類滅亡の日』1973年、祥伝社
- 小松和彦編著『妖怪学の基礎知識』2011年、角川選書

寺井広樹（てらい・ひろき）

オカルト研究家・文筆家。1980年神戸市生まれ。同志社大学経済学部卒業。怪談の蒐集や超常現象の研究をライフワークとしている。『辛酸なめ子と寺井広樹の「あの世の歩き方」』（マキノ出版）、『日本懐かしオカルト大全』（辰巳出版）、『しりあがり寿の死後の世界』（辰巳出版）、『南米妖怪図鑑』（企画、ロクリン社）、絵本『ようかい でるでるばあ!!』（絵：日野日出志、彩図社）など著書多数。

オカルト怪異事典

2021年9月10日　初版第1刷発行

著者 ―――― 寺井広樹

装画・扉イラスト ―― リサ

発行者 ―――― 池田圭子

発行所 ―――― 笠間書院

〒101-0064　東京都千代田区神田猿楽町2-2-3

電話:03-3295-1331　FAX:03-3294-0996

https://kasamashoin.jp/

mail:info@kasamashoin.co.jp

ISBN978-4-305-70948-6

アートディレクション ―― 細山田光宣

装幀・デザイン ―――― 鎌内 文（細山田デザイン事務所）

本文組版 ―――― キャップス

印刷/製本 ―――― 大日本印刷